실습으로 배우는

인공지능과 경영

USE OF ARTIFICIAL INTELLIGENCE IN MANAGEMENT

김진화, 박성택, 배재권, 신지아, 이성원, 홍원경 지음

생능

실습으로 배우는 **인공지능과 경영**

초판인쇄 2023년 6월 20일
초판발행 2023년 6월 30일

지은이 김진화 · 박성택 · 배재권 · 신지아 · 이성원 · 홍원경
펴낸이 김승기, 김민정
펴낸곳 (주)생능 / **주소** 경기도 파주시 광인사길 143
출판사 등록일 2014년 1월 8일 / **신고번호** 제406-2014-000003호
대표전화 (031)955-0761 / **팩스** (031)955-0768
홈페이지 **www.booksr.co.kr**

책임편집 이종무 / **편집** 신성민, 유제훈 / **디자인** 유준범, 표혜린
마케팅 최복락, 김민수, 심수경, 차종필, 백수정, 송성환, 최태웅, 명하나
인쇄 (주)교보피앤비 / **제본** 일진제책사

ISBN 979-11-86689-49-3 93320
정가 26,000원

머·리·말

4차산업혁명 시대의 핵심 기술이라 할 수 있는 인공지능의 활용은 이제 선택이 아니라 필수로 인식되고 있다. ChatGPT의 등장은 인공지능의 대중화 시대를 열었다. 모두의 예상을 뛰어넘는 놀라운 기능에 감탄함과 함께 많은 잠재적 우려를 동시에 갖고 있는 인공지능은 그 영향력이 날로 커질 것이라 모두가 예상하고 있다.

이제 경영에서도 인공지능의 활용은 필수적이다. 금융 분야에서 인공지능은 주가 예측, 신용평가, 사기 적발, 회계 부정 감시, 신상품 개발 등에 이용되고 있으며, 마케팅에서는 고객 응대, 고객의 욕구 파악, 소비자 감성 분석, 소비 트렌드 분석 등에 이용되고 있다. 인사관리에서는 직원의 선발, 부서 배치, 업무평가, 승진 심사, 이직률 관리에 응용되며, 생산관리 분야에서는 불량 제품 검수, 제품 생산 라인의 모니터링, 공장 자동화 등에 이용되고 있다.

이와 같이 인공지능은 경영의 각 분야에서뿐만 아니라 우리가 모르는 사이 이미 우리 일상의 거의 모든 부분에 활용되고 있다. 세탁기, 냉장고, 로봇청소기와 같은 가전제품뿐 아니라 핸드폰은 인공지능의 주요 활동 도구가 되었다. 도로에는 이미 인공지능을 장착한 차량이 다니고 있으며, 더 나아가 무인자동차가 도로를 활주할 것이다.

인공지능은 또한 창업의 핵심 기술이 되었다. 질병을 판별하는 인공지능, 미래를 예측하는 인공지능, 시와 드라마 각본을 쓰는 인공지능, 작곡을 하는 인공지능, 언어를 가르치는 인공지능, 시각장애인들을 도와주는 인공지능 등 수많은 인공지능 기술 기반의 앱들이 활용되고 있다. 21세기 직업에 관한 핵심 키워드가 벤처, 창업이라면 벤처, 창업의 핵심 기술은 인공지능, 빅데이터, 메타버스, 블록체인, 에너지, 환경, 바이오 등이다. 이들 중에서도 인공지능은 이미 미국과 중국 등 국가의 핵심 역량 사업으로 이들 국가와 기업이 힘을 모아 인공지능의 선두를 차지하기 위해 경쟁적으로 기술 개발, 활용, 창업에 박차를 가하고 있다.

이러한 시대에서 우리의 인공지능 기술과 그 활용은 아직 후발주자에 머물러 있는 것이 현실이다. 하지만 IT 강국이라는 장점과 현재 교육 중인 우수한 인력, 기술 표준에 따른 공유 기술 및 플랫폼을 이용하면 이들 인공지능 강국과의 격차도 곧 상당히 좁혀지리라 예상한다.

이 책은 인공지능에 대한 이론과 프로그래밍보다는 경영학적 관점에서 인공지능 기술의 활용과 그 사례들에 중점을 두었다. 따라서 많은 수학적인 표현 및 이론보다는 경영학의 각 분야에서 인공지능이 어떻게 성공적으로 활용되고 있는지와 이러한 활용을 직접 프로그램으로 구현해 볼 수 있는 실습에 초점을 맞추었다. 실습을 위해서 Google Teachable Machine과 Google Colab을 주로 활용하나 Keras와 Tensor Flow 실습 방법도 소개하고 있다. 마지막으로는 chatGPT의 활용 방법도 간단히 소개했다.

저자들은 많은 분들의 지식을 모아서 책으로 엮었을 뿐이다. 따라서 가장 먼저 귀중한 지식을 공유한 많은 분들께 깊은 감사를 드린다. 또한, Google, gitHub, chatGPT, 뉴스, 블로그 등 자료와 정보를 제공한 회사와 저자 분들께 감사드린다. 그리고 오랜 시간 기다려 주신 ㈜생능출판사 관계자분들께도 감사드리며, 공동저자로 집필에 참여해 주신 박성택 교수님, 배재권 교수님, 신지아 교수님, 이성원 박사, 홍원경 박사에게도 감사를 드린다. 또한, 실습 부분에 많은 도움을 준 최미선 박사에게도 감사를 드린다.

– 서강대학교 김진화 외 저자 일동

강의진도표

이 책의 강의진도표를 제안합니다. 제안한 강의진도표를 활용하여 강의할 수도 있고, 제안한 강의진도표의 장을 책의 순서대로 강의할 수도 있습니다.

주	강의 제목	강의 내용 및 목표
1	강좌 및 강의 일정 소개	
2	인공지능 개요 (1장)	1. 인공지능 개요 2. 인공지능 관련 기술 3. 인공지능 비즈니스 모델 4. 미래사회의 인공지능 역할 5. 인공지능 활용 6. 관련 사례 분석
3	머신러닝 개요 (2장)	1. 머신러닝의 개요 2. 머신러닝 개념 3. 머신러닝 분류 4. 예측 모델 5. 머신러닝 활용 사례
4	딥러닝 개요 (3장)	1. 딥러닝의 개요 2. 딥러닝의 개념 3. 인공신경망 4. 심층망의 학습 방법 5. 딥러닝의 사례
5	이미지 인식과 자연어 처리 (4장)	1. 이미지 인식 개요 2. 이미지 인식 기술 동향 3. 이미지 인식 기술 활용 사례 4. 자연어 처리 개요 5. 자연어 처리 기술 동향 6. 자연어 처리 활용
6	음성 인식과 예측 인공지능 (5장)	1. 음성 인식 개요 2. 음성 인식 기술 3. 음성 인식 활용 4. 예측 AI 개념 5. 인공지능 예측 예시
7	경영과 인공지능 활용 (6장)	1. 인공지능과 금융 2. 인공지능과 마케팅 3. 인공지능과 인적관리

8	경영과 인공지능 활용 (6장)	1. 인공지능과 생산/제조 2. 인공지능과 의료 및 헬스케어 3. 우리 생활 속의 인공지능 4. 인공지능과 창의성
9	중간고사	
10	비즈니스 경쟁력의 핵심 인공지능(7장)	1. 4차산업혁명과 디지털 전환 2. 인공지능의 종류와 분류 3. 인공지능 비즈니스 모델 4. 인공지능 적용분야 및 비즈니스 영역
11	인공지능 도입 프로세스 (8장)	1. 인공지능이 기업경영에 중요한 이유 2. 인공지능 비즈니스 적용 프로세스 3. 인공지능의 기업경영 적용 프레임워크 4. 인공지능 도입의 성공요인과 실패요인 5. 머신러닝 워크플로우 6. 인공지능 윤리
12	인공지능에서 빅데이터의 역할 (9장)	1. 빅데이터 개요 2. 빅데이터 활용과 인공지능 기법 3. 분야별 빅데이터 활용 사례 4. 빅데이터 관련 법제 5. 금융 산업의 빅데이터 활용과 마이데이터 6. 인공지능에서 빅데이터의 역할과 과제 7. 인공지능 도입 프로세스 시사점 및 전망
13	인공지능 실습 (10장)	실습
14	인공지능 실습 (10장)	실습
15	기말고사	

차·례

CHAPTER 3 딥러닝 개요

CHAPTER 6 경영과 인공지능 활용

CHAPTER 10 인공지능 실습

부록

1

CHAPTER

인공지능 개요

학습목표

인공지능의 개념과 활용 이해

학습내용

인공지능의 원리 이해

인공지능의 전략과 활용 이해

1. 인공지능의 개요
2. 인공지능 전략과 활용

1. 인공지능의 개요

4차산업혁명 시대의 중요한 요소로 ICBMA(IoT, Cloud, Big data, Mobile, AI)가 있으며, 최근에는 DNA(Data, Network, AI)로 불리고 있다. 이중에서 최근 들어 가장 많이 알려진 것이 빅데이터와 인공지능(AI)이다. 마켓앤마켓 보고서에 따르면, 인공지능 시장 규모는 2022년부터 2027년까지 연 평균 36.2%의 성장률을 기록하며, 869억 달러(약 120조 4,000억 원)에서 4,070억 달러(약 563조 9,000억 원)로 커질 것이라고 예측하였다.

ICBMA(IoT, Cloud, Big data, Mobile, AI)

DNA(Data, Network, AI)

인공지능(AI, Artificial Intelligence)

또한, 일본의 EY 종합연구소는 인공지능이 모든 산업의 분야에 도입된다는 가정 하에 2020년 23조 엔에서 2030년에는 87조 엔 규모에 달할 것으로 전망하였다. 국내 인공지능 시장 전망 2021~2025 보고서에 따르면, 2022년 국내 인공지능 시장은 2021년 대비 24.1% 성장한 9,435억 원으로 전망했으며, 향후 5년간 연 평균 15.1% 성장해서 2025년까지 1조 9,074억 원에 달할 것으로 예상했다.[1]

1.1 인공지능의 등장

(1) 인공지능의 개념

인공지능(AI, Artificial Intelligence)이라는 개념은 다트머스 대학 컴퓨터 과학자인 존 매커시가 1956년 다트머스 학술 대회에서 처음 발표하였다. 인공지능의 개념은 관련 기술이 발달하고 활용 범위가 넓어짐에 따라 학자들마다 다양하게 정의내리고 있다. 각 주장들을 요약하면 인공지능이란 사람과 유사한 지능을 가질 수 있도록 인간의 학습능력, 추론능력, 지각능력, 자연어 이해능력 등을 컴퓨터 프로그램으로 실현하는 기술이라고 정의할 수 있다.[2] 인공지능은 인지, 학습 등 인간의 지적인 능력의 일부 또는 전체를 컴퓨터를 이용하여 구현하는 지능을

1) IDC, 2022

2) 노규성 외, 2019

의미한다.[3)]

1950년대에 시작된 초기 인공지능 연구에서는 문제 해결과 기호법 등의 주제를 탐구하였으며, 1960년대에 들어서면서 인공지능에 관심을 보인 미 국방부가 인간의 기본적인 추론 방식을 흉내낼 수 있도록 컴퓨터를 훈련하였다. 국방고등연구기획국(DARPA)은 Siri, Alexa, Cortana와 같은 인공지능이 본격적으로 개발되기 전인 2003년에 지능형 개인 비서를 개발하기도 하였다(SAS). 인공지능은 최근 빅데이터, 정보처리 능력의 향상, 딥러닝 알고리즘의 향상, 클라우드 기반 환경 등의 영향으로 인해 인공지능의 학습, 추론, 인지 기술을 발달시킬 수 있는 제반 환경이 조성됨에 따라 연구가 활발해지고 있다.

2015년 이후 스마트폰과 연동된 '가상비서'와 같은 인공지능 서비스가 상용화되면서 기술 개발이 활발하게 이루어지고 있다. 특히, 2016년 구글이 선보인 바둑 프로그램 '알파고'를 접하면서 인공지능이 일반 대중에게도 크게 알려졌다.[4)]

1) 인공지능 발전

머신러닝
딥러닝

인공지능은 1950년대에 등장하였으며, 초창기의 메인프레임(mainframe) 활용 분야는 전문가 시스템이었다. 1980년대에 들어서는 마이크로컴퓨터(Microcomputer)로 활용 분야는 문자 판독이나 신용도 분석이었다. 1990년대에는 머신러닝으로 마케팅 분석, 거짓말 탐지기, 감성 분석, 네트워크 로그 분석 등에 활용되었다. 2010년 들어서는 딥러닝을 통한 자연어 처리, 비디오 라벨링, 큐레이션, 예측 유지보수, 공급망 관리 등이 주요 활용 분야이다.

인공지능은 다음과 같이 3단계의 발전 과정을 보이고 있다.

[그림 1-1] 인공지능 발전

*출처: https://www.sas.com/ko_kr/insights/analytics/what-is-artificial-intelligence.html

3) 4차산업혁명위원회, 2020

4) 노규성 외, 2019

먼저 1950~1970년대에는 신경망(Neural Networks)에 대한 연구가 많은 관심을 받았으며, 생각하는 기계에 초점을 맞추었다. 1980~2010년대에는 머신러닝(Machine Learning)이 관심을 받았으며, 2010년대부터 현재에는 딥러닝(Deep Learning)이 관심을 받고 있다. 딥러닝으로 인해 인공지능의 시대가 본격화되었다고 할 수 있다.

2) 인공지능의 분류

인공지능의 분류

약한 인공지능(weak AI, narrow AI)

강한 인공지능(strong AI)

인공지능이 하는 역할에 따라 **약한 인공지능(weak AI, narrow AI)**과 **강한 인공지능(strong AI)**으로 구분할 수 있다. 음성인식 수준의 인공지능이 약한 인공지능에 해당된다. 기계가 인간과 유사한 수준의 글을 읽거나, 쓰고, 말하는 것을 통해서 정보를 이해하고 처리할 정도의 기능을 한다. 따라서 약한 인공지능은 기계 등이 스스로 판단하지 못하며, 자율성이 없다는 단점을 가지고 있다.

강한 인공지능은 약한 인공지능의 기능과 자율성을 갖는 컴퓨팅 기능을 포함하고 있다. 즉, 축적된 정보를 기반으로 스스로 진단하고 판단할 수 있으며, 계획을 세우고 의사소통과 결정하는 수준을 갖추고 있다. 뿐만 아니라 자아의식(self-awareness), 감정(sentiment), 지혜(sapience), 양심(conscience) 영역까지 능력을 요구하고 있으며, 오늘날 인공지능은 대부분 강한 인공지능을 지향하고 있다.[5)]

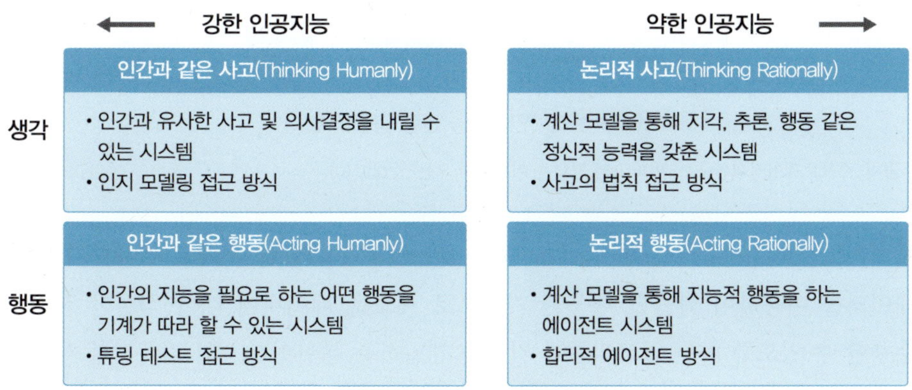

[그림 1-2] 인공지능의 분류

*출처: Stuart Russell, Artificial Intelligence : A Modern Approach

5) 노규성 외, 2019

1.2 인공지능 관련 기술

인공지능 관련 기술

인공지능과 관련된 연구는 1950년대부터 진행되어 왔으나 관련 기술의 미비로 부침을 거듭해 왔다. 초기의 인공지능은 논리와 규칙 기반의 전문가 시스템 형태로 연구되었으나 명확한 정의를 내리기 어려워 실무 적용에 한계가 있었다.

1980년대에는 인공신경망 구조를 적용한 인공지능으로 발전했으나 복잡한 계산을 지원하기에는 컴퓨터 능력(Computing power)과 학습할 수 있는 데이터가 많이 부족하였다. 그러나 1990년대에 들어서면서 인공지능과 관련 연구에 가속도가 붙었다. 통계 기반의 머신러닝과 심층학습(딥러닝) 알고리즘이 개발되면서 컴퓨터가 스스로 학습하며 최적화된 방식으로 문제를 해결할 수 있는 수준으로 발전했기 때문이다.

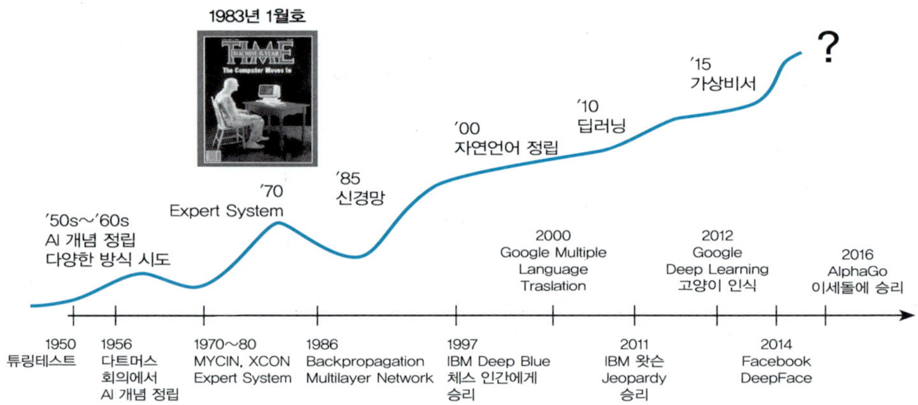

[그림 1-3] 인공지능 관련 연구의 변화

*출처: 소프트웨어정책연구소, 알파고의 능력은 어디에서 오는가?(2016))

기계학습(머신러닝, Machine Learning)

기계학습(머신러닝, Machine Learning)이란 인공지능의 한 분야로 컴퓨터가 여러 데이터를 이용하여 학습한 내용을 기반으로 새로운 데이터에 대한 적절한 작업을 수행할 수 있도록 하는 알고리즘과 기술을 개발하는 분야이다. 즉, 컴퓨터를 사람처럼 학습시켜 스스로 규칙을 형성하도록 하는 기술이다. 주로 통계적인 접근 방법을 기반으로 규칙성을 찾도록 한다. 최근에는 인공지능, 검색, 맞춤형 광고, 음성인식, 기계 조종, 의사결정 등 거의 모든 영역에서 빠르고 유의미한 결과를 얻고 있다.[6)]

6) 노규성 외, 2019

딥러닝(deep learning)

딥러닝(deep learning)은 심층학습이라고 부르는데 2016년 구글이 개발한 '알파고'와 이세돌 9단의 바둑 대국을 통해 대중적으로 널리 알려지기 시작했으나 1940년대 인공신경망(ANN, Artificial Neural Networks)을 기반으로 발전한 머신러닝의 한 분야이다. 딥러닝은 사물이나 데이터를 군집화하거나 분류하는 데 사용하는 기술이다. 예를 들어, 컴퓨터는 사진만으로 개와 고양이를 구분하지 못한다. 하지만 사람은 아주 쉽게 구분할 수 있다. 이를 위해 머신러닝이라는 방법이 고안됐다. 많은 데이터를 컴퓨터에 입력하고 비슷한 것끼리 분류하도록 하는 기술이다. 저장된 고양이 사진과 비슷한 사진이 입력되면, 이를 고양이 사진이라고 컴퓨터가 분류하도록 한 것이다. 딥러닝의 핵심은 분류를 통한 예측이다. 수많은 데이터 속에서 패턴을 발견해 인간이 사물을 구분하듯 컴퓨터가 데이터를 나눈다. 구글은 음성인식과 번역 그리고 로봇의 인공지능 시스템 개발에도 딥러닝 기술을 이용하고 있다. 대표적인 SNS 업체인 페이스북은 딥러닝을 뉴스피드와 이미지 인식 분야에 적용하고 있다. 그러나 IT(또는 ICT) 기업들이 딥러닝을 활용하는 분야는 주로 사진과 동영상, 음성 정보 분류 등이다. 데이터의 양이 풍부하고 정확성을 요구하기 때문이다.[7)]

머신러닝과 딥러닝은 모두 학습모델을 제공해 데이터를 분류하는 기술이다. 사람은 해당 이미지를 지식과 경험에 따라 뇌에서 분석하고 구분할 수 있지만, 컴퓨터가 해당 이미지를 구분하기 위해서는 머신러닝과 딥러닝 등의 기술이 필요하다. 머신러닝의 경우 주어진 데이터를 사람이 먼저 분류하고 컴퓨터가 인식할 수 있도록 한 다음 컴퓨터가 데이터에 포함된 특징을 분석하고 이를 축적하는 과정을 거친다. 즉, 각 이미지의 특징을 컴퓨터에 인식시킨 후 학습시킴으로써 문제를 해결하는 방식이다. 딥러닝은 머신러닝에서 사람이 개입하던 분류 작업 없이 딥러닝 알고리즘에 의해 컴퓨터가 스스로 분석하여 문제를 해결하는 방식이다. 딥러닝은 머신러닝에 비해 방대한 데이터의 연산과 처리 능력을 요구하기 때문에 높은 사양의 GPU 등의 하드웨어가 필요하다. 따라서 기술의 적용 목적과 학습 데이터의 양 그리고 처리해야 할 데이터가 하드웨어의 영향을 얼마나 받는지에 따라 어떤 방식의 기술을 적용할지 선택해야 한다.

인공지능 기술의 발전 전망은 다음 그림에서 보는 바와 같다. 현재 인공지능은 제3의 부흥이라고 할 정도로 많은 관심을 받고 있다. 그동안 두 번의 인공지능 암흑기가 있었다. 1970년대에는 메모리, 처리 속도 등이 구축되지 않았고 인공지능

7) 노규성 외, 2019

에 대한 지원이 중단되었다. 2000년대에 전문가 시스템의 고유지 비용, 업데이트 한계 및 오류 등으로 인공지능에 대한 회의론이 확산되었다.

ICT의 급속한 발전으로 인한 데이터 축적, 컴퓨팅 파워 진전, 딥러닝 알고리즘의 진화 등으로 인해 최근 인공지능은 부흥기에 진입하였다.

향후에는 고도화된 뇌 연구를 바탕으로 딥러닝 기반의 인공지능 한계를 넘어서는 차세대 인공지능 알고리즘으로 발전할 것으로 예상된다(4차산업혁명위원회, 2020).

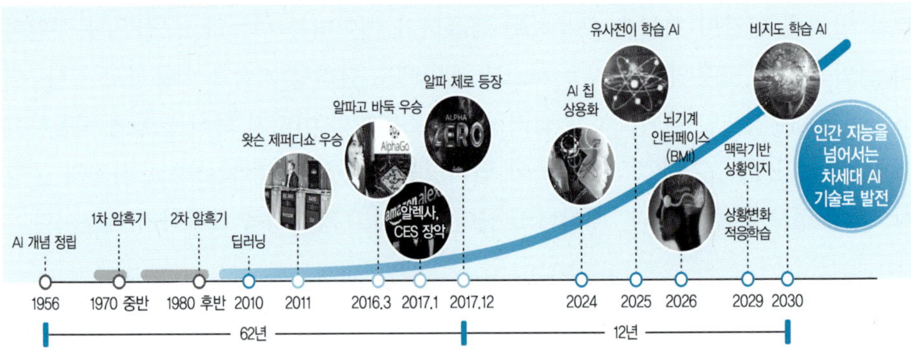

[그림 1-4] 인공지능 기술 발전 전망

*출처: 4차산업혁명위원회, 인공지능(AI) R&D 전략, 2018

1.3 인공지능의 특징

인공지능의 특징

인공지능의 특징은 연구자나 기관마다 다양하게 정의하고 있으나, 본 교재에서는 석왕현과 이광희(2015)가 주장한 인공지능 기술의 7가지 특성을 살펴보고자 한다.

〈표 1-1〉 인공지능 기술의 특성

특성	내용
일반성	중요 성질을 공통적으로 가지고 있는 상황을 그룹화함
방대성	중요 성질이 공통적으로 형성되기 이전의 기초 자료는 매우 방대함
부정확성	현실 문제에서 주어지는 정보가 부정확하며, 그로 인해 표현 역시 불명확함
지식 이용	소프트웨어는 자료나 정보를 사용하는 반면, 인공지능은 인간과 같은 지식을 이용

추론 기능	적은 자료로 해(解)를 찾거나 많은 자료에서 공통점을 찾아내는 것 등은 인간의 사고 과정에서 발생하는 추론 기능과 같음
휴리스틱 탐색	경험적인 방법의 원리를 이용하여 방대한 양의 탐색 영역에서 최적의 해를 구하고자 일정한 규칙에 근거하여 해를 찾는 방법인 휴리스틱 탐색(heuristic search) 기능 제공
출력 효율성 제고	입력 정보가 비교적 완전 혹은 완벽하지 않더라도 결과물을 생성하는 기능

*출처: 석왕헌, 이광희, ETRI, 인공지능 기술과 산업의 가능성, 2015.10.30.

최근 딥러닝 기반의 인공지능이 가장 많이 연구가 진행되고 있으며, 이중에서 이승민(2018)의 **인공지능 알고리즘**의 특징을 살펴보면 다음과 같다.

인공지능 알고리즘

〈표 1-2〉 인공지능 알고리즘의 특징

인공지능 알고리즘 종류	특징 및 의미
생성적 적대 신경망 (Generative Adversarial Networks)	- 적대적으로 경쟁하는 생성기와 판별기를 통해 진본 데이터와 매우 유사한 위조 데이터를 생성 - 현실에 없는 새로운 데이터 생성, 새로운 형태로 데이터 변환, 데이터 품질 향상 등 새로운 기회 가능성을 제시
심층강화학습 (Deep Reinforcement Learning)	- 복잡한 실제 환경에서 반복적인 경험(데이터)의 시행착오를 통해 최적의 학습모델을 스스로 발전시킴 - 지금까지 PC 안에서 이뤄졌던 인공지능을 현실 세계의 다양한 객체에 적용하기 시작한 계기이며, 감각기관의 확장을 가져옴
전이학습(Transfer Learning)	- 학습 데이터 확보가 현실적으로 어려운 분야에서 기존에 학습이 완료된 모델의 일부를 재사용하여 학습시간을 단축하고 성능을 보장 - AI 알고리즘이 인간과 같이 학습 효과를 가지고 발전 가능성 제시
설명 가능 인공지능 (Explainable AI)	- 기존 설명력이 높은 알고리즘 일부를 활용하거나 개선하여 학습모델이 도출한 결과의 근거를 제공 - AI 알고리즘 사용 시 법과 제도적 문제로 인해 비즈니스 활용 범위의 한계를 극복할 수 있는 가능성 제시
캡슐망 (Capsule Networks)	- 외부 세계를 인식하는 과정이 3차원적 벡터 방식의 인간의 뇌 인식 과정과 유사하게 알고리즘 구조 설계 - 현재 연구 초기단계이나 보다 범용적인 알고리즘 혁신을 이끌 차세대 AI 알고리즘으로 주목

생성적 적대 신경망
심층강화학습
전이학습
설명 가능 인공지능
캡슐망

*출처: 이승민, 딥러닝 이후, AI 알고리즘 트렌드, ETRI Insight Report 2018-10

머신러닝 알고리즘은 지도학습, 준지도학습, 비지도학습, 강화학습으로 분류할 수 있다.[8)]

(1) 지도학습(Supervised learning)

지도학습(Supervised learning)

지도학습 알고리즘은 한 세트(셋)의 사례들(examples)을 기반으로 예측을 수행한다. 예를 들면, 과거 매출 이력(historical sales)을 이용해 미래 가격을 추산할 수 있다. 지도학습은 기존에 이미 분류된 학습용 데이터(labeled training data)로 구성된 입력 변수와 원하는 출력 변수가 수반되며, 알고리즘을 이용하여 학습용 데이터를 분석함으로써 입력과 출력 변수와 매핑시키는 함수를 찾을 수 있다. 이렇게 추론된 함수는 학습용 데이터로부터 일반화를 통해 알려지지 않은 새로운 사례들을 매핑하고, 눈에 보이지 않는 상황 속에서 결과를 예측한다.

분류(Classification)
회귀(Regression)
예측(Forecasting)

1) **분류(Classification)**: 데이터가 범주형(categorical) 변수를 예측하기 위해 사용될 때 지도학습을 '분류'라고 부른다. 이미지에 강아지나 고양이와 같은 레이블 또는 지표(indicator)를 할당하는 경우가 해당되며, 레이블이 두 개인 경우를 '이진 분류(binary classification)'라고 부르며, 범주가 두 개 이상인 경우는 '다중 클래스 분류(multi-class classification)'라고 부른다.

2) **회귀(Regression)**: 연속 값을 예측할 때 문제는 회귀 문제가 된다.

3) **예측(Forecasting)**: 과거 및 현재 데이터를 기반으로 미래를 예측하는 과정으로 예측은 트렌드를 분석하기 위해 가장 많이 사용한다.

(2) 준지도학습(Semi-supervised learning)

준지도학습(Semi-supervised learning)

지도학습은 데이터 분류(레이블링) 작업에 많은 비용과 시간이 소요될 수 있다는 단점을 지니기 때문에 분류된 자료가 한정적일 때에는 지도 학습을 개선하기 위해 미분류(unlabeled) 사례를 이용할 수 있다. 기계(machine)는 온전히 지도 받지 않기 때문에 '기계가 준지도(semi-supervised)를 받는다'고 표현한다. 준지도학습에서는 학습 정확성을 개선하기 위해 미분류 사례와 함께 소량의 분류(labeled) 데이터를 이용한다.

---

8) SAS Korea

(3) 비지도(자율)학습(Unsupervised learning)

비지도 학습을 수행할 때 기계는 미분류 데이터만을 제공받는다. 기계는 클러스터링 구조, 저차원 다양체, 희소 트리 및 그래프 등과 같은 데이터의 기저를 이루는 고유 패턴을 발견하도록 설정한다.

비지도(자율)학습(Unsupervised learning)

1) **클러스터링(Clustering)**: 특정 기준에 따라 유사한 데이터 사례들을 하나의 세트로 그룹화하며, 이러한 과정은 종종 전체 데이터 세트를 여러 그룹으로 분류하기 위해 사용된다. 사용자는 고유한 패턴을 찾기 위해 개별 그룹 차원에서 분석을 수행할 수 있다.

클러스터링(Clustering)

차원 축소(Dimension Reduction)

2) **차원 축소(Dimension Reduction)**: 변수의 개수를 줄이는 작업으로 많은 애플리케이션에서 로우데이터(raw data)는 아주 높은 차원의 특징을 지니고 있는데, 일부 특징들은 중복되거나 관련성이 없기 때문에 차원 수를 줄여 잠재된 관계를 도출하기 위해서 사용한다.

(4) 강화학습(Reinforcement learning)

강화 학습은 환경으로부터의 피드백을 기반으로 행위자의 행동을 분석하고 최적화한다. 기계는 어떤 액션을 취해야 할지 듣기보다는 최고의 보상을 산출하는 액션을 발견하기 위해 서로 다른 시나리오를 시도한다. 다른 기법과 구별되는 강화 학습만의 특징으로는 시행착오(Trial-and-error)와 지연 보상(delayed reward)이 있다.

강화학습(Reinforcement learning)

1.4 인공지능 비즈니스 모델

인공지능은 생산 및 제조업 분야를 포함한 산업 전반에 많은 변화를 줄 것으로 예상된다. 특히 제조, 생산, 판매, 마케팅 및 유통 등 기업의 의사결정에 인공지능 기반의 빅데이터 분석 기법이 도입되면서 다양한 비즈니스 모델이 등장하고 있으며, 이를 통해 기업의 다양한 비즈니스 모델의 변화를 촉발시킬 것으로 보인다.

인공지능 비즈니스 모델

기존의 빅데이터로 촉발된 전자상거래 시장의 비즈니스 모델 변화에 인공지능 기법이 도입되면서 더욱더 정밀한 고객 분류와 고객 취향 맞춤 및 개인화된 서비스를 제공할 수 있게 되었다.

현재 인공지능의 대표적인 활용 사례는 다음과 같다.

〈표 1-3〉 인공지능 활용 사례

분야	사례
전자상거래	- 가격 책정, 재고 관리, 상품 관리, 물류 관리(아마존, 이베이, 월마트 등) - 개인 맞춤화(상품 추천), 선제적 타깃팅(아마존, 이베이 등) - 시스템 및 설비 관리, 디자인, 고객서비스(알리바바, 알리익스프레스, SSG 닷컴 등)
의료 및 헬스케어	- 질병 치료에 인공지능을 도입하여 진단을 보조함 - 진료 데이터, 영상 정보, 임상 데이터를 분석하여 발병률과 최적의 치료법 제시(뷰노, 루닛 등) - 인공지능이 개인의 신체 정보 및 생활패턴 등을 분석하여 심혈관, 당뇨, 6대 암 등 성인병에 걸릴 확률 예측(셀바스AI, 네오팩트 등)
제조	- 인공지능이 축적된 제조공정 데이터를 분석하여 설비의 이상을 감지하고 머신러닝 기법으로 불량 제품 검사 시행 - 생산 최적화가 가능해짐(포스코, 수아랩 등)
물류	- 인공지능과 센서를 이용하여 혼잡 시점과 혼잡 구역을 예측하고 배송지에 따른 최적 적재 경로 안내(CJ대한통운, 삼성SDS 등) - 물류(풀필먼트)센터를 통한 상품의 입고, 재고, 분류, 배송, 반품 및 사후 처리 수행(징둥닷컴, 이베이코리아, 쿠팡, 이마트 등)
마케팅	- 마케팅의 개인화, 자동화, 실시간화를 가능하게 하여 개인맞춤형 서비스를 제공하고 잠재고객을 확보함(네이버, 롯데백화점 등)
전문서비스	- 전문 법률 및 금융지식을 검색해주거나 직접 보고서를 작성하여 제공(헬프미, 카카오 등)

*출처: 심혜정, 김건우, 우리기업의 인공지능을 활용한 비즈니스 모델, IIT Trade Focus, 2018.03.의 내용을 수정 및 보완

위에서 열거한 분야 외에도 다양한 분야에서 인공지능이 활용되고 있다. 앞으로 미래의 전자상거래 시장, 의료 및 헬스케어, 빅데이터와 인공지능의 활용과 더불어 AR/VR 등의 기법이 도입되면 전자상거래 시장과 의료 및 헬스케어의 비즈니스 모델에도 큰 변화가 생길 것으로 전망된다.

2. 인공지능 전략과 활용

2.1 미래사회의 인공지능의 역할

4차산업혁명 시대의 핵심 기술은 인공지능이다. 이러한 인공지능은 산업에 영향을 미칠 뿐만이 아니라 우리의 경제, 사회에도 많은 영향을 미치고 있다. 이제 인공지능은 막연한 미래의 기술이 아니라 미래를 선도하는 실질적인 기술로 거듭나고 있다.

인공지능의 등장으로 사회적으로 많은 변화가 일어날 것으로 보인다. 앞서 살펴본 바와 같이 의료 및 헬스케어 분야에 인공지능이 도입되면 인공지능을 통해 환자를 진료 및 치료(수술)하는 결정을 내릴 수 있다. IBM의 왓슨 포 온콜로지(Watson for Oncology)는 의료용 인공지능 클라우드 기반의 플랫폼이다. 예를 들어, 암환자의 데이터를 입력하면, 다양한 임상 사례, 의료기관의 문헌, 290종의 의학저널, 200종의 교과서, 1,200만에 달하는 전문자료 등을 통해 치료 방법을 강력추천, 추천, 비추천의 3가지로 제시하고 있다.

또한, 인공지능이 회계 업무에 도입되면, 94% 정도가 인공지능 시스템으로 대체될 것으로 보인다는 연구 결과도 있다. 회계사의 업무는 일반적으로 세무서비스, 경영컨설팅, 회계감사로 분류할 수 있으며, 이중에서 경영컨설팅과 회계감사의 경우는 반복적 업무와 비반복적 업무로 분류할 수 있다. 반복적인 업무인 세무서비스와 경영컨설팅과 회계감사의 반복적인 업무는 인공지능으로 대체 가능하지만, 경영컨설팅의 비반복적인 업무(경영전략 수립, HR 등), 회계감사의 비반복적인 업무(내부통제제도 평가, 감사계획 수립 등)는 대체가 어려울 수도 있다. 그러나 기법이 점점 더 고도화된다면 비반복적인 업무도 대체가 가능할 수도 있을 것으로 보인다.

인공지능의 역할은 다음과 같다.

인공지능의 역할

첫째, 인공지능은 단순한 생산성의 강화가 아니라 생산의 새로운 인자로 자리매김하고 있다. 또한, 인공지능은 선진국에서는 경제성장률을 2배 이상 끌어올릴 수 있는 원동력을 가지고 있으며, 2035년까지 30% 이상의 노동생산성 향상을 기대할 수 있다.

둘째, 인공지능은 세상을 바꿀 수 있는 파괴적인 기술로 전통적인 일자리는 감소할 수 있다. 그러나 인공지능의 발전으로 인해 새롭게 부상하고 있는 것이 바로

SW 분야이다. 향후에 SW 관련 일자리는 더 늘어날 것으로 예상되고 있다.

셋째, 이제는 사람(인간)과 인공지능의 협력이 필요한 시대이다. 인간을 대체하여 기계(로봇)가 모든 업무를 세분화하여 수행할 수가 있고, 사람과 기계 간의 시분할이 가능해진다. 즉, 기계의 도움으로 사람이 혼자 하지 못했던 업무적 성취를 이룰 수 있다.

예를 들어, 로봇 주변에 센서를 설치하고 인공지능 알고리즘을 통해 로봇 주변에서 발생할 수 있는 다양한 상황 변화를 인지하여 반응하게 하고, 인간과 로봇이 함께 작업을 수행할 수 있다.

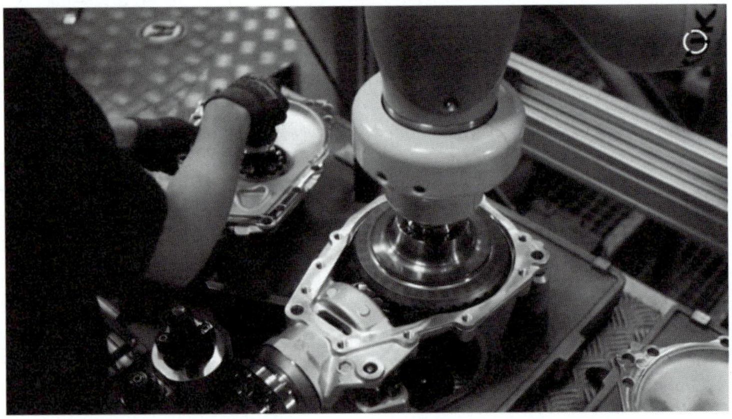

[그림 1-5] BMW의 협업 사례(https://youtu.be/OxNC8yvsZ6s)

독일의 BMW 딩골핑(Dingolfing) 공장의 트랜스미션 조립 작업자는 쿠가(Kuka)라는 로봇 팔과 협업을 한다. 작업자가 기어 케이싱 내부에 베어링을 끼워 놓으면 로봇 팔은 5.5kg 무게의 기어를 케이싱 안에 놓는다. 이후 작업자가 케이싱 뚜껑을 닫으면 조립이 완성된다. 간단한 것 같지만, 작업자와 로봇이 함께 조립 능률을 높인 사례로 볼 수 있다.[9]

2.2 인공지능 활용

인공지능 활용

현재 인공지능은 과학적 연구 외에도 헬스케어, 제조, 소매, 스포츠 등 다양한 분야에서 활용되고 있다. 인공지능은 실시간 처리가 가능하여 언론사보다 빠르게 기사

9) http://news.samsungdisplay.com/14255

를 송고할 수 있다. 이미 미국에서는 인공지능이 지진 관련 기사를 가장 먼저 발표한 사례가 있으며, 거의 실시간으로 운동경기 기사를 전달하고 있다.

ROSS
유렉스

2016년 5월 미국에서는 인공지능 변호사 'ROSS'가 등장했고, 불과 2년 뒤인 2018년 2월, 국내에서 첫 인공지능 변호사인 '유렉스'가 등장했다. 유렉스는 그동안 변호사 여러 명이 수일에서 몇 달씩 작업하던 관련 법조항 검토 및 판례 분석 등의 업무를 20~30초 만에 수행하고 있다. 2016년에는 인공지능이 집필한 《컴퓨터가 소설 쓰는 날》이라는 소설이 문학상 1차 심사에 통과하는 등 예술의 영역에서도 활용되고 있다. 소설이나 시뿐만 아니라 그림을 그리고, 작곡을 하는 등 그 적용 범위가 급속도로 확대되고 있다.

[그림 1-6] ROSS와 유렉스

인공지능을 통해 맞춤 의료와 X-ray 판독을 할 수 있으며, 약을 먹을 시간을 알려주거나 건강한 식습관 유지를 위한 운동이나 건강 등을 체크할 수 있도록 지원하는 역할을 수행할 수도 있다.

인공지능은 고도의 경영활동에도 활용되고 있다. 다양한 정보를 이용하여 의사결정을 정확히 할 수 있고, 향후 최고경영자의 의사결정에도 영향을 미칠 것이다. 미국의 경우 주식투자의 70%를 인공지능 기술을 도입한 투자 시스템이 장악하고 있으며, 투자전문가보다 우수한 실적을 내고 있다.

또한, 소비자들의 구매결정 과정을 도와줄 수 있도록 상품 추천 시스템을 제공하고 이를 통해 판매자들은 재고관리 시스템과 웹 사이트의 레이아웃 등에 인공지능을 적용할 수도 있다.

인공지능은 대표적인 융합기술로써 사회, 경제, 문화 등 다양한 분야에 적용 가능하기 때문에 4차산업혁명을 위한 기반기술로 주목받고 있다. 현재 빅데이터와 연동되어 업무 수행에 활용되고 있으며, 자율주행 자동차와 드론 그리고 지능로봇

등에도 적용될 것이다.[10)]

해외기업의 인공지능 기술 활용 사례는 다음과 같다.

해외기업의 AI 기술 활용

〈표 1-4〉 해외기업의 AI 기술 활용

기업	활동
아마존 (음성인식+물류)	• 음성인식 AI: AI 플랫폼 알렉사를 적용한 기기 'Echo'로 시장 확대 • 알렉사 적용범위 확장 온라인(온라인 쇼핑, 사물인터넷, 자율주행자동차 등), 포드와 협력해 알렉사의 음성인식 서비스 제공 • 알렉사 스킬 활용 서비스 1만 개를 돌파하여 거대 '아마존 AI 생태계' 구축 중 • 미국 물류창고 20곳 45,000만 대의 로봇이 임무 수행 • 딥러닝을 활용한 계산대 없는 매장 '아마존 고'
구글 (자율주행+헬스케어+알파고 AI 로봇+스마트홈)	• Deep Mind 등 총 9개 인공지능 관련 기업 인수 • JF Hinton AI 등 전문가 영입 • 세바스천 스런 교수팀과 크리스 엄슨 교수팀 등 자율주행 자동차 전문가 영입 • 알파고와 같은 AI 로봇 개발 중 • 스마트홈 서비스를 제공하는 음성인식 AI 기기인 구글 홈 공개 • AI 기술이 적용된 모바일 메시지 앱 '알로'와 모바일 영상통화 앱 '듀오' 공개 • AI 서비스를 접목한 스마트폰 '픽셀' 공개 • 지메일에 머신러닝을 적용한 자동 답신 기능 제공 • 영국 국립보건의료서비스(NHS)에 등록된 160만 명 의료정보를 AI에 학습
애플 (AI+휴대폰)	• 러스 살라쿠트디노프를 인공지능 책임자로 영입 • 머신러닝 벤처기업인 투리(Turi)와 AI 분야 스타트업 6개 인수 • AI 스타트업 래티스 데이터 인수, 의료 분야 사업 추진 • 음성인식 '시리 애플' 전 분야 활용 • AI 스피커 '홈팟' 소개
MS (의료+언어)	• 하노버 프로젝트 진행(종양의 상태 분석, 약물치료 옵션 제공) • AI 자연어 처리 기술 '루이스' 활용 • 음성인식 코타나 기술 활용 및 안드로이드 iOS 등에 활용 모색 • AI 기상캐스터 '샤오빙'
IBM(왓슨+의료, 안내로봇)	• IBM 왓슨을 이용한 지식산업 • 왓슨 기반 로봇 '코니(Connie)' 서비스(힐튼호텔) 안내 시작 • 왓슨 기반 로봇 '나오미(Nao-mi)' 한국에 처음 공개 • '메디컬 시브(seieve)' 의료용 알고리즘 개발 진행

*출처: 이수상(2017), 이상길(2018)

10) 노규성 외, 2019

국내 기업의 인공지능 기술 활용 사례는 다음과 같다.

〈표 1-5〉 국내기업 AI 기술 활용

국내기업 AI 기술 활용

기업	활동
삼성전자 (휴대폰+가전+ 의료기기+ 금융)	• AI 벤처기업 비브랩스 인수 • AI 연구 인텔리전스팀 구축 • AI 서비스 '빅스비 갤럭시' 시리즈 접목 • 스마트 냉장고 패밀리 허브 2.0 발표 및 모든 가전에 빅스비 도입 추진 • 스마트폰 냉장고 서비스, TV, AI를 접목하는 AI 생태계 구축 계획 • AI가 접목된 의료기기 시장 진출 추진 • 빅스비를 이용한 은행 서비스 시작
LG전자 (로봇+가전+ 휴대폰)	• 인공지능연구소와 로봇선행연구소 신설 • 인천공항 안내 로봇 시범 운영 • 인공지능 에어컨 '휘센 듀얼 에어컨' 출시 • 로봇청소기 '로보킹' 한국 내 40만 대 초과 판매 • 휴대폰 G 시리즈에 인공지능 구글 어시스턴트 탑재 • 스마트폰에 AI(원격 고객서비스) 제공
KT (AI 플랫폼)	• 인공지능 '기가지니(GiGA Genie)' 활용 • 기가지니 사업단 출범 • 기가지니 금융서비스 개발 • 기가지니 스피커 판매
SKT (스피커+T맵+ 의료)	• CEO AI 직속의 사업단 신설 • AI 플랫폼 '누구'를 적용한 스피커 출시 • 누구 기반 스마트홈 서비스 제공 추진 • 누구에 왓슨 기반 영어 대화 기능 추가 • T맵에 음성인식 AI 서비스 도입 • 음성과 영상 인식을 결합한 인공지능 서비스 로봇(탁상형, 소셜봇, 토이봇, 펫봇 등) 공개 • 고려대학교병원과 협력하여 지능형 병원 설립 및 의사 처방과 진단 내용 수집
네이버 (AI플랫폼)	• 인공지능 개발 사내조직 '제이(J)팀' 편성 • 미국 제록스의 AI 연구소 '제록스리서치센터유럽(XRCE)' 인수 계획 발표 • AI 플랫폼 '클로바'를 적용한 스마트폰 앱 '네이버-클로바' 공개 • AI 비서 앱 네이버-클로바 출시

*출처: 이수상(2017), 이상길(2018)

위와 같이 국내 · 외 기업들은 앞다투어 인공지능 서비스 개발에 박차를 가하고 있다. 대기업 외에도 중소기업에서도 인공지능을 접목한 다양한 기술과 서비스를 개발하고 있다.

2.3 인공지능을 활용한 전자상거래 사례 분석

인공지능을 전자상거래 분야에서 활용한 대표적인 기업이 바로 아마존이다. 아마존의 경우는 1995년부터 도서 추천 시스템(엔진)을 시작으로 인공지능 서비스를 시작하였다. 소비자(사용자) 행동 및 평가(리뷰)에 기반한 상품추천시스템으로 1999년에는 매출의 35%가 상품추천시스템으로부터 발생하였다.

2011년부터는 텍스트, 음악, 영상 등의 다양한 콘텐츠 매칭 및 검색 서비스를 통해 서비스를 제공하고 있다. 2014년부터는 상품의 이동경로 계산과 최적화에 머신러닝을 활용하여 물류의 순환 속도를 15분 단축시키고 재고 공간을 50% 늘렸다. 이를 통해 운영비용은 20% 감소하였다.[11)]

아마존고(Amazon GO)

2016년에는 무인매장인 아마존고(Amazon GO)를 오픈하였다. 물론 일반인을 대상으로 한 것이 아니라 직원들을 대상으로 1년 이상의 기간 동안 시험 운영하였다. 이후 2018년 1월에 정식으로 오픈하여 일반인을 대상으로 영업하고 있다.

아마존고는 시애틀, 시카고, 샌프란시스코, 뉴욕 등에 30여 개의 매장을 운영 중이며, 2021년 3월부터 영국 런던 등 여러 지역에 42여 개의 매장을 오픈하여 운영 중이다. 아마존고는 1년 동안 고객의 행태, 기술 활용, 매장 관리 등 다양한 테스트 등을 통해 데이터를 확보하고 이를 통해 분석을 수행하며, 그 결과를 토대로 다양한 형태의 서비스를 계획 중이다.

[그림 1-7] 아마존고(https://youtu.be/DWlgpxnW1ys)

11) http://www.sporbiz.co.kr/news/articleView.html?idxno=279869

또한, 샘스클럽도 댈러스에 무인매장인 **샘스클럽 나우(Sam's Club Now)**를 오픈하였다. 아마존고와 동일하게 매장에 700대의 카메라를 설치해서 고객의 행동과 움직임을 포착하고 상품 선택 등의 다양한 정보를 파악해서 자동 결제가 이루어지도록 하고 있다.

샘스클럽 나우(Sam's Club Now)

[그림 1-8] 샘스클럽 나우(https://youtu.be/VaiepjF6iZI)

SSG닷컴은 인공지능 기반의 챗봇 서비스를 활용해 24시간 고객 응대 시스템을 구축했다. SSG닷컴의 챗봇은 제품 배송, 취소, 환불, 이벤트 공지, 교환 및 반품, 회원 정보 관리, 쇼핑통장(고객포인트 및 적립금, 영수증 관리) 등의 서비스를 제공한다.

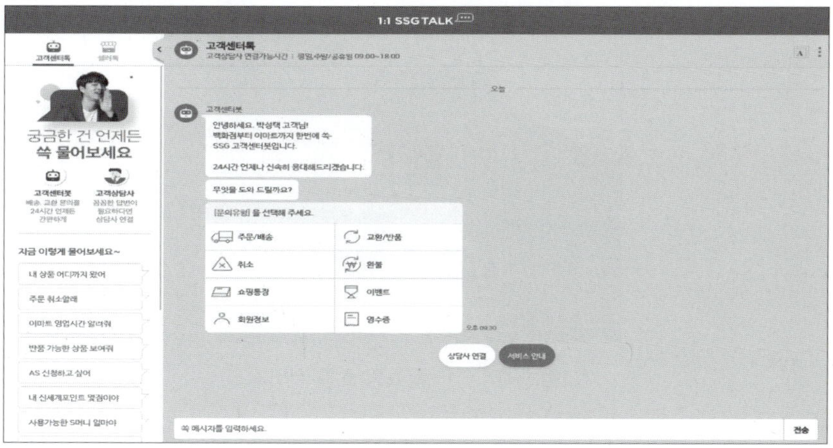

[그림 1-9] SSG TALK(http://talk.ssg.com)

SSG닷컴의 챗봇은 "내 상품이 어디까지 왔어?", "주문을 취소할래?"와 같은 고객의 다양한 명령을 이해하고 처리해 준다. 고객 상담 챗봇이 업무 처리를 하여 상담원의 부담을 줄여주어, 상담원들은 보다 심도 있는 고객 문의에 집중할 수 있게 되었다.

현대홈쇼핑은 홈쇼핑 채널을 통해 판매하는 상품들을 미리 가상으로 집이나 사무실 등에 배치해본 뒤에 상품을 구매할 수 있다.

현대홈쇼핑은 증강현실(AR)[12] 기술을 활용한 '증강현실 쇼룸' 서비스를 T-커머스에 도입하였다. 쇼룸 서비스는 홈쇼핑에서 판매 중인 상품들을 고객들이 구매 전에 미리 TV와 스마트폰에서 3차원 화면의 구현을 통해 원하는 위치나 장소에 배치하거나 입어볼 수 있도록 해준다.

쇼룸 서비스는 쇼룸 앱을 설치한 후에 사용이 가능하다. 또한, 홈쇼핑 채널을 통해 방송 중인 상품들이 스마트폰에서 증강현실로 구현되면, 고객들은 인테리어, 스타일링을 해볼 수 있다는 장점이 있다.[13]

[그림 1-10] 현대홈쇼핑 쇼룸 서비스

12) 증강현실이란 현실의 이미지나 배경에 3차원의 가상 이미지를 겹쳐 하나의 영상으로 보여주는 기술
13) https://www.mk.co.kr/news/business/view/2019/03/188891

중국의 알리바바는 2017년부터 가상현실(VR)을 이용한 '바이플러스'라는 쇼핑 체험 서비스를 제공하고 있다. 머리에 VR 기기를 쓰고, 가상현실 속의 백화점 매장을 직접 돌아다니면서 실제 쇼핑을 하듯이 옷을 고를 수 있다는 장점이 있다.

기존의 온라인 디스플레이에서는 2차원의 사진만 가능했지만, 가상현실을 통해 상품을 360도 회전하여 다양한 각도에서 살펴볼 수 있다는 장점이 있다. 또한 상품을 만지면 가격, 브랜드 등의 다양한 정보가 제공된다.

쿠팡은 주문한 다음 날 배송해주는 로켓배송을 실현하기 위해 수백만 가지 이상 상품의 재고 유무를 실시간으로 파악하는 기술과 최적의 동선으로 상품들을 배송하는 물류기술 등을 바탕으로 서비스를 구현하는 데 있어서 빅데이터와 인공지능을 활용하고 있다.[14)]

2.4 음성인식 인공지능을 활용한 전자상거래 사례

전자상거래 기업들은 인공지능 플랫폼을 통해 축적 및 구축된 고객(소비자)의 데이터베이스를 타깃 마케팅 도구로 사용하고 있다. 즉, 인공지능 알고리즘에 기반한 상품 추천 서비스 및 시스템을 전자상거래 기업들이 마케팅에 활용하고 있다. 아마존의 경우는, 이미 에코(Echo)에 음성 주문 기능을 추가하였다.

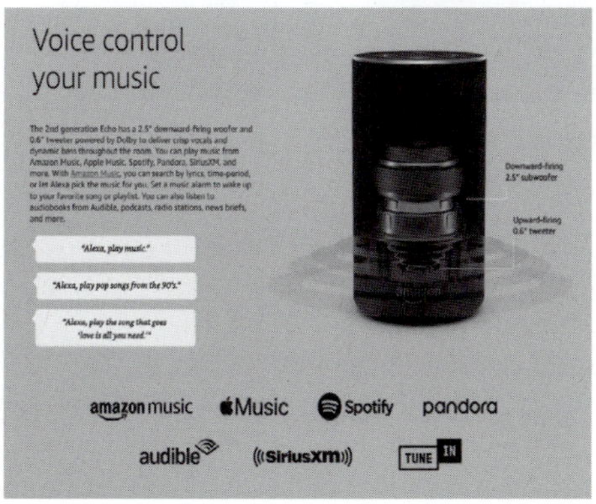

[그림 1-11] 아마존 에코

[그림 1-12] 구글 홈

구글은 월마트, 이베이 등의 글로벌 소매 온라인 기업들과의 제휴를 통해 구글

14) http://www.mediasr.co.kr

홈(Home)에 전자상거래 기능을 추가하여 서비스 차별화를 강화하고 있다.[15)]

KT는 기가지니를 통해 음성으로 간편하게 주문할 수 있는 서비스를 제공하고 있다. 간편하게 생수를 주문하거나 BBQ치킨, 피자, 커피 및 음료, 영화, 도서, 상품권 등 다양한 상품을 기가지니 기프티쇼를 통해 앱과 연동해 결재하고 선물을 보낼 수 있다.

2022년 11월에는 종근당건강의 제품을 “담아줘 → 주문해줘 → 결재해줘”의 3단계 음성 명령으로 1분 안에 주문 및 결재가 이루어지도록 하였다.

[그림 1-13] 기가지니를 활용한 음성 주문

*출처: 종근당건강

15) 박태형, 2019

2.5 챗GPT

챗GPT(Chat GPT)는 인공신경망 기술인 딥러닝으로 훈련을 받은 대형 언어 모델이며, 언어로 구성된 대량의 텍스트(비정형 데이터)를 통해 패턴을 발견하는 것이 핵심이라고 할 수 있다. 인간이 다양하고 많은 경험을 통해 어떠한 규칙을 발견하듯이 인공신경망도 빅데이터를 통해 규칙과 패턴을 인식하고 발견할 수 있는 것이다.[16]

챗GPT는 2022년 11월 30일 미국 기업인 오픈에이아이(OpenAI)가 시장에 내놓은 인공지능 기술을 활용한 챗봇(chatbot)이다. 챗GPT는 인공지능 모델인 'GPT-3.5'를 활용하여 대화 방식으로 사용할 수 있다. 문자나 언어로 표현할 수 있는 논문, 보고서, 문학(시, 소설 등), 시놉시스(영상), 코딩(파이썬) 등에서 수준 높은 결과물을 만들어낸다. 이에 챗GPT 또는 GPT-3.5를 '생성형 AI(Generative AI)'라고 부르기도 한다.

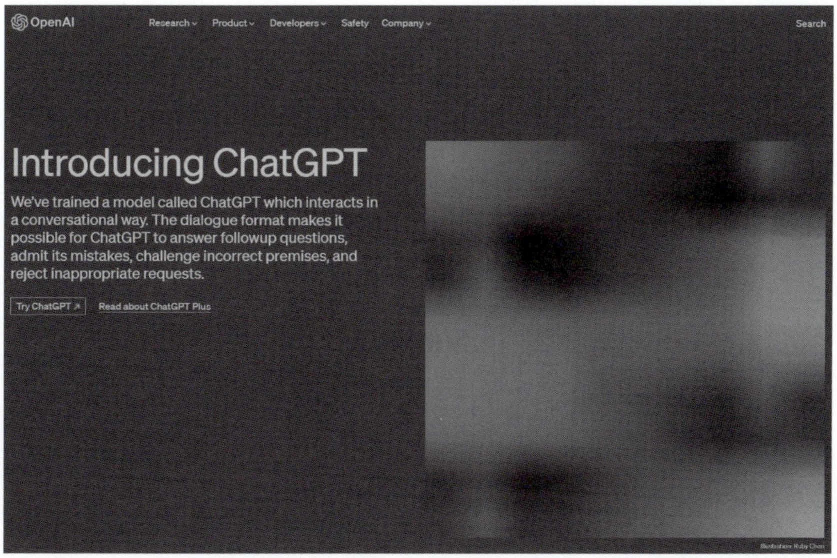

[그림 1-14] 챗GPT(https://openai.com/blog/chatgpt)

16) https://zdnet.co.kr/view/?no=20230206125750

챗GPT는 간단한 질문 또는 명령을 내리면 체계적으로 구성한 문서를 만들어준다. 챗GPT의 등장으로 편의성 증진 차원에서는 긍정적인 평가를 받고 있지만, 정보의 편향성과 윤리적인 문제점도 존재한다. 이에 생성형 인공지능 확산에 대비하여 빅데이터를 보다 빠르게 학습 및 처리하는 컴퓨팅 파워의 확보, AI 반도체 R&D, 데이터 유통 및 거래 활성화, 인공지능을 고려한 저작권 제도 정비 등의 준비가 필요할 것으로 보인다.[17)]

17) 정준화, 2023

연·습·문·제

1. 인공지능 관련 기술에 대해 설명하시오.

2. 인공지능의 특징에 대해 설명하시오.

3. 인공지능 비즈니스 모델에 대해 설명하시오.

4. 미래 사회의 인공지능의 역할에 대해 설명하시오.

5. 인공지능이 경영에 활용되는 최신 사례를 찾아 정리해 보시오.

2

CHAPTER

머신러닝 개요

학습목표

머신러닝 기법의 원리와 활용 이해

학습내용

머신러닝의 원리 이해

머신러닝의 분류와 예측 모델

머신러닝의 활용 사례

1. 머신러닝의 개요
2. 머신러닝 개념
3. 머신러닝 분류
4. 예측 모델
5. 머신러닝 활용 사례

1. 머신러닝의 개요

인공지능, 머신러닝, 딥러닝 등의 용어를 많이 들어봤을 것이다. 머신러닝은 인공지능의 한 분야이며, 대표적 사례로는 이메일이 스팸인지 아닌지를 판별하는 알고리즘이 있다. 이러한 머신러닝은 다양한 분야에서 활용되고 있으며, 컴퓨터와 ICT 기술과 더불어 발전하고 있는 분야이다.

머신러닝을 사용하기 전에는 전통적인 프로그래밍 방법을 통해서 문제를 해결하였다. 즉, 당면한 문제를 해결하기 위해서 해결책을 찾은 후, 규칙을 작성해서 테스트하고 테스트가 이상이 없으면 다음 단계로 넘어가고 이상이 있는 경우에는 다시 과정을 반복한다.

전통적인 프로그래밍 방법은 지속적인 업데이트가 필요하기 때문에 효율적인 측면에서는 부족하다는 단점을 가지고 있다. 예를 들면, 이메일의 스팸의 경우는 새롭게 추가된 스팸 단어의 처리를 위해서는 자동으로 처리가 안 되기 때문에 사용자가 임의로 스팸 처리될 단어를 지속적으로 추가해야 한다.

그러나 머신러닝을 사용하게 되면, 사용자가 직접 설정을 하지 않아도, 사용자의 이메일 정보를 보고 머신러닝 알고리즘을 통해서 자동으로 분석하여 스팸 메일을 처리해주고 있다. 일반적으로 머신러닝의 학습을 자동화하기 위해서 작업 흐름 전체를 머신러닝 파이프라인을 사용하고 있다.

기계가 생각을 한다는 것이 정확히 무엇을 의미하는지에 대해서 영국의 수학자이자 암호학자이며 컴퓨터 과학자인 튜링(Alan Turing)이 1950년에 발표한 논문에 처음 사용되었다(이미테이션 게임, Turing Game). 튜링이 생각하는 기계를 정의한 이후 아직까지도 인공지능 개념에 대해 합의된 정의는 없다. 그러나 기계가 문제 해결을 위한 방법을 스스로 찾거나, 게임에서 이기기 위해 필요한 기술과 전략을 습득하는 것처럼 컴퓨터 프로그램(알고리즘)이 많은 데이터를 경험하고 이를 바탕으로 원하는 목표를 달성할 수 있도록 하는 것이 인공지능의 핵심이라고 할 수 있다(강영민 외, 2021).

퍼셉트론(Perceptron)

1968년 마빈 민스키(Marvin Minsky)가 인공지능의 역사에 대해 논의하였는데, 1962년 이전의 인공지능에 대한 연구는 많은 시행착오를 탐색하여 휴리스틱을 찾는 것을 중요하게 생각하였다. 인공신경망의 시작은 1958년에 프랭크 로젠블랫이 만든 **퍼셉트론(Perceptron)**이다.

그러나 이러한 퍼셉트론도 한계를 가지고 있기 때문에 인공지능 연구는 침체기를 겪게 되었다. 1970년대 들어와서 인공지능은 기호를 다루고, 추론과 특징 추출, 상태 탐색을 중심으로 하는 분야가 주류가 되기 시작되었다.

오류 역전파(error backpropagation)

1940년대에 워렌 맥컬록과 월터 피츠는 그들이 주장한 신경망 모델로 모든 종류의 이진 논리 게이트를 구현할 수 있다는 것을 증명하였는데, 이는 **오류 역전파(error backpropagation)** 발견의 시작이다.

오류 역전파 알고리즘에서는 여러 계층으로 이루어진 퍼셉트론에서 답을 찾을 수 있는 연결 상태로 바뀌는 것을 학습이라고 할 수 있는데, 경사 하강 방식으로 이를 가능하게 하는 방법이 있다. 기술의 발전으로 인해 오류 역전파 방법으로는 많은 계층을 가진 모델을 학습시키기가 매우 어렵다는 단점을 가지고 있다. 이를 해결하기 위해서 제안된 것이 합성곱신경망이다. 이는 제프리 힌튼 교수 등의 연구자들이 심층 신경망을 효과적으로 학습시킬 수 있도록 고안한 방법이다.

2. 머신러닝 개념

머신러닝은 인공지능은 한 분야로 기계학습으로도 불리고 있다. 머신러닝은 규칙을 하나하나 프로그래밍 하지 않아도 자동적으로 데이터 속에서 규칙을 찾아내고 이를 학습하는 알고리즘이라고 할 수 있다. IBM의 Arthur Samuel(1959)은 최초의 상업용 컴퓨터 IBM 701로 체커스라는 SW를 개발하였는데, 머신러닝이란 명시적인 프로그래밍이 없이도 컴퓨터가 학습을 하도록 능력을 갖추게 하는 연구 분야라고 하였으며, Tom Michell(1977)은 어떠한 작업 T에 대해 컴퓨터 프로그램 성능을 P로 측정하였을 때, 경험 E로 인해서 그 성능이 향상되었으면, 컴퓨터 프로그램은 작업 T와 성능 측정 P에 대해서 경험 E로부터 학습한다고 하였다.[1)]

일반적으로 머신러닝을 학습하기 위해서는 트레이닝 셋과 샘플을 알아야만 한다. 트레이닝 셋은 머신러닝 알고리즘을 훈련하는 데 있어 사용하는 데이터 셋을 의미하며, 샘플은 훈련 데이터를 의미한다.

머신러닝은 동작하는 방식을 일일이 지시하게 프로그램을 설계하지 않는다. 즉, 변경이 가능한 파라미터에 의해서 동작이 결정되도록 융통성 있는 프로그램을 만드는 것인데, 이를 **모델**이라고 한다. 모델

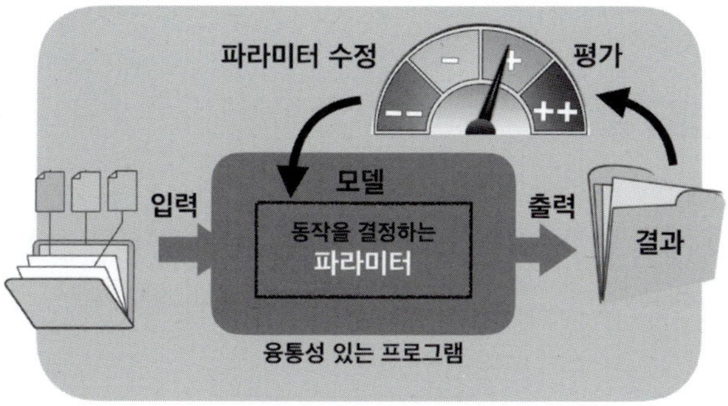

[그림 2-1] 머신러닝의 구조

*출처: 《으뜸머신러닝》, 생능

일반적으로 파라미터가 바뀌면 동작도 바뀌게 되며, 다양한 데이터를 제공하여 프로그램이 제공된 데이터를 얼마나 잘 처리하는지를 살펴본다. 좋은 동작이 나오도록 파라미터를 변경하는 일을 하는데, 이 과정을 **학습(learning)**이라고 부른다. 학습(learning)

머신러닝은 다음과 같은 장점이 있다.

첫째, 머신러닝은 전통적 방식으로 해결되지 않는 복잡한 문제를 해결할 수 있다. 둘째, 데이터에 쉽게 적응이 가능한 시스템으로 데이터마이닝을 통해서 복잡한 문제를 해결하기 위해 빅데이터 학습 및 훈련을 통해 인사이트를 찾을 수 있다. 셋째, 컴퓨터 알고리즘으로 학습시킨 후 최적의 파라미터를 찾거나, 그 결과에 대한 평가를 자동화할 수 있다.

1) https://ittrue.tistory.com/33의 내용을 수정 및 보완

편향(bias)

하지만 머신러닝은 다음과 같은 단점이 있다.

먼저 데이터 편향(bias)이다. 이는 확보한 데이터가 모집단의 특성과 분포를 제대로 반영하지 못하고 일부 특성만을 가지고 있는 경우에 발생한다. 이러한 편향의 이유는 적은 수의 표본을 추출한 경우와 표본의 수집 및 표집이 잘못 되어서 모집단에 속한 대상을 균일하게 추출하지 못하는 경우에 발생한다.

둘째, 부정확성으로 품질이 낮은 데이터로 인해 많은 오류, 이상치, 잡음을 포함하고 있는 경우에 발생한다.

셋째, 무관함으로 많은 데이터를 확보했지만, 데이터가 담고 있는 특성이 학습하고자 하는 문제와 무관한 데이터를 사용한 경우에 발생한다.

3. 머신러닝 분류

머신러닝의 분류

머신러닝은 훈련 지도 여부, 실시간으로 훈련 여부, 예측 모델 사용 여부에 따라 크게 3가지로 분류하고 있다. 훈련 지도는 지도학습, 비지도학습, 준지도학습, 강화

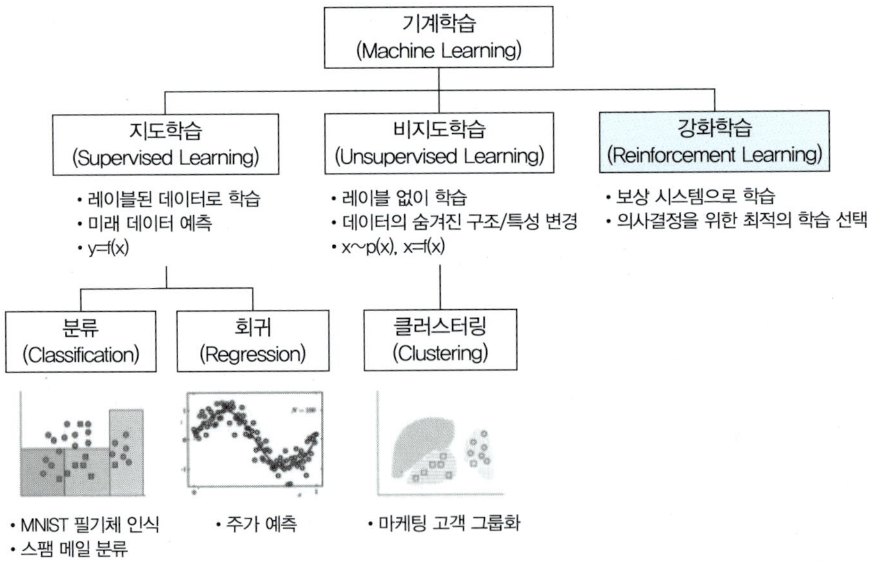

[그림 2-2] 머신러닝의 분류

*출처: https://ittrue.tistory.com/35

학습, 실시간 훈련은 온라인 학습, 배치 학습, 예측 모델 사용은 사례 기반 학습, 모델 기반 학습이 있다.

그러나 대부분의 문헌(연구)에서는 훈련 지도에 따른 지도학습, 비지도학습, 강화학습, 준지도학습의 4가지만 소개하고 있다.

인공지능, 머신러닝, 딥러닝, 빅데이터의 관계는 다음 그림에서 보는 바와 같다. 딥러닝은 머신러닝(기계학습)에 포함되어 있고, 머신러닝은 다시 인공지능에 포함되어 있다. 따라서 큰 틀에서 인공지능은 머신러닝, 딥러닝을 포함하고 있다. 빅데이터 역시 상당한 부분 인공지능, 머신러닝, 딥러닝과 공유하고 있다. 빅데이터가 없는 인공지능, 머신러닝, 딥러닝은 의미가 없기 때문이다. 그 한 예로 딥러닝이 컵 하나를 인식하기 위해서 수만 장 이상의 다양한 컵, 다양한 각도의 컵 사진이 필요하다. 또한, 요즘 트렌드의 하나는 인공지능 기법에 다수의 빅데이터 기법이 포함되는 형태이다. 특히 텍스트마이닝과 함께 많은 수의 데이터마이닝 기법이 인공지능 기법으로 불리고 있는 상황이다.

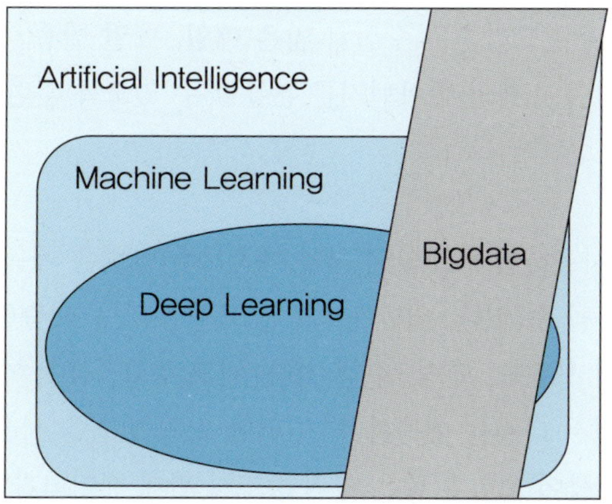

[그림 2-3] 인공지능, 머신러닝, 딥러닝, 빅데이터의 관계

*출처: 디지털비즈온

빅데이터는 인공지능과 결합하여 교통과 업무, 가사의 자동화 등 일상생활의 변화를 주도함은 물론 공공 안전과 국방, 교육, 의료, 법률자문 등 전문 분야에 이르기까지 그 활용 범위가 매우 넓어졌으며, 모든 산업에서 빅데이터와 인공지능을 이용한 기술력이 경쟁력 강화를 위한 원천으로서 활용되고 있다.

3.1 훈련 지도

3.1.1 지도학습

지도학습(supervised learning)

지도학습(supervised learning)은 훈련(train) 데이터로부터 하나의 함수를 유추해 내기 위한 방법을 의미하며, 지도학습의 목표는 입력을 출력에 매핑하는 일반적 규칙을 학습하는 것을 의미한다. 예를 들면, 야채와 과일을 구분할 때, 야채인지 과일인지를 사전에 먼저 알려준 다음, 학습을 한 컴퓨터가 새로운 물건을 보고 이전의 학습을 바탕으로 야채인지 과일인지를 맞추도록 하는 것이다.

훈련 데이터는 일반적으로 입력 객체에 대한 속성을 벡터 형태로 포함하며, 각 벡터에 대해서 원하는 결과가 무엇인지를 표시하고 있다. 또한, 유추한 함수 중에서 연속적인 값을 출력하는 것을 회귀분석이라고 하며, 주어진 입력 벡터가 어떤 종류의 값인지를 표시하는 것을 분류라고 한다.

(1) 분류(classification)

분류(classification)

전형적인 지도학습 작업 중의 하나인 분류는 스팸 필터 알고리즘이 그 예가 될 수 있다. 즉, 스팸 필터 알고리즘은 수신된 많은 메일, 메일 발송 기관, 제목 등을 훈련하여 수신된 메일이 스팸인지 아닌지를 분류할 수 있도록 훈련되어야만 한다.

(2) 회귀(regression)

회귀(regression)

여러 가지 특성을 사용하여 타깃의 수치를 예측하는 방법은 예측인데, 중고차의 가격 예측이 그 예가 될 수 있다. 일반적으로 중고차 가격을 예측하기 위해서 사용되는 특성은 중고차의 브랜드, 연식, 주행 거리, 사고 유무, 침수 여부 등이다. 타깃은 중고차 가격이 되어서 타깃을 예측한다. 이러한 회귀 방법을 사용하기 위해서 예측 가능한 변수와 레이블이 포함된 많은 양의 중고차 판매 데이터가 필요하다.

(3) 지도학습 알고리즘은 다음과 같다.

지도학습 알고리즘

- k-최근접 이웃(kNN: k-Nearest Neighbors)
- 선형 회귀(linear regression)
- 로지스틱 회귀(logistic regression)
- 서포트 벡터 머신(SVC: Support Vector Machines)
- 결정 트리(decision trees)

- 랜덤 포레스트(random forests)
- 신경망(neural networks)

3.1.2 비지도학습

비지도학습(unsupervised learning)은 지도 학습과는 다르게 외부에서 레이블이 주어지지 않고 학습 알고리즘이 스스로 작동하여 입력으로부터 어떠한 구조를 발견하는 학습 방법이다. 즉, 레이블 없는 훈련 데이터를 사용하여 스스로 학습하도록 하는 방법이다.

비지도학습(unsupervised learning)

이러한 비지도 학습을 사용하면 데이터 속에서 숨겨진 패턴을 발견할 수 있는데, 비지도 학습의 대표적인 예가 바로 클러스터링이다. 클러스터링은 군집화로도 불리며, 이러한 방법은 주어진 데이터를 특성에 따라 2개 이상의 그룹으로 나누는 것을 의미한다.

데이터 구성이 어떻게 되었는지를 알아내고 문제의 범주에 속하여 행하는 지도 학습 및 강화학습과는 다르게 입력값에 대한 목표치가 주어지지 않는다. 또한, 이러한 비지도학습의 대표적인 예로는 군집, 시각화, 차원 축소, 연관 규칙 학습 등이 있다.

(1) 군집

군집은 데이터를 비슷한 특징을 가진 몇 개의 그룹으로 나누는 것으로 사이트 방문자들을 그룹으로 묶는 것을 예로 들 수 있다. 사이트의 방문자들을 성별, 날짜, 연령대, 게시글 카테고리 등으로 그룹화하는 것을 뜻한다. 군집 분석은 전체 데이터를 군집을 통해 잘 구분하는 것으로 다양한 특징을 가진 관찰 대상으로부터 동일 집단으로 분류하는 데 사용한다. 이는 유사한 특성을 가진 개체를 합쳐가면서 최종적으로 유사 특성의 군집을 찾아내는 분류 방법으로 구분하려고 하는 각 군집에 대한 아무런 사전 지식이 없는 상태에서 분류하는 것이므로 무감독학습(Unsupervised Learning)에 해당한다. 즉, 개체들에 대한 사전 지식 없이 유사도에 근거하여 군집들을 구분한다.[2] 군집의 대표적인 알고리즘에는 k-평균, DBSCAN, 계층 군집 분석 등이 있다.

군집

2) 빅데이터개론, 2023

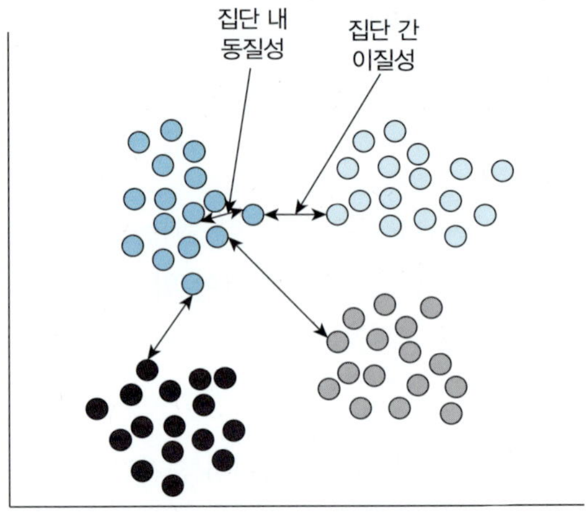

[그림 2-4] 군집분석

DBSCAN

DBSCAN은 노이즈가 있는 밀도 기반 공간을 클러스터링하는 대표적인 알고리즘이다. 임의적 모양의 클러스터 또는 이상값이 있는 클러스터를 찾을 수 있다는 장점을 가지고 있다. 특정 포인트가 클러스터의 많은 포인트에 가까이 위치하게 되면, 그 클러스터에 속한다고 판단하는 것으로 중요한 2가지 파라미터가 있다.[3)]

eps
minPts
핵심 포인트(Core point)
경계 지점(Border point)
이상치(Outlier)

- eps: 이웃을 지정하는 거리로 두 점 사이의 거리가 eps보다 작거나 같으면 두 점을 이웃이라고 간주
- minPts: 클러스터를 정의하기 위한 최소 데이터 포인트 수를 의미하며, 두 파라미터 변수를 기반으로 포인트를 핵심 포인트와 경계 포인트로 분류
- 핵심 포인트(Core point): 반경 eps가 있는 주변 영역에 최소 minPts 수의 포인트(포인트 자체 포함)가 있는 경우의 포인트를 의미
- 경계 지점(Border point): 핵심 지점에서 도달할 수 있고 주변 영역 내에 minPts 개수 미만의 지점이 있는 경우의 포인트를 의미
- 이상치(Outlier): 핵심 포인트가 아니거나 핵심 포인트에서 도달할 수 없는 포인트를 이상치로 정의

(2) 차원 축소

차원 축소

차원 축소는 많은 피처로 구성되어 있는 다차원 데이터셋을 차원을 축소하여 새

3) https://claryk.tistory.com/7?category=904293의 내용을 수정 및 보완하였음

로운 차원의 데이터셋을 생성하는 것을 의미한다. 차원 축소는 데이터의 특성 수를 줄이는 것으로 상관관계가 있는 여러 가지 특성을 하나로 합치는 과정을 거친다. 이를 특성 추출이라 하며, 예를 들어 자동차의 주행거리와 연식은 상관관계가 높기 때문에 '자동차 상태'라는 특성으로 표현할 수 있다. 이러한 차원 축소를 통해서 머신러닝 알고리즘의 성능을 향상시킬 수 있고, 훈련 실행 속도가 빨라지는 등의 메모리 사용 공간을 줄일 수 있다는 장점을 가지고 있다.

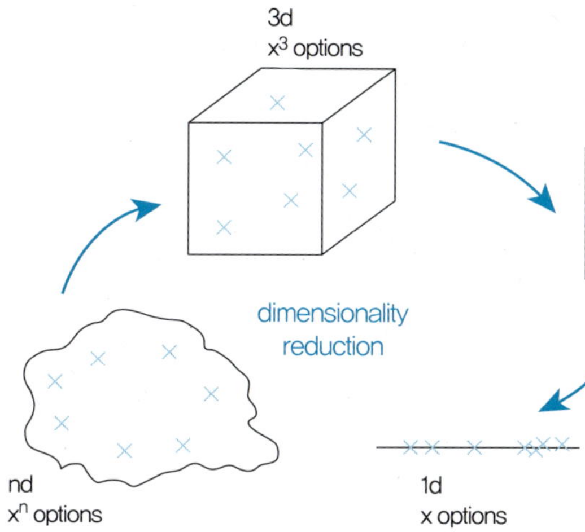

[그림 2-5] 차원 축소

*출처: https://towardsdatascience.com/dimensionality-reduction-cheatsheet-15060fee3aa

대표적인 차원 축소 알고리즘에는 PCA, LDA, SVD, NMF 등이 있다.

- PCA(Principal Component Analysis)는 가장 대표적인 차원 축소 기법으로 여러 변수들 간에 존재하는 상관관계를 이용하여 대표하는 주성분을 추출하여 차원을 축소하는 기법이다.
- LDA(Latent Dirichlet Allocation)는 주어진 문서에 대해 각 문서에 어떤 주제들이 존재하는지에 대한 확률모형으로 토픽별 단어의 분포, 문서별 토픽의 분포를 모두 추정해 내는 기법이다.
- SVD(Singular Value Decomposition)는 특잇값 분해로도 불리며, 행렬을 특정한 구조로 분해하는 방식이다. 특잇값 분해는 행렬의 스펙트럼 이론을 임의의 직사각행렬에 대해 일반화한 것으로, 스펙트럼 이론을 이용하면 직교 정사

PCA(Principal Component Analysis)
LDA(Latent Dirichlet Allocation)
SVD(Singular Value Decomposition)

각행렬을 고윳값을 기저로 하여 대각행렬로 분해할 수 있다.[4)]

NMF(Non-negative Matrix Factorization)

- NMF(Non-negative Matrix Factorization)는 음수 미포함 행렬 분해로도 불리며, 음수를 포함하지 않은 행렬 V를 음수를 포함하지 않은 행렬 W와 H의 곱으로 분해하는 알고리즘이다.[5)] 행렬이 음수를 포함하지 않는 성질은 분해 결과 행렬을 찾기 쉽게 만든다. 일반적으로 행렬 분해는 정확한 해가 없기 때문에 대략적인 해를 구하게 된다. 음수 미포함 행렬 분해는 컴퓨터 시각 처리, 문서 분류, 음파 분석, 계량분석화학, 추천 시스템 등에 많이 사용된다.[6)]

(3) 이상치 탐지(Outlier detection)와 특이치 탐지(Novelty detection)

이상치 탐지(Outlier detection)
특이치 탐지(Novelty detection)

이상치 탐지는 정상적인 샘플을 이용하여 훈련한 후에 입력 샘플의 정상 여부를 판단해서 이상치 추출 혹은 자동으로 제거하는 것으로 예를 들면, 신용카드사에서 카드 사용의 부정거래를 사전에 감지하거나 생산라인에서 제품의 결함을 사전에 잡아내는 것 등이 있다.

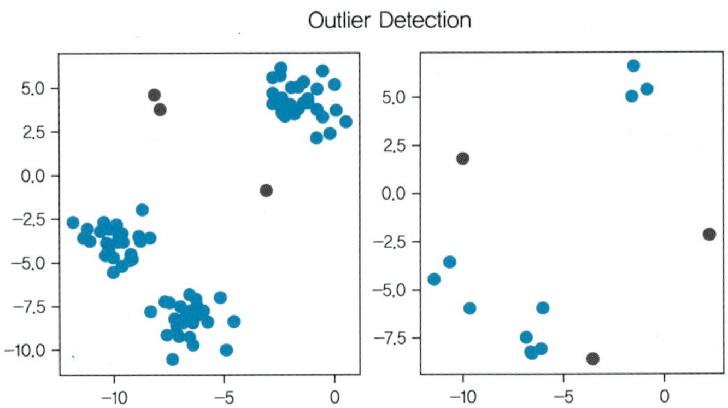

[그림 2-6] 이상치

*출처: https://amueller.github.io/aml/03-unsupervised-learning/03-outlier-detection.html

특이치 탐지는 깨끗하게 정제된 훈련 샘플을 이용하여 훈련 셋에 포함된 데이터와는 다른 특징을 보이는 데이터를 감지한다.

---

4) wiki

5) Shen&Israël, 1989

6) wiki

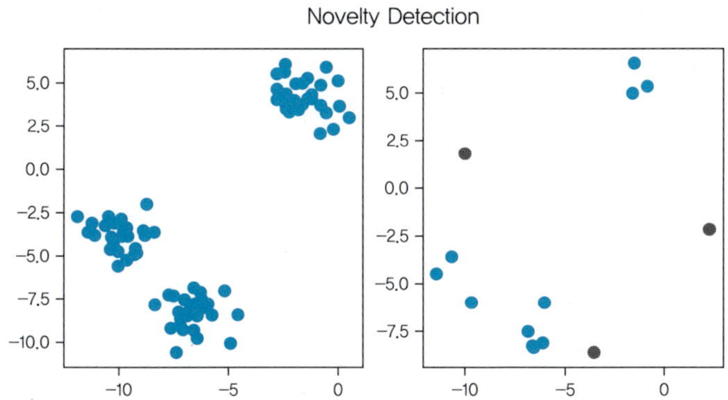

[그림 2-7] 특이치

*출처: https://amueller.github.io/aml/03-unsupervised-learning/03-outlier-detection.html

예를 들어, 특이치 탐지를 비교하기 위해서 수천 장의 고양이 사진과 스코티시폴드 종의 고양이 사진을 1% 정도 포함하여 탐지할 경우, 특이치 탐지 알고리즘에서는 새로운 스코티시폴드 종의 고양이 사진을 특이치로 간주하지 않는다. 그러나 이상치 탐지 알고리즘에서는 새로운 스코티시폴드 종의 고양이 사진을 다른 고양이 사진과 비교하여 다른 종으로 간주할 수 있다는 차이점이 있다.

(4) 연관 규칙

연관 규칙은 상품 혹은 서비스 간의 관계를 살펴보고 이로부터 유용한 규칙을 찾아내고자 할 때 이용할 수 있는 기법이다. 동시 구매될 가능성이 큰 상품들을 찾아내는 기법으로 장바구니 분석과 관련된 문제에 많이 적용되어 왔다. 연관 규칙

측정의 기본은 얼마나 자주 구매되었는가 하는 빈도를 기본으로 연관 정도를 정량화하기 위해서는 지지도, 신뢰도, 향상도를 계산하여 기준으로 한다. 연관성 규칙의 기본적인 개념은 장바구니 품목들을 식별하는 것에서부터 시작되었다. 다시 말하면 사건들은 동시다발적으로 발생하며, 이러한 사건들은 상호 영향을 주면서 결과를 나타나게 되는데 이와 같이 사건 또는 품목 간에 일어나는 연관성을 규명하려는 것이 연관성 규칙이다.

즉, 연관성 규칙이란 두 항목 간 그룹 사이에 강한 연관이 존재하는지에 대한 기술을 말한다. 다시 말해 연관 규칙은 'A라는 어떠한 사건이 일어나면 B라는 다른

사건이 일어난다.'와 같이 표현한다.[7)]

3.1.3 준지도학습

준지도학습(semi-supervised learning)

준지도학습(semi-supervised learning)은 레이블이 없는 데이터를 소량의 레이블이 있는 데이터와 함께 사용하여 모델의 분류 정확도를 향상시키는 방법이다.

지도학습에서는 가용 레이블 데이터를 전부 사용하여 분류 모델을 훈련하지만, 준지도학습에서는 제한된 레이블이 있는 데이터와 나머지 레이블이 없는 데이터를 훈련에 함께 사용하여 입력 영상을 분류한다. 준지도학습 기법에서는 레이블이 없는 데이터를 효율적으로 분류모델의 훈련에 사용하며, 레이블이 있는 데이터를 모두 이용하여 훈련한(상대적으로 더 많이 활용한) 모델과 동일한 분류 성능을 이끌어낸다.[8)]

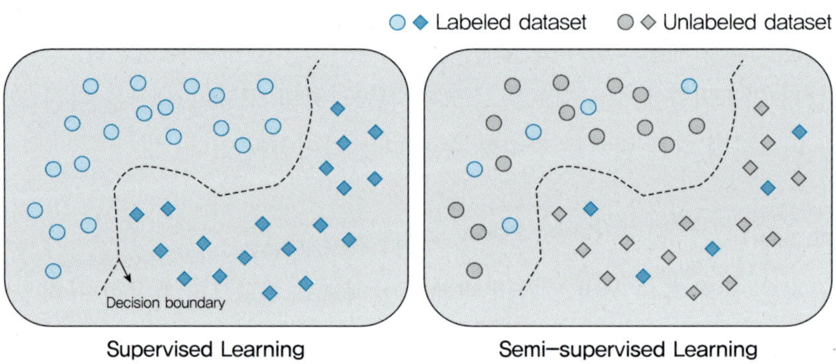

[그림 2-8] 지도학습과 준지도학습의 비교

준지도학습의 대표적인 예로 구글 포토 호스팅이 있는데, 가족사진 몇 장에만 레이블을 적용하고 나면, 이후의 모든 사진에서 가족사진 확인이 가능하다.

3.1.4 강화학습

강화학습(reinforcement learning)

강화학습(reinforcement learning)은 행동에 대한 보상을 받으면서 학습하고 이를 통해 어떠한 환경 안에서 선택이 가능한 행동들 중 보상을 최대화하는 행동이나 행

7) 빅데이터개론, 2023

8) 박재현, 조성인, 2021

동 순서를 선택하는 방법이다. 강화학습은 일반적으로 행동에 대한 보상 및 처벌 형태로 학습 데이터가 주어진다. 운전이나 운동경기 같이 동적인 환경에서 프로그램의 행동에 대한 피드백이 제공되는 경우로 어떠한 환경 안에서 정의된 주제가 현재의 상태를 관찰하여 선택할 수 있는 행동들 중에서 가장 최대의 보상을 가져다주는 행동이 무엇인지 학습하는 것으로 알파고, 각종 게임 등이 강화학습의 예이다.

강화학습은 학습을 수행하고 행동하는 에이전트(주체)가 환경과 상호작용한 뒤, 보상(reward)에 따라서 행동을 결정하는 정책을 바꾸어 나간다.

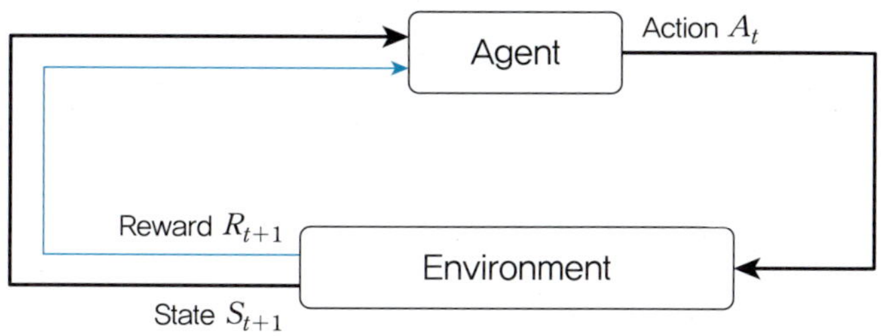

[그림 2-9] 강화학습

*출처: wiki

예를 들면, 구글의 알파고는 바둑을 두는 방법을 학습하기 위해서 먼저 과거 바둑 기보를 통해 확보한 바둑 기사들의 대국을 모방하여 학습한다. 그 다음에 독립적으로 자기 자신을 상대로 바둑을 두면서 학습하고 많은 시행착오를 거쳐서 자신만의 경기력을 개선해 나간다. 이러한 시행착오 과정이 바로 강화학습이다. 즉, 스스로 지혜를 터득하기 위한 콘셉트라고 할 수 있다.

강화학습은 관찰, 행동, 보상의 순서로 학습을 진행한다. 정의된 주체가 주어진 환경의 현재 상태를 관찰하고 이를 통해 행동을 취한다. 그다음 환경의 상태가 변화하면서 정의된 주체는 보상을 받으며, 이러한 보상을 기반으로 정의된 주체는 더 많은 보상을 받을 수 있는 방향으로 학습 행동을 취하게 된다.

강화학습에서 보상을 최대화할 수 있는 방향으로 행동할 수 있도록 탐색과 탐험의 적절한 균형을 맞출 수 있는데 사용되는 의사결정 프로세스를 마르코프 결정 프로세스(Markov Decision Process)라고 한다.

마르코프 결정 프로세스
(Markov Decision Process)

마르코프 결정 프로세스는 상태 전이(state transition)가 현재 상태 S_t와 입력(또는 행동) A_t에 의해서 확률적으로 결정되는 마르코프 모델(Markov model)이다. 마르코프 모델은 미래의 상태 S_{t+1}은 현재 상태 S_t에 영향을 받고 과거 상태 S_{t+1}, S_{t+2}, …에는 영향을 받지 않는 시스템에 대한 확률 모델(stochastic model)이다.

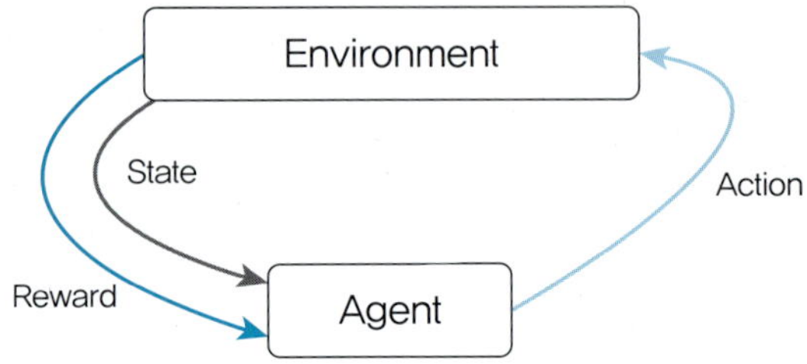

[그림 2-10] Markov Decision Process

*출처: www.Quora.com

3.2 실시간 훈련

3.2.1 배치 학습(Batch Learning)

실시간 훈련

배치 학습(Batch Learning)

배치 학습은 시스템에서 점진적으로 학습할 수 없기 때문에 가용한 데이터를 모두 사용하여 훈련시켜야 한다. 시스템을 먼저 훈련시킨 후에 시스템에 적용하면 더 이상 학습 없이 실행되기 때문에 단지 학습한 것을 적용만 한다. 배치 학습 방식은 시간과 자원이 많이 소모되기 때문에 일반적으로 오프라인에서 수행하며, 오프라인 학습(Offline learning)이라고 부른다.

배치 학습은 컴퓨팅 자원(CPU, GPU, RAM 등)이 충분한 환경에서만 사용 가능하기 때문에 새로운 데이터가 입력되면 처음부터 다시 새로 학습해야 하는 단점이 있다. 그러나 이러한 것을 해결하기 위해 MLOps를 이용한 자동화 기능을 사용하고 있으므로 이전 시스템 사용을 중지하고 새로운 시스템으로 교체한다.

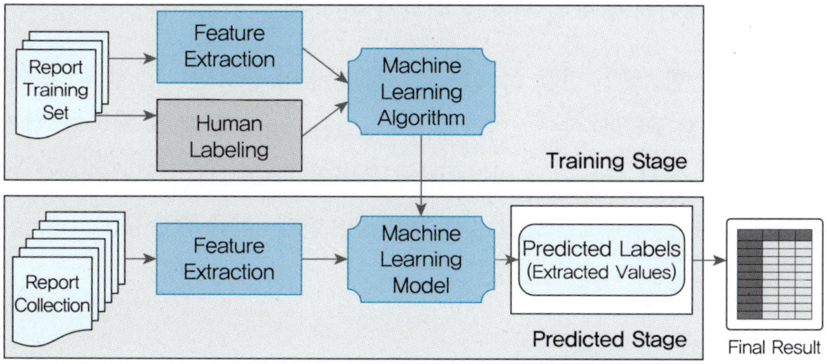

[그림 2-11] 배치 학습

*출처: Zheng et al., 2017

3.2.2 온라인 학습

온라인 학습(Online Learning)은 데이터를 순차적으로 한 개씩 또는 미니배치(mini-batch)라고 부르는 작은 묶음 단위로 투입하여 훈련시킨다. 매번 학습 단계가 빠르고 비용이 적게 들기 때문에 데이터가 도착하는 대로 즉시 학습할 수 있다는 장점이 있다.

온라인 학습(Online Learning)

즉, 하나씩 혹은 적은 양의 데이터인 미니배치를 사용해 점진적으로 훈련하는 방법이다. 미니 배치 단위로 학습하기 때문에 일반적인 배치 학습에 비해서 적은 양의 자원을 사용한다. 하지만 품질이 떨어지거나 나쁜 데이터가 주입되는 경우에는 시스템 성능이 점진적으로 떨어질 수도 있기 때문에 지속적인 모니터링이 필요하다.

온라인 학습은 배치 학습과는 다르게 연속적으로 데이터를 받고 빠른 변화에 스스로 적응해야 하는 시스템에 적합하다. 온라인 학습 시스템이 새로운 데이터 샘플을 학습하면 학습이 끝난 데이터는 더는 필요하지 않으므로 버려도 무관하다. 이는 많은 공간의 절약으로 이어진다.[9)]

예를 들면, 메인 메모리에 들어갈 수 없을 정도로 큰 데이터 셋을 학습하는 시스템의 경우 온라인 학습 알고리즘을 사용할 수 있으며, 이를 외부 메모리 학습이라고 부른다. 온라인 학습은 알고리즘이 데이터 일부를 읽어 들이고 훈련 단계를 수

9) https://changeslife.tistory.com/6의 내용을 수정 및 보완하였음

행하는데, 전체 데이터가 모두 적용될 때까지 이 과정을 반복한다.

학습률(Learning rate)

주가 예측 시스템, 코인 마켓 등 실시간으로 반영이 중요한 시스템이 그 예가 될 수 있는데, 대부분 PC보다는 스마트폰, 모바일폰, 피처폰 등의 제한된 시스템과 외부 메모리 학습에서 활용되고 있다. 이에 온라인 학습에서는 실시간으로 변화하는 데이터에 얼마나 빠르게 적응할 것인가가 중요한데, 이를 학습률(Learning rate)이라고 한다.

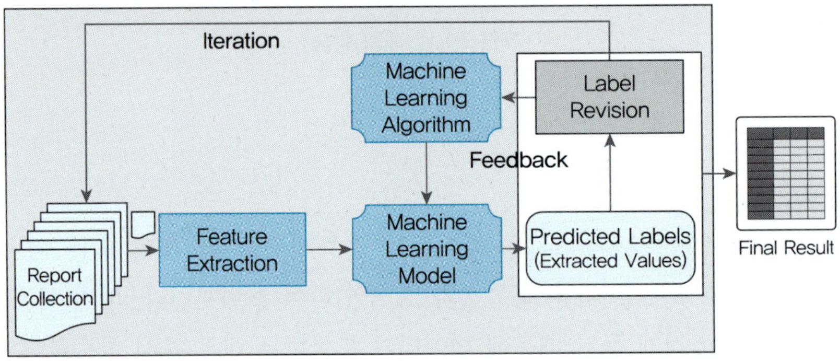

[그림 2-12] 온라인 학습

*출처: Zheng et al., 2017

만약 학습률을 높이면 시스템이 데이터에 빠르게 적응하지만, 이전 데이터를 금방 잊어버리게 된다. 그러나 학습률을 낮추면 상대적으로 더 느리게 학습하게 되지만, 새로운 데이터에 있는 노이즈나 대표성이 없는 데이터 포인트에 덜 민감해진다는 장점이 있다.

4. 예측 모델

예측 모델

예측 모델은 훈련 모델의 일반화(새로운 데이터에 대한 예측) 방식에 따라 분류한다.

사례 기반 학습(Instance-based learning)

4.1 사례 기반 학습(Instance-based learning)

사례 기반 학습은 샘플을 기억 및 저장하는 것이 훈련의 전부이며, 예측을 위해서는 기존에 저장 및 학습한 샘플과의 유사도로 측정한다. 즉 새로운 데이터가 입력되는 경우에 학습된 데이터와 새로운 데이터 간의 유사도를 측정하고 입력된 데이터를 가장 유사도가 높은 기존 데이터의 클래스로 분류하게 된다. 유사도의 측정은 데이터에 따라 다르게 진행되며, 만약 텍스트 데이터가 대상일 경우 공통으로 포함된 단어의 수를 기반으로 분류한다.

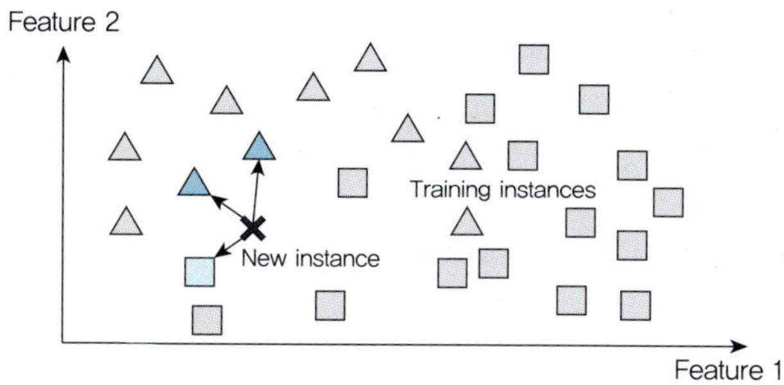

[그림 2-13] 사례 기반 학습

*출처: Hands-On Machine Learning with Scikit-Learn & TensorFlow

사례 기반 학습은 **k-최근접 이웃**(k-NN: k-Nearest Neighbors) 알고리즘이 대표적이다. 'k-최근접 이웃' 알고리즘이란 훈련 데이터에서 새로운 데이터 포인트에서 가장 가까운 'k개'의 이웃을 찾고 이 이웃들의 클래스 중 빈도가 가장 높은 클래스를 예측값으로 사용하는 알고리즘이다.[10]

k-최근접 이웃

10) Tian et al., 2016

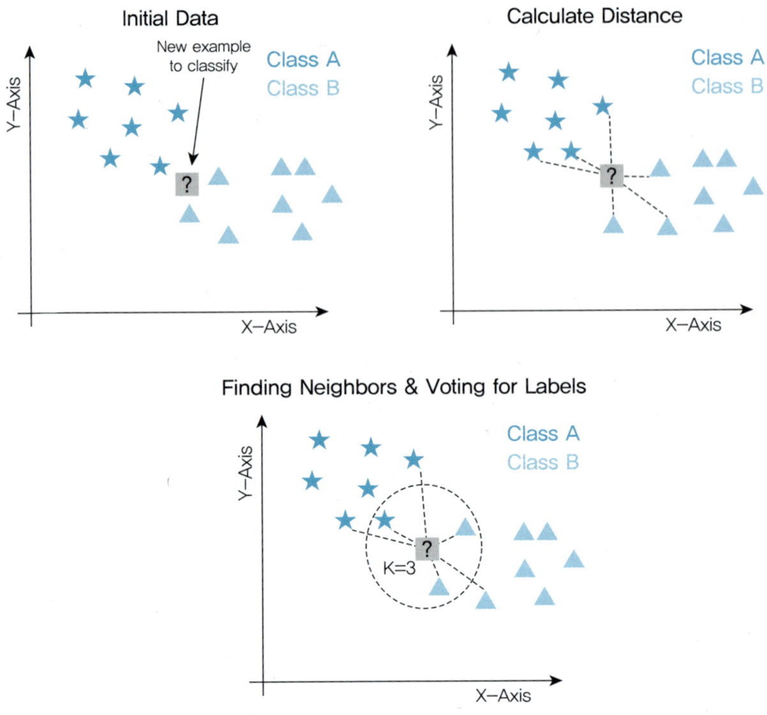

[그림 2–14] k–NN

*출처: https://www.datacamp.com/community/tutorials/k-nearest-neighbor-classification-scikit-learn

k–NN의 특징은 다음과 같다.

k–NN은 데이터 기반 분석으로 어떤 점의 특성을 알고 싶으면 가까이 있는 점으로부터 특성 파악이 가능하다는 특징을 가지고 있다. 그리고 데이터의 분포에 신경쓰지 않아도 되며, 회귀, 분류 등의 문제에 적용이 가능하다.

회귀 문제는 k–NN의 값을 평균을 구해서 값을 예측하는 것을 의미하며, 분류 문제는 k–NN 중에서 가장 많은 항목을 선택하는 것을 의미한다.

k–NN의 장점과 단점은 다음과 같다.

먼저 쉽고 이해하기 직관적이며, 사전 학습이 필요 없다는 장점이 있다. 또한, 비모수 방식으로 어떤 분포든지 상관없이 분석이 가능하며, 데이터가 많을 경우 정확도가 향상된다는 장점이 있다. 그러나 데이터가 많을 경우 연산량이 증가하거나 차원 축소 등으로 인해 계산량이 감소한다는 단점을 가지고 있다. 또한, 데이터 차원이 증가함에 따라 정확도가 급하락한다는 단점이 있다.

그리고 최선의 k값 선택을 하는 것은 데이터마다 다른 방법으로 접근해야 한다. 즉, 오버피팅과 언더피팅을 방지하기 위해서는 k값을 적절하게 조절해야 한다. 오버피팅은 노이즈에 너무 민감하게 반응하여 올바르게 분류하지 못하는 경우(k값이 너무 작다)에 발생한다. 언더피팅은 데이터에 너무 둔감하게 반응하여 올바르게 분류하지 못하는 경우(k값이 너무 크다)에 발생한다.

4.2 모델 기반 학습(Model-based learning)

모델 기반 학습(Model-based learning)

모델 기반 학습은 데이터 샘플로부터 일반화시키는 다른 방법으로 이 샘플들의 모델을 만들어 예측하는 방법이다. 즉, 모델을 사전에 지정한 후에 훈련 셋을 사용하여 모델을 훈련시키는 것이다.

모델 기반 학습은 데이터셋에 적합한 모델을 사용하여 모델을 만들고, 모델을 사용하여 새로운 데이터를 어떻게 분류할지에 대해 예측한다. 또한 데이터 셋에 적합한 모델을 선택하는 과정이 필요하다.

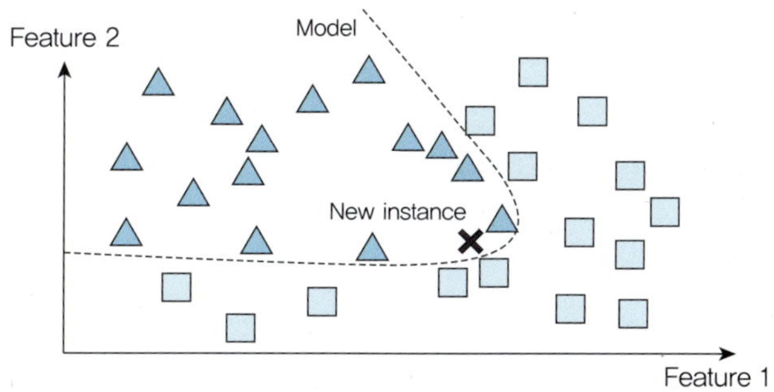

[그림 2-15] 모델 기반 학습

*출처: Hands-On Machine Learning with Scikit-Learn & TensorFlow

모델은 다양한 파라미터가 존재하고 있고, 데이터에 최적화되는 모델 파라미터를 찾아내는 것이 훈련이다. 중요한 것은 학습 데이터 셋을 훈련시키는 과정에서 선택된 모델의 성능이 얼마나 좋은지를 적합도 함수나 효용함수로 평가할 수 있으며, 얼마나 나쁜지를 비용함수나 손실함수로 평가할 수 있다.

일반적으로 손실함수를 최소화시키는 방향으로 진행되며, 손실함수를 최소화시키는 파라미터를 찾는 과정을 훈련이라고 한다. 머신러닝에서는 모델이 학습 과정을 찾아가는 파라미터로, 사용자가 직접 설정해 주는 학습률과 같은 파라미터는 하이퍼 파라미터라고 불린다.

5. 머신러닝 활용 사례

머신러닝은 추천 시스템, 스팸 필터, 번역, 챗봇, 자율주행차 등 많은 분야에서 광범위하게 사용되고 있다.

5.1 챗봇

챗봇

챗봇은 머신러닝 기반으로 사용자(user)와 컴퓨터 간의 대화를 지원하는데, 머신러닝을 통해 인간의 목소리와 대화 패턴을 학습한다. 쇼핑몰 등에서 챗봇을 통한 상담서비스 등을 제공하고 있다.

퍼플독은 와인 구독 서비스를 제공하고 있는데, 나만의 와인 취향을 파악하기 위해 사용하면 좋은데, 상담 시간이 아니더라도 언제 어디서나 편리한 시간에 와인 매치를 통해 와인 타입과 구독할 수 있도록 해준다는 장점을 가지고 있다.

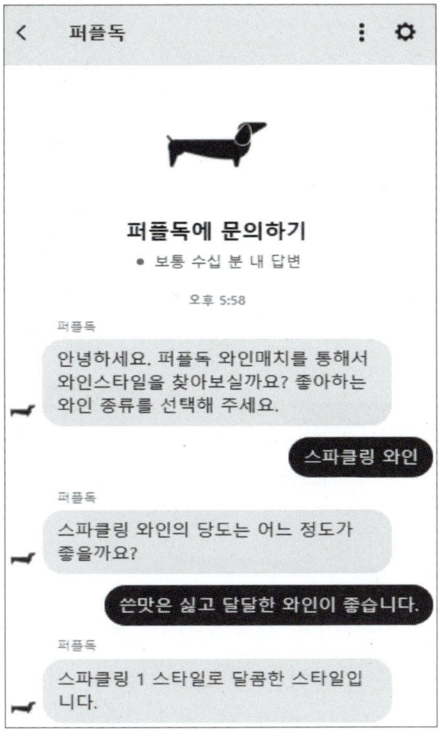

[그림 2-16] 챗봇의 한 유형인 퍼플독

5.2 번역 시스템

번역 시스템

전문 번역가의 번역을 머신러닝을 통해 학습하고 이를 통해 문장을 번역한다. 구글 번역, 카카오 i 번역, 네이버의 파파고 등이 있다. 번역의 속도는 번역가들보다 매우 빠르지만, 정교하고 섬세한 번역은 인간 번역가가 하는 수준에는 부족하다고 할 수 있다. 네이버 파파고는 현재 영어, 중국어, 일본어 외 15개 언어의 번역을 제공하고 있다.

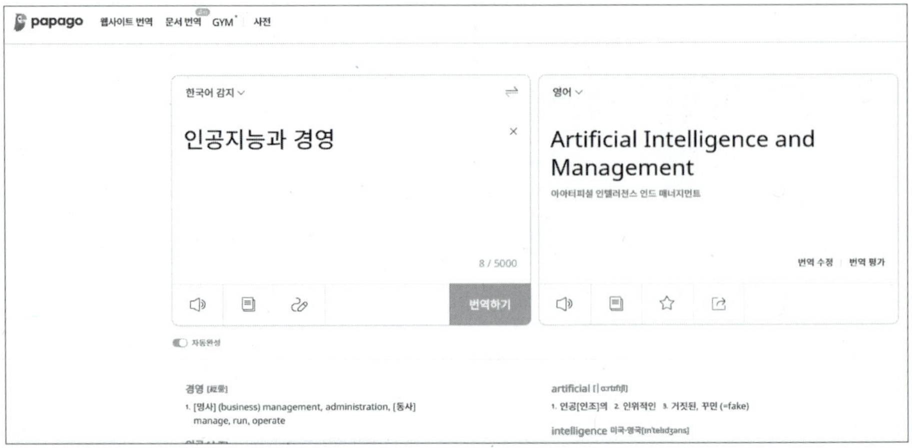

[그림 2-17] 구글 번역

5.3 추천 시스템

추천 시스템

추천 시스템은 인터넷 쇼핑몰 이용 시 나와 비슷한 구매 성향을 가진 사람들이 구매한 비슷한 제품의 구매를 추천하는 것을 의미한다. 기존 고객들의 구매 내역을 머신러닝으로 학습시켜 추천하고 있다. 많은 쇼핑몰에서 현재 추천 시스템을 사용하고 있다. 예를 들면, yes24의 경우는 이 책을 구입한 사람들이 함께 구매한 책과 이 책을 구입한 사람들이 많이 구매한 책을 구분지어 추천해주고 있다.

[그림 2-18] yes24의 추천 시스템

연·습·문·제

1. 머신러닝의 개념에 대해 설명하시오.

2. 머신러닝을 분류하고 설명하시오.

3. 지도학습과 비지도학습에 대해 설명하시오.

4. 배치 학습과 온라인 학습에 대해 설명하시오.

5. 예측 모델에 대해 설명하시오.

6. 머신러닝의 최신 활용 사례를 찾아 정리해 보시오.

3

CHAPTER

딥러닝 개요

학습목표

딥러닝 기법의 원리와 활용 이해

학습내용

딥러닝의 원리 이해

인공신경망과 심층망 학습

딥러닝의 활용 사례

1. 딥러닝의 개요
2. 딥러닝의 개념
3. 인공신경망
4. 심층망의 학습 방법
5. 딥러닝의 사례

1. 딥러닝의 개요

딥러닝은 음성 인식, 이미지 식별 또는 예측 등 사람의 작업을 대신 수행하도록 컴퓨터를 학습시키는 일종의 머신러닝을 의미한다. 데이터가 사전 정의된 방식을 통해 실행되도록 구성하는 다른 기술과 다르게 데이터에 대한 기본 파라미터를 설정하고 컴퓨터가 여러 처리 계층을 이용해 패턴을 인식함으로써 스스로 학습하도록 훈련시키는 기술을 의미한다(sas).[1)]

딥러닝의 활용분야는 크게 음성 인식, 이미지 인식, 자연어 처리, 추천 시스템 등이 있다. 기업, 대학 등에서 이미 음성 인식에 딥러닝 방법을 적용하고 있다. 예를 들면, Xbox, Skype, Google Now, Apple 시리(Siri), 네이버 클로바, 아마존 알렉사 등에 이미 사람의 말과 음성의 패턴을 인식하는 딥러닝 기술이 적용되었다

딥러닝

이미지 인식은 자동 이미지 캡션과 장면 묘사 기능 등이 있는데, 이 기술은 범죄가 발생한 혼잡 지역에서 사람들이 제보한 수천 장의 사진을 보고 범죄 행위를 식별해야 하는 기관의 수사에 중요한 역할을 담당한다. 자율주행 자동차의 경우도 360도 카메라 기술을 통해 이미지를 인식할 수 있다.

딥러닝의 핵심 요소인 신경망은 이미 문자 언어를 처리하고 분석하는 데 사용되고 있다. 자연어 처리를 통해 텍스트 마이닝 기술은 고객의 불만 사항이나 진료기록, 뉴스, 보고서 등에서 특징적인 패턴을 발견하는 데 유용하게 사용되고 있다.

Amazon과 Netflix는 과거의 고객 행동을 토대로 하여 다음에 관심을 보일 것으로 예상되는 제품이나 콘텐츠(영화, 드라마 등)를 높은 확률로 맞출 수 있는 추천 시스템이라는 개념을 대중화하였다. 추천

1) https://www.sas.com/ko_kr/insights/analytics/deep-learning.html

시스템에서 딥러닝 기술을 이용하면 선호하는 음악, 영상, 의류, 스마트폰, TV 등과 같은 복잡한 환경에서 여러 플랫폼에 걸쳐서 추천 기능을 개선할 수 있도록 해준다.

2. 딥러닝의 개념

딥러닝은 여러 비선형 변환 기법의 조합을 통해서 보다 높은 수준의 추상화를 시도하는 머신러닝 알고리즘의 집합으로 정의할 수 있으며, 사람의 사고방식을 컴퓨터로 구현하는 머신러닝의 일종이라고 할 수 있다. ANN(Artificial Neural Network), DNN(Deep Neural Networks), CNN(Convolutional Deep Neural Networks), RNN(Recurrent Neural Network), DBN(Deep Belief Networks) 등과 같은 다양한 딥러닝 기법들이 컴퓨터 비전, 음성 인식, 자연어 처리, 음성/신호처리 등의 분야에 적용되고 있다.

천층 신경망(shallow neural networks)

딥러닝은 기존의 **천층 신경망(shallow neural networks)**에서 계층 수를 증가시켜 심층 신경망(deep neural networks) 또는 심층망(deep networks)을 구성하고, 빅데이터를 이용해 심층망을 효과적으로 학습하고 이를 통해 패턴인식이나 추론에 활용하는 과정을 의미한다. 이러한 심층망의 장점은 기존 천층망에 비해서 더 많은 중간 계층을 사용함으로써 입출력 데이터에 대한 모델의 표현 능력을 크게 증가시킨다는 점이다. 심층망의 아이디어는 2006년 이전에는 심층망을 학습할 수 있는 효과적인 방법이 없어서 주목을 받지 못했으나 2006년 제안된 사전학습(pre-training)은 심층망의 학습 가능성을 보여주었으며, 이후에 여러 가지 다양한 학습 방법들이 제안되어 사용되고 있다.[2)]

신경망에서 중간 계층을 쌓는다는 것은 단순해 보이기는 하지만, 이러한 계층의 증가로부터 오는 양적 변화가 패턴인식에서는 패러다임 변화를 일으킬 만큼 대단한 혁신이다. 이러한 혁신은 크게 두 가지로 요약될 수 있는데, 하나는 해당 분야 전문가의 지식 없이도 데이터로부터 자동으로 필요한 정보를 추출해내는 것이고, 다른 하나는 기존에 독립적으로 학습되던 특징 추출기(feature extractor)와 분류기

2) Hinton et al., 2006; 최희열, 2018

(classifier) 등의 모델들이 하나의 모델로 통합됨으로써 패턴인식의 성능이 극대화된다는 것이다.

인공지능의 발전 과정은 전문가 시스템(1950~1980대), 인공신경망(1980~1990년), 머신러닝(1990~2010년), 딥러닝(2010년 이후)으로 이어지고 있다. 딥러닝은 인공신경망(Artificial Neural Networks)을 기반으로 설계된 개념으로서 1982년 소개된 Neocognitron과 1950년대부터 인공지능 관련 연구가 시작되었으나 다양한 한계(HW, SW 등)에 부딪혀서 장기간 연구가 침체되었다.[3]

신경망은 1943년 매컬로크와 피츠가 시작하였다. 1957년 로젠블라트는 전방향 연결 구조, 분류 기능의 퍼셉트론이라는 신경망을 개발하였다. 1959년 위드로와 호프는 간단한 뉴런에 근거하여 adaptive linear element adaline을 개발하였으며, Adaline을 여러 개 합성하여 Madaline이라는 신경망을 구성하였다.

1960년대 중반 민스키와 페퍼트의 퍼셉트론에 대한 기능적 비판 이후 신경망에 대한 관심이 줄어들게 되었다. 그러나 1986년 역전파 알고리즘이 소개되면서 신경망 관련 연구는 절정기를 이루게 되었으며, 1990년대 중반 서포트 벡터 머신(SVM)의 등장으로 기계학습의 대세를 이루었고 신경망은 암흑기를 겪게 되었다.

토론토 대학의 힌튼 교수가 신경망이 가지고 있는 단점을 예비학습으로 해결하는 방법을 알아내면서부터 딥러닝에 대한 관심과 연구가 증가하기 시작하였다.

딥러닝은 다른 기법에 비해서 압도적 성능을 보유하고 있으면서 머신러닝과 관련한 대회에서 우승을 다수 차지하면서, 많은 머신러닝 기법 중에서도 영상 처리, 음성 인식 등 딥러닝에 기반한 연구가 지속적으로 증가하는 추세이다.

3) 문현준, 민경복, 2017

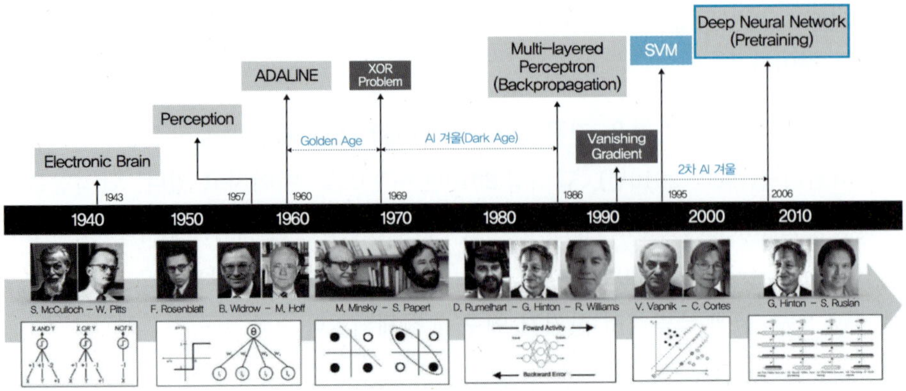

[그림 3-1] 신경망의 역사

*출처: IT위키

3. 인공신경망

3.1 인공신경망(Artificial Neural Network)

인공신경망(Artificial Neural Network)

인공신경망은 생물학적 뇌의 작동 원리를 그대로 모방하는 방법으로 데이터 안의 독특한 패턴이나 구조를 인지하는 데 필요한 모델을 구축하는 기법이다. 다시 말해 인공신경망은 사람의 신경망 원리와 구조를 모방하여 만든 기계학습 알고리즘으로 인간의 뇌에서 뉴런들이 어떠한 신호, 자극 등을 받고, 그 자극이 어떠한 임계값을 넘어서면 결과 신호를 전달하는 과정에서 착안한 기법이다. 뇌에 들어온 자극과 신호는 인공신경망에서 Input 데이터이며, 임계값은 가중치(weight), 자극에 의해서 어떠한 행동을 하는 것은 Output 데이터에 비교하면 된다(wiki).

이러한 인공신경망은 시냅스의 결합으로 네트워크를 형성한 인공 뉴런(노드)이 학습을 통해서 시냅스의 결합 세기를 변화시키고 이를 통해 문제 해결 능력을 가지는 모델 전반을 의미한다. [그림 3-2]에서 보는 바와 같이 인간 뇌의 구성 요소인 Soma(소마), Dendrites(덴드라이트), Axon(액손), Synapse(시냅시스)는 인공신경망에서 각각 Node(노드), Input(입력값), Output(출력값), Weight(가중치)로 구현되었다.

<table>
<tr><th></th><th>생물학적 뇌(Biological Brain)</th><th>인공신경망(Artificial Neural Net)</th></tr>
<tr><td>모양</td><td>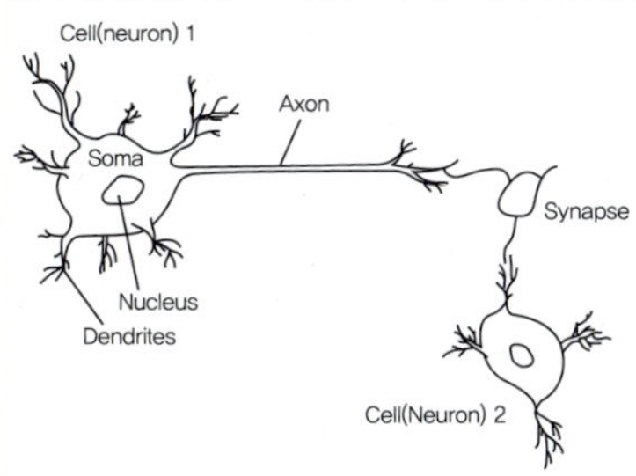
</td><td>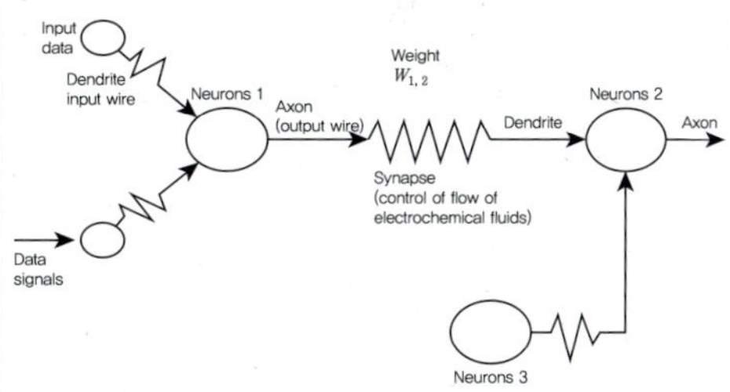
</td></tr>
<tr><td>구성 요소</td><td>Soma(소마) ⟨——
Dendrites(덴드라이트) ⟨——
Axon(액손) ⟨——
Synapse(시냅시스) ⟨——</td><td>——⟩ Node(노드)
——⟩ Input(입력값)
——⟩ Output(출력값)
——⟩ Weight(가중치)</td></tr>
</table>

[그림 3-2] 생물학적 뇌(Biological Brain)와 인공신경망(Artificial Neural Network)의 비교

입력층(Input)
출력층(Output)
은닉층

다수의 입력 데이터를 받는 입력층(Input), 데이터의 출력을 담당하는 출력층(Output), 입력층과 출력층 사이에 존재하는 은닉층이 존재한다. 여기서 히든 레이어(은닉층)의 개수와 노드의 개수를 구성하는 것을 모델을 구성한다고 하는데, 모델을 잘 구성하고 이를 통해 원하는 Output값을 잘 예측하는 것이 중요하다. 이러한 은닉층에서 활성화 함수를 사용하여 최적의 Weight와 Bias를 찾아내는 역할을 수행한다.[4)]

ANN의 문제점은 다음과 같다.

첫째, 학습 과정에서 파라미터의 최적값을 찾기 어렵다는 점이다. 출력값을 결정하는 활성화 함수의 사용은 기울기 값에 의해 weight가 결정되는데 gradient 값이 뒤로 갈수록 점점 더 작아져서 0에 수렴하는 오류를 발생시키기도 하고 부분적 에러를 최저 에러로 인식하여 더 이상 학습하지 않는 경우도 있다.

Overfitting

둘째, Overfitting에 따른 문제로 학습 시간이 너무 느리다는 점이다. 은닉층이 많으면 많을수록 학습을 수행하는 데 있어 정확도는 올라가지만 연산량이 기하급수적으로 늘어나게 된다. 그러나 그래픽카드 성능의 발전으로 많은 연산량을 감당할 수 있어 오버피팅 문제는 사전 훈련을 통해 방지할 수 있게 되었다.

4) https://ebbnflow.tistory.com/119

3.2 심층 신경망(Deep Neural Network)

심층 신경망(Deep Neural Network)

심층 신경망이란 입력층과 출력층 사이에 여러 개의 은닉층으로 이루어진 신경망을 의미한다. 이러한 심층 신경망은 1개의 은닉층을 가진 천층 신경망과 같이 복잡한 비선형 관계를 모형화할 수 있다는 장점을 가지고 있다.

심층 신경망의 경우 ANN 기법의 여러 가지 문제가 해결되면서 모델 내 은닉층을 많이 늘려 학습 결과를 향상시키는 방법이 등장하였는데 이를 DNN이라고 한다. DNN은 은닉층을 2개 이상 지닌 학습 방법을 의미하며, 컴퓨터가 스스로 분류 레이블을 만들고 공간을 왜곡하여 데이터를 구분 짓는 과정을 반복하고 이를 통해 최적 구분선을 도출해낸다. DNN은 많은 양의 데이터와 반복 학습, 사전 학습과 오류역전파 기법을 통해 현재 많이 활용되고 있다.

심층 신경망 학습에 활용되는 머신러닝 방법론 중에서 대표적인 것이 바로 딥러닝이다. 딥러닝은 기존 신경망이 가지고 있는 단점을 극복하였으며, HW와 SW의 성능이 비약적으로 발전하였기 때문에 많이 활용되고 있다. 또한, ICT의 발전과 스마트기기, 사물인터넷, 클라우드, SNS 등의 발달로 인해 데이터가 기하급수적으로 늘어나게 되면서 이를 활용할 수 있는 방법으로 딥러닝이 각광받고 있다.

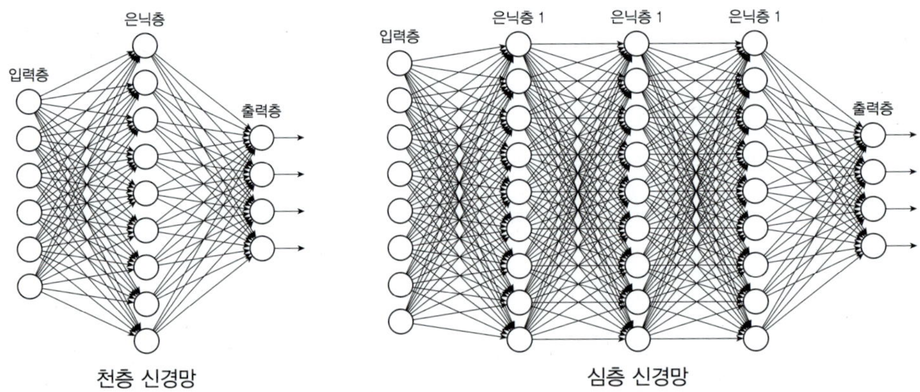

[그림 3-3] 천층 신경망과 심층 신경망

*출처: 박혜정 외, 2018 텐서플로로 배우는 딥러닝, 한빛미디어

3.3 심층 신뢰망

심층 신뢰망은 입력층과 은닉층으로 구성된 제한 볼츠만 머신[5]을 Gibbs 표본추출을 통해서 학습을 수행한 후에 필요한 수만큼 제한 볼츠만 머신에 쌓아 올려서 만든 비지도학습의 생성 그래프 모형을 의미한다. 심층 신뢰망은 같은 층에 있는 노드 간에 서로 연결이 없는 모형으로 심층 신경망의 가중치 초기값은 예비학습을 통해서 얻을 수 있으며, 이후 세부 조정 단계를 통해서 심층 신경망 학습이 완성된다.

심층 신뢰망

3.4 합성곱 신경망(Convolutional Neural Network)

합성곱 신경망은 시각적 영상을 분석하는 데 사용되는 다층의 피드-포워드적인 인공신경망의 한 종류이다. 딥러닝에서 심층 신경망으로 분류되며, 시각적 영상 분석에 주로 적용되고 있다.

합성곱 신경망(Convolutional Neural Network)

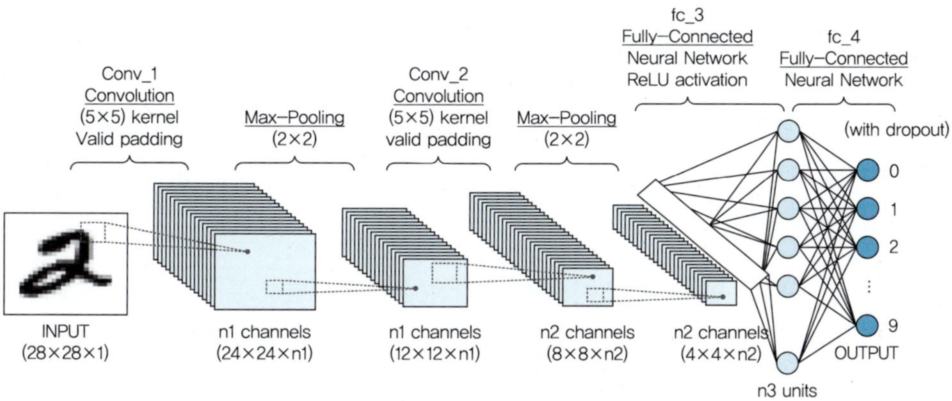

[그림 3-4] 합성곱 신경망의 구조

기존의 방식은 데이터에서 지식을 추출해 내고 이를 통해 학습이 이루어졌지만, CNN은 데이터의 특징을 추출하고 패턴을 파악하는 구조로 CNN 알고리즘은 Convolution 과정과 Pooling 과정을 통해 수행된다. 즉, Convolution Layer와 Pooling Layer를 복합적으로 구성하여 알고리즘을 만든다. 또한, 공유 가중치 구조와 변환 불변성 특성에 기초하여 변이 불변 또는 공간 불변 인공 신경망(SIANN)으로도 알려져 있다.

5) 제한 볼츠만 머신(Restricted Boltzmann Machine, RBM)은 가시층 노드와 은닉층 간에 간선이 없는 볼츠만 머신으로 심층 신뢰 신경망(DBN)을 구성하는 요소로 쓰이며, 첫 번째 층은 가시층(visible layer) 또는 데이터가 입력되는 입력층이고, 두 번째 층은 특징값이 학습되는 은닉층이다(http://wiki.hash.kr).

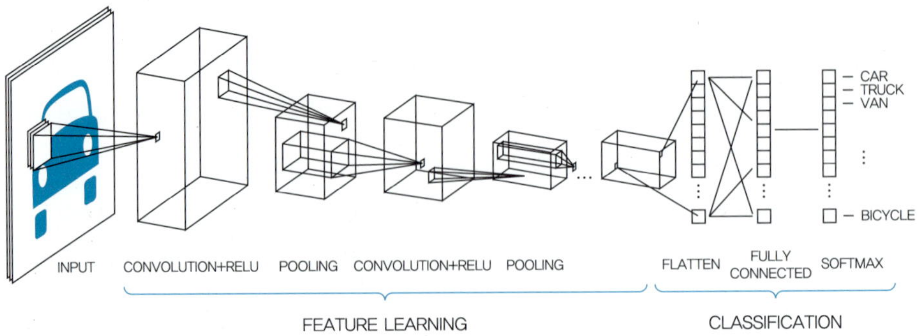

[그림 3-5] CNN의 학습 구조

보다 자세히 설명하면 CNN은 Feature Extraction과 Classification으로 나누어진다. Feature extraction의 단계에서는 Convolution, Max pooling, Relu 등의 세 가지 layer로 나누어지며, 특징을 추출하는 단계이다. Convolution layer는 컴퓨터가 잡아낸 데이터의 특징 및 패턴을 잡아내는 layer이며, Pooling layer(Max pooling)는 Convolution layer에서 잡아낸 특징의 값에서 수치가 높은 것만 뽑아내 줄이는(압축) layer이다. Activation function(Relu)은 불필요한 것들을 버리는 기능을 한다. Classification의 Fully-Connected layer에서 결정 및 예측을 한다.

영상 및 동영상 인식, 추천 시스템, 영상 분류, 의료 영상 분석 및 자연어 처리 등에 활용되고 있으며, GoogLeNet, VGGNet, ResNet 등과 같이 영상자료에도 사용되고 있다. 또한, 합성곱 신경망은 객체 탐지, 영상 분할 등 컴퓨터비전의 각 분야로 전파되었으며, 이를 통해 기존 알고리즘의 성능을 급격하게 향상시켰다.

예를 들면, 페이스북의 딥러닝 기반 얼굴 인식 모델인 Deepface는 97%의 인식률을 구현하고 있으며, CNN 기법은 이전의 사물인식 알고리즘을 월등하게 능가하는 성능을 보였다. 구글은 이를 이용하여 알파고 기반을 만들고 많은 기업이 이 기법을 적용하여 새로운 제품 개발에 적용하고 있다.

그러나 심층 신경망은 과적합 문제에 더 취약하기 때문에 드롭아웃 기법이나 정칙화를 통해서 이러한 문제를 해결한다. 계산량이 많아서 학습하는 시간이 오래 걸리는 문제는 GPU 등장으로 많이 해결되었다.[6)]

---

6) 문현준, 민경복, 2017

딥러닝의 가장 큰 특징으로는 모델 부피를 키우고 데이터를 입력하면 무조건 그만큼의 성능 향상을 보인다는 점이다. 딥러닝(심층 신경망)과 일반 신경망의 큰 차이점은 바로 층의 개수이다. 전통적 머신러닝 알고리즘은 하나의 입력층과 출력층으로 이루어져 있다. 그러나 딥러닝에서는 입력층과 출력층을 포함해서 다수의 층을 가지고 있기 때문에 각각의 노드는 다른 특징을 추출하게 설계되어 여러 가지 복잡한 특징을 추출할 수 있다는 장점이 있다.

또한, 딥러닝에서는 층마다 다른 층위의 특징으로 학습이 가능하다는 장점이 있다. 낮은 층위의 특징은 단순하고 구체적이며(수평선, 수직선, 대각선), 높은 층위의 특징은 더욱 복잡하고 추상적(자동차 모양, 고양이 모양, 얼굴 모양)이라고 할 수 있다. 이러한 추상화 과정을 통해서 심층 신경망이 고차원의 데이터를 이해하게 되며, 이를 통해 수십억 개의 계수가 관여하게 된다.

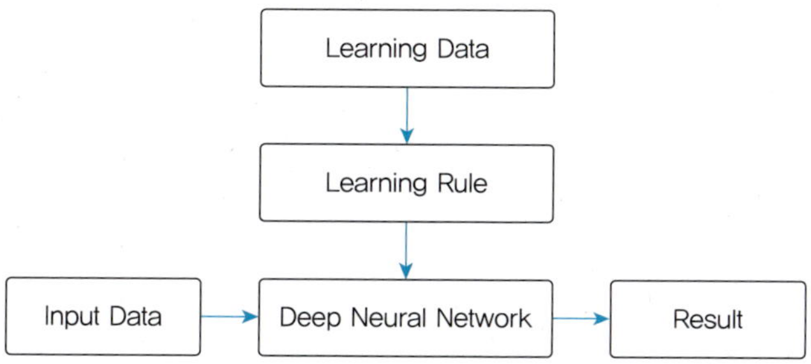

[그림 3-6] 딥러닝의 흐름

3.5 경쟁적 생성망(Generative Adversarial Network)

경쟁적 생성망(Generative Adversarial Network)

비지도 학습에 사용되는 인공지능 알고리즘으로 제로섬 게임 틀 안에서 서로 경쟁하는 두 개의 신경 네트워크 시스템에 의해서 구현된다. GAN은 생성자와 판별자가 두 모형을 경쟁적으로 학습시켜서 새로운 자료를 생성하는 비지도학습 방법으로 GAN은 주어진 분포를 따르는 진짜 데이터와 비슷하지만, 다른 가짜 데이터를 생성하기 위해 생성모형을 사용한다.

GAN은 이미지 생성, 이미지 인페인팅, 추상화 추론, 의미론적 분할, 비디오 생성, 텍스트로부터 이미지 생성 등의 다양한 응용에 활용되고 있다.

Generator를 학습시킬 때에는 다음 그림에서처럼 D(G(z))가 1이 되도록 학습시킨다. 가짜 데이터를 discriminator가 구분 못하도록 학습하고, discriminator를 헷갈리게 하는 것이다.

[그림 3-7] Generator의 역할

Discriminator를 학습시킬 때에는 D(x)가 1이 되고 D(G(z))가 0이 되도록 학습시킨다. 즉, 진짜 데이터를 진짜로 판별하고, 가짜 데이터를 가짜로 판별할 수 있도록 한다.

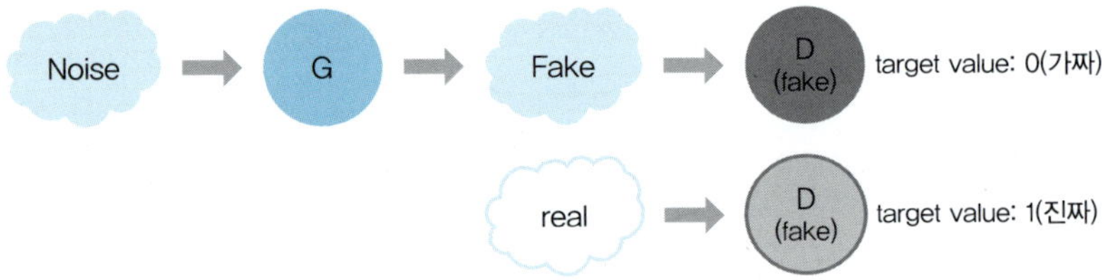

[그림 3-8] Discriminator의 역할

이와 같이 GAN은 게임 참가자인 생성자와 판별자가 참여하는 영합게임에 기초를 두고 있는 방법으로 생성자는 진짜 데이터와 생성자가 만든 가짜 데이터를 구별할 수 없도록 판별자를 속이려고 한다. 판별자는 진짜 데이터와 생성자가 만든 가짜 데이터를 구별하기 위해서 학습한다. 판별자와 생성자는 일정 기간 동안 서로 경쟁하면서 자신의 업무를 개선한다.

게임이론 문제에서 최적의 해결책은 내시 균형에 의해 이루어지며, 내시 균형에서 생성자는 진짜 데이터의 분포와 동일한 분포를 가진 가짜 데이터를 생성하기 위해서 학습하고, 판별자는 진짜 데이터와 가짜 데이터에 대한 확률을 각각 출력한다.

3.6 강화학습(Reinforcement Learning)

강화학습(Reinforcement Learning)

강화학습은 데이터가 주어지는 것이 아닌 Agent와 Environment가 주어진다. 데이터는 Agent가 주어진 환경에서 어떤 행동을 하면서 직접 수집한다. Agent는 현재 상태(State) S에서 어떤 행동(Action) a을 취하고 이에 대상 보상(Reward) r을 얻는 것이 기본 구성요소이다. 일반적으로 강화학습은 MDP(Markov Decision Process) 기반으로 학습한다.

3.7 심층 Q-망(Deep Q-Network)

심층 Q-망(Deep Q-Network)

Q-learning은 현재 상태에서부터 먼 미래까지 가장 큰 보상을 얻을 수 있는 행동을 학습하게 하는 것이다. 고전적인 방식의 Q-learning은 상태 집합의 크기가 커지면 차원의 저주가 발생하기 때문에 실제 문제에 적용하는 것에 제약이 존재했기 때문에 DQN 알고리즘은 행동 가치 함수를 인공신경망을 통해 함수 근사 및 학습하는 방법을 사용한다. Q-신경망은 입력으로 상태가 인가되면 각 행동에 대한 행동 가치 함수를 출력한다.[7]

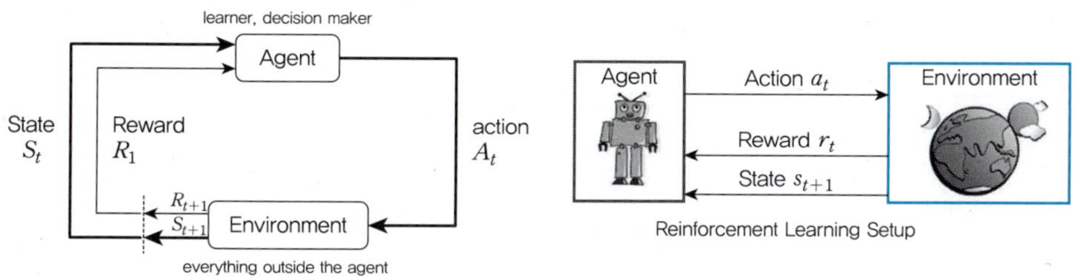

[그림 3-9] 강화학습의 원리

DQN은 Q-learning과 Deep Learning을 합친 모형으로 강화학습 알고리즘인 Q-learning으로 딥러닝을 구현한 것이다. 인간의 해마에서 영감을 받아 리플레이 메모리라는 기법을 사용한다. 기존의 Q-Network는 ANN(얇은 신경망)을 사용하였지만, DQN은 깊은 층의 CNN을 사용한다. 딥마인드(알파고)가 사용하는 신경망 모형이 DQN이다.

3.8 순환 신경망(Recurrent Neural Network)

순환 신경망(Recurrent Neural Network)

시계열[8] 데이터 분석에 탁월한 성능을 보여 주는 신경망이며, 일반 신경망에 시계

7) 한동기 외, 2019

8) 시계열은 일정 시간 간격으로 배치된 데이터들의 수열을 의미하며, 시계열 해석이라고 하는 것은 시계열을 해석하고 이해하는 데 쓰이는 여러 가지 방법을 연구하는 분야를 의미한다(wiki).

열 개념이 추가된 신경망을 순환 신경망이라고 한다.

RNN 알고리즘은 반복적이고 순차적인 데이터학습에 특화된 인공신경망의 한 종류로 내부에 순환구조가 들어있다는 특징을 가진다. 순환구조를 이용하여 과거의 학습을 가중치(Weight)를 통해 현재 학습에 반영하며, 기존의 지속적이고 반복적이며 순차적인 데이터학습의 한계를 해결한 알고리즘이다.

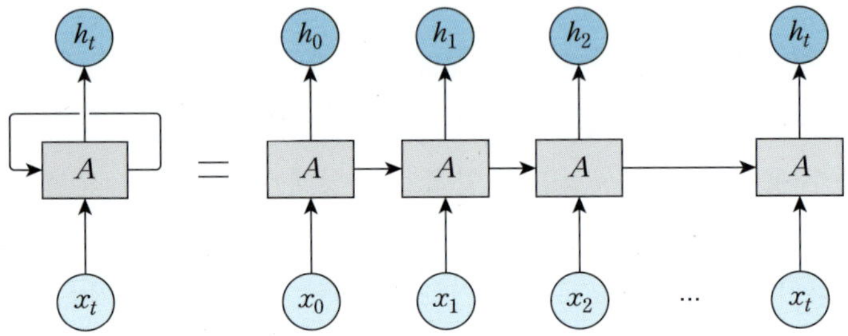

[그림 3-10] 순환 신경망 구조

RNN(순환 신경망)은 은닉층에 이전의 정보를 기억하게 할 수 있다는 장점이 있으며, 시계열 데이터의 역방향에 은닉층을 추가하기 때문에 데이터의 인식률을 증가시킬 수 있다는 장점을 가지고 있다. RNN은 입력을 받을 때마다 그 내용을 기억하는 기억시스템(Memory System)으로 구성된다. 따라서 RNN은 이전의 모든 입력에 영향을 받는다.

LSTM(Long Short Term Memory)

자연어 처리에서는 기존의 RNN을 개선한 LSTM(Long Short Term Memory) 구조를 많이 사용한다. LSTM은 기억할 것은 오래 기억하고, 잊을 것은 빨리 잊어버리는 구조를 가진다. LSTM의 간소화 버전인 GRU 구조도 있다.

이러한 순환 신경망은 일반적 순환 신경망과 양방향 순환 신경망으로 분류되며, 일반적 순환 신경망은 하나의 입 · 출력 노드에 하나의 은닉 노드만 있다. 그러나 양방향 순환 신경망은 하나의 입 · 출력 노드에 순방향과 역방향의 은닉 노드가 각각 연결되어 있다. 그리고 각 방향의 연산은 일반적 순환 신경망과 같이 가중합으로 계산하며, 이전의 정보가 함께 저장된다. 그리고 순환 신경망 학습은 경사하강법, 자유 최적화 기법, 전역 최적화 기법 등이 있다.

(1) 경사하강법(Gradient Descent)

경사하강법(Gradient Descent)

경사하강법은 1차 근삿값을 발견하기 위한 용도의 최적화 알고리즘으로 기본 개념은 함수의 기울기(경사)를 구하고 경사의 절댓값을 낮은 쪽으로 계속 이동시켜서 극값에 이를 때까지 반복시키는 것이다.

예를 들면, 등산을 하다가 길을 잃었다고 가정해보자, 울창한 숲을 헤매고 있을 때 가장 빠른 시간 안에 산 정상의 봉우리로 올라가려고 한다면 어떻게 하는 것이 좋을까? 가장 좋은 방법은 눈앞에 보이는 가장 가파른 경사를 오르는 것이다. 그러면 정상에 오를 수 있을 것이다. 이러한 경우가 경사상승법이고 이 반대의 경우가 경사하강법이다.

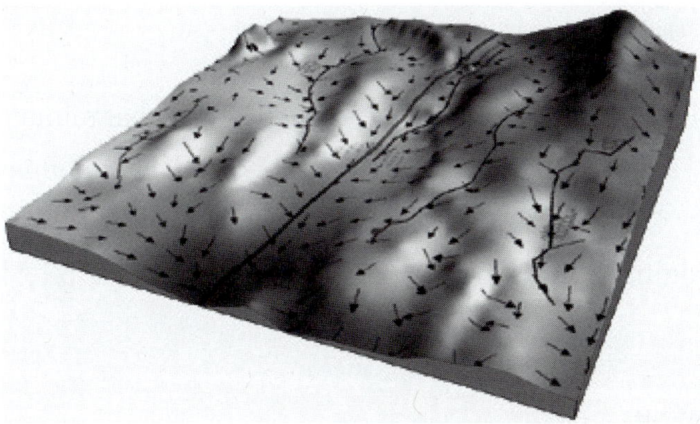

[그림 3-11] 경사하강법

*출처: https://ml-cheatsheet.readthedocs.io/en/latest/gradient_descent.html

경사하강법을 실제 분석에서 활용하는 경우, 함수들은 형태가 복잡해서 미분계수와 그 근과 해를 구하기가 어려운 경우가 많다. 이에 미분계수를 통해서 구현하는 것보다는 경사하강법을 이용하여 구현하는 것이 쉬운 편이다. 그리고 데이터양이 많은 경우에는 경사하강법과 같은 순차적인 방법이 더 효율적이라고 할 수 있다. 경사하강법은 함수의 기울기(gradient)를 이용해 함수의 최소값일 때의 값을 찾기 위한 방법을 사용한다. 기울기가 완만하지 않고 가파르다는 것은 최소값으로부터 거리가 멀다는 것을 의미한다.

경사하강법에서는 적절한 Step size를 선택하는 것이 매우 중요하다. Step size가 큰 경우에는 이동거리가 커지기 때문에 빠르게 수렴된다는 장점을 가지고 있지만, 최소값으로 수렴이 되지 못하기 때문에 함수값이 발산할 여지가 있다는 단점이 있다. 이에 적절한 Step size 선택이 중요하다고 할 수 있다.

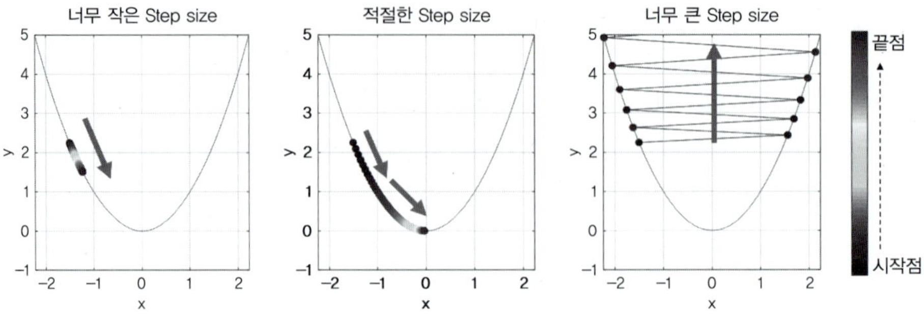

[그림 3-12] Step size

*출처: angeloyeo.github.io/2020/08/16/gradient_descent.html

경사하강법은 local minima의 문제를 가지고 있다. global minima(함수 전체에서의 최솟값)를 찾는 것이 목표이지만, 어떠한 경우에는 local minima에 빠져서 벗어나지 못하는 상황이 발생한다는 문제점이 있다. 그러나 실제로 딥러닝을 할 경우에는 local minima에 빠질 확률이 거의 없기 때문에 문제되지 않는다고 생각하면 된다.

(2) 전역최적화 기법

전역최적화 기법

최적해를 탐색하기 위해서 전체 가능해 영역에 초기 탐색해를 정의한 후, 초기해 집합 중 가장 좋은 해가 최적해에 가깝다는 가정을 세우고, 최적해 방향으로 나머지 해들이 탐색을 시작하도록 고안된 방법이 전역최적화 기법이다. 최적해를 탐색해 나갈 때, 초기해 집합 중에서 최적해에 가까운 값들이 포함되지 않을 가능성이 존재하기 때문에 무작위성을 도입하여, 기존에 탐색해 중에서 특정해들을 기각하고 새로운 해들로 바꾸는 방법을 사용하기도 한다. 전역최적화 기법들은 유전자 알고리즘(Genetic Algorithm), SCE-UA, ACO(Ant Colony Optimization), PSO(Particle Swarm Optimization) 등이 있다.[9]

1) 유전자 알고리즘

유전자 알고리즘

유전자 알고리즘(Genetic Algorithm)은 자연 세계 진화 과정에 기초한 계산 모델

9) 송정헌 외, 2014

로 John Holland(1975)가 개발한 최적화 문제를 해결하기 위한 기법 중의 하나, 즉 전역최적화 기법이다. 유전자 알고리즘은 생물의 진화를 모방한 진화 연산의 대표적인 기법으로 실제 진화의 과정에서 많은 부분을 차용하였으며, 변이(돌연변이), 교배 연산 등이 존재한다. 유전자 알고리즘은 가장 널리 사용되는 전역해 탐색기법으로 이진수가 아닌 실수로 코딩하는 유전자 알고리즘, 돌연변이와 교배연산에 속도 향상 방법을 적용하는 등 다양한 방법으로 전역해 탐색기법의 단점인 탐색 속도를 향상시키기 위한 방법들이 연구되고 있다.

2) SCE-UA

SCE-UA

미국의 애리조나 대학교의 Duan et al.(1992, 1993)에 의해 제안된 방법으로 simplex prodedure, controlled random search, competitive evolution, new complex shuffling concept가 조합된 방법으로서 전체해 공간을 탐색하여 해를 찾아가는 방법이다. 최적해 해의 모집단이 궁극적으로 모이도록 하는 특정 기법을 적용하여 해를 진화시킨다.

3) ACO

ACO

Marco Dorigo(1992)의 박사 논문에서 제안된 방법으로 먹이를 찾는 개미의 행동을 보고 만들어졌다. 먹이 (B)와 개미 집 (A) 사이에 다양한 길이 존재할 때, 첫 번째 개미가 먹이 (B) 방향으로 어디든지 경유해서 먹이를 찾아낸다. 먹이를 찾은 개미는 (A) 방향으로 페로몬을 남기며 집으로 돌아온다. 일반적으로 개미는 집에서 먹이까지 다양한 이동경로를 통해서 이동하게 된다. 그러나 시간이 지날수록 개미들은 학습을 통해 가장 짧은 길을 선택하게 된다. 결국 페로몬이 증발하면서 짧은 길만 남게 되고 긴 길은 사라지게 된다. 결국 최적의 길을 선택하는 알고리즘이다. 개미들은 다음과 같은 과정을 따른다.[10]

① 개미들은 무작정 개미집 주변을 돌아다닌다.
② 만약 음식을 찾아내면 개미는 페로몬을 뿌리며 집으로 돌아온다.
③ 페로몬은 매우 매력적이어서 개미가 따라가고 싶게 만든다.
④ 개미가 집으로 돌아오는 횟수가 많을수록 그 경로는 더 견고해진다.
⑤ 긴 경로와 짧은 경로가 있으면 같은 시간에 짧은 경로로 이동할 수 있는 횟수

10) 송정헌 외, 2014

가 많다.

⑥ 짧은 경로는 갈수록 더 많은 페로몬이 뿌려지면서 더욱 견고해진다.

⑦ 페로몬은 휘발성이기 때문에 시간이 지나면서 긴 경로는 사라진다.

⑧ 결국 모든 개미가 가장 짧은 경로를 선택한다.

4) PSO

PSO

전역 최적화 문제를 해결하기 위한 Kennedy and Eberhart(2001)가 제안한 Swarm Intelligence method의 한 범주이다. PSO 알고리즘은 다른 탐색 알고리즘과는 다르게 진화 연산처럼 방대하고 복잡한 함수에 전역 최적화할 수 있다는 장점이 있다. 또한, 진화 연산보다는 수행 속도가 빠르며, 기존 알고리즘으로 해결하기 어려운 분야에서 적용되고 있다. 딥러닝에서 많이 사용하는 소프트웨어는 다음과 같다.

- 텐서플로우: 구글 브레인팀이 개발, 현재 가장 많은 유저가 사용
- 케라스: 파이썬으로 작성된 오픈 소스 신경망 라이브러리
- Caffe: UC Berkeley에서 관리
- Theano: 딥러닝 알고리즘을 파이썬으로 쉽게 구현할 수 있도록 해줌
- 토치: 페이스북과 구글 딥마인드가 사용
- CNTK: 마이크로소프트 개발
- Matlab: 상용 소프트웨어
- R: 통계분석, 오픈 소프트웨어
- Python: 오픈 소프트웨어

4. 심층망의 학습 방법

4.1 사전학습(pre-training)

사전학습(pre-training)

사전학습은 심층망에 역전파 알고리즘을 적용하기 전에 각 계층별로 학습을 진행하는 것을 의미한다. 다시 말하면, 역전파 알고리즘을 임의의 값에서 시작하는 것이 아닌 사전학습을 통해서만 심층망 연결이 학습에 도움이 되도록 값을 미리 변형

해 놓는 것이다.

입력값이 주어지면, 첫 번째 계층을 무감독 학습으로 먼저 학습하고, 출력값이 두 번째 계층의 입력으로 사용되어 두 번째 계층에서 학습하며, 계층 순서대로 진행된다.

또한, 전체 신경망을 계층별로 분해해서 학습하며, 이후 역전파 알고리즘으로 전체 신경망을 학습하는데 이를 미세조정(fine-tuning)이라고 부르며, 이를 통해서 연결 강도를 조금 조정하게 된다.

사전학습은 변수들의 사전 분포를 미리 지정하는 것으로 목적함수에 제약조건을 설정하는 것과 같다고 할 수 있다. 또한, 최근에는 사전학습이 없이도 드랍아웃(dropout)이나 새로운 비선형함수(ReLU)와 같은 다양한 제약조건을 설정함으로써 효과적으로 학습하는 추세이다.

4.2 드랍아웃(dropout)

드랍아웃(dropout)

드랍아웃은 학습 중에 노드의 일부를 임의로 끄는데, 매 학습 횟수마다 임의 선택을 새롭게 한다. 학습이 끝난 후에 새로운 데이터에 대해서는 절반의 노드를 끄는 대신 모든 노드들의 출력값을 절반으로 나눈다. 이 방법은 머신러닝의 배깅과 비슷한 효과를 만들며, 안정성과 정확도를 향상시킨다는 장점이 있다.[11]

드랍아웃은 상호적응(coadaptation) 문제를 해소하는 것으로 이해할 수 있는데, 두 개의 노드가 한 번 비슷한 연결강도를 가지게 되면, 두 노드는 비슷한 방식으로 업데이트되면서 마치 하나의 노드처럼 작동하기 때문에 컴퓨팅 파워와 메모리 자원의 낭비로 이어지게 된다. 드랍아웃이 임의로 노드들을 끌 때는 두개의 노드가 나누어지면서 상호적응 문제를 회피할 수 있다.

4.3 조기멈춤(Early stopping)

조기멈춤(Early stopping)

일반적으로 패턴인식 모델을 학습할 때에는 두 가지 목표를 동시 달성하기를 원하는데, 하나는 비용함수를 최소화하는 모델을 찾는 것고, 또 다른 하나는 찾은 모델이 학습에 사용되지 않은 데이터에 대해서도 잘 인식하기를 원하는 것이다. 이는

11) Baldi & Sadowski, 2013

과적합을 피하라는 것이다.

이러한 과적합 문제는 근본적으로 학습 데이터에 대해서만 비용함수를 최소화하기 때문에 발생하게 된다. 다시 말하면, 모델이 지나치게 학습 데이터에 최적화되어서 학습에 사용되지 않은 새로운 데이터는 큰 에러를 발생시킬 수 있는 문제가 있다. 이러한 문제를 해결하기 위해 주로 사용하는 방법이 바로 조기멈춤이다.

조기멈춤은 학습 데이터 중에서 일부를 검증 데이터로 만들어 놓아서 분리하고 남은 데이터로만 학습을 진행한다. 학습 중에 검증 데이터로 성능을 검증하며, 검증 에러가 떨어지다가 올라가기 시작하면 학습을 멈추게 된다.

이외에도 최대값 출력(Maxout), 선형정류기(linear rectifier, ReLU), 나머지 연결(residual connection) 등의 모델과 관련된 기법, GPU(Graphic Processing Unit)와 여러 대의 서버에 기반한 병렬연산, 심층망의 모델 크기와 계산량을 줄이려는 시도, 즉 천층망으로 심층망의 성능을 모방하는 모델 압축(model compression) 등 다양하고 많은 기법이 있다.[12)]

5. 딥러닝의 사례

5.1 핀터레스트(Pinterest)

핀터레스트(Pinterest)

Pinterest Visual Discovery 그룹의 엔지니어 4명과 Berkeley Vision and Learning Center의 연구원으로 구성된 팀은 긴밀한 협력을 통해서 수개월 만에 시스템의 핵심을 개발했다. GPU 가속 딥러닝을 사용하여 Pinterest 사용자가 선별한 수십억 개의 핀으로 구성된 풍부한 주석 데이터 셋을 사용하여 이미지 기능을 인식하는 방법을 시스템에 가르쳤다.

그런 다음 기능을 사용하여 두 이미지 간의 유사성 점수를 계산하고 가장 일치하는 항목을 식별할 수 있도록 하였다. 팀은 시각적 신호를 사용하여 관련된 핀을 개선하는 실험을 지속적으로 수행해왔다.

12) 최희열, 2018

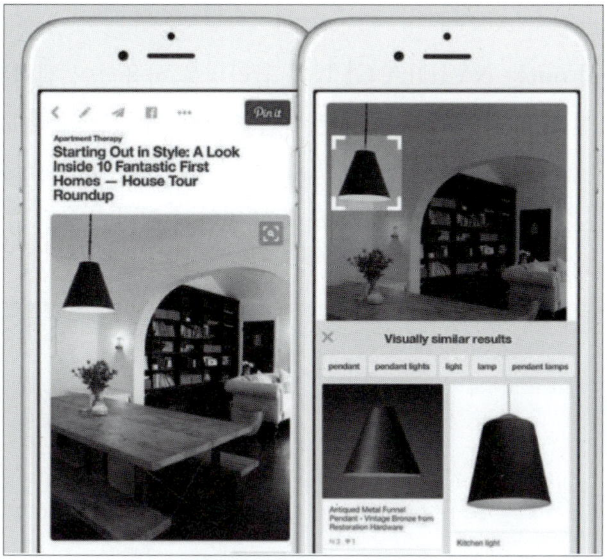

[그림 3-13] 핀터레스트

팀은 오픈 소스인 Caffe 딥러닝 프레임워크를 사용하고 다중 GPU 머신에서 컨볼루션 신경망의 훈련 및 간섭을 사용하였다.

5.2 Accenture Labs

Accenture Labs의 수석 데이터 사이언티스트인 Joshua Patterson은 NVIDIA GPU 및 GPU 가속 라이브러리를 사용하여 대규모 네트워크 그래프의 이상을 분석하여 보안 위협을 신속하게 탐지(감지)하는 방법을 찾아내었다. 그는 GPU로 매일 2억 건의 사이버 보안 경고를 시각화하였다.

Accenture Labs

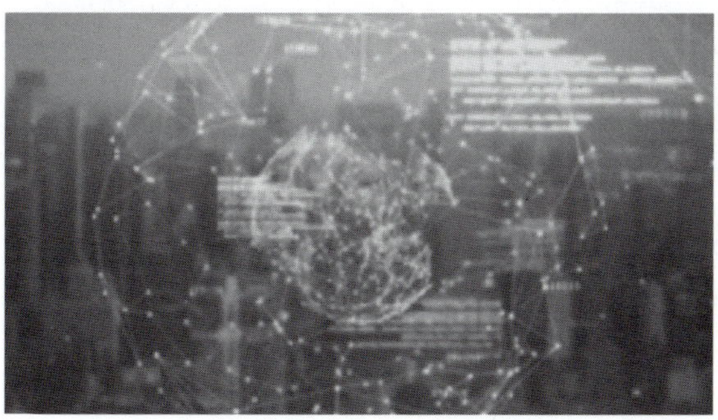

[그림 3-14] Accenture Labs

Adobe

5.3 Adobe

Adobe의 DeepFont는 NVIDIA GPU와 딥러닝을 사용하여 캡처된 이미지에 사용된 글꼴의 곡선 및 기타 특성을 살펴본 다음 20,000개 글꼴의 데이터베이스와 비교하여 유사한 글꼴을 찾아내었다. 이를 통해 디자이너들은 Photoshop을 사용하여 다른 곳에서 본 서체를 식별할 수 있도록 지원하고 있다.

[그림 3-15] Adobe, Photoshop에 글꼴용 Shazam 도구 추가

SocialEyes

5.4 SocialEyes

Nicholas Bedworth는 SocialEyes를 설립하였는데, 소셜아이즈의 GPU 기반 이미지 프로세싱 및 머신러닝 소프트웨어는 당뇨 및 관련 질환으로 인해 발생한 망막 문제의 '징후'들을 찾아낼 수 있는 프로그램이다. 즉, 진료 후 원격 의료 진단 센터로부터 다음 날 결과가 도착할 때까지 기다릴 필요 없이, '마빈(Marvin)'[13]이 평가한 망막 상태 진단 내용만으로도 즉시 치료를 시작할 수 있게 해준다.

또한, 엔비디아 쉴드(SHIELD) 태블릿에서 실행되는 소셜아이즈의 '마빈'은 전문 안과 진료는커녕 어떤 의료 서비스도 받기 어려운 소외 지역의 환자들에게 최고의 의료 서비스를 제공할 수 있는 매우 유용한 수단으로 활용되고 있다.

13) 안드로이드 태블릿용 모바일 자율 망막 평가(Mobile Autonomous Retinal Evaluation) 애플리케이션

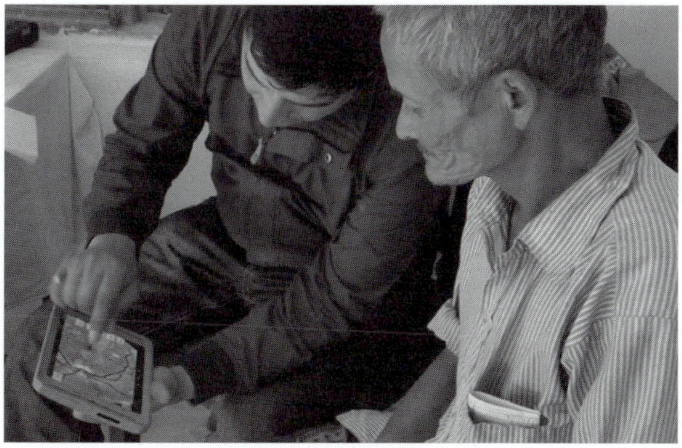

[그림 3-16] 마빈(Marvin)

5.5 후지필름 인도

Qure.ai의 딥러닝 인공지능 기술로 설계된 컴퓨터 보조 방사선 SW 애플리케이션으로 증강된 X선 솔루션이 있는데, 흉부 X선 해석 기술인 QXR은 Covid-19, 결핵, 폐암, 잘못 배치된 카테터 및 기타 여러 방사선학적 소견으로 의심되는 이상을 감지하여 추가 검토 및 확인 테스트를 할 수 있다. 후지필름 인도

후지필름의 휴대용 X선 FDR Xair 시스템은 qXR SW와 연결할 수 있는 확장장치로 새로운 이미지 처리 박스를 광범위하게 의료 시점에서 이상 소견을 표시하여 임상의사와 기술자를 돕는 역할을 수행한다.

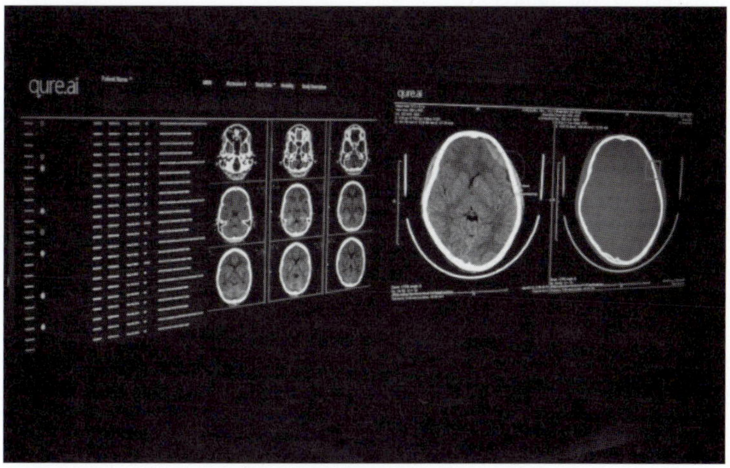

[그림 3-17] Qure.ai

5.6 산업 활용 사례

5.6.1 Vision[14]

(1) 테슬라의 자율주행 AI

자율주행 AI

가장 빠르게 산업에 적용되어 일반인들에게 가장 많이 알려져 있으며 주목을 받고 있는데, 단순히 자율주행으로 표현하였지만, 다양한 task를 포함하고 있다. 알려진 자율주행 리더보드에서는 구글 웨이모와 포드가 1, 2위를 차지하였다.

[그림 3-18] 테슬라의 자율주행 AI

*출처: https://bernardmarr.com/how-tesla-is-using-artificial-intelligence-to-create-the-autonomous-cars-of-the-future/

(2) Lunit의 유방암 및 폐암 진단 AI

유방암 및 폐암 진단 AI

의료 산업에서 딥러닝이 적용되면서 매우 빠른 속도로 높은 정확도의 진단이 가능해지고 있으며, 이는 전문의의 진단보다 정확하다. 루닛 외에도 뷰노 등의 기업이 큰 병원들과 제휴하여 빠르게 적용하고 있다.

---

14) http://cloudinsight.net/ai

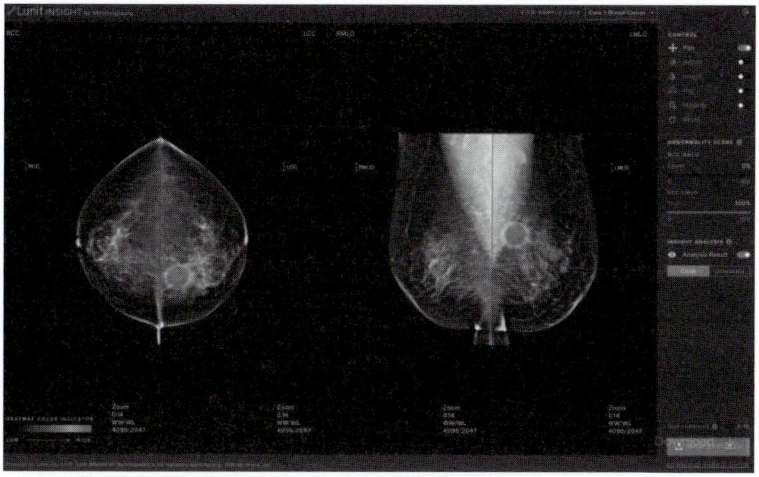

[그림 3-19] 루닛 인사이트 MMG 온라인 데모

*출처: https://insight.lunit.io

(3) Voyagerx의 스캔 어플 AI

vFlat이라는 어플을 통해 딥러닝을 이용한 기술로 Adobe, Office lens, Evernote, CamScanner보다 더 정교한 스캔 기술을 제공한다.

[그림 3-20] vFlat Scan

5.6.2 Speech

(1) 음성 인식 기술

Google assistant, 아마존 알렉사, 네이버 클로바, 카카오 미니 등 너무나 많은 기업이 이미 상용화하고 있다. NLP 딥러닝과 함께 사용하여 사용자의 말로부터 의도를 분석하고 다른 서비스로 연계해 주는 등 활발하게 활용 중이다.

(2) Neosapience의 음성 합성 AI

텍스트를 넣으면 다양한 목소리로 음성을 만들어주는 음성 합성 API를 제공하고 있다. 최근에는 유튜버 등 크리에이터들이 영상 편집에 활용하고 있다.

[그림 3-21] Neosapience 음성 합성 AI

(3) Supertone의 노래 합성 AI

곡과 가사의 입력을 통해 특정 아티스트가 노래하는 오디오를 생성하는 AI를 제공하고 있다.

[그림 3-22] Supertone의 노래 합성 AI

연·습·문·제

1. 딥러닝의 개념에 대해 설명하시오.

2. 인공신경망에 대해 설명하시오.

3. 순환 신경망에 대해 설명하시오.

4. 심층망의 학습 방법에 대해 설명하시오.

5. 딥러닝의 최신 활용 사례를 찾아 정리해 보시오.

4

CHAPTER

이미지 인식과 자연어 처리

학습목표

이미지 인식과 자연어 처리 기법 이해

학습내용

이미지 인식 원리 이해

자연어 처리 원리 이해

활용 사례

1. 이미지 인식

1.1 개요

인공지능의 이미지 인식은 기계가 사람처럼 사진, 이미지 또는 영상으로부터 사물이나 사람을 인식하거나 장면을 이해하는 것이라고 정의할 수 있다. 이미지 속의 어떤 사람이나 동물 혹은 사물이 무엇인지 알아내는 기술로 입력된 이미지를 연산한다. 그리고 연산을 통해 도출된 값과 라벨링 데이터의 연산 값을 비교하여 확률적으로 가장 유사한 것을 찾아내는데, 이러한 방식은 인간이 이미지를 인지하는 방식과는 전혀 다른 과정이다.

RGB값

기계, 즉 컴퓨터를 사용하는 인공지능에 입력된 이미지는 빛의 삼원색인 RGB(빨강(Red), 초록(Green), 파랑(Blue))값에 불과하다. 먼저 각 이미지에 따라 각 픽셀의 RGB값인 노드들이 일렬로 정렬된다. 노드값을 일렬로 정렬하여 입력층(Input Layer)을 형성하는데, 흑백 이미지는 1개의 채널이 입력층을 형성하지만, 컬러 이미지는 RGB 각각의 채널로 분리되어서 입력층을 형성한다. 그리고 정렬된 노드들의 숫자로부터 어떤 패턴을 찾아내기 위해 커널을 활용하는데, 이러한 패턴을 찾아내는 과정은 은닉층(Hidden Layer)에서 진행된다. 숫자 그리드인 커널은 노드를 차례대로 이동하면서 커널의 숫자와 노드값의 곱한 값인 합성곱을 도출한다. 이러한 과정을 반복하면서 노드의 수를 축소한 특성 맵(feature map)이 추출되고, 활성함수(activation function)가 적용되어 특징값이 도출된다. 이렇게 도출된 특징값과 학습 데이터의 특징값을 비교하면 이미지 분류가 완성된다.

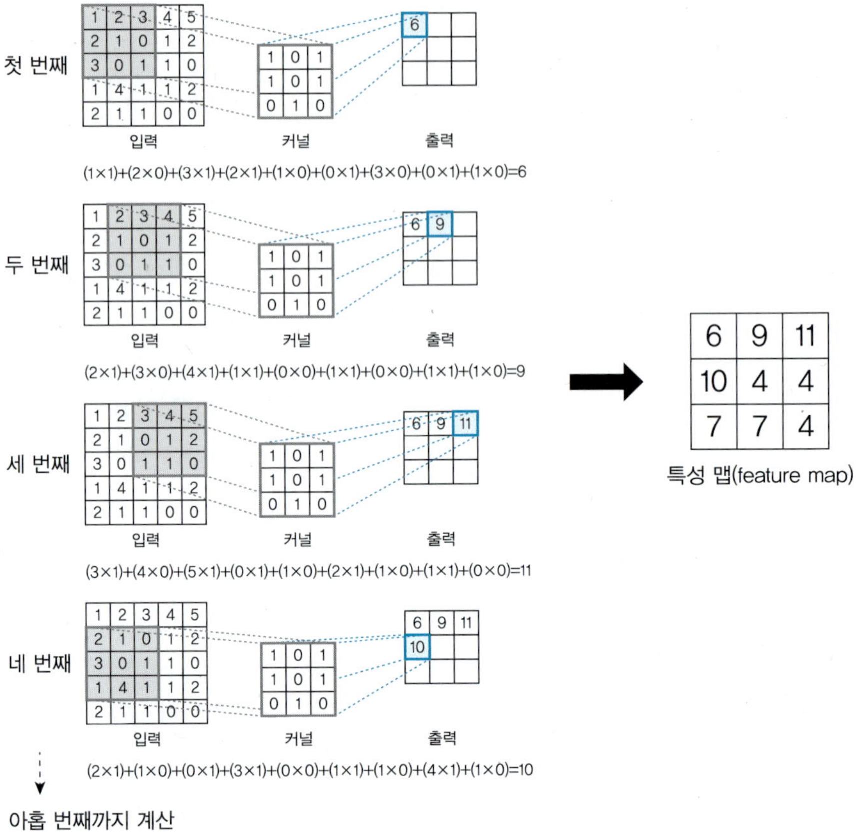

[그림 4-1] 합성곱 연산과 특성 맵 도출 과정

인간의 시각 지능에 해당하는 이미지 인식분야에서는 이미 인간 수준을 넘어서는 인공지능이 구현되고 있다. 매년 다양한 연구기관이 참여하여 이미지 내 사물 인식의 정확도를 경쟁하는 이미지 인식 경진대회인 이미지넷(ILSVRC, ImageNet Large Scale Visual Recognition Challenge)에서 인공지능은 2010년 28%의 인식 오류를 보였으나, 2015년에는 MS가 96.43%의 정확도를 달성하며 오류율 3.57%로 인간의 인식률을 추월하였다.

딥러닝 열풍은 2012년 캐나다 토론토 대학의 제프리 힌튼 교수 팀이 2등과 에러율 10% 이상의 차이로 우승하면서 시작되었다. 구글 계열사인 딥마인드는 2016년 알파고로 두 번째 열풍을 일으켰는데, 딥러닝을 탐색 알고리즘 틀에 끼워 넣어 세계 최고의 바둑기사를 이겼다. 그리고 2020년 인간의 인식률을 훨씬 뛰어넘는 수준인 98.7%로 최고 기록을 세웠다.

[그림 4-2] 이미지넷(ILSVRC)의 예시

*출처: 이승훈, 최근 인공지능 개발 트렌드와 미래의 진화 방향, LG경제연구원, 2017

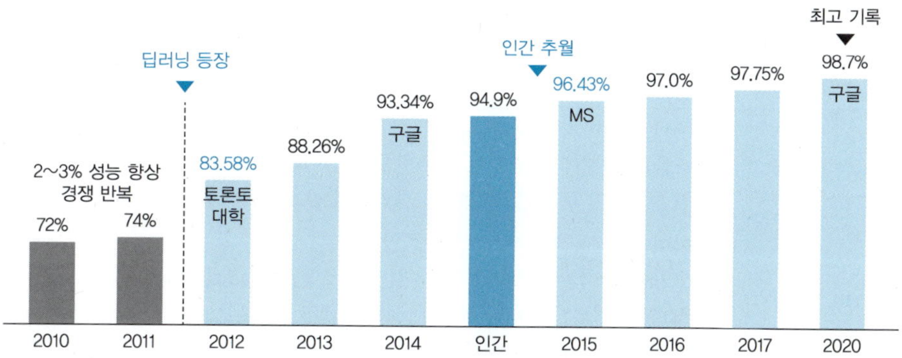

[그림 4-3] 이미지넷(ILSVRC)의 연도별 정확도 향상 정도

*출처: 이승훈, 최근 인공지능 개발 트렌드와 미래의 진화 방향, LG경제연구원, 2017, 이주열, 인공지능 이미지 인식 기술 동향, TTA저널 187호, 2020

인공지능은 이미 이미지 속의 인물이 누구인지, 사물이 무엇인지를 인식하는 단계를 넘어 어떤 이미지나 영상 속에서 일어나는 상황을 이해한다. 사람의 얼굴을 파악해서 남자인지 여자인지를 구분할 수 있고, 그 사람의 눈, 코, 입의 모양과 형태를 분석하여 표정을 인지하며, 어떤 감정을 가지고 있는지도 알 수 있다. 또한, 사진이나 이미지 속에서 일어나는 상황을 인간의 언어로 표현하기까지 한다.

[그림 4-4] 인공지능의 이미지와 영상 이해: 사람의 표정과 감정 인지(좌), 이미지 내 상황을 언어로 표현(우)

*출처: MS(좌), 구글(우)

1.2 이미지 인식 태스크(Task)

이미지 인식은 Classification(카테고리 분류), Localization(위치 추정), Object Detection(객체 검출), Object Segmentation(객체 분할)으로 나눈다.

Classification
Localization
Object Detection

〈표 4-1〉 이미지 인식의 분류

단계	설명
Classification	- 주어진 이미지 안의 객체를 분류하는 것 - 다음의 사진에서 고양이 이미지를 고양이라고 분류하는 것을 의미 - 인공지능이 분류한 고양이를 Class 또는 Label이라고 함
Localization	- 이미지 안의 객체 위치 정보를 알아내는 것 - 고양이 이미지에 그려져 있는 빨간 박스인 Bounding Box를 많이 사용 - Bounding Box는 네 꼭짓점의 pixel 좌표가 출력되는 것이 아니라 left, top 또는 right, bottom 좌표를 출력
Object Detection	- 이미지의 여러 객체들을 Bounding Box를 통해 Localization하고 Classification하는 것 - 모델의 학습 목적에 따라서 특정 객체만 검출하는 경우도 있고, 여러 개의 객체를 검출하는 Multi Object Detection 모델을 만들기도 함 - Object Detection은 크게 One-Stage Detector와 Two-Stage Detector로 나뉨 • One-Stage Detector: Classification과 Localization을 동시에 수행하여 결과를 얻는 방법 • Two-Stage Detector: Classification과 Localization을 순차적으로 수행하여 결과를 얻는 방법 - One-Stage Detector는 빠르지만 정확도가 낮고, Two-Stage Detector는 One-Stage Detector에 비해 느리지만 정확도가 높음

Object Segmentation	- Object Detection을 통해 검출된 객체들의 형상을 따라서 영역 표시 - 고양이, 개, 오리의 형상을 따라 빨강색, 파랑색, 초록색으로 표시 - 보통 이미지의 각 pixel을 Classification해서 결과값을 도출 - Object Segmentation은 Semantic Segmentation과 Instance Segmentation으로 나뉨 • Semantic Segmentation: 객체 검출을 하되 같은 클래스인 객체들은 같은 영역 혹은 색으로 분할하기 때문에 고양이 2마리가 모두 빨간색으로 표시 • Instance Segmentation: Semantic Segmentation과 다르게 같은 클래스라도 서로 다른 객체들을 구분

Object Segmentation

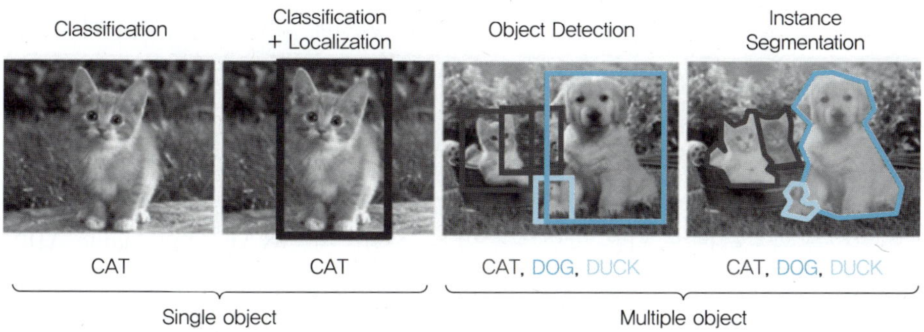

[그림 4-5] 이미지 인식 태스크

*출처: http://cs231n.stanford.edu/

Semantic Segmentation　　Instance Segmentation

[그림 4-6] Semantic segmentation과 Instance segmentation의 비교

1.3 이미지 인식 기술 동향

1.3.1 안전하고 신뢰성 있는 이미지 인식

인공지능의 활용도가 높아질수록 기술에 대한 안전성과 신뢰성을 확보하는 것이 중요해졌다. 딥러닝 기반 이미지 인식 기술의 불안감 중 하나는 학습하지 못한 패턴에 대한 처리이다. 이러한 한계를 극복하기 위해서 인공지능에 입력된 이미지가 학습된 확률 분포(Probability Distribution)의 데이터인지 아닌지를 식별하는 것이 중요한데, 이것을 학습 외 분포 데이터 탐지(Out-of-Distribution Detection)라고 한다. 학습 외 분포 데이터 탐지를 사용하여 인공신경망이 판단하기 어려운 이미지를 걸러내거나 예외 처리하여 안전성과 신뢰성을 높일 수 있다.

학습 외 분포 데이터 탐지를 위해서 딥러닝이 판정에 대해 얼마나 확신하는지를 나타내는 확률값을 보정(Calibration)하거나, 학습 외 분포 데이터를 생성적 대립 신경망(GAN, Generative Adversarial Network)으로 생성하고 학습하여 탐지 정확도를 높이는 방법이 있다.

XAI

신뢰성을 확보하는 또 다른 방법은 설명 가능 인공지능(XAI, eXplainable AI)이 있다. XAI는 인공지능의 동작 또는 판단을 사람이 이해할 수 있는 형태로 설명하는 기술을 의미한다. 예를 들어, 인공지능이 고양이 이미지를 분류할 때, 단순히 분류한 결과만 제공하는 것이 아니라 판단의 근거까지 제공하게 된다. 의료 영상 분석처럼 법적 책임이나 규정 준수가 엄밀히 요구되는 분야에서 이러한 인공지능을 도입하는 것이 안전장치가 될 수 있다.

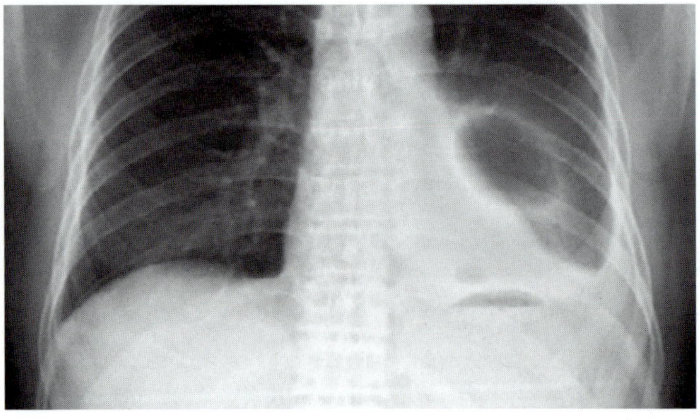

[그림 4-7] XAI 사례: 폐렴 판정 흉부 X-ray에서 오른쪽 중간에 증상을 표시

*출처: 루닛

1.3.2 온 디바이스(On-Device) 인공지능 이미지 인식

구글이 만드는 스마트폰의 카메라 기술이나 이미지 인식 기술에 딥러닝이 사용되고 있다. 모바일 디바이스나 경량 디바이스 등에서 인공지능 이미지 인식 기술 적용 사례가 등장하면서 이에 따른 경량(Lightweight) 딥러닝 연구와 하드웨어 가속화 기술 연구가 진행되고 있다.

경량 딥러닝 기술은 정확도는 유지하면서 모델의 크기를 줄이거나 연산을 간소화하여 작은 디바이스에 탑재할 수준으로 경량화하는 것을 의미한다. 이미지 인식에 주로 사용되는 컨볼루션 신경망(CNN, Convolution Neural Network)의 경우 컨볼루션 필터를 변형하여 연산 차원을 축소(Reduction)하거나 큰 영향이 없는 신경망의 가중치(Weight)를 가지치기(Pruning)하여 삭제한다. 가중치 값의 부동 소수점을 줄여 연산을 간소화하는 양자화(Quantization) 기법이 사용되기도 한다. 최근에는 지식증류(Knowledge Distillation)의 활용도가 높아지고 있는데, 미리 학습시킨 큰 신경망의 출력을 작은 신경망이 모방 학습하여 상대적으로 경량화되면서 정확도는 유지하는 기술이다.

CNN

하드웨어 가속화 기술 연구는 대표적으로 구글의 EdgeTPU, 인텔의 Movidius, 엔비디아의 Jetson 등이 있으며, 퀄컴, 애플 등 모바일 AP(Application Processor) 개발사들은 NPU(Neural Processing Unit)를 표방하며 딥러닝 처리를 모바일 AP에 통합해 구현하고 있다.

1.4 이미지 인식 기술 활용

1.4.1 의료 영상 분석 기술

최근 인공지능에 대한 연구 개발이 영상이나 이미지 분석에 집중되면서, 의료 분야에서도 의료 영상의 분석에 인공지능 기술을 빠르게 적용하고 있다. 기존의 의료 영상 분석은 의료진들의 임상적, 경험적 지식이나 규칙에 따라 특징을 추출하는 방식으로 수행되었다. 따라서 의료진들의 경험에 대한 의존도가 높고, 숙련되지 않은 의료진들의 경우 판독 오류가 발생할 수 있었다. 또한, 영상 판독이 가능한 의료진들의 절대적인 숫자가 적다는 문제점도 있었다. 최근에 머신러닝 기술이 인공지능의 주요한 방법론으로 자리 잡으면서 데이터를 기반으로 하는 객관적이고 일관적인 의료 영상에 대한 특징 학습 및 분석 방법이 새로운 패러다임으로 자리 잡고 있다.

의료 영상 분석 기술

의료 영상 분석은 X-ray, CT, MRI, 병리 조직 영상 등 대부분의 영역에서 빠르게 활용되고 있으며, 상당히 높은 성능을 보이고 있다. 인공지능을 이용한 의료 영상 분석은 의료진의 판단을 보조하는 역할을 수행한다. 육안으로 검출이 어려운 객체를 다량의 데이터로 학습된 인공지능 모델을 이용하여 검출할 수 있다.

희귀 암 등 의료진의 임상 경험이 부족할 수밖에 없는 객체들에 대해서도 인공지능을 이용하는 경우 검출 성능이 향상되어 의료 서비스 품질 향상에 기여할 수 있다. 뿐만 아니라 객체에 대한 정량적인 수치 분석이 필요한 경우에도 인공지능이 큰 역할을 하고 있다. 인공지능을 이용하여 의료 영상을 분석하는 경우 종양의 크기 진단, 뼈의 길이 측정 등의 정량적인 분석이 가능하므로 의료 영상에 대한 정밀하고 고도화된 진단이 가능하다.

뷰노

뷰노가 개발한 인공지능 기반의 안저 영상 판독 솔루션인 뷰노메드 펀더스 AI는 2020년 국내 1호 혁신의료기기로 지정되었다. 안구 속의 뒷부분인 안저의 영상을 분석하여 12가지 이상 소견 유무와 비정상 병변을 제시함으로써 의료진의 안저 진단을 보조하는 역할을 한다. 당뇨망막병증, 황반변성, 녹내장을 비롯한 다양한 망막 질환을 진단하는 데 필요한 소견을 제시할 수 있다.

해당 기기 분류 모델의 정확도를 나타내는 AUROC는 96.2~99.9%의 높은 수치를 보였고, 외부 데이터 셋에서도 94.7~98.0%로 안정적인 성능을 보여 매우 높은 정확도를 입증하였다. 뷰노는 안저 질환뿐만 아니라 흉부, 뇌 등 다양한 부분에서 사용할 수 있는 의료 인공지능 솔루션을 보유하고 있다. 현재 이를 실제로 사용하는 국내 의료기관은 130여 곳 이상이다.

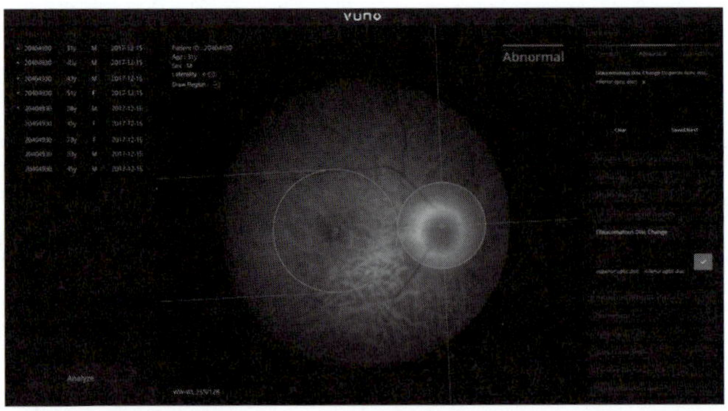

[그림 4-8] 뷰노의 인공지능 기반 안저 영상 판독 솔루션인 뷰노메드 펀더스 AI

*출처: 뷰노

루닛이 2018년 개발한 흉부 X-ray 영상 분석 인공지능 판독기기 루닛 인사이트 CXR(Lunit INSIGHT CXR)은 흉부 X-ray 영상에서 폐암 결절로 의심되는 이상 부위를 검출해 의사의 판독을 보조하는 의료영상 검출 소프트웨어다. 인공지능 알고리즘이 영상을 분석하여 병변으로 의심되는 위치를 색상(Heatmap)으로 표시하고, 병변의 존재 가능성을 확률 값(Abnormality Score, %)으로 나타낸다. 루닛

의사는 1차적으로 흉부 X-ray 영상을 판독한 후 분석 결과를 참고하여 최종 진단을 내리게 된다. 총 20만 장의 양질의 학습 데이터를 사용하며, 주요 폐 질환 검출 정확도는 98~99%에 달한다. 기기 사용으로 영상 판독 보조 시 의사의 판독 정확도는 최대 14% 향상되었고, 폐 질환의 조기 진단율 향상 및 판독하기 어려운 주요 폐 질환을 놓치는 비율도 감소하였다.

또한, 2019년에 인공지능 기술을 기반으로 설계된 유방 촬영 영상 판독 보조 소프트웨어 루닛 인사이트 MMG(Lunit INSIGHT MMG)가 의료기기 3등급을 허가받았다. 영상에서 유방암으로 의심되는 이상 부위를 검출하여 의사의 판독을 보조하는 소프트웨어로 악성 종양으로 의심되는 위치를 루닛 인사이트 CXR과 마찬가지로 색상(Heatmap)으로 표시하고, 악성 종양의 존재 가능성을 확률 값(Abnormality Score, %)으로 나타낸다. 총 20만 장의 양질의 대규모 학습 데이터를 사용하여 유방암 검출 정확도는 96%이며, 영상 판독 보조로 인해 의사의 판독 정확도도 최대 10% 향상되었다.

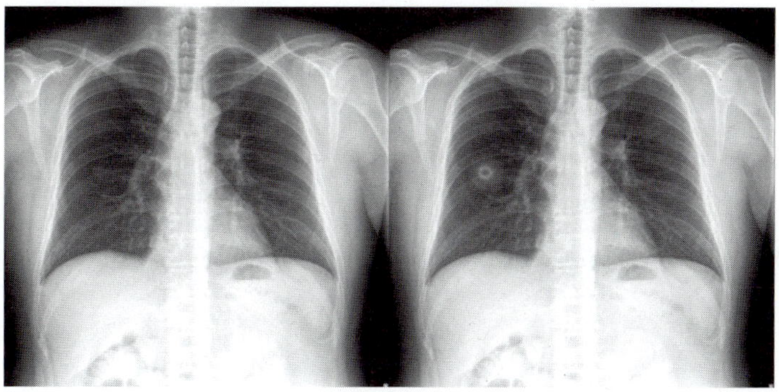

[그림 4-9] 루닛 인사이트 CXR의 폐암 진단 예시

*출처: 루닛

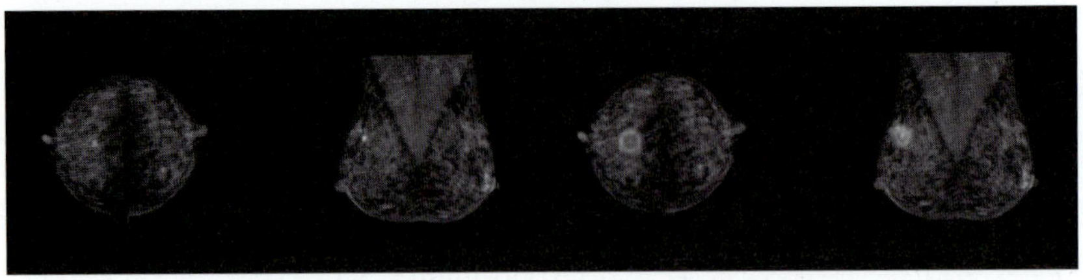

[그림 4-10] 루닛 인사이트 MMG의 유방암 진단 예시

*출처: 루닛

뇌 질환 및 암 전문 인공지능 솔루션 업체인 제이엘케이는 2022년 국내 · 외에서 60개 이상의 인허가를 보유하고 있다. 뇌졸중 분석 솔루션 'JBS-01K'의 경우, 최근 정부 실증지원 사업에 선정되어 계명대 동산의료원에 공급되었으며, 2018년에 인공지능 의료기기 최초로 국내 식품의약품안전처 3등급 허가를 획득하였고 2022년 4월 혁신의료기기로 지정되었다.

또한, 태국 식약처(Thai FDA)로부터 의료기기 인허가를 획득한 성과들을 통해 솔루션의 우수성이 다수의 국가로부터 입증되었다고 할 수 있다. 뇌출혈 검출 솔루션인 'JBS-04K' 또한, 대한민국 과학기술정보통신부가 주관하는 '닥터앤서' 사업에 참여하여 국내 임상과 더불어 사우디아라비아 국방보건부 산하 병원에서 현지 임상을 성공적으로 마쳤으며, 뇌동맥류 분석 솔루션 'JBA-01K'의 경우, 뇌혈관이 부풀어 뇌출혈로 이어지는 매우 위험한 질환인 뇌동맥류를 MRA 영상에서 분석할 수 있는 제품으로 국내 임상을 마쳤다.

ATROSCAN은 뇌 MRI 영상을 빠르고 정확하게 분석하여 부피 및 피질 두께에 대한 정량적이고 시각적인 정보를 제공하는 솔루션으로 뇌 노화 검진에 특화된 제품이다. 이미 유럽CE를 포함하여 태국, 호주 등에서 인허가를 획득한 솔루션으로서 흉부 X-Ray 솔루션 'JVIEWER-X'와 유방영상 분석 솔루션 'JBD-01K'와 함께 현재 다수의 국내 및 해외 건강검진센터에서 사용 중이다.

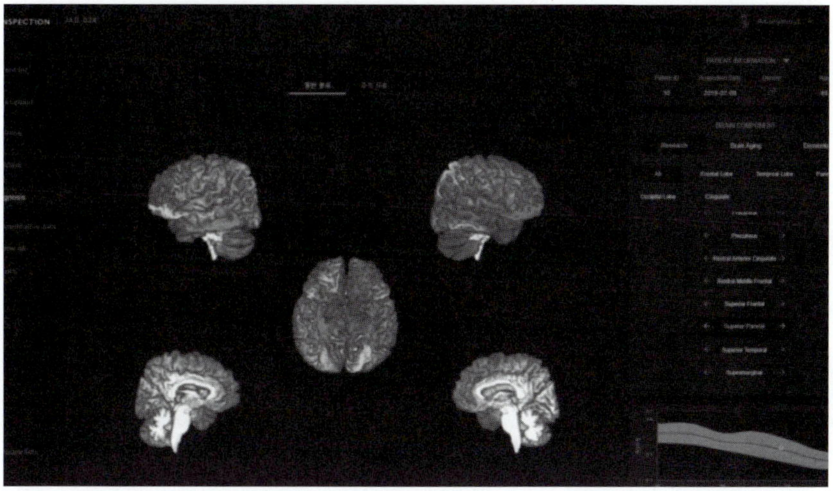

[그림 4-11] 제이엘케이의 치매 분석 및 뇌 노화 측정 솔루션 'ATROSCAN'

*출처: 제이엘케이

1.4.2 마이크로소프트 Seeing AI

점점 진화되는 시각 지능을 기반으로 한 인공지능은 실제 생활에 다양하게 적용되고 있다. 마이크로소프트는 2017년 고도화된 시각 지능을 활용한 Seeing AI라는 시각장애인용 인공지능을 발표했다. Seeing AI 앱은 시각적 환경을 청각적인 경험으로 바꿔 시각장애가 있는 많은 사람들이 더 넓은 세상과 마주할 수 있도록 도와준다. 앞을 볼 수 없는 시각장애인의 시각 지능을 인공지능이 대신하는 것이다. 책과 편지 같은 문서를 스캔하여 읽고, 사람들의 표정을 인식하여 기분을 말해주고, 일반 사물에 앱을 사용하면 그 물체가 무엇인지 설명해준다. 물건을 살 때도 바코드를 인식하여 가격 정보를 알려준다. 시각장애인들의 시각 인지 기능을 인공지능이 대신 제공해 장애인들의 일상생활을 혁신적으로 변화시키고 있다.

Seeing AI

[그림 4-12] 마이크로소프트 Seeing AI의 다양한 기능

*출처: Microsoft

1.4.3 구글 딥드림(Deep Dream)

딥드림(Deep Dream)

인간의 고유 영역인 예술의 분야에서도 기계나 알고리즘을 활용한 예술작품들을 만들 수 있다. 구글은 2014년 이미지넷(ILSVRC)을 위해 인공신경망 기반의 컴퓨터 학습 방식 딥러닝을 이미지에 적용한 **'딥드림(Deep Dream)'**이라는 이미지 생성 알고리즘을 공개하였다.

인공신경망을 통해 수많은 이미지를 인식 및 저장하고 이 이미지의 특징들을 추출해 시각화한다. 이러한 방법으로 나온 결과물들이 마치 꿈을 꾸는 듯 추상적이라고 해서 딥드림이라는 이름을 붙였다. 두 가지의 이미지를 입력하면 알고리즘이 이미지 속의 요소들을 세분화한 후 패턴을 적용하여 이미지를 변경하게 되는데 누구도 생각하지 못했던 인공지능만의 해석으로 창의적인 작품이 나오게 된다. 딥드림은 다음의 3가지 기능을 지원한다.

① 업로드한 이미지에 다른 이미지의 질감을 입힐 수 있는 DEEP STYLE
② DEEP STYLE의 단순화한 버전으로 작업 시간을 단축시켜주는 THIN STYLE
③ 인공지능이 이미지를 조작하거나 왜곡하여 새로운 이미지를 만들어내는 DEEP DREAM

딥드림의 그림 중 빈센트 반 고흐를 모사한 작품 총 29점은 9만 7,000달러(약 1

억 1,800만 원)에 판매됐다. 딥드림 외에도 가장 유명한 그림은 프랑스 파리의 예술공학 단체 오비우스(Obvious)가 인공지능을 이용해 만든 가상의 인물 초상화인 〈에드몽 드 벨라미의 초상(Portrait of Edmond de Belamy)〉이다. 이 그림은 뉴욕 크리스티 경매소에서 432,500달러(약 5억 원)에 낙찰됐다. 인공지능이 만든 예술품이 경매에 나와 판매된 것은 이 그림이 처음이다. 인공지능에 14~20세기 그림 1만 5,000여 개의 이미지를 학습시킨 것이다.

또한, 인공지능은 생성자가 이미지를 만들면 판별자가 이것이 실제 사람이 그린 그림인지 아닌지를 평가하는 상호경쟁방식의 생성적 대립네트워크(GAN) 기술을 사용해 학습했다. 판별자에 이미지를 투입했을 때 결국 실제 사람이 그린 그림이라는 결과가 나올 때까지 생성자가 끊임없는 반복 학습을 하는 알고리즘이다.

[그림 4-13] 반 고흐의 〈별이 빛나는 밤〉과 딥드림이 재현한 반고흐 작품 비교

*출처: MoMA 공식 홈페이지, 구글 딥드림 공식 홈페이지

[그림 4-14] 인공지능 화가 '오비어스'가 그린 초상화 〈에드몽 드 벨라미의 초상〉

*출처: 크리스티 경매소

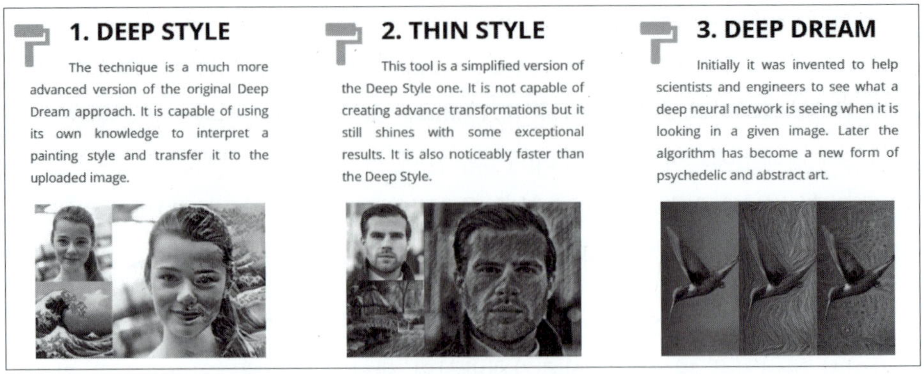

[그림 4-15] 구글 딥드림의 3가지 툴의 예시

*출처: 구글 딥드림

1.4.4 자율주행차

자율주행차

자율주행(지능형 주행)과 관련해 인공지능 기반의 시각 지능이 빠르게 적용되고 있다. 이전 자율주행 기술은 LiDAR, Radar 등과 같은 특화 센서로부터의 정보를 분석하고 소프트웨어로 구현할 수 있는 전문가와 막대한 투자, R&D 역량 확보가 가능한 구글이나 주요 자동차 제조사들만이 구현할 수 있었다. 구글의 자회사인 웨이모(Waymo)는 2018년 세계 최초로 AI가 운행하는 자동주행 택시를 상용화했다. 2020년 말에는 완전 자동주행 기술을 적용하여 애리조나주 피닉스시에서 서비스를 재개했다.

웨이모는 일부 자동차 제조업체들이 자율주행이란 말을 부정확하게 사용함으로써 대중들에게 운전자 보조 시스템의 영역에 있는 것이라는 잘못된 인상을 주고 있기 때문에 자율주행 대신 완전 자동주행이라는 용어를 도입하여 단순히 인간 운전자를 돕는 기술과 차별화하고 있다.

그러나 최근 등장하는 스타트업들은 카메라, 초음파 센서 등과 같은 저가의 범용센서와 딥러닝 기반의 시각 지능으로 지능형 자율 주행 기술을 구현해 내고 있다. 2016년 설립된 미국의 반자율주행차 스타트업 콤마에이아이(Comma.ai)의 오픈파일럿(OpenPilot)은 자동차가 사람처럼 반복하며 학습하는 과정이 딥러닝으로 구현된 소프트웨어이다.

마치 사람이 운전을 배워가는 과정과 같이 학습이 부족한 초기에는 단순한 충돌방지, 차간 거리 유지, 조향 기능 등에 대한 정상적인 주행을 하지 못하지만, 운전자가 차량을 주행하기 시작하면 인공지능이 운전자의 주행 모습을 관찰하며 학습한다. 기본적인 주행 기능을 학습 후에는 차량 주행이 많지 않은 도로에서부터 시작해서 고속도로까지 주행하며 다양한 환경에서 주행 방법을 익힌다. 교통표지판, 신호등을 인식하거나 차간 거리를 유지하는 등 대부분의 기능이 카메라를 통해 입력되는 시각 영상에 기반하여 구현되며, 일부 기능 구현에 필요한 정보들은 초음파, 레이더 등과 같은 센서를 활용하기도 한다.

MIT와 프린스턴 대학 출신의 자율주행 기술자인 지엔셩 샤오(Jianxiong Xiao) 교수가 2016년에 설립하고 중국의 IT 대기업 알리바바 그룹 등이 투자자로 있는 자율주행차 스타트업 오토엑스(AutoX)는 중국 최초로 운전자나 원격 운영자 없이 이뤄지는 완전 자율주행 택시 서비스 로보택시(Robotaxi)를 제공하고 있다.

중국에서 가장 인구 밀도가 높은 도시이자 오토엑스의 본사가 있는 심천에 이 서비스를 도입하기 위해 2020년에 6개월 동안 운전자 없이 테스트를 수행했으며, 2020년 12월부터 상해와 심천에서 로보택시를 이용할 수 있게 되었다. 오토엑스의 자율주행 택시는 오토 드라이버(Auto Driver)라는 자체 자율주행 시스템을 사용하는데 최고 해상도의 라이다(Lidar)와 레이더, 사각지역 감지 기능을 활용하여 보행자, 자전거, 애완동물 등을 감지한다.

[그림 4-16] 웨이모(좌)와 로보택시(우)의 주행 모습

1.4.5 안면인식

베이징에 본사를 둔 한왕 테크놀로지(Hanwang Technology) 또는 한본(Hanvon)이라고 불리는 IT 회사는 2020년 3월 마스크를 쓴 사람의 얼굴도 인식할 수 있는 안면인식 기술을 개발했다. 한왕은 신종 코로나바이러스 감염증(COVID-19) 사태로 거의 모든 중국인이 마스크를 착용해 중국 당국의 모니터링 업무에 새로운 난제를

안면인식

해결하고자 생긴 중국의 지능형 패턴인식 기술 업체이다.

온도 센서를 설치하면 특정인이 지목될 때 체온을 측정할 수 있으며, 체온이 38도를 넘으면 시스템이 결과를 처리한다. 20명의 연구진이 10년 동안 개발한 핵심 기술과 2개의 데이터베이스를 이용해 마스크를 착용하지 않은 600만 개의 얼굴 데이터베이스와 소량의 마스크를 착용한 사람의 얼굴 데이터베이스를 구축했다.

빌딩이나 특정 장소의 입구에 설치하여 카메라로 장소에 들어오는 사람들의 체온을 측정하고 한 명씩 신원을 확인할 수 있는 단일 채널 제품과 CCTV처럼 여러 명을 대상으로 감시 카메라에 쓰일 수 있는 다중 채널 제품을 개발했다. 다중 채널 인식기는 약 몇 초 만에 마스크를 착용한 약 30명의 사람들 신원을 순식간에 파악할 수 있다. 사람들이 마스크를 착용했을 때의 인식 정확도는 95%로 대부분의 얼굴을 인식할 수 있으며, 마스크를 착용하지 않으면 인식 정확도는 99.5%에 달했다. 중국 공안부는 한왕 기술을 사용하여 사람 얼굴과 인명 데이터베이스를 대조하고 사람들의 행방을 추적하거나 범죄 용의자와 테러리스트의 행적을 조사하고 있다.

[그림 4-17] 한왕 테크놀로지 얼굴 인식

*출처: 한왕 테크놀로지

2016년 6월 창업한 알체라는 딥러닝을 통한 안면인식 기술로 유명하며 카메라 앱인 스노우에 증강현실(AR) 기술을 반영한 인공지능 스타트업이다. 창업 초기에는 영상인식 기술의 응용 분야로 AR에 집중했으나 이후 얼굴인식이나 이상행동 검출 등의 기술을 확보하였다. 얼굴에 수백 개의 점을 찍어 분석을 시작하는데 이 점들에 입력된 이미지를 분석하여 이 사람이 누구인지, 얼굴이 어떤 위치에 있는지 등을 분석한다.

얼굴인식과 이상탐지 분야에서 최고의 기술력을 인정받고 있으며, 3D 얼굴추적

AI 엔진이 카메라 앱인 스노우에 적용되어 본인의 얼굴에 AR 스티커를 붙일 수 있다. 전 세계 2억 명이 사용하는 스노우는 얼굴 인식을 통해 나에게 어울리는 얼굴형을 찾거나 메이크업을 적용해볼 수도 있고 마치 원래 착용하고 있던 것 같은 다양한 스티커 효과도 이용할 수 있다.

현재 얼굴인식 AI, 이상상황 감지 AI, 지능형 AR, 학습데이터 제작 등 4가지 사업 분야를 가지고 있다. 다양한 각도에서 얼굴의 주요 특징점, 눈썹, 눈, 코, 입, 턱 윤곽 등을 추정해 정확한 얼굴 윤곽을 추정해내는 3D 랜드마크 추정 기술과 표정, 각도, 안경 혹은 모자 착용 등 다양한 환경에서 Character-Specific Vectors를 통해 얼굴 특징을 추출하는 알체라의 알고리즘을 사용한다. 또한 모든 종류의 depth 카메라를 사용해 얼굴의 위치점을 찾아내고 실제 얼굴과 위 변조된 얼굴을 구별함으로써 99.9%의 정확도를 가진다.

Alchera-ACS라는 제품은 마스크를 착용한 상태에서 누구의 얼굴인지, 발열은 있는지를 파악할 수 있다. 최근 국내에서 판매되는 유사한 형태의 단말기 대부분은 중국의 AI 엔진, HW와 운용 SW를 수입해 영업만 하는 형태인데 반해, Alchera-ACS는 국내에서 AI 엔진과 HW, 그리고 SW까지 모두 자체 제작해서 판매한다. Alchera-ACS는 사진과 실제 얼굴을 구분하는 것뿐만 아니라 마스크

[그림 4-18] 알체라의 기술이 적용된 스노우 어플리케이션

착용 여부도 식별할 수 있으며, 방역을 위한 온도 측정은 35~42℃이고 오차는 ±0.3℃ 수준이다.

1.4.6 위조제품 식별

위조제품 식별

VISUA는 로고그랩(LogoGrab)이라는 이름으로 시작한 아일랜드 스타트업으로 로고와 마크 등을 감지하는 서비스를 제공한다. 점점 증가하는 시각 처리 자동화 요구를 충족하기 위해 전체 기술 제품군을 포함한 Visual AI 회사로 전환하면서 다양한 기능을 증가시켰다.

인공지능 알고리즘을 사용하여 이미지나 동영상에서 로고나 마크, 텍스트 등을 찾아내어 이미지 감지가 가능하도록 했다. 로고나 마크 감지 기술 외에도 시각적 검색, 텍스트 감지, 개체 및 장면 감지, 사용자 지정 개체 감지 등을 추가하였다. 이러한 기술은 브랜드 보호 및 제품 인증 분야에서 좋은 성과를 내고 있는데, 위조 탐지, 홀로그램 인증, 소셜 미디어 모니터링, 디지털 불법 복제 추적에 이르기까지 새로운 분석과 정보, 개선 방법을 지원한다.

[그림 4-19] VISUA의 다양한 서비스

*출처: VISUA

2. 자연어 처리

2.1 개요

자연어 처리(NLP, Natural Language Processing)란 컴퓨터를 이용하여 인간의 언어를 이해하고 생성 및 분석하는 인공지능 기술이다. 자연어(Natural Language)란 인간 사회가 형성되면서 자연발생적으로 생겨나 의사소통을 행하기 위한 수단으로 사용되는 언어를 뜻하며, 컴퓨터 프로그래밍을 위해 개발된 인공어(Artificial Language) 또는 프로그래밍 언어(Programming Language)와는 대비되는 개념이다. 인간의 언어를 컴퓨터와 같은 기계를 이용해서 모사할 수 있도록 연구하고 이를 구현하는 인공지능의 주요 분야 중 하나이다. 이 분야는 인간과 기계 간의 소통에 대한 관심이 증가하고 빅데이터와 강력한 컴퓨팅, 향상된 알고리즘의 등장으로 빠르게 발전하고 있다.

자연어 처리(NLP)

자연어 처리가 중요한 이유는 인공지능이 인간과 기계 간의 커뮤니케이션을 위한 핵심기술이기 때문이다. 컴퓨터와 인간 간의 상호작용을 연구하는 컴퓨터과학과 어학의 한 분야로 인간의 언어를 이해하기 위해 머신러닝 기술을 적용하여 데이터를 처리한다. 과거의 전통적인 방식과는 달리 좀 더 쉽고 신속하게 정보를 얻어낼 수 있다.

따라서 정보 검색, 자동 통역, 문서작성, 요약 분류, 철자 오류 수정 등 이용자의 의도를 컴퓨터가 파악하여 다양한 데이터를 정확하게 제공하는 데 사용된다. 대표적인 자연어 처리 서비스로는 구글 홈(Google Home), 구글 어시스턴트(Google Assistant), 워드렌즈(Word Lens), IBM 왓슨(IBM Watson), 마이크로소프트 코타나(Microsoft Cortana), 스카이프 트랜스레이터(Skype Translator), 그래머리(Grammarly) 등이 있고, 세부 기술로는 형태소 분석, 고정밀 구문 분석과 같은 구조 분석을 바탕으로 한 담화 분석, 문서 분류, 정보 요약, 정보추출 기술 등이 있다. 분석은 자연어 문장에서 형태소 분석, 구문 분석, 의미 분석, 화용 분석 단계를 거쳐 결과가 도출된다.

자연어 처리는 인공지능 연구와 언어학이 만나 1950년대부터 기계 번역과 같은 자연어 처리 기술이 연구되기 시작했으며, 1990년대 이후에는 대량의 말뭉치 데이터를 사용하는 기계 학습 기반 및 통계적 자연어 처리 기법이 자주 사용되었다. 최근에는 자연어를 효율적으로 처리하기 위해서 딥러닝 기술을 기계 번역 또는 자연어 생성 등에 사용하고 있다. 중의성이 있는 단어, 동음이의어의 경우에는 머신러닝 기법을 통해 해결할 수 있기 때문이다. 인공지능은 딥러닝을 통해서 단어와 구문이 상황에 따라 어떻게 사용되고 있는지 학습하는 것이 가능하다. 즉, 누군가 인공지능에 미리 정의된 내용을 입력하지 않고, 인간이 그 사이에 개입해서 관계를 정의하지 않아도 인공지능 스스로 단어나 구문의 의미를 파악하고 기능을 수행할 수 있게 된다.

딥러닝도 대량의 텍스트 데이터는 필요하다. 컴퓨터는 각각의 토큰이 나타내는 벡터를 학습하는데 여기서 벡터는 비슷한 단어가 서로 근접하게 매핑되는 곳을 말한다. 가깝게 배치된 비슷한 컨텍스트를 가진 단어들이 의미상 같은 뜻을 공유할 가능성이 높다는 것을 보여준다. 딥러닝과 벡터 매핑을 통해 인간의 개입이 없어도 인공지능 스스로 언어를 보다 정확하게 처리할 수 있으며, 키워드 기반 마케팅이나 감정 분석에도 좋은 결과를 기대할 수 있다. 키워드 기반 마케팅에 활용할 때 벡터의 중요성은 두드러질 것이고, 딥러닝 기반의 자연어 처리를 활용하면 정교한 정서 분석이 가능해진다.

자연어 처리 방식으로는 전통적으로 규칙 기반 접근법과 통계 기반 접근법이 있으며, 이 둘의 강점을 통합한 하이브리드 방식이 있다. 최근에는 인공신경망 방식이 부상하고 있으며, 딥러닝이 이에 해당된다. 딥러닝을 이용한 방식은 입력 문장과 출력 문장을 하나의 쌍으로 두고, 가장 적합한 표현 및 번역 결과를 찾는 방식을 의미한다.

딥러닝이 급부상하게 된 이유는 GPU 성능이 향상되었고, 머신러닝에 활용할 수 있는 데이터가 대량으로 증가하였으며, 인공신경망 알고리즘 또한 개선되어 기존의 타 알고리즘에 비해 성능이 5~10% 향상되었기 때문이다. 또한, 학습, 추론, 인식 등의 복잡한 인공지능 알고리즘을 개발할 수 있는 주요 플랫폼들이 오픈 소스로 공개되면서 이를 활용한 기술과 서비스들의 개발이 비약적으로 증가하고 있다. 이러한 딥러닝을 기반으로 실생활에서 자연어 처리를 적용한 대표적인 사례에는 인공지능 스피커, 텍스트 인식업무처리 챗봇 등이 있다.

2.2 자연어 처리의 중요성

2.2.1 많은 양의 텍스트 데이터

컴퓨터가 고유의 언어로 인간과 소통하는 데 사용되는 자연어 처리는 다른 언어 관련 작업에도 활용되고 있다. 예를 들어, 자연어 처리가 적용된 컴퓨터는 텍스트를 읽거나 말을 듣고, 이를 해석하고 감정을 판단하여 중요한 부분을 알아낼 수 있다.

오늘날 기계는 일관적이고 중립적인 방식으로 언어 기반의 데이터를 사람보다 더 많이 지치지 않고 분석한다. 의료 기록부터 소셜 미디어에 이르기까지 엄청난 양의 비정형 데이터가 매일 쏟아지는 현실을 감안할 때, 텍스트 및 음성 데이터를 효율적으로 완전히 분석하려면 자동화가 필수적이다.

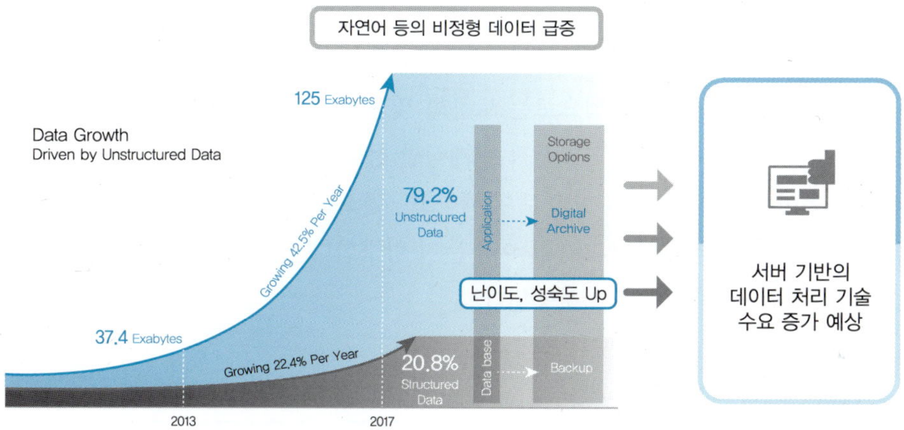

[그림 4-20] 비정형 데이터가 급증하는 모습

2.2.2 고도의 비정형 데이터 소스 구성하기

인간의 언어는 놀랄 만큼 복잡하고 다양하다. 인간은 말과 글을 사용해 무한한 방식으로 자신을 표현한다. 언어에는 수백 가지의 종류와 방언이 존재하고 문법과 구문 규칙, 용어, 속어도 사람마다 다르다. 우리는 글을 쓸 때 단어의 철자를 틀리거나, 약어를 사용하거나, 혹은 구두점을 생략하기도 한다. 말을 할 때는 지방마다 특유의 억양이 드러나며, 웅얼거리거나, 말을 더듬거나 또는 다른 언어의 용어를 차용하기도 한다.

지도(supervised)학습 및 비지도(unsupervised)학습을 비롯해 특히 딥러닝이 인간의 언어를 모델링하는 데 널리 사용되고 있지만, 머신러닝 기술이 갖추지 않은 구문론적 또는 의미론적 이해와 해당 분야의 전문지식도 필요한 상황이다. 자연어 처리가 중요한 이유는 언어의 모호성을 완화하고 음성 인식이나 텍스트 분석 같은 다수의 다운스트림(downstream) 애플리케이션용 데이터에 유용한 숫자 구조를 추가하기 때문이다.

2.3 자연어 처리의 작동 원리

인간의 언어를 해석하는 자연어 처리에는 통계 및 머신러닝 기술부터 규칙 기반 및 알고리즘 방식에 이르기까지 다양한 기법이 있다. 실제 애플리케이션과 마찬가지로 텍스트 및 음성 기반의 데이터가 매우 다양하기 때문에 광범위한 기법이 필요하다.

기초적인 자연어 처리 작업으로는 토큰화 및 구문 분석, 표제어 추출 및 어간 추출, 품사 표시, 언어 감지, 의미론적 관계식별 등이 있다. 일반적으로 자연어 처리 작업은 언어를 더 짧은 기본 요소로 분해하고, 각 요소 간의 관계를 이해하며, 요소들이 서로 어떻게 작용하여 의미를 이루는지 탐구한다. 이러한 기본 작업은 다음과 같은 고급 NLP 기능에 주로 사용된다.

콘텐츠 분류
주제 발견 및 모델링
맥락 추출
감정 분석

〈표 4-2〉 자연어 처리 작업의 기능

기능	설명
콘텐츠 분류 (Content categorization)	언어 기반의 문서 요약 기술로 검색과 색인, 콘텐츠 알림 복사 감지 등에 사용
주제 발견 및 모델링 (Topic discovery and modeling)	텍스트 집합에서 의미와 주제를 정확히 포착하고 최적화나 예측 같은 고급 분석을 텍스트에 적용
맥락 추출 (Contextual extraction)	텍스트 기반 소스에서 정형 정보를 자동으로 추출
감정 분석 (Sentiment analysis)	- 대량의 텍스트에서 분위기나 주관적인 의견 파악 - 일반적인 감정 및 감성 분석이 이에 해당

음성-텍스트(STT) 변환 및 텍스트-음성(TTS) 변환 (Speech-to-text and Text-to-speech Conversion)	Trans 음성 명령을 문자 텍스트로 변환하거나 문자 텍스트를 음성 명령으로 변환
문서 요약 (Document summarization)	많은 양의 본문을 자동으로 요약
머신 분석 (Machine translation)	텍스트나 음성을 한 언어에서 다른 언어로 자동 번역

STT
TTS
문서 요약
머신 분석

2.4 자연어 처리 분류

자연어 처리는 자연어로 이루어진 문장을 입력한 후, 형태소 분석, 구문 분석, 의미 분석, 활용 분석을 거쳐 결과를 도출하는 일련의 과정으로 이루어져 있다.

2.4.1 형태소 분석

형태소 분석

자연어 처리에서 형태소 분석은 대상을 가장 작은 의미 단위인 형태소로 분석하는 것을 의미한다. 정보 검색 엔진에서 한국어의 색인어를 추출할 때 많이 사용된다. 자연어로 작성된 SNS, 웹 문서, 뉴스 기사의 텍스트 데이터를 형태소로 변환해야 다음 단계의 분석 효율성이 올라가기 때문에 문장을 최소단위까지 쪼개는 것이다.

형태소 분석의 약점은 오탈자 발생, 띄어쓰기 오류, 등록되지 않은 언어 등으로 분석에 오류가 발생하거나 중의적인 의미와 신조어 처리 등이 있다. 복합명사 분해도 형태소 분석의 어려운 문제 중 하나이다. 복합명사란 하나 이상의 단어가 합쳐져 새로운 의미를 생성해 낸 단어를 말하는데, 이러한 단어는 띄어쓰기에 따른 형식도 정확하지 않고, 복합된 유형에 따라 의미와 분해가 다양한 형태를 보이기 때문이다. 형태소 분석은 전처리 단계, 후보 생성 단계, 후처리 단계로 이루어져 있다. 형태소 분석은 띄어쓰기 단위로 진행되며, 한국어는 영어에 비해 분석이 복잡하다.

기계적으로 복합명사를 처리하는 방식은 N-gram, 통계 언어 모델 등이 있는데, 그 중 N-gram의 bi-gram은 음절 단위를 기반으로 하여 연속한 두 단어를 단어별로 쪼갤 수 있다. 예를 들어, '복합명사'를 음절 단위로 나눈다면 '복합+명사', '복+합명사', '복합명+사'의 세 가지 형태로 쪼갤 수 있다. 일반적으로 한국어의 형태소 분석에서는 태뷸러 파싱(Tabular Parsing)을 사용하여 형태소의 후보를 분석하는 방법과 기계 학습에 기반한 품사 부착이 사용된다. 과거에는 형태소를 분석할 때 HMM이나 CRF를 사용했지만, 최근에는 딥러닝을 적용하여 분석하고 있다.

2.4.2 구문 분석

구문 분석

문장을 구성하는 성분 간의 관계를 분석하는 것을 말한다. 언어의 종류에 상관없이 모든 언어에는 문장을 구성하는데 규칙이 뒤따르기 때문에 필요한 과정이다. 구문 분석은 언어학에서 통사 분석이라고도 불리며, 문장을 구성 성분으로 분해하고 구성 성분 간의 위계 관계를 분석하여 문장의 구조를 결정하는 것을 말한다.

파서(Parser)

통사는 생각이나 감정을 언어로 표현할 때 완결된 내용을 나타내는 최소의 단위이다. 컴퓨터 과학에서는 일련의 문자열을 의미 있는 토큰으로 분해하고 파스 트리(Parse Tree)로 만드는 과정을 말한다. 이 과정에는 파서(Parser)가 사용되는데, 파서는 인터프리터나 컴파일러의 구성 요소 가운데 하나이다. 인터프리터나 컴파일러의 구성 요소 중 하나로 입력 토큰 내에 들어 있는 자료 구조를 만들고 문법을 검사한다. 또한, 일련의 입력 문자로부터 토큰을 생성하기 위해 별도의 낱말 분석기를 이용하기도 한다. 파서의 프로그래밍은 수작업으로 이루어지며, 도구를 사용하여 반자동적으로 만들 수도 있다.

문장은 주어와 서술어가 모두 있어야 하는 것이 원칙이지만, 감탄사와 같은 경우 예외가 발생할 수 있다. 어휘적 중의성과 구조적 중의성이 일어날 수도 있다. 시간이 지남에 따라 의존 단계를 구 단위로 분석하는 방법에서 구성 성분 단위로 분석하는 방법으로 발전하고 있다. 세계 각국의 다양한 언어는 언어별 특성에 따라 사용되는 알고리즘이 다르며, 영어는 MST알고리즘, 한국어는 SKY알고리즘이 사용된다. 구문 분석에는 국립국어원에서 제작한 세종코퍼스가 많이 사용되고 있고 딥러닝도 많이 활용되고 있다.

2.4.3 의미 분석

의미 분석

문장이 나타내는 의미를 분석 및 해석하여 문장 속 단어가 실제로 어떤 의미로 사용되었는가를 판단한다. 문장은 단어의 중의성, 문장의 구조 차이로 인한 통사적 중의성, 통사적으로는 옳을 수 있으나 의미상으로 틀린 중의성, 부정 표현으로 인한 중의성, 상황에 따른 중의성 등이 있을 수 있다. 다음은 문법적으로 옳지만, 의미적으로 틀린 문장의 예시이다.

동생이 딸기를 먹는다.(O)
동생이 아파트를 먹는다.(X)

정확한 분석을 하기 위해 문법적으로는 규칙에 맞지만 의미가 올바르지 못한 문장들을 알아내야 한다. 이 과정에서 형태소의 의미를 표현하는 지식 표현 기법이 필요하다. 구조 분석기에 의해 생성된 구조들은 의미가 부여된다. 상황이나 맥락에 맞지 않은 문장을 구분하기 위해 각 단어가 지식베이스에서 적절한 개체로 매핑되고, 각 단어의 의미가 서로 결합하는 방법으로 구조를 생성한다. 의미 구조의 대표적인 문법으로는 의미망(Semantic Network), 격문법(Case Grammer), 몬태규 문법(Montague Grammer), 개념의존(Conceptual Dependency) 등이 있다.

2.4.4 화용 분석

화용 분석

문장과 문장 간의 관계에 집중하여 상황을 분석한다. 기계가 발화자의 질문 의도를 파악하고 알맞은 응답을 하는 데 필요한 단계이다. 현실과 어떤 연관 관계가 있고 대화의 흐름으로는 어떤 의미가 있는지를 분석하기 위해 실세계의 상식 및 지식에 대한 많은 데이터가 필요하다.

2.5 자연어 처리 기술 동향

최근 인간의 이해를 바탕으로 인간 친화적 서비스를 제공하기 위한 지능형 시스템이 꾸준히 발전하고 있다. 이러한 인공지능 시스템의 핵심 기술은 사용자가 손쉽게 원하는 지식을 대화하면서 서비스를 받거나 언어 제한 없이 다양한 정보를 획득하고 의사소통할 수 있는 언어지능 기술이다.

또한, 언어지능을 위한 핵심 기술로서 질의응답 기술과 자동통역 기술이 상용화되면 다양한 언어로 만들어진 다양한 정보를 한국어로 검색하여 정보를 획득할 수 있고 다른 언어를 사용하는 사람들과도 자유롭게 소통할 수 있게 된다. 원활한 의사소통과 지식 획득을 위한 언어지능 기술의 실현으로 인간 중심의 편리한 세상이 더욱 앞당겨질 것으로 기대된다. 이러한 자연어 기반 언어지능 기술의 핵심 기술인 음성 인터페이스 기술, 자동통역 기술, 그리고 자연어 질의응답 기술은 자연어 처리 기반의 인공지능 기술이다.

2.5.1 챗봇

챗봇

챗봇(Chatbot)은 채팅(Chatting)과 로봇(Robot)의 합성어로 인간이 작성한 글 또는 소리로 발성된 자연어를 이해하고 질문에 알맞은 답이나 연관정보를 제공하는 인공지능 기반의 커뮤니케이션 소프트웨어이다. 자연어 처리 기술의 가장 대표적인 예라고 할 수 있으며, 메시징 플랫폼에 도입되는 메시징 챗봇(Messaging Chatbot)과 최근에 급부상하는 가상 비서(Virtual Assistant) 두 종류로 나뉜다. 메시징 앱에서 도입되는 챗봇은 하나 이상의 비즈니스 목적을 수행하도록 설계된 챗봇이다.

예를 들어, 페이스북 메신저의 1-800-Flowers 챗봇은 소비자가 꽃을 선택해 다른 사람에게 보낼 때 도움을 줄 수 있도록 설계되었다. 다른 하나는 애플 시리(Siri), 구글 어시스턴트(Google Assistant), 아마존 에코(Amazon Echo)와 알렉사(Amazon Alexa), 마이크로소프트의 코타나(Microsoft Cortana) 같은 가상 비서들이다. 이는 특정 브랜드와 접촉하도록 도움을 주는 데 그치지 않고 다양한 정보를 제공하고 기타 여러 필요사항을 충족시키는 챗봇이다. 메시징 앱 챗봇은 기본적인 커뮤니케이션, 전자상거래, 여행 계획 등의 기능을 제공한다. 현재 전자상거래에서 젊은 소비자에 초점을 맞춰 폭넓게 챗봇을 활용하고 있다.

아마존 에코는 사람들이 훨씬 간편하게 자신에게 필요한 것을 요청할 수 있는 대화형 상거래의 시작을 알리고 있다. 최근에 개발된 메시징 앱 챗봇에는 우버(Uber)의 차량을 호출할 수 있는 챗봇, 타코 벨(Taco Bell)과 도미노(Dominos)의 음식을 주문할 수 있는 챗봇, 아이슬랜드 에어(IcelandAir)의 항공편 검색과 예약을 돕는 챗봇 등이 있다. 또한, 매트리스 제조사인 캐스퍼(Casper)는 불면증을 없애주는 챗봇인 인섬노봇-3000(Insomnobot-3000)을 개발했다. 이 챗봇은 수면과 수면 부족과 관련된 기능을 모두 갖추고 이를 이용해 마케팅을 성공시킨 사례이다.

챗봇에는 주로 문자 형식의 인간 언어와 감성을 컴퓨터가 이해하고 학습하기 위한 데이터 분석 기술인 자연어 처리, 텍스트 마이닝, 패턴 인식, 상황 인지 기술 등이 적용된다. 이 외에도 컴퓨터가 학습하기 위한 인공지능 기술 요소인 인지컴퓨팅, 머신러닝, 딥러닝 등의 기술들이 적용된다. 챗봇 서비스 이용자는 인터넷만 있으면 시간과 장소의 제약을 받지 않고 이용할 수 있어서 대기시간이나 방문시간을 절약할 수 있고, 추가적인 앱이나 프로그램을 설치해야 하는 번거로움이 적다.

또한, 다양한 디지털서비스와 온 · 오프라인 서비스를 이용하고 사물인터넷을 통제할 수 있기 때문에 디지털서비스 기기의 이용환경을 개선할 수 있고, 일상적인 대화 방식만으로도 원하는 결과를 얻을 수 있기 때문에 정보역량(digital literacy)이 낮은 사람들도 쉽게 접근하고 이용할 수 있어서 유용성이 높다는 장점이 있다. 챗봇은 ① 챗봇 서비스 단계, ② 지능형 비서 단계, ③ 감성 비서 단계로 나뉜다. 현재 국내 · 외 챗봇 단계는 대부분 ①, ②단계에 머물러 있으나 향후 기술 발달과 함께 감성 비서 서비스로 발전 중이며, 더욱 개인화되고 전문성 있는 서비스가 가능해질 것으로 전망된다.

〈표 4-3〉 챗봇 서비스의 발전 단계

단계	1단계	2단계	3단계
구분	챗봇 서비스(Chatbot)	지능형 비서 (Intelligent Assistant)	감성 비서 (Conscious Assistant)
제공 방식	텍스트, 음성	텍스트, 음성, 시각자료	텍스트, 음성, 시각자료, 행동인지
입력 방식	폐쇄형, 개방형 일부	폐쇄형 일부, 개방형	개방형 · 폐쇄형 복합 사용
주요 기술	패턴매칭, 키워드 및 연관어 추출 등	딥러닝 · 머신러닝, 자연어 처리, 기타 신기술 융합 등	감성인지기술, 데이터 정형화 기술 등
내용	- 학습된 내용에 대한 질의응답 - 사용자와 단순한 형태의 소통 - 검색을 통한 결과 제공	- 사용자의 패턴 · 상황을 고려한 개인 맞춤형 서비스 제공 - 간단한 업무 처리	- 감정 교류를 통한 서비스 및 각종 서비스에 대한 선제적 대응

챗봇 서비스

*출처: 문용식, 인공지능 기반 챗봇 서비스의 국내외 동향분석 및 발전 전망, 한국정보화진흥원, 2018

2.5.2 자동통역 기술

자동통역 기술

자동통역 기술은 크게 다국어 자동번역 기술과 다국어 음성 자동통역기술로 나뉜다. 다국어 자동번역 기술은 다국어 문서 또는 대화를 자국의 언어로 자동 번역하는 기술이다. 입력 텍스트 및 대화체 문장에 대한 언어 분석, 변환 · 생성 기술이 기본적으로 필요하며, 번역 성능 향상 및 언어 확장성을 위해 지식 추출 · 학습 기술과 하이브리드 자동번역 기술이 필요하다. 이를 위한 주요 기술로 다국어 언어분석 기술, 다국어 생성 및 변환 기술, 지식추출 및 학습 기술, 하이브리드 자동번역 기술 등이 있다.

다국어 언어분석 기술은 다국어 입력 문장에 대해 컴퓨터가 이해할 수 있는 단위로 언어학적으로 분석하는 기술로 구성되며, 형태소 분석, 구문 분석 및 의미 분석 기술은 자연어 처리의 기반 기술로써 크게 규칙 기반 방법과 통계 기반 방법으로 나눌 수 있다. 지식추출 및 학습 기술은 기존의 소규모 지식 전문가에 의한 번역지식 수동 구축의 한계를 벗어나 대용량 말뭉치로부터 번역지식을 자동으로 추출 및 학습하는 기술로 지식의 용도에 따라 언어 분석과 생성을 위한 지식학습과 자동번역을 위한 단어 및 구 단위 번역 지식학습 등으로 나눌 수 있다. 하이브리드 자동번역 기술은 단일 자동번역 엔진에서의 번역 성능 한계로 복수 개의 엔진에서 최적의 번역결과를 선택하는 기술이다.

다국어 음성 자동통역 기술은 사람의 말을 인식하고 다국어로 통역하는 기술로써 편리한 인터페이스를 위해 텍스트, 제스처, 음성 등을 활용하는 멀티모달(Multi-modal) 인터페이스 기술과 연결될 필요가 있다. 자동통역 시스템은 주로 여행 · 관광 분야 의사소통이 1차 목표이며, 일상, 비즈니스 등 다양한 영역으로 확대될 전망이다. 웨어러블 컴퓨터의 발달에 따라 스마트폰이 아닌 착용형 안경, 착용형 시계에 통역기가 장착되어 사용성의 편리함이 극대화될 것으로 예상된다.

2.5.3 자연어 질의응답 기술

자연어 질의응답 기술

자연어 질의응답 기술은 사용자의 자연어 질문에 맞는 정답 후보들을 추출하여 그 중에 최적의 정답을 제시하는 기술이다. 다양한 인공지능 응용 시스템에서 언어지능 핵심 모듈로 활용이 가능하다. 자연어 질의응답 기술은 다음과 같은 세부 기술로 구성된다.

① **자연어 질문 분석 및 이해 기술**: 최적의 정답추출 전략을 결정할 수 있도록 정답추출의 전략별 유형을 구분하고 인식하는 자연어 질문 분류 기술로 정답 유형 인식 기술을 포함한다.

② **정답후보 생성 기술**: 정답후보 생성을 위한 효과적인 문서 및 단락을 검색하고

관련 단락으로부터 정답후보를 추출하고 각 정답후보에 대해 신뢰도를 계산한다.

③ **언어 이해를 위한 구조 및 의미 결합 모델 기술:** 구조 분석 기술인 구문 분석 기술과 의미 분석 기술인 개체명 인식 기술을 통합적으로 활용하여 언어의 내용을 이해한다.

④ **개방형 지식 추출 기술:** 빅데이터 처리를 위해 구문분석 결과를 이용하여 이벤트 템플릿을 생성하는 기법과 텍스트 자체만을 이용해서 사건의 주체와 객체들을 파악하여 지식을 추출하는 기법을 포함한다.

⑤ **지식-지식베이스 연동 기술:** 텍스트에서 추출된 지식을 지식베이스에 존재하는 지식들과 비교·대조하여 지식의 진실성, 중복성, 개연성 등을 분석하고 최종적으로 삭제할 것인지 유지할 것인지 결정하는 기술이다.

2.6 자연어 처리 활용

2.6.1 Wordrep

카카오브레인은 2017년에 설립된 ㈜카카오의 자회사이자 인공지능 연구소이다. 카카오브레인은 브레인 클라우드(Brain Cloud), 메타 러닝(Meta Learning), 영상(Vision), 음성(Voice), 자연어 처리(NLP)의 5개 대표 기술을 개발한다. Wordrep은 카카오브레인에서 2018년 진행했던 프로젝트이며, 유의미한 단어 간의 관계 데이터를 제공하자는 취지로 진행됐다.

Wordrep

국내에는 다양한 목적의 어휘 관계 사전이 개발되고 있으나 대규모 사전을 편집하는데 투입되는 인력과 자금은 많지 않아 시간이 오래 걸린다는 문제가 발생하고 있다. 카카오브레인의 목표는 유의어와 반의어에 대해 알고 싶은 전 세계의 작가나 기자 등을 위해 다국어 서비스를 지원하는 것이다. 단어 벡터 사전의 수집, 불필요한 자원 절약, 유사 단어 검색과 시각화 등의 단계를 거쳐 단어 간의 유사도를 표현해냈다. 자연어 문제를 해결할 때마다 단어 임베딩을 수행하는 것은 매우 비효율적이다. 카카오브레인은 페이스북이 페스트테스트(FastText) 임베딩 기법으로 생성한 벡터 사전을 이용하여 이를 해결했다.

2.6.2 자연어 API

2017년 11월 27일 구글 클라우드 플랫폼(Google Cloud Platform)에서 자연어 API

자연어 API

를 배포했다. 자연어 API는 영어뿐만 아니라 한국어, 중국어, 일본어, 이탈리어어, 독일어, 스페인어 등 다양한 언어 분석이 가능하고 일부 기술은 영어에만 적용된다. 구글 클라우드 자연어 처리 API는 특정 문장, 블로그, 뉴스 기사 등으로부터 핵심 요소에 해당하는 사람, 장소, 이벤트 등의 정보를 추출하고, 문장의 핵심 의미를 빠르게 찾아온다. 구글의 자연어 처리 API는 감정 분석, 개체 인식, 주제 모델링, 텍스트 분석 등을 지원한다.

감정 분석
개체 인식
주제 모델링
텍스트 분석

① **감정 분석**: 단어나 문장 또는 전체 문서의 감정을 감지하고 API가 −1~1의 점수로 결과를 나타낸다. −1은 매우 부정적인 감정을 나타내며, 1은 매우 긍정적인 감정을 의미한다. 그리고 감정의 강도도 감지하는데 0에서 무한대의 수치로 나타낸다.

② **개체 인식**: 텍스트 속에 있는 개체의 유형을 감지하고 각 단어에서부터 전체 문서에 이르기까지 중요성을 0부터 1까지의 수치로 알려준다.

③ **주제 모델링**: 텍스트가 속해 있는 범주들의 여러 상관관계와 관계에 대한 신뢰도를 제시한다.

④ **텍스트 분석**: 문장들의 관계를 찾아내고 단어의 POS−태그와 단어의 기본형을 탐지할 수 있다. 숫자나 적절한 시제, 성별, 사람, 단어 등에 대해 형태학적 분석을 제공하며, 단어들 사이의 관계는 의존성 트리 형태로 표현된다.

2.6.3 엑소브레인

엑소브레인

엑소브레인은 인간의 지적 노동을 보조하기 위해 언어 문법 분석을 넘어선 언어의 의미 추론 기술 개발, 전문 분야 원인, 절차, 상관관계 등 고차원 지식 학습 및 축적 기술 개발, 전문 분야 대상 인간과 기계의 연속적인 문답을 통한 심층 질의응답 기술 개발 및 국내 · 외 표준화를 통해 핵심 IPR을 확보하는 우리나라 대표 인공지능 국가 R&D 프로젝트이다. 언어를 이해하고 지식을 학습하여 전문가 수준의 지식을 서비스하는 언어지능 소프트웨어를 중점적으로 개발하기 위하여 총 3단계에 걸쳐 10년간 수행된다.

① 1단계: 일반 분야 대상 분석형 엑소브레인 소프트웨어 기반 기술 개발
② 2단계: 전문 분야 대상 엑소브레인 소프트웨어 응용 기술 개발
③ 3단계: 설명 가능한 심층 질의응답 엑소브레인 소프트웨어 상용 기술 개발

엑소브레인 프로젝트는 텍스트 빅데이터로부터 언어와 지식을 학습하고 축적하여 사용자와 의사소통을 통해 전문분야 지식을 서비스하는 언어지능 SW 기술 개발을 위하여 국내 주요 연구기관이 컨소시엄을 구성하여 수행하고 있다. 엑소브레인은 방대한 인간의 텍스트에 대한 조사 · 분석 등의 지식 노동을 보조하고, 신속하고 효율적인 의사결정을 위한 전문가 시스템 개발을 통해 다양한 산업분야 신시장 창출에 기여할 것으로 기대된다. 구체적으로 법률, 특허, 금융 등의 산업분야에서 인공지능 변호사, 인공지능 변리사, 인공지능 상담사 등으로 활용이 가능하다.

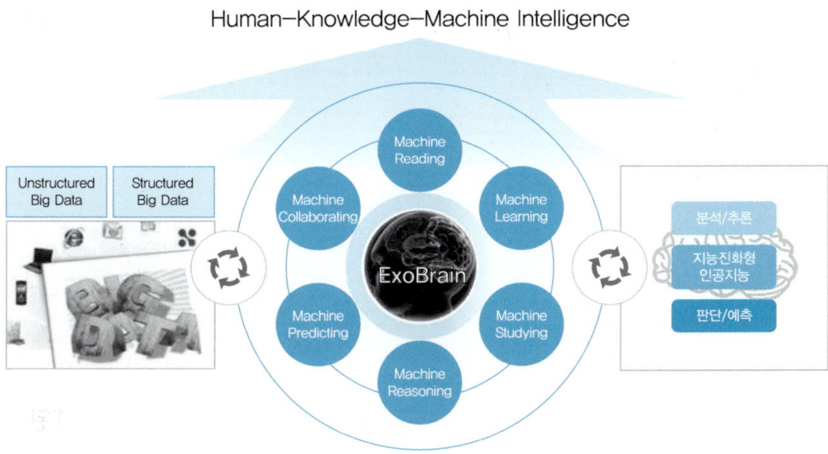

[그림 4-21] 엑소브레인

*출처: 엑소브레인

2.6.4 법무부 인공지능 기반 법률비서 버비(Bubbi)

버비(Bubbi)

법무부는 2017년 5월부터 인공지능 법률비서 1세대 버비 서비스를 시작했다. 버비는 벨기에 작가 마테를링크의 동화 《파랑새》를 형상화한 캐릭터로 행복의 파랑새를 찾아주는 법률비서라는 의미를 담고 있다. 1세대 버비는 국민들의 실생활과 밀접한 부동산 임대차, 임금, 해고 등 노동 분야의 법률과 판례를 챗봇을 이용해 제공해왔다.

현재 챗봇은 버비 생활법률 지식서비스 누리집(http://talk.lawnorder.go.kr/web/index.do)에서 제공되고 있다. 대화창에 부동산 임대차, 임금, 해고, 상속과 관련된 질문을 써서 전송하면 6~7초 이내에 답변해준다. 챗봇의 답변은 변호사의 답변을 기반으로 하지만, 구체적인 사실관계에 따라 실제 법원의 판단은 다를 수 있기 때문에 버비가 제공하는 법률정보는 상식 또는 참고용으로 받아들이는 것이 좋다.

법무부는 2세대 버비 서비스를 시작하면서 인터넷 검색 비율이 높은 상속 분야를 추가하여 대화형 법률서비스를 24시간 제공하고 국민들이 편리하게 이용할 수 있도록 카카오톡 서비스도 시행한다. 이밖에도 문답지식 콘텐츠를 기존 38,894건에서 43,000여 건으로 확대하고 카드뉴스를 53건 추가했다. 2세대 버비에는 자체 학습 기능을 추가하였는데 인공지능 자체 학습 기능을 통해 어려운 질문도 답변할 수 있도록 머신러닝과 딥러닝 기술을 적용했다.

연·습·문·제

1. 이미지 인식의 개념과 특징에 대해 설명하시오.

2. 이미지 인식 기술 동향에 대해 설명하시오.

3. 자연어 처리의 개념과 중요성에 대해 설명하시오.

4. 자연어 처리 기술 동향에 대해 설명하시오.

5

CHAPTER

음성 인식과 예측 인공지능

학습목표

음성 인식과 예측 인공지능 기법의 이해

학습내용

음성 인식 원리 이해

예측 AI 원리 이해

활용 사례

1. 음성 인식

2. 예측 AI

1. 음성 인식

1.1 개요

음성은 인간과 컴퓨터 간의 가장 이상적인 인터페이스라고 할 수 있다. 스마트폰에서 시작된 음성 인식 기술의 경쟁은 사물인터넷(IoT)의 시대에 이르러 휴대기기, 스피커를 포함한 가전 혹은 가정용 기기는 물론 스마트홈에 이르기까지 다양한 영역으로 확대되고 있다. 기존에 활용하던 텍스트 입력이나 터치 혹은 원격 제어기 같은 입력 방식보다 쉬우며 간편하기 때문이다. 또한, 음성 기반 인터페이스는 분당 150단어 수준의 입력이 가능하기 때문에 분당 40단어를 입력하는 터치나 입력 방식에 비해 속도가 약 3~4배 이상 빨라 사용자와 대화형 인터랙션을 통해 더욱 편리한 편의를 제공한다.

음성 인식

사물인터넷 시대의 핵심 기능으로 부각되고 있는 음성 인공지능 서비스는 향후 터치나 문자 입력 방식을 대체할 인터페이스의 표준으로 떠오르고 있다. 이를 기반으로 독자적인 생태계를 구축하고자 하는 IT 기업들의 경쟁이 치열하다.

음성 인식은 다양한 기반 기술에 의해 구현되지만, 인공지능의 세부 분야 중 하나인 딥러닝 기술에 힘입어 비약적으로 발전했다. 구글은 방대한 사람의 음성 데이터를 학습해 음성 인식의 오류를 줄이고 정확도를 향상시키는 딥러닝 기법을 활용해 2013년까지 80% 아래에 머물던 음성 인식 정확도를 2017년 인간 속기사의 정확도 수준인 95%까지 끌어올렸다. 음성 인식 정확도 향상은 음성 인공지능 서비스의 활용도 향상으로 이어져 음성 인공지능 시장의 확대에 기여하고 있다.

음성 인터페이스는 스마트폰, 태블릿 PC 등에서 주 입력 수단으로 활용되는 터치보다 더 직관적이고 편리하지만, 프라이버시가 보장되지 않고 여러 단계에 걸쳐 수행해야 하는 정교한 명령에는 적합하지 않다는 단점이 있었다. 그러나 최근 스마트 스피커 판매가 급격히 증가하고 있고 스마트 TV, 자동차에 이르기까지 음성 인식 인공지능 에이전트 탑재가 보편화되면서 사용자들의 인식과 행동에도 변화가 일어나고 있다.

아일랜드의 음성 인식 기술 스타트업인 보이시스(Voysis)가 2018년 5월 미국 성인 1,200명을 설문 조사한 결과, 스마트 스피커 사용자의 65% 이상은 1주일에 한 번 이상 음성 인식 기능을 사용하는 데 반해, 스마트폰 유저의 80%가량은 음성 인식 기능을 거의 사용하지 않는 것으로 나타났다. 특히, 스마트폰보다는 가정에서 사용하는 스마트 스피커나 스마트 TV, 운전 중에 터치스크린을 조작하기 힘든 자동차에 음성 인식 인터페이스가 더욱 적합할 것으로 보인다.

음성 인식은 여러 가지 디바이스와 서비스에 접목되면서 여러 분야에서 상용화되고 있다. 음성 인식 서비스의 분야는 유 · 무선 통신망 환경 기반 서비스, 단말기 기반 응용 서비스, PC 기반 응용 서비스로 나눌 수 있다. 단말기 기반 응용 서비스는 휴대폰, PDA, 차량단말기 등 정보단말기에 내장형 음성 인식과 합성 기능을 제공하고 있다. 음성으로 휴대폰의 주소록을 검색하여 전화를 걸어주는 VAD 기능, 차량단말기를 음성 명령으로 제어하는 기능 등이 대표적인 사례이다.

디바이스와 인간 간의 인터페이스 기술 중 터치 · 텍스트 인식 대비 인간의 커뮤니케이션 형태(쌍방향)와 가장 유사하며, 입력 속도, 편의성, 센서 가격 및 범용성이 우수하고, 멀티태스킹이 가능한 음성 인식 기술 활용 범위가 확산되는 추세이다. 딥러닝 등 인공지능 기술의 발전으로 음성 인식률이 개선됨에 따라 터치, 제스처 인식, 아이트래킹 등의 대체 기술은 열악한 소음 환경 등에서만 제한적으로 사용이 예상된다.

〈표 5-1〉 음성 인식과 터치/텍스트 기반 HMI(Human Machine Intelaction) 기술 비교

구분	음성 인식	터치/텍스트 인식
입력 속도	150단어/분	40단어/분
입력 방식	Random Access	Hierarchical GUI
정보의 입출력	마이크로폰, 스피커	키보드, 디스플레이
커뮤니케이션 방식	컨텍스트 기반 쌍방향	단방향
멀티태스킹	Hands-free 기능으로 멀티태스킹(운전 등) 가능	터치나 텍스트 입력 시 멀티태스킹 불가

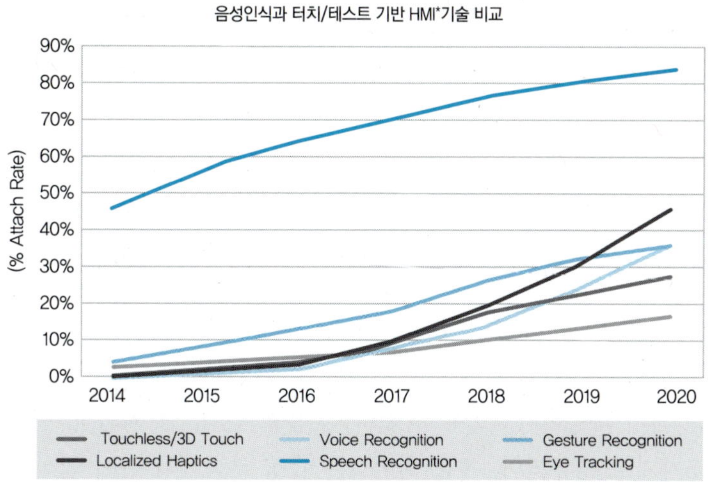

*출처: Emerging Interface Technologies for Mobile Devices, 2015, Tractica

[그림 5-1] 인터페이스 기술별 스마트폰 적용률

1.2 음성 인식 기술

음성 인식 기술

음성 인식 기술 연구는 1952년 벨 연구소에서 근무하던 세 명의 과학자에 의해서 처음 시작되었고 1990년대 처음으로 상업적 목적의 소프트웨어가 등장했다. 이때까지만 해도 음성 인식 연구는 통계를 활용하는 마르코프 모델을 기반으로 했는데, 최근에 각광을 받기 시작한 머신러닝, 특히 인공신경망을 활용하는 딥러닝이 등장하면서 판도가 바뀌었다. 딥러닝을 활용한 음성 인식은 구글 보이스 같은 서비스, 무기, 자동차, 의료 시스템, 교육, 통역, 가정용 엔터테인먼트, 보이스 메일 등으로 적용범위가 계속 넓어지고 있다.

현대 음성 인식 기술은 애플 시리(Siri)나 구글 홈(Google Home)과 같은 가전제품에 이미 적용되었고 아마존 알렉사(Amazon Alexa)에도 적용되는 중이다. 뿐만 아니라 마이크로소프트의 빙 스피치 API(Microsoft Bing Speech API)나 구글의 클라우드 스피치 API(Google Cloud Speech API) 등은 딥러닝에 기반한 고도의 음성 인식 기능을 API로 공개하고 있다. 전 세계의 많은 개발자들이 이러한 API를 이용해서 창의적인 제품을 끊임없이 만들어내고 있다.

음성 인식 기술은 마이크와 같은 소리 센서를 통해 얻은 음향학적 신호를 단어나 문장으로 변환시키는 기술을 의미한다. 이 기술과 인공지능을 결합한 음성 대화 시스템은 차세대 인터페이스로 주목받고 있으며, 스마트폰, 스마트 TV, 자동차 등 다양한 분야에서 사용되고 있다. 구글은 인공지능 음성 인식 비서인 구글 어시스턴트(Google Assistant)를 출시했으며, 자동차, 가전제품 등에 활용 가능한 음성 인식 기능들을 오픈 API로 제공하고 있다. 국내에서도 2017년 5월에 음성 인식 인공지능인 네이버 클로바(Naver Clova)가 출시되었고, 삼성전자에서는 빅스비(Bixby)를 출시하는 등 음성 인식에 대한 개발이 활발하게 이루어지고 있다.

음성 인식은 자동적 수단에 의하여 음성으로부터 언어적 의미 내용을 식별하는 것으로 구체적으로는 음성 파형을 입력하여 단어나 단어의 열을 식별하고 의미를 추출하는 처리 과정이다. 크게 음성 분석, 음소 인식, 단어 인식, 문장 해석, 의미 추출의 5가지로 분류되며, 좁은 의미로는 음성 분석에서 단어 인식까지를 말하는 경우가 많다. 음성 인식의 궁극적인 목표는 자연스러운 발성에 의한 음성을 인식하여 실행 명령어로서 받아들이거나 자료로서 문서에 입력하는 완전한 음성 텍스트 변환(full speech-to-text conversion)의 실현이다. 단지 단어를 인식할 뿐 아니라 구문 정보(문법), 의미 정보, 작업에 관련된 정보와 지식 등을 이용하여 연속 음성 또는 문장의 의미 내용을 정확하게 추출하는 음성 이해 시스템(Speech Understanding System)을 개발하는 것이다.

음성 인공지능 시스템과 플랫폼은 여러 기술 요소에 기반해 구현된다. 이 중 가장 기본적인 것은 사람의 음성을 텍스트 데이터 형태로 바꿔주는 음성 인식(Speech Recognition) 기술이다. 음성 입력 과정에서 음성 인식 정확도를 높이기 위해 녹음 장치로 수집한 데이터에서 잡음과 불필요한 데이터를 걸러주는 전처리 기술도 함께 활용된다. 음성 인식 기술은 음성 신호로부터 문자 정보를 출력하는데 상용 서비스에 적용되는 음향 정보 해독은 확률 통계 방식을 사용한다. 여기에 2010년대 이후 등장한 딥러닝 기술이 적용되면서 음성 인식의 정확도가 비약적으로 향상되었다. 딥러닝은 데이터가 많아질수록 성능과 정확도가 높아지기 때문에 음성 인식 기능 향상을 위해서는 방대한 언어 자료를 수집하고 분석하는 데이터 분석 기술이 필수적이다.

음성을 텍스트 데이터로 올바르게 변환한 이후에는 텍스트를 컴퓨터가 이해할 수 있는 형태로 변환하는 자연어 처리 과정을 거쳐야 한다. 자연어 처리는 어절을 최소의 의미 단위인 형태소로 추출하거나 실제 언어 샘플 데이터인 말뭉치를 활용해 구절과 구문을 분석함으로써 이루어진다. 자연어 처리 또한 머신러닝, 딥러닝 기술을 주로 활용한다. 시멘틱 분석은 데이터의 의미를 해석하고 검색하는 기술로 기존에 축적된 지식 데이터베이스에서 유용한 정보를 검색 · 선별함으로써 결과값을 생성한다. 결과값은 질문에 대한 답변이나 요청한 정보로 나타날 수 있고 결과값이 언어적 형태일 경우에는 음성으로 출력되며, 기능일 경우에는 해당 서비스나 조작을 실행하게 된다.

음성 인공지능 기술에 공통적으로 사용되는 기반 기술에는 인공지능의 한 분야인 딥러닝, 방대한 데이터를 수집하고 분석하는 빅데이터, 서버로 데이터를 전송해 처리하는 클라우드 기술이 포함된다. 최근 딥러닝 기술의 고도화, 스마트 스피커 등 각종 단말에서 수집되는 방대한 데이터, 클라우드 인프라의 발달이 음성 인공지능 기술의 진화에 핵심적인 역할을 수행하고 있다.

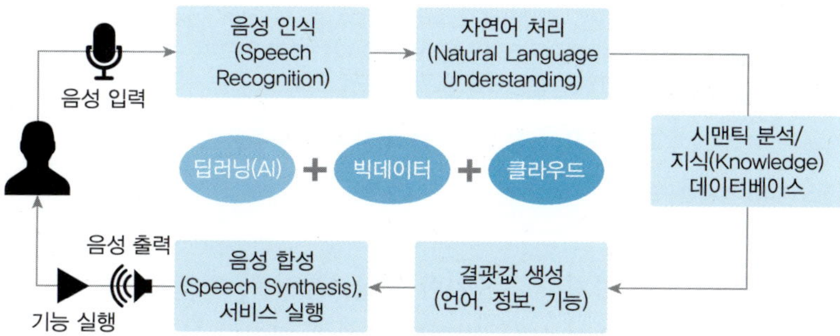

[그림 5-2] 대화형 음성 인공지능 시스템의 구성도와 기술 요소

*출처: 이경님, 음성 언어 처리 기술, 어디까지 왔나. 새국어생활, 2017 & 삼정KPMG 경제연구원 재구성

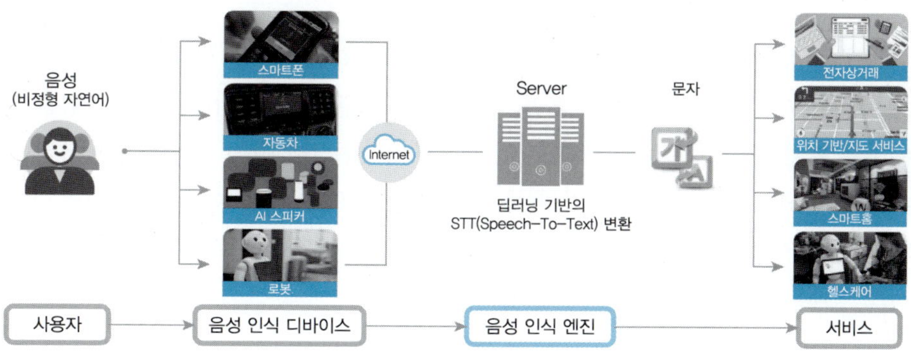

[그림 5-3] 음성 인식 과정

1.3 음성 인식 시장

음성 인식 시장

음성 인공지능 시장은 사용자의 음성 명령을 스마트폰, 스마트 스피커, 스마트 TV 등 단말이 받아들여 기기를 제어하거나 검색, 음악 스트리밍, 온라인 쇼핑 등의 서비스를 활용하는 시장을 말한다. 최근 음성 인공지능 시장은 기술 발달과 스마트 스피커 등 단말 판매의 증가와 접점의 확대, 이용자의 행동 변화에 따라 빠르게 부상하고 있다.

딥러닝 기술 발달	데이터 양이 늘어날수록, 학습을 거듭할수록 정확도가 향상되는 딥러닝 기술 발달에 힘입어 음성 인식 정확도와 서비스 활용도 향상
다양한 고객 접점 단말 확대	주된 음성 인식 AI 활용 기기가 기존의 스마트폰, 테블릿 PC에서 스마트 스피커로 변화했으며, 최근에는 고객 접점이 스마트 TV, 자동차 등으로도 확대
유저 인식 및 행동 변화	스마트 스피커의 대중화로 음성을 1차적인 입력 수단으로 활용하는 유저의 행동 변화가 나타나고 있으며, 음성 인식에 편안함과 편리함을 느끼는 유저 증가

[그림 5-4] 음성 인공지능 시장 부상의 주요 요인

*출처: 삼정KPMG 경제연구원

음성 인공지능 시장의 가치사슬은 기반 기술, 플랫폼, 하드웨어, 서비스로 나눠 볼 수 있다. 기반 기술은 음성 인식, 자연어 처리와 데이터 분석, 인공지능 등을 말하며, 음성 기술 솔루션이나 원천 기술을 보유한 업체들이 주요 플레이어로 활약하고 있다. 이들 업체는 주로 기술을 B2B 라이선스 형태로 판매하지만, 자체적인 음성 인식 서비스나 애플리케이션을 보유한 경우도 있다.

플랫폼 분야에는 아마존 알렉사(Amazon Alexa)나 구글 어시스턴트(Google Assistant)와 같은 음성 인공지능 비서 플랫폼이 포진하고 있다. 플랫폼 사업을 영위하는 기업은 주로 글로벌 테크 자이언트가 대다수인데 이는 사업에 대규모의 자본력과 규모의 경제가 필요하기 때문이다. 플랫폼 기업은 음성 인식, 자연어 처리 기술 등을 자체적으로 개발하기도 하지만, 기술 보유 기업으로부터 솔루션을 라이선스 형태로 계약해 사용하기도 한다.

예를 들면, 애플의 음성 인공지능 비서 서비스인 시리(Siri)는 뉘앙스 커뮤니케이션(Nuance Communications)의 음성 인식 엔진을 탑재한 것으로 알려졌다. 음성 인공지능 플랫폼은 처음에는 스마트폰의 음성 인식 가상비서로 출발했으나 높은 활용성을 보여주지는 못했다. 그러나 스마트 스피커 대중화에 힘입어 영향력을 크게 높여가고 있으며, 스마트 TV, 커넥티드 카 시스템과 같이 기존의 터치 조작이 힘든 단말에 적합한 인터페이스로도 각광받고 있다. 아마존과 구글은 아마존 에코(Echo), 구글 홈(Home)과 같이 음성 인식 인공지능의 핵심 단말인 스마트 스피커를 자체 제작해 판매하고 있으며, 서드파티 스마트 스피커에도 자사 플랫폼 탑재를 통해 시장 지배력 향상을 꾀하고 있다.

특히, 하드웨어 영역에서 인공지능 플랫폼과 단말의 결합은 음성 인공지능 서비스가 집안의 조명을 켜거나 끄고, 온도 조절, 각종 사물인터넷 기기 조작에서 핵심 역할을 할 것으로 기대되면서 스마트홈/사물인터넷 허브로서의 주도권을 잡기 위한 목적도 내포하고 있다.

사용자가 음성 인식 인공지능 기능으로 이용하는 서비스는 기본적인 기기 조작 이외에도 음악 스트리밍, 온라인 라디오, 검색, 쇼핑 등 여러 영역에 걸쳐 있다. 이에 따라 서비스 분야의 플레이어도 아마존, 구글 등 플랫폼 기업부터 월마트와 같은 유통 업체, 피자 체인인 도미노, 음악 스트리밍 업체 스포티파이(Spotify), 온라인 라디오 서비스 업체인 시리우스XM(Sirius XM), 차량공유 업체 우버(Uber)까지 매우 다양하게 나타나고 있다. 또한, 스마트폰 앱과 유사하게 서드파티 기업들이 음성 인공지능 플랫폼에서 간편하게 서비스를 추가할 수 있는 확장 기능이 발달하면서 음성 인공지능 서비스와 참여 플레이어의 다양성이 더욱 증가할 것으로 전망된다.

글로벌 음성 인식 시장은 2017년 1,110억 달러에서 2024년까지 약 7,124억 달러로 성장할 것으로 전망된다. 글로벌 음성 인식 시장점유율은 2017년 기준 아마존 62%, 구글 25%, 기타 13%(MS, 애플 등)로 나뉜다. 또한, 전 세계 음성 인식 시장 규모는 2021년 약 8.3억 달러에서 2026년에 22억 달러까지 연 평균 21.6% 성장할 것으로 전망된다(MarketsandMarkets, 2021).

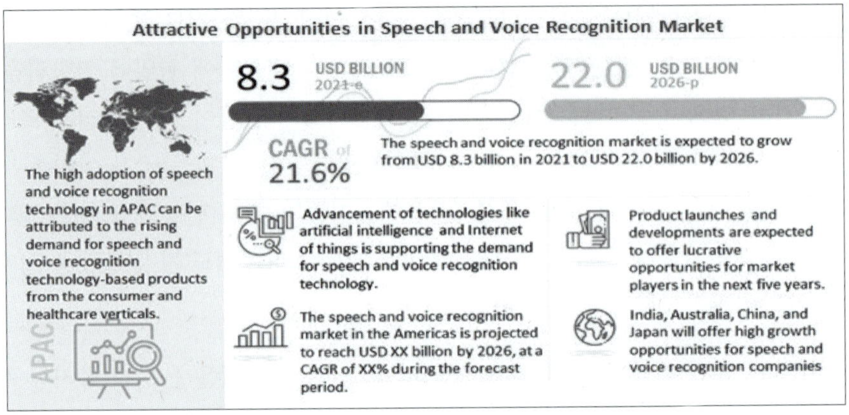

[그림 5-5] 글로벌 음성 인식 시장 전망

[그림 5-6] 음성 인식 응용 분야 시장 전망

1.4 음성 인식 활용

1.4.1 자율주행차

자율주행차

2020년을 기점으로 자율주행차들의 상용화가 시작되면서 운전자의 편의성을 극대화할 인공지능 서비스가 확장되고 있다. Wards Auto가 2018년에 발표한 자료에 따르면 자동차에서 인공지능이 적용되는 시스템으로는 ADAS(Advanced Driver Assistance Systems)가 40.6%, 인포테인먼트 및 음성 인식(Infotainment/Voice Recognition)이 32.5%, 진단(Diagnostics)이 17.6%, V2I/V2V(Vehicle to Infrastructure/Vehicle to Vehicle Communication)가 9.2%를 차지한다. 이러한 제한적인 기능을 넘어 차량용 인포테인먼트와 인공지능의 적극적인 통합이 이루어지게 되면 음성으로 내비게이션의 목적지를 설정하고 시동을 켜는 것이 어색하지 않은 운전자 인공지능 비서 서비스 시대가 열리게 될 것이다.

또한, 제품 및 스마트홈 등과 같은 스마트 네트워크에 자동차의 인공지능 음성비서가 통합될 경우 스마트홈의 음성비서와 연계하여 집안에서 자동차의 기능 구현(연료 상태, 주행 가능 거리, 주차 위치 등)을 파악할 수 있고 차량 시동 on–off, 도어 잠금, 차량 내 공조 장치 등을 제어할 수 있다.

차량 내에서는 음성으로 차고 문 개폐, 현관 조명 제어는 물론 날씨 정보를 얻고 음악 재생, 일정 관리, 내비게이션에 목적지 입력 등 사물인터넷을 기반으로 다양한 네트워크 활동이 가능해진다. 직접 주행 시 음성 명령만으로도 다양한 기능을 수행할 수 있어 안전 기술 확보에 주력하고 있는 자동차 업계에서는 차량형 인공지능 서비스 시장 선점을 위해 아마존 알렉사, 구글 어시스턴트, 마이크로소프트 코타나 등 다양한 인공지능 음성 서비스 플랫폼과의 상생을 위한 협업을 검토하고 있다.

1.4.2 로봇 인공지능 서비스

차량 인공지능 음성 서비스의 진보된 형태인 로봇 타입 인공지능 서비스는 사용자의 얼굴을 인식하고 행동을 분석하여 운전자와 적극적으로 소통하는 지능형 로봇으로 발전하고 있다. 로봇 인공지능 비서의 장점인 다양한 표정을 사용자에게 피드백으로 제공함으로써 사용자와 감성적으로 교감할 수 있는 대상으로써 명령을 수행하는 역할을 한다. 현재는 콘셉트 자동차를 중심으로 연구 단계에 있지만, 체계적인 연구를 통해 사용자와 소통하며 안전 운전을 돕고 서비스의 편의를 높여 운전의 만족도를 높이는 방향으로 개발 중에 있다.

로봇 인공지능 서비스

1.4.3 인공지능 스피커(스마트 스피커)

인공지능 스피커는 인공지능 알고리즘이 갖춰진 스피커 형태의 제품으로, 사용자의 음성 명령을 인식하고 사용자에 대한 정보를 학습하고 적응하여 필요한 정보를

인공지능 스피커

적절하게 제공하는 기기이자 서비스이다. 기존의 스피커에 인공지능 기능이 더해진 스피커를 의미하며, 스피커의 기능에서 나아가 음성비서로서 사용자가 가전제품을 제어할 수 있도록 스마트홈 지휘자 역할을 한다.

인공지능 스피커의 주된 인터페이스가 음성이라는 점에서 인간과 컴퓨터 간의 상호작용에 있어 가장 이상적이며, 다양한 서비스 플랫폼으로 확장될 가능성이 높다. 인공지능 스피커는 유 · 무선 인터넷 연결을 통해서 일상생활과 다양한 상황에 따라 반응하며, 음악 및 라디오 청취, 일정관리, 쇼핑, 음성통화 및 메시지 송수신, 스마트홈 제어, 뉴스 청취, 날씨 및 교통 정보검색 등 다양한 기능을 제공한다.

인공지능 스피커는 스마트 스피커, 지능형 가상비서, 스마트홈 기기 등 다양하게 불리며, 손으로 조작할 필요 없이 음성 인식만으로 기기 제어가 가능하다는 점에서 스마트홈 시대를 앞당기는 제품으로 주목받고 있다. 국내 · 외 플랫폼사, 통신사, 가전 제조사 등 다양한 IT 기업들이 인공지능 스피커를 출시하고 있으며, 이에 호환 및 연동되는 제품과 서비스 개수가 빠르게 증가하고 있다.

(1) SK텔레콤: 누구(Nugu)

누구(Nugu)

SK텔레콤의 누구는 2016년 9월 국내 최초로 출시된 인공지능 스피커이다. 2017년 8월에는 배터리를 내장한 휴대형 누구 미니(Nugu Mini)를 출시하는 등 지속적인 제품 라인을 확대하고 있다. 누구는 음악, 스마트홈, 날씨, 일정 관리, 알람 기능을 기본으로 제공하며, 딥러닝 기술을 기반으로 사용자에게 맞게 지속적으로 업데이트 된다는 것이 특징이다. 하지만 국내 초창기 인공지능 스피커 누구의 최대 한계점으로 한국어 인식률이 낮다는 평가가 있었다. 이에 SK텔레콤은 IBM의 음성 인식 시스템 왓슨(Watson)과 파트너십을 통해 보완점을 찾으며 꾸준히 성장하고 있다.

(2) KT: 기가지니(GIGA genie)

기가지니(GIGA genie)

KT는 2017년 1월 기가지니를 출시했다. 기가지니의 큰 특징으로는 인공지능이 스피커 이외의 IPTV Set-up box 기기에도 탑재되어 음성 인터페이스뿐만 아니라 TV 모니터를 통해 시각 인터페이스를 제공한다는 점이다. 기가지니의 차별적인 서비스로는 카메라를 내장함으로써 영상통화가 가능하며, 헬스밴드, 헬스바이크 등과 같은 헬스 엔터테인먼트를 제공한다. 하지만 TV 모니터가 있는 거실에서 주로 사용할 수 있으며, 거실은 공유 공간이라는 점에서 사용성에 한계가 있다.

[그림 5-7] SK텔레콤의 누구(NUGU)와 KT의 기가지니(GIGA genie)

(3) 네이버: 웨이브(Wave)

웨이브(Wave)

네이버가 출시한 인공지능 스피커 웨이브는 2017년 8월에 출시되었다. 웨이브는 앞서 언급한 SK텔레콤, KT와 다르게 검색 DB를 통한 정확한 정보 검색과 맞춤형 추천이 강점이다. 또한, 일상생활 편의 기능 제공에 최적화되어 있다. 노래를 불러주거나 영어로 대화하기와 같은 기능은 사용자들이 웨이브를 보다 친근하게 느끼게 하는 요소이다. 네이버의 음성 인식 시스템인 클로바(Clova)가 다양한 기기에서 활용될 수 있도록 인공지능 스피커의 앱 프로그래밍 인터페이스를 개방하였다.

(4) 아마존: 에코(Echo)

에코(Echo)

아마존 에코는 초창기 온라인 쇼핑에 미숙한 소비자들이 음성만으로 쉽게 아마존닷컴에서 쇼핑할 수 있도록 2014년 출시된 인공지능 스피커이다. 아마존은 에코를 통해 O2O(Online-to-Offline)와 온디맨드(On-Demand)가 새로운 비즈니스 모델이 될 수 있도록 새로운 유통환경을 개척했다. 에코의 성공에 이어 아마존은 에코닷(Echo Dot), 에코쇼(Echo Show), 에코스팟(Echo Spot) 등 새로운 기기를 잇달아 출시하며 지속적으로 투자하고 있다. 에코쇼는 상품을 시각적으로 확인할 수 없다는 음성 인터페이스의 한계점을 보완하기 위해 등장했다. 디스플레이를 제공하여 구매 상품을 직접 눈으로 확인할 수 있도록 하여 쇼핑의 답답함을 없애려고 시도했다. 에코만 있으면 필요한 물건을 별도의 검색 과정 없이 주문부터 명세 확인까지 확인할 수 있기 때문에 바로 쇼핑할 수 있다.

구글홈(Google Home)

(5) 구글: 구글홈(Google Home)

구글은 2016년 11월에 구글홈을 출시했다. 구글홈에는 음성 인식 시스템 구글 어시스턴트가 탑재되어 있다. 또한, 이미 사용자가 많은 G메일, 구글 캘린더, 구글 검색 등과 같은 구글 서비스를 인공지능 스피커를 통해 음성으로 제어할 수 있다는 점이 구글홈의 큰 특징이다.

[그림 5-8] 아마존의 에코(Echo)와 구글의 구글홈(Google Home)

(6) Alibaba: 티몰지니(Tmall Genie)

중국 최대 전자상거래 기업인 알리바바에서 인공지능 스피커 티몰지니(Tmall Genie)를 2017년 8월 출시했다. 티몰지니에는 중국어 전용 음성 인식 시스템 알리지니가 탑재되어 있다. 티몰지니는 인공지능 스피커를 통해 알리바바 플랫폼 상에서 더욱 편리하게 온라인에서 쇼핑하기 위한 서비스를 제공한다. 티몰지니의 차별점은 중국어 전문 빅데이터를 보유하여 다수 중국 방언에도 이해할 수 있다는 점이다. 이는 다른 외국 제품들보다 중국 시장 겨냥에 유리하다. 또한, 비교적 낮은 가격으로 출시되어 사용자들이 어렵지 않게 서비스를 접할 수 있다는 장점도 있다.

1.4.4 스마트 TV

스마트 TV

스마트 스피커 이외에 스마트 TV가 새로운 음성 인공지능 서비스 활용 기기로 떠오르고 있다. 스마트 TV에서 음성 인공지능을 활용할 경우 프로그램 검색을 위한 단어를 편하게 입력하고 리모컨이 없어도 음성으로 TV를 켜고 끄거나 채널, 볼륨 조작이 가능해진다. 전 세계 TV 시장 점유율 1위 기업인 삼성전자는 자사의 스마트 TV에 독자적인 음성 인공지능 플랫폼인 빅스비(Bixby)를 탑재했으며, 아마존 알렉사, 구글 어시스턴트까지 함께 사용하거나 이들 기기와 연동할 수 있도록 하고 있다.

LG전자도 삼성전자와 유사하게 자사의 스마트 TV에 음성 인공지능 서비스인 씽큐(ThinQ)와 아마존 알렉사, 구글 어시스턴트를 함께 탑재하고 있다. 또한, 삼성전자와 LG전자는 스마트 TV의 리모컨에 음성 인식 기능을 추가함으로써 리모컨을 음성 인공지능으로 연결하는 핵심 도구로 활용하고 있다.

중국의 TCL, 하이센스 등 TV를 제조하는 가전 업체들은 독자적으로 인공지능 플랫폼을 개발하기보다는 아마존 알렉사, 구글 어시스턴트를 자사 스마트 TV의 인공지능 플랫폼으로 활용하고 있다. 이들은 TV 시장에서 가격 경쟁력을 최대 무기로 삼고 있기 때문에 독자적인 인공지능 플랫폼 개발에 필요한 비용을 절감하면서도 구글과 아마존의 개방형 음성 인공지능을 사용하는 전략을 취하는 것으로 보인다. 이와 함께 아마존 알렉사와 구글 어시스턴트의 우수한 음성 인공지능 성능을 자사 TV 모델에 탑재하는 효과도 거둘 수 있다.

스마트 TV 제조사들은 음성 인공지능 탑재를 통해 세탁기, 에어컨, 냉장고 등 집 안의 각종 기기들을 연동해 음성으로 조작함으로써 TV가 스마트홈의 핵심 허브로 자리 잡게 만든다는 전략이다. 이에 반해 구글, 아마존 등 플랫폼 기업들은 스마트 스피커의 허브를 노리고 있어 주도권을 잡기 위한 TV 제조사와 플랫폼 기업 간 경쟁이 더욱 가속화될 것으로 전망된다.

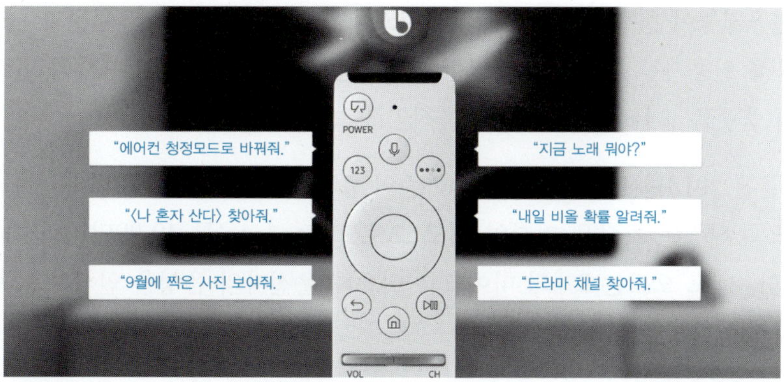

[그림 5-9] 삼성 스마트 TV

1.4.5 커넥티드 카 시스템

차량은 음성 인공지능 기능이 효과적으로 활용될 수 있는 분야다. 자동차에서 음성 인공지능 서비스를 이용하기 위해서는 음성 인공지능이 탑재된 커넥티드 카 시스

커넥티드 카 시스템

템이나 스마트폰을 차량 디스플레이에 연결하는 미러링 방식을 활용할 수 있다. 그러나 자동차는 교체 주기가 5~6년 이상으로 매우 길기 때문에 커넥티드 카 시스템 구축이 안 된 구형 모델도 많고 기존에 시스템이 장착되어 있는 경우에도 인공지능 기능이 탑재되어 있어야만 음성 인공지능을 사용할 수 있다.

이 때문에 사용되는 방식이 카 디스플레이에 스마트폰을 미러링 방식으로 연결해 사용하는 구글의 안드로이드 오토(Android Auto)와 애플 카플레이(CarPlay) 서비스이다. 두 서비스는 모두 스마트폰을 자동차 내부 디스플레이 장치에 연결해 스마트폰의 앱을 표시해 주는 미러링 기능으로 동작한다. 이를 통해 스마트폰의 다양한 앱과 함께 음성 인공지능 서비스인 구글 어시스턴트와 애플 시리(Siri)를 이용할 수 있다. 이러한 디스플레이 미러링 서비스는 스마트폰에서 앱이 동작하고 디스플레이는 단지 화면만을 표시해 주기 때문에 별도의 업데이트가 필요 없고 스마트폰 교체로 하드웨어 성능이 향상될 수 있다는 장점이 있다. 스마트폰 OS를 보유한 구글과 애플은 전략적으로 미러링 서비스를 통한 커넥티드 카 시장 공략에 나서고 있다.

최근 출시되는 자동차의 빌트인 커넥티드 카 시스템에는 아마존 알렉사나 구글 안드로이드가 기본으로 장착되어 있는 모델들이 많다. 이러한 자동차 모델에서는 알렉사나 구글 어시스턴트와 같은 음성 인공지능 서비스를 별도의 스마트폰 연결 없이 사용할 수 있다. 또한 자동차 제조사가 자사의 모델에 특화된 서비스 개발과 음성 인공지능이 통합된 커넥티드 카 시스템을 구현할 수 있다. 구글과 아마존과 같이 음성 인공지능 플랫폼을 개방한 기업들은 자동차 기업과의 제휴와 협력을 통해 자사 플랫폼 보급을 확대하려는 움직임을 보이고 있다.

아마존은 2019년 1월 차량에서 아마존의 음성 인공지능 비서인 알렉사를 이용할 수 있도록 해주는 차량용 기기인 에코 오토(Echo Auto)를 49.99달러의 가격으로 출시했다. 에코 오토는 8개의 마이크를 이용해 운전자의 음성을 인식하고 차량 내부 스피커와 블루투스 연결을 통해 사운드를 내보낸다.

스마트폰과도 블루투스 연결이 가능하며, 알렉사 전용 앱으로 음악과 교통 정보, 일정관리 등의 기능을 이용할 수 있다. 하지만 자체 디스플레이가 없기 때문에 주행 경로 안내와 같이 시각 정보가 포함된 서비스는 연동된 스마트폰으로 확인해야 한다는 한계가 있다.

커넥티드 카 시스템에 자사 플랫폼을 탑재하기 위한 테크 자이언트 기업과 자동차 업체들과의 제휴와 협력도 본격화되고 있다. 아마존 알렉사는 아우디와 GM의 2020년형 이후 모델 차량의 시스템에 내장된 형태로 탑재되고 있으며, 포드, 렉서스, 도요타 카 시스템에서는 앱을 다운받아 설치하는 형태로 지원되고 있다. 폭스바겐, 도요타, 현대기아차, 포드, GM, 벤츠 등 주요 자동차 메이커는 안드로이드 오토를 지원하는 모델을 출시하고 있다. 또한, 니산, 르노, 미츠비시 등의 자동차 회사는 인포테인먼트 시스템 OS로 안드로이드를 채택하고 있다.

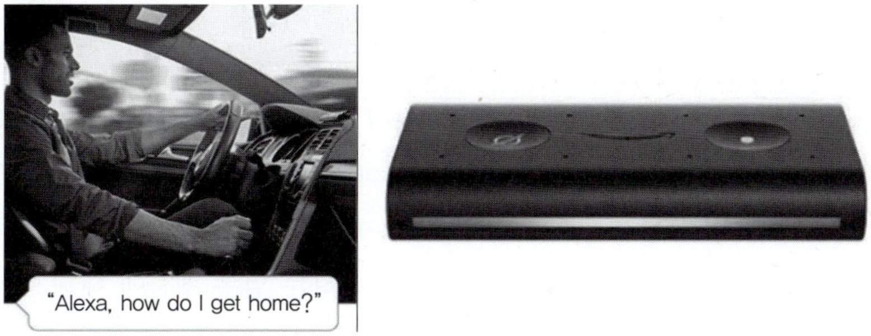

[그림 5-10] 아마존 알렉사를 이용하는 에코 오토(Echo Auto)

1.4.6 보이스 커머스 서비스

보이스 커머스 서비스

음성으로 간편하게 물건을 주문하는 보이스 커머스는 음성 인공지능을 활용한 쇼핑 서비스로 업계에서는 새로운 커머스 플랫폼으로서의 잠재력과 파급력에 주목하고 있다. 과거 오프라인 매장 위주의 쇼핑이 인터넷의 등장으로 온라인 커머스로 발달하고, 스마트폰 등장 이후에는 모바일 쇼핑으로 진화했던 선례를 보면, 음성 인공지능 플랫폼이 활성화될 경우 보이스 커머스가 새로운 플랫폼으로 부상할 가능성이 있기 때문이다.

글로벌 컨설팅 업체인 캡제미니(Capgemini)는 음성 인식 기술의 정확도가 사람 수준인 95%를 넘어서고 아마존 에코, 구글홈 등 스마트 스피커 판매가 증가하기 시작한 2017년부터 보이스 커머스의 파급력이 본격화되고 있다고 분석했다.

보이스 커머스는 사람이 갖고 있는 가장 직관적인 수단인 음성을 활용하기 때문에 주문 과정이 모바일보다도 더 간단하다. 따라서 노인과 같이 스마트폰에 익숙하지 않은 세대도 쉽게 주문이 가능하다.

또한, 음성이 신원 인증과 결제 보안 인증까지 담당할 수 있기 때문에 커머스 편의성도 높아진다. 예를 들어, 한 가정에서 하나의 스마트 스피커로 보이스 커머스를 이용할 때 남편과 아내가 각각 주문 명령을 내리면 인공지능이 주문자를 인식하고 서로 다른 결제 수단으로 지불을 완료하는 등 지능적이고 스마트한 쇼핑이 가능해진다. 보이스 쇼핑 유저 확대에 따라 글로벌 기업들의 음성기반 쇼핑 서비스 도입도 증가하고 있다.

(1) 아마존

인공지능 비서 서비스인 알렉사를 통한 음성 주문 기능을 지원하고 있다. 아마존 사용자는 알렉사 음성 질문을 통해 주문 상황 및 배송 조회, 제품 검색 및 추천, 쇼핑 카트에 제품 추가, 기존 구매 상품의 재구매 등의 기능을 제공한다. 또한, 음성으로 카트에 들어 있는 제품의 주문도 가능하며, 음성 주문 시 4자리 숫자의 코드를 설정해 주문 확인에 활용함으로써 보안성을 확보하고 있다. 아마존은 보이스 쇼핑 활성화를 위해 알렉사 기기를 통해 음성 주문하는 일부 제품에 대해 독점적인 할인을 제공하기도 한다.

(2) 구글

자사의 음성 인공지능 플랫폼인 구글 어시스턴트와 온라인 쇼핑 서비스인 구글 익스프레스(Google Express)를 결합해 제휴 매장 상품 주문이 가능한 보이스 쇼핑을 지원하고 있다. 구글홈 단말이나 스마트폰에서 구글 어시스턴트를 호출한 후 매장을 선택하고 물품을 구매하면 사전에 등록된 지불 수단으로 결제가 이루어진다. 이후 구글 익스프레스 플랫폼에서 각 매장에 주문을 요청하고 매장에서 배송이 이루어지는 방식이다. 구글 어시스턴트와 제휴를 맺고 있는 업체는 종합 유통 매장인 코스트코(Costco), 인테리어 및 소품 판매 매장 홈디포(Home Depot), 의류 및 소품 판매 매장 타겟(Target), 애완동물 관련 물품 매장 펫스마트(Petsmart) 등이 있다.

(3) 월마트

구글과 제휴를 통해 구글 어시스턴트를 이용한 보이스 쇼핑 기능인 월마트 보이스 오더(Walmart Voice Order)를 2019년 4월 출시했다. 월마트는 구글 보이스 쇼핑에 제휴 매장으로 등록되어 있었으나 제휴에서 탈퇴하고 월마트 자체적으로 주문을 처리하고 배송하는 독자적인 보이스 쇼핑 서비스를 선보인 것이다. 월마트 보이스 오더는 음성을 통해 상품을 장바구니에 추가하고 주문하는 기능을 갖췄으며, 아마존 알렉사 쇼핑과 경쟁하기 위한 전략적 목표에서 개발되었다.

(4) 도미노 피자

2017년 7월 음성 피자 주문을 위한 알렉사용 스킬을 출시했으며, 2019년 4월에는 구글 어시스턴트용 액션을 선보였다. 도미노 피자 온라인 계정을 소유한 유저가 미리 등록된 메뉴나 최근 주문 메뉴를 음성으로 빠르고 간편하게 주문 가능하며, 배송 상황을 실시간으로 확인할 수 있다. 도미노 피자 음성 주문은 세부적인 주문 사항을 선택할 수는 없지만, 영화 시청 중이거나 손님맞이로 앱을 통한 주문이 어려운 사람들이 편리하게 사용할 수 있도록 하는 데 초점을 맞추고 있다. 한편 도미노는 2014년부터 모바일 앱에서 음성으로 주문 가능한 일종의 주문 챗봇 솔루션인 돔(Dom)을 출시하는 등 일찍부터 고객과의 보이스 쇼핑 채널 구축에 나섰으며, 최근에는 돔을 이용해 전화 주문을 자동으로 처리하는 기술을 개발 중인 것으로 알려졌다.

(5) 스타벅스

중국 알리바바와 제휴를 통해 2019년 9월 티몰지니 스마트 스피커에서 음성으로 스타벅스 커피를 주문하고 배달받을 수 있는 서비스를 출시했다. 스타벅스 로고가 새겨진 초록색 티몰지니 모델이 판매 중이며, 사용자가 음성으로 메뉴를 주문하면 30분 내에 배달이 완료된다. 사용자는 또한 과거의 주문 이력과 AI 분석에 의한 메뉴 추천과 함께 스타벅스 매장에서 재생되는 음악 플레이리스트도 이용 가능하다.

(6) 네이버

2018년 5월 스마트 스피커 클로바를 이용한 음성 쇼핑 서비스를 출시했다. “헤이 클로바, 생수 주문해 줘.”와 같이 음성으로 말하면, 가격과 배송지가 안내되고, “결제해줘.”라는 음성 확인과 함께 네이버페이 결제가 이뤄지는 방식이다. 생수, 라면, 즉석밥, 세탁세제, 물티슈, 화장지 등의 생필품과 피자, 치킨 등의 음식 주문이 가능하다. 카카오는 카카오미니에 ‘주문하기’ 기능을 추가해 음성 명령으로 주문할 메뉴를 선택하고, 세부 주문과 결제는 카카오톡에서 이루어지는 서비스를 제공한다.

(7) SK스토아

셋톱박스형 스마트 스피커 Btv 누구(NUGU)에서 음성 주문이 가능한 서비스를

2018년 12월 출시했다. 고객이 셋톱박스와 연결된 누구 앱에서 개인정보를 연동한 후 음성으로 명령하면 구매와 결제가 이루어지는 방식이다.

(8) 디지털 홈쇼핑 업체 KTH

2018년 5월 음성 결제가 가능한 기가지니(GiGA Genie) 추천쇼핑 서비스를 출시했다. KT의 스마트 스피커인 기가지니를 보유한 시청자가 KTH의 홈쇼핑 채널인 K쇼핑에서 추천 쇼핑 메뉴를 선택해 테마별 추천 상품과 사이즈, 수량 등을 고른다. 이후 “내 목소리로 인증”이라고 말하면 본인 인증이 이뤄지고 결제되는 방식으로, 음성을 상품 주문과 결제 인증에 동시에 활용한다는 점이 특징이다.

(9) 롯데쇼핑

하나의 앱으로 롯데 유통 계열사의 모든 온라인 몰을 이용할 수 있는 통합 쇼핑 플랫폼을 준비 중으로 여기에 보이스 커머스 기술을 도입한다는 계획이다. 음성 인식 기술과 인공지능 비서, 챗봇을 이용해 상품 검색과 추천, 구입 서비스를 제공한다.

(10) 롯데슈퍼

KT 기가지니와 함께 롯데슈퍼에서 판매하는 6,000여 개 상품을 음성으로 주문하고 배송 받는 인공지능 장보기 서비스를 출시했다.

(11) CJ오쇼핑

고객이 홈쇼핑 채널에서 시청 중이던 상품을 실시간으로 스마트 스피커 누구(NUGU)를 통해 주문하고 11페이로 결제하는 서비스를 제공하고 있다.

(12) 삼성전자

스타벅스와의 제휴로 빅스비(Bixby) 음성 명령으로 커피를 주문하는 서비스를 2018년 4월 출시했다.

[그림 5-11] 보이스 커머스 서비스 사용 장면

1.4.7 차량 내 음성 인공지능 서비스

음성 인공지능 차량 내 모든 기능을 조정하는 컨트롤 타워 역할을 할 것으로 기대된다. 자동차를 운전하는 중에는 터치 등의 조작이 위험할 수 있기 때문에 음성으로 명령을 내리는 것이 안전하고 편리하다. 복잡한 도로 위에서 운전 중 급하게 내비게이션 경로를 바꿔야 할 때와 같은 상황에서 음성 인식 기능의 유용함과 편리함, 안전성은 더욱 부각된다.

내비게이션은 자동차에서 가장 일상적으로 활용되는 서비스로, 음성 인공지능을 통해 주행 중에도 길 안내, 목적지 변경 등의 명령을 안전하고 간편하게 내릴 수 있다. 해외의 구글맵, 국내의 T맵, 카카오내비 등은 음성 인식을 통한 내비게이션 조작 기능을 제공한다.

또한, 내비게이션 실행 중에도 구글 어시스턴트, NUGU, 카카오i와 같은 음성 비서 서비스를 이용해 음악 재생이나 정보 검색에 이용할 수 있도록 음성 AI를 통한 기능 통합과 연결이 이루어지고 있다. 이 과정에서 구글은 구글 플레이 뮤직, SKT 음악 스트리밍 서비스 FLO, 카카오는 계열사인 멜론을 내비게이션과 연동된 기본 음악 스트리밍 서비스로 설정해, 자신들이 보유한 서비스들을 수직 계열화하고 있다. 음악 스트리밍 서비스인 스포티파이(Spotify), 온라인 라디오 서비스인 시리우스XM(SiriusXM)과 같은 서드파티 기업들은 제휴와 협력을 통해 음성 인공지능과 자사 서비스를 연결하고 있다.

차량 내 결제도 음성 인공지능이 활용될 수 있는 분야로 전망된다. 아마존은

2020년 1월 엑손(Exxon) 주유소에서 알렉사의 음성 결제로 주유비를 지불할 수 있는 서비스를 공개했다. 알렉사가 탑재된 커넥티드 카 시스템이나 에코 오토를 장착한 고객이 "알렉사, 주유비를 지불해."라고 말하면 주유소의 위치와 주유기 번호를 확인해 아마존페이로 지불을 완료하는 방식이다. 이 서비스는 2020년 내 미국의 1만 1,500여 개의 엑손 주유소에서 제공되고 있다.

1.4.8 인공지능 음성 인식기반 영어학습 서비스

인공지능 음성 인식기반 영어학습 서비스는 2010년 초 미국 Wallace AI Foundation에서 Dave E.S.L. Chatbot으로 온라인 출시되어 세계 어디서나 웹을 통해 영어 대화 학습을 할 수 있는 유료서비스를 제공하였다. 일본 AKA Intelligence에서 개발한 Musio는 2016년 출시되었으며, 사용자를 인지하고 대화 내용을 기억할 수 있어 자연스러운 소통이 가능하며, 사용자의 발음 교정 및 회화 연습을 담당하는 학습 기능을 가지고 있다. 국내 서비스로는 AI Brain사에서 개발한 놀이형 학습시스템 Tyche로 배운 것을 기억하는 자신만의 고유한 인공지능 친구로 자기주도적 학습이 가능하며, 정보 검색, 스케줄 관리, 뮤직 플레이 등 부가 기능을 가지고 있다.

마인즈랩(Minds Lab)에서 개발한 마이잉글리쉬(Mienglish)는 사용자 발화에 대한 정확도, 유창성 수준을 평가하여 사용자가 일정 수준에 도달할 때까지 반복 훈련을 할 수 있도록 돕고 있으며, 단문 수준의 따라 말하기부터 회화 훈련까지 자기주도 영어교육의 가능성을 제시하고 있다. 에듀테크(Edu-Tech)의 AI Level Test는 영어를 구성하는 5가지 영역인 단어, 영작, 듣기, 발음, 말하기를 순차적으로 테스트하여 사용자의 영역별 실력을 평가하는 것으로 사용자의 오답패턴을 분석하여 취약점을 파악하고 보강할 수 있는 학습 분석 데이터를 제공하고 있다.

ETRI(한국전자통신연구원)에서 개발한 지니튜터(Genie Tutor)는 학습자에게 질문을 던지고 학습자가 한 응답이 적절한지, 문법에는 오류가 없는지 평가한 후 학습자에게 피드백하고, Lecture 버튼을 눌러 대화 학습과 관련된 설명을 듣고, Practice 버튼을 눌러 대화 연습을 하며, Result 버튼을 눌러 학습 결과를 확인할 수 있도록 하고 있다. 특히, 지니튜터의 원천기술인 발음 평가와 음성 인식 기술을 활용하여 Hancom의 말랑말랑 Genie Tutor, 두산동아의 Debates, Minds Lab사의 Minglish가 영어학습용 서비스로 개발되었다.

1.4.9 사회적 약자를 위한 음성 인공지능 서비스

(1) 스위치

스위치

음성 인식 인공지능 기업 아틀라스랩스는 인공지능 전화 앱 스위치(Switch)로 통화 기록의 순기능을 실현하고 있다. 스위치는 실시간 통화 내용의 녹음과 함께 음성 데이터를 문자로 기록하고 보여주는 서비스를 지원하며, 난청이나 청각 장애를 지닌 사람들에게 귀와 소통의 매개체가 되어주고 있다. 스위치 관계자에 따르면 단순히 실용성만 고려한 인공지능 전화가 아니라 소중한 사람들과의 통화 내용을 보관하고 언제든지 확인할 수 있다는 점에서 스위치의 정식 출시에 대한 기대감이 높다.

[그림 5-12] 음성 인공지능 서비스 스위치

(2) 설리번+

설리번+

인공지능 시각 보조 앱 설리번+는 인공지능을 활용한 음성 안내를 통해 시각장애인들의 일상생활을 돕는다. 스마트폰 카메라에 인식된 정보를 사용자에게 음성으로 안내해주는 설리번+는 인식된 이미지와 주요 단어의 상관관계를 파악해 시각정보를 제공하고 이미지 캡셔닝 기술을 적용해 최적의 문장을 조합해 전달한다. 따라서 시각장애인이 타인의 도움 없이 음식을 주문하거나 자녀의 가정통신문 확인 등 일상생활에 필요한 정보를 얻을 수 있도록 돕는다. 이와 함께 인식한 문자를 읽어주는 문자 인식, 촬영된 인물의 나이와 성별을 추측해 알려주는 얼굴 인식, 주변 물체와 장면을 묘사해주는 이미지 묘사와 3가지 기능 중 가장 알맞은 촬영 결과를 찾아주는 AI 모드 등 시각적으로 불편함을 겪는 사람들을 위한 다양한 서비스를 제공하고 있다.

[그림 5-13] 인공지능 시각 보조 앱 설리번+

(3) 토키토키

토키토키

토키토키는 음성 인식 인공지능이 탑재된 언어 재활 훈련 프로그램으로 비대면 언어 치료 서비스를 제공한다. 인공지능을 활용한 자율 언어 재활 훈련을 비롯해 환자와 언어 치료사를 온라인으로 연결하는 O2O 서비스, 언택트 치료 서비스 등을 제공한다. 특히, 단어 또는 문장 카드를 따라 하는 말하기 연습 수준이 아닌, 언어 장애를 가진 환자들이 개선해야 할 방법과 상담 서비스 등을 제공함으로써 언제 어디서든 원하는 곳에서 치료 연습을 할 수 있다. 토키토키는 차상위계층과 다문화가정 환자에게 무료로 지원하는 등 공익적 가치 실현에도 앞장설 계획이라고 밝혔다.

인공지능이 발전해 나가면서 사람들의 일상을 직접적으로 도와주는 서비스가 늘어나고 있으며, 그중에서도 음성 AI 기술은 사람들의 눈과 귀와 입이 되어줄 수 있는 따뜻한 기술로 사회적 약자의 일상의 불편함과 의사소통의 어려움이 많이 해소될 것이다.

[그림 5-14] 음성 인식 인공지능이 탑재된 토키토키

2. 예측 AI

2.1 개념

최근 공공 분야에서 예측기술의 중요성이 커지고 있다. 사회 전반적으로 불확실성이 높아지고 시스템적 위험에 더 취약해졌기 때문이다. 재난, 범죄, 질병, 사회 인프라 등의 부문에서 위험요소를 조기에 찾아낼 수 있다면 인명과 재산상의 막대한 손실을 예방할 수 있어 빅데이터, 인공지능, 슈퍼컴퓨터 등은 공공 부문에서의 예측 정확도를 높이는 데 크게 기여할 전망이다. 예측 AI

개인 차원을 넘어 기업 및 정부 입장에서도 예측은 매우 중요하다. 기업들은 수요 예측이 정확해야 생산계획을 짜서 제품을 출시할 수 있고 정부도 거시경제지표 예측을 통해 새해 예산안 등을 계획할 수 있다.

스마트폰 광고를 할 때 어떤 브랜드의 스마트폰을 가장 구매할 가능성이 높은 고객이 누구인지 예측하여 광고하고 노출하는 것이 비용 대비 효율성이 높다. 아마존이나 쿠팡처럼 물류 배송을 하는 회사의 경우 상품별 입출고 시점, 주문 시점 등을 예측하여 물류창고에 상품을 적재할 수 있기 때문에 빠른 배송이 가능하다.

예측과 추론은 서비스에서만 머무르는 것이 아닌 수요와 소비를 빠르게 판단해 기업의 의사결정에 도움을 준다. 이러한 예측과 추론의 신뢰도를 높이기 위해 끊임없이 인공지능 기술을 개발하고 있는 것이다.

최근 인공지능 기술이 빠르게 발전하고 있는 배경도 예측과 추론의 신뢰를 높이는데 바탕이 되는 데이터양이 기하급수적으로 증가하고 있기 때문이다. 사물인터넷(IoT)과 빠른 속도의 네트워크인 5G 등으로 인해 향후 30년간 전 세계 데이터는 100만 배 증가할 것으로 보인다.

이처럼 예측은 활용 범위도 다양하고 중요성도 크다. 특히 파급력이 큰 재난, 범죄, 질병 등 공공분야에서는 예측의 중요성이 더욱 커지고 있다. 2008년 금융 위기 발생 이전에도 모기지론으로 파생된 부실 채권에 대한 여러 위험신호가 잡혔지만, 사람들은 그 위기를 미리 감지하지 못했다. 이에 2011년 EU는 약 14억 달러를 투자하여 다음 금융위기 시기를 예측할 수 있는 슈퍼컴퓨터 제작 계획을 발표했다. 또한, 지구온난화에 따른 각종 기상 이변이나 후쿠시마 원전 사고와 같이 자연환경과 사회시스템에 직접적으로 영향을 미치는 위험도 늘어나고 있다. 더욱이 이들 위기는 글로벌화와 IT 기술에 힘입어 복잡하게 얽히면서 특정 국가나 집단에 국한하지 않고 전 지구적인 문제로 확대되는 경향이 있다. 사건의 전개 속도가 빨라질 뿐 아니라 전혀 예기치 못한 결과를 초래하고 있는 것이다.

2.2 예측 기술의 발전 가능성

향후 IT 기술의 발전에 힘입어 예측 기술은 더욱 고도화될 전망이다. 기상 예측의 경우 지역별 기온, 기압, 습도 같은 데이터와 위성 자료들이 필요하고 이를 분석하기 위한 수치예보모델과 복잡한 계산을 처리할 수 있는 슈퍼컴퓨터가 사용된다. 다양하고 세부적인 자료를 수집하고 사건을 예측하기 위한 정교한 알고리즘과 이를 실질적으로 연산해낼 수 있는 고도화된 계산 장치가 필요한 것이다. 빅데이터와 인공지능, 슈퍼컴퓨터의 발전은 자료 수집과 분석, 연산 측면에서 예측의 정확도를 높이는 데 도움이 될 수 있다.

2.2.1 빅데이터

빅데이터

RFID

모든 사물이 네트워크로 묶이는 사물인터넷 시대에는 RFID(Radio-Frequency Identification), 센서, 카메라를 통해 자연 환경, 사회 인프라, 사람의 행동까지 수많은 데이터를 빠르고 쉽게 수집할 수 있다. 실제로 모든 스마트폰에는 소형 카메라 모듈이 내장되어 있으며, 조도, 터치, GPS, 중력 등 다양한 센서가 탑재되어 있다. 자동차에서도 스마트카나 무인주행 자동차에 대한 관심이 늘면서 레이더, 카메라, 센서 등의 사용이 늘어나는 추세이다. 또한, 스마트 그리드, 지능형 교통망 등 기존 인프라에도 각종 센서가 탑재되고 있다.

사물 데이터뿐 아니라 사람들의 관계 데이터라 할 수 있는 SNS도 공공 예측에 활용될 수 있다. SNS를 분석하여 기업 마케팅에 활용하거나 맞춤형 서비스를 제공하는 것처럼 축적된 사람들의 관계 데이터를 통해 사람들의 생각과 미래 행동을 예측하는 것이다. 최근에는 단순 텍스트를 넘어 이미지, 위치 정보까지 SNS를 통해 파악할 수 있는 정보의 종류도 증가하고 있기 때문에 예측 활용도가 높아질 전망이다.

2.2.2 인공지능

공공 부문 예측을 위한 분석 소프트웨어 성능 향상에 인공지능 기술이 도움을 줄 수 있다. 일례로 기계가 주어진 데이터를 분석하여 스스로 새로운 규칙이나 지식을 추출하는 머신러닝을 들 수 있다. 머신러닝은 사람이 일일이 가르칠 필요 없이 시스템 스스로 성장하고 발전할 수 있기 때문에, 예측에 있어서도 기존 축적된 예측 결과를 통해 시스템이 분석 모델을 스스로 정교하게 다듬을 수 있는 것이다.

인공지능

또 사람의 음성이나, 문자, 얼굴 등 기존에 축적된 다양한 데이터를 바탕으로 판단하는 패턴인식도 예측 기술에 활용될 수 있다. 최근의 패턴인식은 사람의 감정, 온라인 행동 패턴, 멀티미디어 파일 등을 분석할 수 있을 정도로 빠르게 발전하고 있다. MIT 미디어랩에서는 얼굴 표정을 분석하여 사람의 기분을 알아맞히는 프로그램을 개발하고 있다. 글로벌 리스크의 가능성을 예측하는 데도 과거 리스크가 발생하는 패턴을 분석하여 앞으로 발생할 수 있는 리스크를 전망할 수 있게 될 것이다.

2.2.3 컴퓨팅 파워

하드웨어 측면에서 컴퓨터 연산 능력의 빠른 향상도 공공부문의 예측 정확도를 높여줄 전망이다. 1976년 개발된 최초의 슈퍼컴퓨터 크레이-1은 1초에 2억 4,000회의 연산이 가능했는데, 2012년 최고의 슈퍼컴퓨터로 뽑힌 미국 오크리지 국립연구소의 타이탄은 1초에 1경 7,590번의 연산이 가능하다.

컴퓨팅 파워

슈퍼컴퓨터뿐 아니라 컴퓨팅 자원을 효율적으로 활용하는 방법도 예측에 활용될 수 있다. 그리드 컴퓨팅(Grid computing)은 서로 다른 기종의 컴퓨터들을 네트워크로 묶어 가상의 대용량 고성능 컴퓨터를 구성함으로써 슈퍼컴퓨터와 같은 대용량 처리가 가능하다. 또 클라우드 시스템을 통해 PC에서 처리할 수 없는 대용량 작업을 서버의 중앙 컴퓨터를 사용하여 처리할 수 있다. 장기적으로는 슈퍼컴퓨터보다 수천 배 빠른 양자컴퓨터가 등장하여 비약적인 연산 능력의 향상도 기대된다. 논란이 있지만 캐나다 D-Wave Systems는 2011년 세계 최초로 상업용 양자컴퓨터 'D-Wave one'을 발표하여 주목받았다.

2.3 인공지능 예측 연구

2.3.1 주방 로봇에 적용한 예측

독일 본 대학교의 컴퓨터 과학자들로 이루어진 연구팀은 몇 분 후의 미래를 내다볼 수 있는 인공지능 개발에 성공했다. 프로그램은 먼저 요리 과정과 같은 일련의 영상을 시청함으로써 행동 순서를 학습한다. 학습 후엔 요리사가 어떤 특정 시점에 어떤 행동을 할지 정확히 예측할 수 있다.

행동 인식, 인체 자세 추정, 사물 감지 및 세분화 연구를 진행 중인 위르겐 걸 본 교수는 특정 활동의 지속 시간과 발생 시점을 해당 사건이 실제로 일어나기 전에 분 또는 시간 단위로 예측할 목적으로 이 인공지능을 제작하였다. 언론 발표에 의하면, 인공지능을 주방 로봇에 적용함으로써 필요한 시점에 로봇이 재료를 건네거나 미리 오븐을 예열할 수도 있다. 또한 특정 요리 순서를 잊으면 경고를 울려 도움을 줄 수 있다.

2.3.2 영상 학습을 이용한 미래 예측 시스템

미래 예측 시스템

2016년 11월 총 2백만 건의 영상을 시청한 후 미래를 예측할 수 있는 딥러닝 시스템이 등장했다. 연구진은 인공지능이 플리커에 접속해 풍경, 병원에 있는 아기, 기차역, 골프장, 바닷가 등의 장면이 포함된 2백만 개의 영상을 시청하도록 했다. 영상에는 인공지능의 이해를 도울 수 있는 제목이나 태그를 달지 않았다. 2백만 개의 영상을 시청한 후에는 모델이 뒤에 일어날 일을 보여줄 짧은 영상을 만들 수 있도록 정지 사진이 제공되었다. 만약 주어진 사진이 기차역이라면, 인공지능은 열차 플랫폼에서 열차가 떠나는 영상을 만들어 보여준다. 그리고 만약 해변 사진을 준다면, 인공지능은 파도의 움직임을 보여준다. 이는 수많은 예시 중 일부에 해당한다. 2백만 개의 영상은 인공지능이 세상이 어떻게 작동하는지 이해할 수 있도록 돕는 약 2년치 자료라고 설명했다.

2.3.3 위험 예측

위험 예측

뉴 사이언티스트는 인공지능에 미래를 예측하는 방법을 가르침에 따라, 인공지능이 현재를 더 잘 이해하게 된다고 지적했다. 이와 같은 시스템은 인공지능 도우미에게 사람이 언제 넘어질지 또는 자율주행 차량에서 언제 사고가 발생할지 알려준다. 2016년에 인공지능을 개발한 연구원 중 MIT 출신의 칼 본드릭은 앞으로 세상에서 작동하는 모든 로봇이 이러한 인공지능을 기본 능력으로 탑재하고 있어야 한다고 언급했다.

또한, 시스템이 미래에 일어날 일을 정확히 예측하지 못하거나, 우리가 흔히 상식이라고 부르는 요소를 가지고 있지 않을지도 모르지만, 그럼에도 일어날 가능성이 있는 미래를 보여주는 데 유용할 수 있다고 하였다. 언제, 어디서, 어떤 위험이 생길지 모르는 상황에서 인공지능을 사용하여 위험을 예측할 수 있다는 것은 누구에게나 큰 도움이 될 수 있다.

2.4 인공지능 예측 예시

2.4.1 기상예측

기상예측에 인공지능과 딥러닝 기술을 도입하려는 시도가 늘고 있다. 기존 시스템으로는 정확한 예측이 어려운 이상기후 현상이 끊이지 않아 이를 해결하기 위한 노력이 이어지고 있다. 기상예측

구글은 인공지능을 활용한 기상예측 모델을 내놓고 미국 기상청보다 정확한 일기예보가 가능하다고 주장한다. 국내에서는 학계를 중심으로 기존 기후 변화 예측 정확도를 높일 수 있는 방법을 연구하고 있다. 향후 기상예측 부문에서 인공지능 기술이 얼마나 큰 힘을 발휘할 수 있을지에 관심이 쏠린다.

구글의 인공지능 기반 기상예측 모델 나우캐스트(Nowcast)는 현재(지금), 30분 전, 1시간 전 레이더 영상을 기반으로 향후 기상 변화를 예측한다. 머신러닝을 기반으로 최대 6시간 후 기상 변화를 감지할 수 있다. 분석에 걸리는 시간은 최소 5분에 불과하다. 나우캐스트는 최신 데이터를 기반으로 빠르게 분석하는 반면, 기존 모델은 1~3시간 동안 계산을 수행하기 때문에 결과 예측이 그만큼 틀릴 수 있다. 단기적 예측에는 나우캐스트 같은 방식이 훨씬 우수하며, 구글은 머신러닝을 활용해 홍수 예측 솔루션도 개발하고 있다.

기존 기상예측은 지상 관측소에서 측정한 데이터와 기상위성 영상 데이터를 통합 분석한다. 문제는 분석에 필요한 데이터양이 너무 많다는 점이다. 미국 해양대기청이 수집하는 원격 감지 데이터양은 하루에만 100TB(테라바이트)에 달하기 때문에 슈퍼컴퓨터를 주로 활용한다. 하지만 예측에 활용할 수 있는 데이터는 적고 컴퓨터 자원이 부족하면 기상청 예측은 엇나갈 수밖에 없다. 구글은 기존 기상예측에 사용한 물리적 데이터 대신 레이더 영상만을 분석한다. 구글 나우캐스트는 현재부터 30분 전, 60분 전 레이더 영상에 찍힌 각각의 구름의 양과 지리적 특성 등에서 딥러닝 기술인 컨볼루션 신경망(CNN)을 이용해 의미 있는 변화패턴을 추출한

다. 이를 기반으로 이후 대기 상황이 어떻게 변화할지 예측한다.

국내에서도 인공지능을 이용한 기상예측 모델 개발이 이뤄지고 있다. 함유근 교수(전남대 해양학과)는 최근 인공지능으로 엘니뇨를 18개월 전에 예측하는 모델을 개발했다. 기존 모델과 달리 예측 솔루션에 딥러닝 기법을 접목해 정확도를 높였다. 통계적 일기예보 모델을 구현하기 위해 구글이 2011년 개발을 시작해 2015년 오픈소스로 공개한 머신러닝 라이브러리 텐서플로우(TensorFlow)를 사용하였다. 기존 엘니뇨 예측 모델은 주로 슈퍼컴퓨터를 활용했으며, 함 교수가 개발한 엘니뇨 예측 모델은 정확도가 70%에 달한다. 또한, 기존 예측모델이 12개월 전에 엘니뇨 발생 여부를 예측하는데 그쳤다면 함 교수 모델은 18개월 전에 예측할 수 있다. 곡물 가격 폭등 등 엘니뇨로 인한 피해를 막을 시간을 가지게 되었다.

최근 산불과 홍수, 가뭄 등 이상기후 현상은 많아지고 있다. 심지어 지리적 특성에 따라 이상기후 양상도 모두 제각각이다. 같은 온난화 영향이라도 어떤 곳은 가뭄이, 어떤 곳은 홍수가 발생한다. 더욱 복잡해진 기상변수를 빠르게 분석할 딥러닝 기반 기상예측 솔루션이 필요한 이유다. 정책적으로 기후변화에 대비할 수 있는 시간을 벌 수 있어 미리 더 빠르게 기후를 예측하는 것이 중요하다.

2.4.2 인간 행동 예측

인간 행동 예측

현대자동차는 미국의 인공지능 전문 스타트업 '퍼셉티브 오토마타(Perceptive Automata)'와 인간 행동 예측 기술을 확보하였다. 2014년 설립된 'P 오토마타'는 비전 센서와 정신물리학(Psychophysics)을 기반으로 인간 행동을 예측하는 인공지능 기술을 전문적으로 연구하는 업체다. 일반적인 인공지능이 축적된 객관적 데이터로 반복 훈련하는 반면, 'P 오토마타'는 실제 인간의 관점에서 주관적 판단을 가미해 학습하는 인공지능 기술에 주목하고 있다. 단순히 외부 사물이 무엇인지 인지하는 기술을 넘어 사람이 어떻게 행동할지를 예측하고 판단하는 기술을 통해 인공지능 기술을 한 단계 더 고도화하는 연구를 진행하고 있다.

인간의 행동을 예측하는 'P 오토마타'사의 인공지능 기술은 자율주행 기술과 융합될 경우 보다 안전한 운행 환경을 만드는 데 톡톡한 효과를 낼 것으로 기대된다. 이 기술은 보행자나 자전거 탑승자가 자동차 주변에서 어떻게 행동할지를 예측하고 판단함으로써 자율주행차가 위험한 상황을 사전에 대비할 수 있도록 돕는다. 또

인간의 직관력에 근접한 사고 판단력을 통해 다양한 돌발 상황에도 신속하게 대처할 수 있도록 할 것으로 보인다. 예를 들어, 건널목에 서 있는 사람이 신호등에 맞춰 건널지 아니면 무단횡단을 할지를 예측해 판단할 수 있다. 자전거가 도로 갓길을 달리고 있지만, 기존 이동 방향으로 보았을 때 차가 달리는 도로로 급작스럽게 뛰어들지는 않을 것이라는 판단도 내릴 수 있다.

[그림 5-15] 인간 행동 예측 예시

2.4.3 범죄 발생 예측

범죄 발생 예측

범죄 및 테러를 예측하는 방안도 주목받고 있다. 지금까지는 범죄 발생 여부를 예상하기 위해 최근에 발생했던 범죄를 통계적으로 분석하는 수준으로 위치 정보를 함께 제공함으로써 효율성을 높이는 데 주목했다. 하지만 최근 사건이 벌어진 시간과 장소를 파악해서 후속 범죄가 일어날 수 있는 가능성이 높은 곳이나 사건이 발생할 수 있는 갖가지 변수를 고려해서 테러가 발생할 개연성이 높은 지역을 선별하여 제시하는 수준으로 발전하고 있다. 범죄 발생 확률이 높은 곳에 선택적으로 감시를 강화하는 방식이다.

2011년 7월 캘리포니아주의 산타크루즈시에서는 축적된 범죄 데이터와 정교한 알고리즘을 활용해서 범죄 발생 가능성이 높은 시간과 장소를 예측하고 그 결과를 바탕으로 경찰병력을 효과적으로 투입하는 예측 치안(Predictive Policing)을 시범적으로 도입하였다. 이를 위해 조지 몰러(George Mohler) 박사는 지진 및 여진 예측에 사용하는 알고리즘을 적용해 빈집털이, 차량 파손, 차량 도난 등을 예측하고자 했다. 경찰들은 몰러 박사가 선별해준 범죄 발생 확률이 높은 지역을 중심으로 순찰지역을 선별하였다. 그 결과 시행 첫 달에만 재산범죄(Property Crime)가 전년 대비 27% 감소했다. 상반기에 재산범죄가 25% 증가한 점을 감안하면 고무적인 결과이다.

유사한 시도는 미국 테네시주의 멤피스시에서도 진행되었다. 멤피스시는 2006년부터 멤피스 대학과 함께 IBM의 분석엔진을 활용하여 범죄예방을 위한 프로그램인 Blue CRUSH를 개발하였다. 범죄 발생 시간, 사건 종류, 범죄 유형 등을 파악하여 향후 범죄 발생 가능성이 높은 지역을 예측해서 순찰을 강화하는 방식이다. 이 프로그램은 2008년부터 실시간으로 도시 내의 범죄를 모니터링하고 분석하기 위해 300만 달러를 투자해서 구축한 Real Time Crime Center와 연계되어 있다. 이는 멤피스시의 강력범죄(Serious Crime) 발생률을 이전보다 30% 정도 낮추는 데 크게 기여했다.

국내에서는 과학기술정보통신부와 한국전자통신연구원(ETRI)이 인공지능 기술로 범죄 발생을 예측해 막을 수 있게 하는 기술 개발에 도전하고 있다. 정보보호를 위한 핵심 원천기술 개발 사업의 사회문제 해결형 과제로 예측적 영상 보안 원천기술을 개발하고 있다. ETRI는 2019년 개발에 착수해 2022년까지 끝내는 계획을 갖고 있다.

이 기술은 곳곳에 설치된 CCTV 화면 속 상황을 실시간으로 분석해 어느 장소에서 어떤 유형의 범죄가 발생할지를 확률로 보여주게 설계되었다. 여기에 과거 범죄 발생 통계를 접목해 범죄 발생을 예측해 막을 수 있는 확률을 높인다. 예를 들어, 우범지대로 꼽히는 지역에서 밤늦은 시간에 남녀가 일정 거리를 두고 빠른 걸음으로 걸어가고 있으면 범죄 발생 위험도를 높게 표시해 예방 순찰을 하는 식이다. 낮 시간대 번화가에선 같은 상황이 보여도 범죄 발생 위험도는 낮게 표시된다.

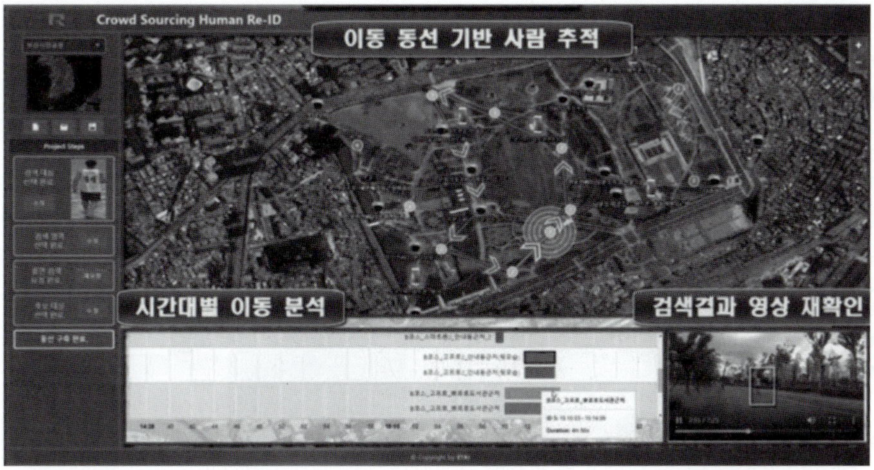

[그림 5-16] 사람 재식별 기술을 활용해 CCTV 속 사람의 동선을 추적하는 모습

ETRI를 중심으로 법무부 위치추적중앙관제센터, 경찰청, 제주도, 서울 서초구 등이 개발에 참여하고 있다. 각 기관이 축적해온 데이터로 인공지능을 학습시키고 실증, 현장검증과 함께 치안 관련 추가 요구사항을 반영하는 과정을 반복하며 기술을 고도화하는 동시에 활용 범위를 확대할 방안도 찾고 있다. 전국 229개 지방자치단체 CCTV 통합관제센터와 경찰관제시스템 등에 이 솔루션이 적용되면, 전국 주요 지역의 범죄 발생 위험도를 실시간으로 확인할 수 있게 된다. 이 기술 개발에는 지능형 CCTV 영상분석, 열악한 여러 야외 CCTV 화면 속 사람 재식별, 자동차 번호판 · 모델 식별 등 연구원이 그동안 축적해온 혁신 원천기술이 활용된다. 지능형 CCTV 영상분석 기술은 영상 속 상황을 정확히 판단하는 용도로 활용된다. 구두 발걸음 소리를 영상으로 시뮬레이션해서 화면 속 상황이 미행인지, 긴박한 뛰박질인지 등을 가린다. 화면 속 사람이 모자 · 마스크 · 안경을 썼는지와 배낭을 멨는지 등도 고려한다.

사람 재식별은 화면 속 특정 인물을 다른 화면에서 찾아내는 기술이다. 몸 외형과 옷 · 신발 · 모자 등의 모양과 색깔 등 주요 특징을 인식해 다른 CCTV 화면에서 같은 사람을 찾아낸다. 범죄를 일으키고 도망 중인 사람을 추적하거나 길 잃은 어르신이나 아동을 찾고, 코로나19 확진자의 동선을 파악하고 접촉자를 확인할 때 유용하다.

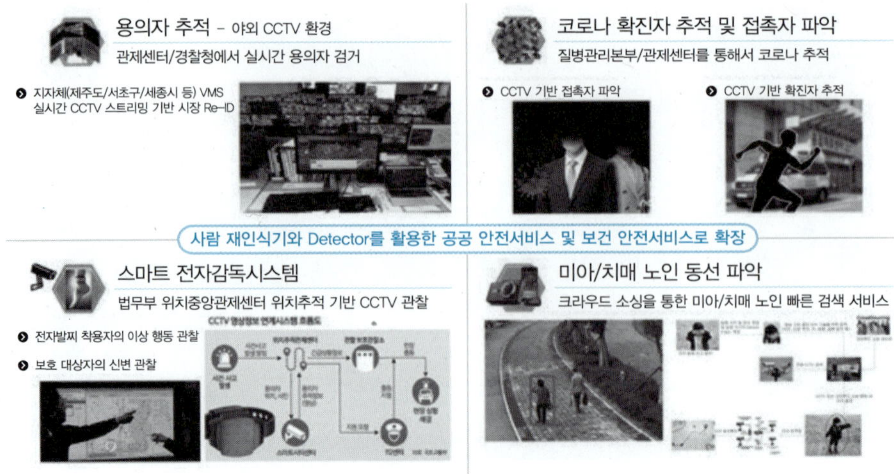

[그림 5-17] 사람 재식별 기술 응용 가능 분야

차량 번호판 복원은 사람 눈과 직감으로는 알아볼 수 없는 번호판 속 숫자를 복원해내는 것이다. 이 기술을 인공지능 응용 모델끼리 경쟁시켜 성능을 높이는 생성적 적대 신경망(GAN) 구조로 개발했다. GAN 구조의 작동 방식은 데이터를 학습해 새로운 데이터를 생성하는 모델과 데이터가 진짜인지 가짜인지 감별하는 모델이 서로 경쟁하면서 점점 더 실제에 가까운 데이터를 만들어내는 것이다. 2019년에 개발한 번호판 복원기술은 경찰대 치안정책연구소 주최로 열린 흐린 번호판 속 숫자 알아맞히기 대결에서 이미 성능이 입증됐다. 사람 대표 30명과 다른 식별 기술들이 겨뤘는데 연구원 기술이 82% 성공률로 1위를 차지했다. 사람 대표들의 평균 성공률과 비교하면 21%나 앞섰다.

[그림 5-18] 차량 번호판 · 모델 인식 기술 적용 모습

ETRI는 예측 기술로 법원 판결문 2만 건을 분석해 범죄 발생 시 함께 나타나는 요소들을 파악하고 미국 플로리다 주립대의 범죄 영상 데이터 및 범죄 상황 가정 영상을 확보해 학습하게 할 방침이다. 이 기술로 성범죄 전과자 관리와 코로나19 감염자 동선 파악 등에 활용할 수 있게 하는 방안도 찾고 있다.

CCTV가 단순한 범죄 발생 감지 수준을 넘어 스스로 위험 발생 가능성을 예측해 예방 활동까지 할 수 있도록 신경망 모델(인공지능)을 적용해 미래형 첨단 사회 안전 시스템으로 발전시키는 것이 목표이며, 디지털 기술로 안전 측면의 삶의 질을 크게 높이는 사례가 될 수 있다.

2.4.4 오존예보 예측

오존예보 예측

환경부 소속 국립환경과학원은 미세먼지 계절관리기간(12~3월) 예보제 운영 결과를 점검하고, 2020년 5월 21일부터 오존예보제에 인공지능 예측기술을 활용한 오존예보관을 시범 도입하였다. 오존예보관 시범 도입은 국민에게 보다 정확한 예보 정보를 제공하기 위한 정부혁신 과제 중 하나이다. 오존예보관에 활용되는 인공지능 기술은 최근 4년간(2015~2018년)의 대기 질, 기상 관측 및 예측자료 등으로 구성된 거대자료(빅데이터)를 머신러닝 연산과정(머신러닝 알고리즘)으로 학습시켜 3일간의 오존 농도를 예측하는 것이다.

〈표 5-2〉 기존 오보 예보와 인공지능 기법을 활용한 예보 비교

기존 예보	인공지능 활용 예보
수치모델(CMAQ)과 관측 결과만을 바탕으로 예측	빅데이터(수치모델, 기상모델, 관측자료)를 인공지능 기법으로 추가 분석하여 예측

*출처: 국립환경과학원

인공지능을 활용한 오존예보관는 현재 에어코리아(airKorea)에서 국립환경과학원의 자료를 제공받아 서비스하고 있다. 미세먼지 예보에 대해서도 인공지능을 활용한 예측시스템을 개발하여 대기질 예보(미세먼지, 오존)에 활용하고 있다. 미세먼지 예보제는 운영 초기인 2015년 약 70% 수준이던 고농도 초미세먼지(PM2.5) 예보 정확도가 2019년에는 약 79%로 향상된 것으로 나타났다. 특히 미세먼지 계절관리제가 처음 시행된 2019년 12월부터 4개월간의 예보 정확도는 약 85% 수준으로 전년 같은 기간 80%보다 5% 향상됐다.

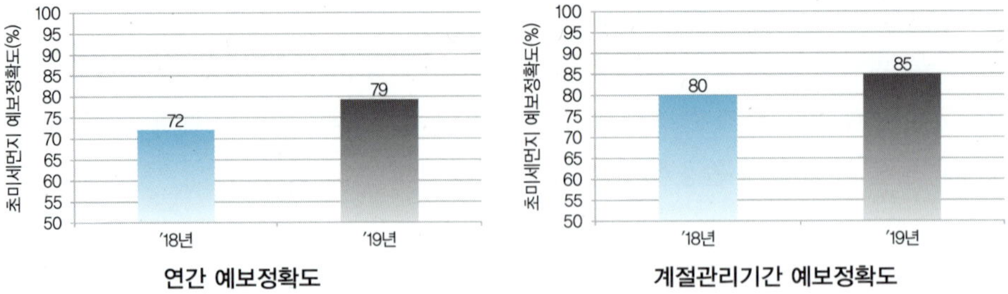

[그림 5-19] 예보정확도 향상 전후 비교

*출처: 국립환경과학원

대기질 예보제는 2014년 2월 미세먼지를 시작으로 점차 범위를 넓혀 초미세먼지와 오존으로, 예보기간은 기존 2일에서 3일로 확대되었다. 예보의 정확도도 지난 5년의 운영기간을 거치면서 예측모델 · 시스템 개선, 예보관들의 운영 경험들이 축적되어 점차 향상되고 있다.

특히, 2019년 11월 27일부터는 국민건강 보호와 고농도 미세먼지 사전 대비 등을 위해 예보기간을 더욱 늘린 초미세먼지 주간예보(7일)를 시범 운영하고 있으며, 2020년 6월부터 정식으로 운영하고 있다. 인공지능 오존 예측기술 도입으로 보다 정확한 예보정보를 제공할 수 있게 되었으며, 미세먼지 시즌에 대한 대응 체계를 이제 고농도 오존 시기에 대한 대응 체계로 전환하여 국민들이 안심하고 일상생활을 할 수 있을 것으로 기대된다.

2.4.5 선거예측

선거예측

이제 인공지능이 선거 결과도 예측할 수 있다. ASI(Advanced Symbolics Inc.)는 인공지능 선거예측 시스템을 개발해 선거에서 누가 승리할지 미리 알 수 있게 되었다.

폴리(Polly)라 불리는 인공지능 선거예측시스템이 5개주에서 열린 경선의 결과를 성공적으로 예측했다. 폴리는 트위터, 페이스북, 레딧 같은 SNS와 온라인 사이트로부터 대표 샘플을 만들어 내고, 이 샘플들이 지난 5년 동안 무엇을 게시했는지, 과거 선거가 어떻게 치뤄졌는지, 표본에 있는 사람들이 과거 경선에서 어떻게 이야기했는지, 여러 주에서 어떻게 경선 결과가 나왔는지를 분석한다. 즉, 사람들이 하는 말을 학습하고 해석해서 경선 예측에 적용하는 방식이다.

2020년 미국 대선 민주당 경선에서 여론조사나 베팅시장의 예상과는 상반되는 결과로 조 바이든이 승리해 대부분의 정치 전문가들을 놀라게 했다. 바이든은 여론조사에서 승리가 예상되었던 주에서 대부분 여론조사 때보다 훨씬 높은 득표율을 기록했으며, 텍사스와 매사추세츠, 미네소타, 메인 등 경선 전 여론조사에서 샌더스가 1위를 달리던 곳에서도 개표 결과 바이든이 판세를 뒤집어 여론조사와 통계학자들의 예측이 모두 빗나갔다.

하지만 폴리는 전통적인 여론 조사를 이용하지 않고도 결과를 정확하게 예측했다. 전통적인 방식의 선거전문가들의 예측 방식과 베팅업체들이 사용하지 않는 인공지능을 통한 접근법으로 예측 정확도를 높일 수 있었다. 이런 시스템이 더 고도화되고 발전하면 선거뿐만 아니라 마케팅, 상품개발, 전략 등 비즈니스에서도 기존의 조사 방법보다 훨씬 효과적으로 활용될 수 있을 것이다.

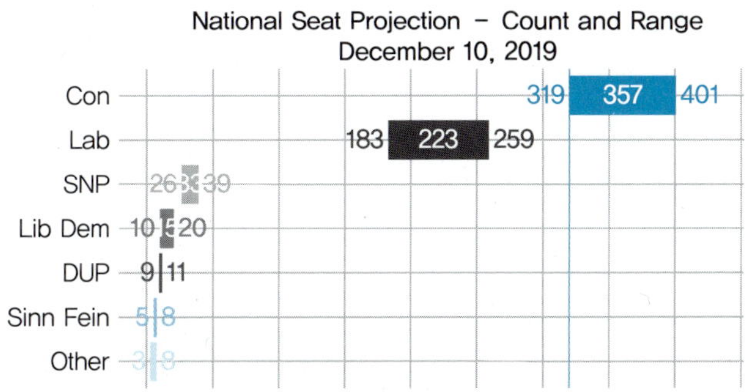

[그림 5-20] 폴리를 사용한 선거 예측

2.4.6 자연재해 예측

자연재해 예측

최근 지진, 한파, 폭설, 가뭄, 홍수 등 각종 자연재해로 인한 피해 규모가 커지면서 발생 확률을 예측하거나 조기에 피해 발생 가능성이 높은 곳을 선별해서 관리하는 것이 중요해지고 있다. 특히, 국지적인 피해가 글로벌 경제를 위협할 수 있다는 점을 감안하면 더욱 중요해질 전망이다. 엘니뇨, 라니냐 등은 특정 국가의 홍수, 가뭄으로 연결되지만, 때로는 글로벌 식량 공급 기지에 영향을 미침으로써 곡물 가격이 폭등하는 애그플레이션을 유발할 수도 있다. 후쿠시마 원전사고, 아일랜드 화산 폭발, 태국 대홍수 등은 산업 시설을 파괴하고 교통 시스템을 마비시켜 글로벌 공급망 관리에 심각한 영향을 미쳤다.

자연재해의 조짐을 보다 정확하게 예측하기 위해서 정교한 분석엔진을 도입하는 동시에 보다 많은 정보를 얻기 위한 수단으로 관측소를 늘리거나 다양한 센서를 도입하는 방법이 고려되고 있다. 또한, 실시간으로 정보를 취합함으로써 보다 정확한 예측이 가능하다. 일례로 IBM과 텍사스 대학은 Guadalupe강의 홍수 발생 가능성을 예측하기 위해서 수 만개의 강의 지류에 관한 정보를 반영한 시스템을 개발하고 있다. 지금까지 주로 강의 본류에 관한 정보를 활용해 홍수를 예측했다면 이제는 지류까지 확장함으로써 활용되는 정보의 폭을 넓혀 예측의 정확도를 높이려는 시도이다.

2017년 개발된 인공지능 기상정보시스템 알파멧(AlphaMet)은 기상 정보를 바탕으로 기상 변화를 예측하는데, 단순 예측에 그치지 않고 기상 상황을 70m 단위로 파악하여 자연재해 가능성을 판단한다. 지상 관측정보와 상층 기상자료, 지형 데이터를 실시간 수집하여 특정 지역의 기상 변화를 유추해낸다. 알파멧은 재해기상 조기경보와 미관측 지점 기상자료 복원 외에도 한반도 방사능 상시 감시, 한반도 주변 해상 감시체계 구축, 한반도 미래 기후변화 감시, 농업분야를 위한 기상자료 생산시스템, 기상지수 예측 정보 산업적 활용 기술, 북극항로 운항선박용 항해안전지원시스템 구축 등에도 활용될 수 있다.

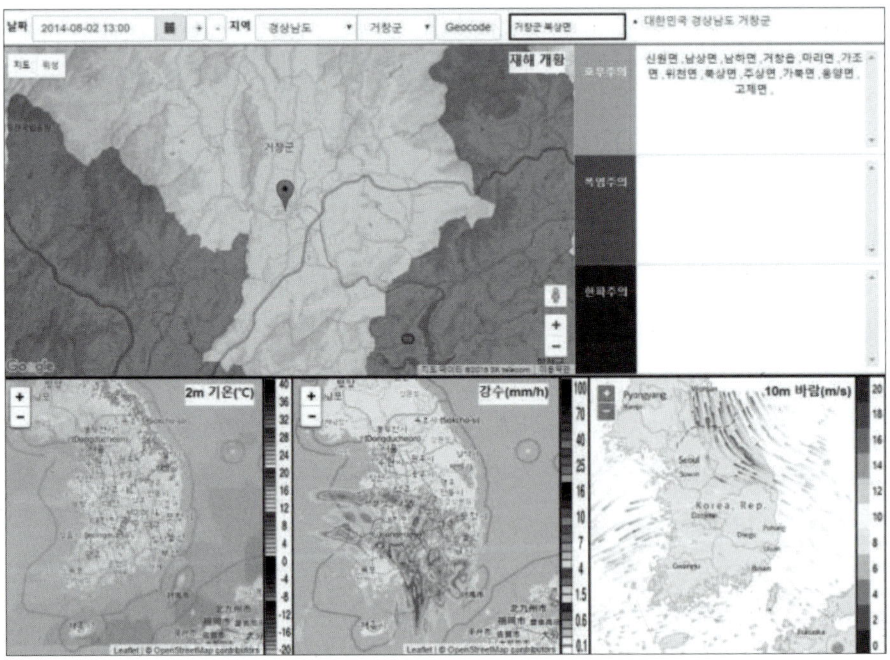

[그림 5-21] 알파멧을 활용한 기상 분석 화면

2.4.7 전염병 예측

전염병을 예측하는 방안도 주목받고 있다. WHO에 따르면 지난 20년간 조류독감, 사스(SARS), 신종플루 등 30여 종의 신종 바이러스가 출현했다. 최근에는 전 세계적인 기후변화로 인해 국지적인 강수, 기온, 습도 등이 달라지면서 말라리아, 세균성 이질처럼 기후 관련 전염병도 발생하고 있다. 또한, 전 세계적으로 전염병이 확산되는 팬데믹(Pandemic) 상황에 대한 대비책 마련이 필요한 상황이다. 이에 따라 전염병에 대한 정보를 실시간으로 수집해서 확산 경로를 예측하고 조기 대응 방안을 수립하는 것이 중요해지고 있다. 전염병 예측

새로운 전염병의 발생 가능성뿐만 아니라 전염병의 이동경로가 될 수 있는 동물, 철새, 모기 등을 모니터링함으로써 전염병 확산 경로를 예측하는 방안이 주목받고 있다. 더 나아가 전염병을 옮기는 세균이나 동물의 서식지를 미리 파악하여 전염병의 발생 가능성을 예측하는 방안도 부상할 전망이다. 일례로 인공위성을 이용해서 콜레라, 말라리아, 신종플루 등을 예측하는 방법이 제시되고 있다. 2009년 미국의 한 연구진이 발표한 자료에 따르면 인공위성으로 관측한 수온과 엽록소 변화를 바탕으로 콜레라 예측 프로그램을 개발한 결과, 방글라데시에서 4~6주 전에 콜레라 발생을 거의 정확하게 예측하는 데 성공했다. 향후 동물의 몸 속에 이식 가능한 베리칩(Verichip)을 포함해서 다양한 센서가 확산되고 이를 분석해 낼 수 있는 알고리즘이 발전할수록 전염병에 대한 조기 대응이 보다 쉬워질 것이다.

사람들의 행동을 통해 전염병을 예측하는 것도 확산될 전망이다. 뉴욕타임즈에 따르면 2008년 애틀란타에서 독감이 발생했다는 사실을 정부기관이 공식적으로 발표하기 2주 앞서 구글의 검색 트렌드에서 감지할 수 있었다. 사람들이 의사를 방문하기에 앞서 구글에서 먼저 검색을 해보기 때문이다. 실제로 존스 홉킨스 대학의 연구 결과에 따르면 2009년 1월에서 2010년 10월까지의 자료를 분석해 보니 구글의 독감 검색 결과와 실제 방문한 환자 수 사이에 상관관계가 있는 것으로 나타났다. 최근에는 구글 검색 결과뿐 아니라 소셜 미디어의 정보를 추가하여 예측의 정확도를 높이려는 시도도 있었다. 페이스북, 트위터 등에서 질병의 발생과 발생지역을 감지할 뿐만 아니라, 인공지능을 활용하여 독감의 진행 단계별로 트위터에서 발견되는 키워드가 무엇인지 시스템이 스스로 탐색하여 향후 어떤 방향으로 전개될 것인지 예측하는 것도 가능해질 전망이다.

연·습·문·제

1. 음성 인식의 개념과 기술에 대해 설명하시오.

2. 음성 인식 시장 동향에 대해 설명하시오.

3. 음성 인식의 최신 활용 사례를 찾아 정리해 보시오.

4. 예측 인공지능의 개념에 대해 설명하시오.

5. 인공지능을 활용한 예측 연구와 최신 동향을 찾아보시오.

6

CHAPTER

경영과 인공지능 활용

학습목표

경영에서의 인공지능 활용 학습

학습내용

경영과 인공지능에 대한 이해

의료 및 헬스케어와 인공지능

생활 속의 인공지능 활용 사례

1. 인공지능과 금융

1.1 개요

4차 산업혁명 시대 디지털 전환의 트렌드에 따라 금융업에도 혁신의 변화가 일어나고 있다. 인공지능, 빅데이터, 블록체인 등 새로운 기술들이 적극적으로 활용되어 기존의 금융기술과는 다른 패러다임의 비즈니스가 전개되고 있다. 전 세계적으로 정보기술(IT)과 금융의 융복합 트렌드가 확산되고 있으며, 그 중심에는 핀테크(FinTech)가 있다. 여기서 핀테크란 금융업과 IT의 융합으로 기존 금융업에 기술을 활용하여 지능화되고 편리한 금융서비스를 제공하는 것을 말한다.

핀테크(FinTech)

최근 금융업계는 이자수익 감소, 규제 강화, 보안 위협 증가, 고객 요구사항 증가, 비대면 서비스 증가에 따른 비용부담 등은 물론 핀테크 스타트업과의 경쟁도 치열해지고 있어 인공지능 기술을 적극적으로 도입해 금융을 혁신하려 하고 있다. 인공지능을 활용한 금융서비스는 주식, 채권, 외환 등에 대한 투자 의사 결정뿐 아니라 대출 신청 승인 여부, 효과적 자산 배분, 금융상담 등 인간의 영역을 빠르게 잠식하고 있다. 이에 따라 글로벌 금융기관들은 빅데이터와 인공지능 분야에 투자를 늘리고 있는 실정이다.

1.2 핀테크 서비스와 인공지능

핀테크는 인공지능(AI), 빅데이터(Big Data), 사물인터넷(IoT) 등 4차 산업혁명의 핵심 원천기술과 금융서비스가 결합하여 기존 금융거래방식과는 차별화된 금융 혁신을 말한다. 핀테크 서비스는 금융(finance)과 기술(technology)이 융합된 것으로 지급결제와 간편결제의 금융거래 및 결제서비스 혁신을 만들어가면서 다양한 수익모델을 제공하고 있다. 국내 · 외 금융 산업은 2008년 글로벌 금융위기(global financial crisis) 이후 수익성 악화와 강력한 금융규제로 어려움을 겪는 시점에서 IT 분야와의 융합을 통해 새로운 수익모델 개발과 혁신 서비스 제공으로 위기를 극복하고 있다.

금융권 중에서도 빅데이터와 인공지능을 활용해 활발하게 마케팅을 펼치는 곳은 신용카드 회사이다. 한국은행의 보고서에서도 드러나듯이, 소비자들이 신용카드를 많이 사용하는 만큼 신용카드 회사는 고객들의 빅데이터도 충분히 보유하고 있기 때문이다.

TPO

신한카드는 빅데이터와 인공지능을 활용해 고객 맞춤 혜택을 제공하는 '초개인화 서비스'를 오픈했다. 초개인화 서비스는 인공지능을 통해 고객의 TPO, 즉 시간(Time)과 장소(Place), 상황(Occasion)을 예측하고 알고리즘과 플랫폼을 기반으로 고객이 필요한 시점에 맞춤 혜택을 제공하는 서비스이다. 월 단위, 주 단위의 혜택이 아닌, 고객의 현재 상황에 맞는 실시간 혜택 제공이 가능해졌다. 시시때때로 달라지는 날씨나 고객이 이동하는 지역의 상권 등이 실시간으로 서비스에 반영된다.

비씨카드는 인공지능을 이용한 '마이태그 서비스'를 선보였다. 비씨카드는 카드 사용자의 분석 자료를 활용해 고객의 소비 성향을 파악한 후, 이 데이터를 바탕으로 고객에게 자주 사용하는 업종과 지역 내 가맹점 혜택을 비씨카드 앱이나 페이스북 앱을 통해 제공한다.

신용카드와 유통사가 함께 손잡고 빅데이터와 인공지능을 활용해 마케팅 효과를 보기도 했다. 삼성카드와 이마트 트레이더스는 삼성카드가 보유한 고객의 데이터를 활용해 고객 맞춤형 마케팅을 펼쳤다. 빅데이터와 인공지능을 활용해 마케팅 대상자를 선정하고, 고객이 이용하는 대중교통의 동선을 파악하고, 선호 업종과 소비 규모를 분석한 후 좀 더 확실한 대상자를 골라낸다. 그리고 해당 대상자의 소비 선호 품목을 조사해 대상자에게 할인 쿠폰과 프로모션 안내 문자 메시지를 전송한다.[1)]

1.3 금융 분야 국내 · 외 인공지능 활용 현황

1.3.1 국내 · 외 카드사의 인공지능 활용사례

미국 아메리칸 익스프레스(American Express)는 위치 기반 SNS 회사인 포스퀘어

1) 금융 트렌드–금융권은 빅데이터를 어떻게 활용할까? 효성 FMS 뉴스룸, 2019년 6월 28일

(Foursquare)와 제휴하여 SNS 고객 계정을 자사 카드와 연동시키고 고객의 거래 성향을 파악하는 데 도움이 되는 대량의 정보를 축적한 후 위치정보를 토대로 실시간 고객 맞춤형 프로모션을 해왔으며, 비자(VISA)카드도 고객의 동의하에 타깃 고객의 결제 위치, 결제 시점, 구입 품목 등을 실시간으로 파악하고 빅데이터와 인공지능을 이용하여 할인쿠폰을 발송하는 실시간 문자메시지 서비스를 해왔다.

마스터카드(Master Card)는 전 세계 200여 개국에서 19억 장의 카드와 3천 2백만 개 카드가맹점으로부터 매일 발생하는 방대한 결제 데이터를 비식별화 처리한 후 기업체와 중소 상공인들에게 데이터를 판매해왔으며, IBM의 왓슨 인공지능 시스템을 활용해 카드 데이터를 분석하고 웰스파고(Wells Fargo)와 여행중개업체 익스피디아(Expedia), 가방 제조사 키플링(Kipling) 등 많은 기업체와 중소 상공인들을 대상으로 사업 컨설팅 서비스도 추진해왔다.

비자(VISA)카드의 경우 구입 품목, 시점, 결제 위치 등을 실시간으로 파악하고 고객의 구매 이력 및 성향을 감안하여 인근 가맹점의 할인쿠폰을 발송해 주는 RTM(Real Time Messaging) 서비스를 제공하고 있다. 이 결과 카드 이용 건수 및 가맹점 신규고객이 증가하는 결과를 얻었다. 또한, 고객의 카드 이용 패턴을 실시간 분석하여 카드 부정사용을 사전에 차단하는 시스템을 빅데이터/인공지능 기술을 활용하여 개발/운영하고 있다.[2)]

신한카드는 2013년 말 빅데이터 분석 전담 조직인 빅데이터 센터를 신설한 이후 고객 소비패턴과 선호 트렌드 분석, 고객군 유형화에 기반한 코드나인(Code 9) 카드 시리즈를 출시하였으며, 각종 타깃 마케팅도 실시해왔다. 최근 들어서는 30여 개 이상의 기업과 기관들을 대상으로 컨설팅을 수행하며, 빅데이터와 인공지능을 이용한 컨설팅의 수익 사업화를 추진하고 있다.

삼성카드는 2016년 7월 가맹점 지원 통합 서비스 브랜드인 BMP(Big-data Marketing Partnership)를 카드업계 최초로 선보이며 가맹점 지원 사업을 적극 추진하고 있다. 동 사업은 가맹점 대상 컨설팅, 가맹점 이용고객 의견의 실시간 수집 · 제공, 가맹점 혜택을 타깃 회원에게 자동 제공하는 인공지능 기반 서비스 등을 담고 있다.

2) 차세대금융! 금융 분야 빅데이터 분석 활용사례 18, 삼성SDS, 2017년 6월 21일

KB국민카드는 금융권 최초로 빅데이터와 인공지능 기반 실시간 마케팅 시스템을 도입했던 2015년 이후 콜센터 음성데이터를 텍스트로 변환해 분석함으로써 고객 분석 정확도를 제고시켰으며, 최근에는 빅데이터 컨설팅 사업도 추진하고 있다. 또한, 빅데이터 분석과 인공지능 기술 딥러닝에 기반한 부정 사용 방지시스템(FDS)의 업그레이드를 추진하고 있다.

비씨카드도 빅데이터 분석을 통해 금융권 회원사들을 대상으로 상품 분석과 마케팅을 지원해왔으며, 대기업과 카드가맹점을 대상으로 사업 컨설팅도 수행하고 있다. 2017년 들어서는 네이버와 제휴하여 검색 데이터와 카드 데이터의 통합 분석을 통해 소상공인 지원, 사회 트렌드 이슈 분석 보고서 등의 사업을 추진 중이다.[3)]

1.3.2 국내 · 외 은행의 인공지능 활용 사례

서구권 선진 은행들은 2010년대 이후 고객 맞춤형 마케팅과 리스크 관리, 신용평가, 업무효율화 등 여러 분야에서 인공지능의 활용을 추진해왔다. 미국의 뱅크오브아메리카(BOA)는 빅데이터와 인공지능을 통해 신용리스크 모델을 고도화해 신용리스크에 대한 조기경보체계를 강화해왔으며, 비정형 데이터 분석을 통해 신용관리와 손실 예측 처리시간도 단축시켰다.

시티은행은 IBM 왓슨을 활용하여 기존 신용평가 모델에 인공지능 기법을 보완해 연체 여부, 연체 기간, 거래내용, 패턴 분석 등 고객 계좌에 대한 보다 심층적인 분석을 실시해오고 있다. 웰스파고(Wells Fargo)는 빅데이터 전문업체인 테라데이타(Teradata)와 협업으로 CSI(Customer Service Interaction) 360이라는 프로젝트를 통해 광범위한 채널(콜센터, 지점, ATM, 창구직원, 이메일 등)의 데이터를 분석하여 고객 이탈 확률과 추가상품 가입확률 등을 파악하게 되었으며, 이를 바탕으로 빅데이터/인공지능 기반 고객 맞춤형 마케팅을 추진해왔다.

신한은행은 제대로 활용하지 못했던 비정형 데이터를 고객분석에 활용하려고 시도하고 있다. 예로 신한은행은 콜센터에서 고객과 상담한 내용을 텍스트로 변환해 문서화시키는 STT(Speech To Text) 시스템과 더불어 전화 상담 내용, 모바일 채팅 상담 내용 등에서 키워드를 분석해 고객의 요구사항을 파악하게 해주는

3) Report 금융가 레터

TA(Text Analysis) 시스템을 2016년에 도입하였다. 또한, 주기별 자료 수집을 자동화하거나 빅데이터 분석을 현업에 범용적으로 적용할 수 있도록 해주는 빅데이터와 인공지능을 결합한 플랫폼 구축 사업이 우리은행, 신한은행, 기업은행 등 여러 은행에서 2016년 하반기 이후 추진되고 있다.[4)]

하나은행은 서버 침입을 막기 위해 로그 데이터를 수집/분석하는 시스템을 개발하여 악성코드 공격을 사전에 방지하는 데 인공지능을 활용하였으며, 이로 인해 내부 보안을 강화할 수 있었다.

1.3.3 핀테크 기업의 인공지능 활용 사례

미국 기업인 Lenddo는 신용평가 알고리즘을 개발할 때 온라인상 대출자의 평판에 대한 비정형 데이터를 추출하여 신용도를 평가한다. 즉, SNS 친구 중 연체자가 있거나 '자동차 사고' 및 '실직' 같은 부정적인 단어가 많이 나오면 신용점수가 낮아진다. 개인이 아닌 소상공인의 경우 기업의 평판 및 영업 활성화 정도를 통해 대출 여부를 판단한다.

독일의 Kreditech는 기존 은행거래 정보 외에 페이스북, 이베이, 아마존에서의 행동 패턴을 반영하여 대출 여부를 판단한다. 맞춤법을 틀리지 않는 대출자는 틀리는 대출자에 비해 덜 연체하는 특성을 가지고 있다. 따라서 맞춤법의 틀리는 정도를 신용평가 모델의 변수로 사용하고 있다. 또한, 대출정보 약관을 얼마나 꼼꼼히 읽었는지 여부도 변수로 넣었다. 이는 대출신청 서류를 상세히 보는 사람일수록 대출을 갚는 경향이 높기 때문이다. 흥미로운 결과로는 주기적으로 택배 기사의 방문 여부를 신용평가에 반영했다는 것이다. 이유는 주기적으로 온라인 쇼핑을 했다는 것은 일정한 소득이 있다고 추정할 수 있기 때문이다.[5)]

1.4 금융 분야의 인공지능 활용 트렌드

1.4.1 활용사례 1(기업 신용평가(기업부도 예측))

핀테크 기업 지속가능발전소는 공공데이터와 뉴스 등을 통해 중소기업의 비재무 정보를 인공지능 알고리즘으로 수집 · 분석해 기업의 부도 가능성 및 지속가능성을 기업 신용평가

4) Report 금융가 레터

5) 차세대금융! 금융분야 빅데이터 분석 활용사례 18, 삼성SDS, 2017

평가하는 서비스를 구축 중이다. 해외의 경우 아마존, 페이팔 등 유통 · 지급결제 관련 비금융 기업들이 자체 보유한 빅데이터 분석과 인공지능 알고리즘에 기반해 전통 금융회사들이 주도하고 있는 기업대출 시장에서 존재감을 나타내고 있다.

미국 전자상거래 업체 아마존은 거래 기업 중 일부를 선정해 지난 2018년 말 누적 기준으로 50억 달러 이상의 아마존 대출 렌딩을 제공하고 있다. 금액, 기간, 금리 등 대출 조건은 판매 이력, 판매 제품군, 소비자의 구매 피드백, 배송 조건 등 아마존이 보유한 고객 기업에 대한 정보에 기반해 책정한다.

페이팔은 인터넷 은행인 웹뱅크와 제휴해 자사 결제 시스템을 이용하는 개인 및 법인사업자를 대상으로 페이팔 '워킹 캐피탈'이라는 기업대출을 제공 중이다. 실제 대출심사 및 실행은 웹뱅크가 담당하지만, 대출자의 외부 신용도나 신용이력을 고려하지 않고 전적으로 페이팔이 보유한 데이터에 기반해 평가한다.

중국은 정부의 지원 아래 바이두, 알리바바, 텐센트 등 정보기술(IT) 기업들이 역시 개인 및 기업대출 시장에 적극 진출 중이다.[6]

1.4.2 활용사례 2(카드 부정사용 방지)

카드 부정사용 방지

KB국민카드는 다양화되고 지능화된 각종 카드 관련 범죄에 대응하고자 인공지능 기술 중 하나인 딥러닝을 적용한 '부정사용방지시스템(FDS: Fraud Detection System)' 개발에 들어갔다. 이 새로운 부정사용방지시스템은 딥러닝 기술을 통해 기계 스스로 정상/이상거래 패턴을 학습하고 분석해 각종 부정거래를 탐지하는 것이 특징이다.

예를 들면, 기존에는 유흥주점에서 카드 이용이 많았던 고객이 평소와 다르게 고액 사용이 발생하거나 동일 가맹점에서 반복 사용 등이 있을 경우 사전에 지표화된 위험도 점수에 따라 정상 거래로 판별되는 경우가 있었지만, 딥러닝이 적용된 '부정사용방지시스템'에서는 사전에 설정된 위험도 측정 방식이 아닌 기계 스스로 정상 거래 패턴과 부정 거래 패턴을 분석 및 학습해 이상 거래 여부를 판별하고 적발하게 된다.[7]

신한카드는 카드 회원이 직접 설정한 결제 기준에 맞춰 해외 부정거래를 차단할

---

6) 신용평가 중심으로 핀테크 손 닿는 '기업금융', 대한금융신문, 2019

7) 인공지능 적용 부정사용방지시스템(FDS) 개발, KB 금융그룹

수 있는 '셀프FDS'를 제공하고 있다. 셀프FDS는 카드 회원이 직접 사용 국가, 사용 기간, 거래 유형 등을 설정해 놓고 이와 다른 결제가 일어날 시 자동으로 승인이 거절되는 시스템이다. 또한, 해외에서의 부정거래 방지를 위해 회원에게 미리 해외 출입국 정보 신청 및 활용 동의를 받아 출입국 관리소 조회 후 승인 요청에 대한 처리를 결정한다.[8)]

1.4.3 활용사례 3(주가 예측)

주가 예측

Hristidis는 빅데이터와 주식시장의 상관관계를 파악한다. 약 3억 4천만 개의 트위터를 분석한 결과 특정 기업에 대해 언급이 많을수록 주가 상승 확률이 높아짐을 실증 분석하였다. 4개월 동안의 모델을 시뮬레이션한 결과 빅데이터에 많이 언급된 회사일수록 다우지수와 비교하여 약 2% 정도 덜 하락함을 보였다. 또한, 기업의 신제품 출시 등의 정보가 해당 기업의 주식 거래량에 영향을 미침을 보였다.[9)]

Preis은 감성관련 단어, 위키피디아(Wikipedia)에서 관련된 용어의 검색 빈도 특정 용어에 대하여 현재의 인터넷 검색 횟수와 가까운 미래 주식시장 가격 등락과의 관계를 연구하였다. 그 결과, S&P 500개 기업의 주간 주식 거래량이 회사의 구글을 통한 인터넷 검색 수와 연관관계가 있음을 발표했다.

Bordino는 나스닥(NADAQ)에 상장되어 있는 기업의 주식거래량과 해당 기업과 관련된 용어가 Yahoo 검색엔진에서 검색된 횟수와의 관계를 비교 · 분석하고 이 둘 간에 상호 연관성이 존재함을 보였다.[10)]

구글은 2013년 2월 구글 검색엔진을 이용하여 2004년부터 2011년까지 빈번하게 쓰인 98개의 단어를 추출하여 분석한 결과 검색 쿼리(검색창에 입력하는 단어나 문구)와 주식시장 움직임이 연관이 있다는 것을 발표하였다. 흥미로운 것은 주식, 포트폴리오, 경제학 같은 단어 검색이 많을수록 주식시장은 떨어졌고 금융시장 검색이 줄어들면 주식시장은 상승했다는 결과가 도출되었다.[11)]

---

8) 금융사기 예방을 위한 FDS(Fraud Detection System), NAVER 개인정보보호 블로그, 2015

9) 빅데이터에 나타난 감성 분석, 이득환, 강형구, 이창민, 2013

10) 인터넷 검색추세를 활용한 빅데이터 기반의 주식투자전략에 대한 연구, 한국경영과학회지

11) 빅데이터를 활용한 국내 주식시장 분석 기법 제안에 관한 연구, 2014

1.5 인공지능 시대의 자산관리사: 로보어드바이저

(1) 로보어드바이저(Robo-Advisor)의 탄생

로보어드바이저

로보어드바이저는 인공지능 알고리즘과 금융 빅데이터 분석 기반으로 고객에게 온라인으로 포트폴리오를 관리해 주는 금융자문서비스를 말한다. 개인별 위험성향을 고려한 자산배분 전략에 따라 포트폴리오를 구성하여 맞춤형 투자자문 및 자산관리서비스를 제공하고 있다. 2008년 글로벌 금융위기 이후 미국에서 탄생한 로보어드바이저는 일반 대중에게 저렴한 수수료와 높은 수익률을 기반으로 개별 투자성향에 따른 자산관리서비스를 제공하며 빠르게 성장하고 있다.

(2) 로보어드바이저와 인공지능

로보어드바이저는 인간의 주관적 판단이나 개입 없이 수학적 규칙이나 알고리즘을 이용하여 투자자들에게 온라인상으로 자산배분 포트폴리오를 제시하는 일종의 자산관리로봇(Robot)이다. 로보어드바이저는 금융 빅데이터(financial big data), 머신러닝, 그리고 딥러닝 기반의 알고리즘으로 구현되는 인공지능 기술로 사전에 온라인으로 작성된 투자자(금융소비자)의 정보를 활용하여 투자 및 위험성향을 분석해 포트폴리오(portfolio)를 구성하고, 이를 바탕으로 맞춤형 투자자문과 자산운용을 수행한다.

(3) 로보어드바이저의 특성

로보어드바이저는 중위험 · 중수익의 고객군에게 적합하고, 소비자들은 본인의 위험성향과 포트폴리오에 따라서 로보어드바이저를 선택 · 이용해야 한다. 로보어드바이저는 인공지능 알고리즘에 기반한 자산배분과 리밸런싱(rebalancing)까지 빠르고 정확하게 수행할 수 있고, 사람의 감정이 개입되지 않기 때문에 자산배분의 일관성을 유지할 수 있다.

(4) 로보어드바이저의 포트폴리오 배분 프로세스 5단계

① 1단계: 개별 질문을 통해 투자자의 투자성향과 위험성향을 파악하고 투자목적 등을 분석하여(customer profiling) 투자자금의 성격을 파악한다.

② 2단계: 투자자의 성향 및 목적에 따른 자산군별 투자 비중을 결정한다(asset allocation).

③ 3단계: 금융 빅데이터를 기반으로 인공지능 알고리즘을 이용하여 최적의 맞춤 포트폴리오를 추천하고 선택하여 자산군별 최적의 금융상품을 추천한다(portfolio selection).

④ 4단계: 로보어드바이저가 추천한 투자를 집행한다(trade execution).

⑤ 5단계: 투자가 실행되는 시장과 투자자산을 모니터링(monitoring)하면서 포트폴리오를 자동적으로 재조정한다(portfolio rebalancing).

(5) 로보어드바이저 향후 전망

미래에는 로보어드바이저의 기능이 확대되어 세무, 투자, 회계 등 개인 자산관리 전반에 걸친 광의의 서비스 영역으로 진화될 것이다. 금융당국은 기술의 발전과 법제 사이의 괴리로 인해 발생할 수 있는 문제를 해결하고, 금융소비자에게 다양한 선택의 기회를 제공할 수 있도록 자본시장법 시행령 개정과 금융투자업 규정을 신설하여 로보어드바이저 활용의 법적 근거를 마련하고 있다. 그러나 인공지능 알고리즘의 오류 및 오작동 가능성, 전산상의 해킹(hacking) 가능성 그리고 시스템 리스크 등을 중심으로 기술적인 안정성과 보안성 측면에서 해결해야 할 과제가 많이 남아 있다.

1.6 인공지능과 회계

2016년에 세계경제포럼(WEF)에서 발표한 '직업의 미래(The Future of Jobs)' 보고서에 따르면 2020년까지 향후 5년간 전 세계 고용의 65%를 차지하는 선진국 및 신흥시장 15개국에서 총 710만 개의 일자리가 사라지고, 200만 개의 일자리가 창출되어 500만 개의 일자리가 줄어들 것으로 예상하였다. 향후 인공지능과 빅데이터에 대한 발달은 기존의 전문직은 물론 세무사와 회계사의 일자리를 위협할 것으로 많은 전문가가 제시하고 있다. Frey and Osborne(2013)의 연구에서 세무사 및 회계사는 대체가능 위험이 0.94/1.00으로 매우 높은 것으로 조사되었다.

실제 미국에서는 회계 전문가가 현장에서 기업을 직접 자문해오던 컨설팅 방식이 사라지며, 대신 원거리 회계 자문이 급속히 확산되는 현상이 나타나고 있다. 또한, 실시간 데이터 처리, 신속한 회계 분석 처리가 가능한 여러 가지 소프트웨어들의 출현으로 회계 전문가의 자리를 대신하고 있다. 우리나라 역시 이러한 현상이 시작되고 있다. 연결성과 인공지능 기술의 발달을 기반으로 한 정교한 소프트웨어를 통해 실시간으로 모든 정보처리가 가능해지면서 이런 전통이 흔들리고 있다. 관계자들은 가까운 미래에 세무사 · 회계사라는 직업이 단순히 데이터를 입력하고 관리하는 정도의 인력으로 인식될 가능성이 매우 크다고 보고 있다.[12)]

오늘날 인공지능과 빅데이터는 회계 전반에 영향을 미치고 있다. 회계감사자는 빅데이터에 의해 감사 수행 시 많은 이점을 제공받고 있다. PWC(2015) 보고서에 의하면, 인공지능과 빅데이터 분석가들이 거래 및 장부 기장 단계에서 행하던 감사 절차를 변경하고, 감사자들은 새로운 도구로 데이터를 시각화하거나 추출하여 더 많은 정보 및 비전통적인 데이터 세트를 활용하고 있다. Capriotti(2014)는 고객에게 제공되는 가치 관점에서 빅데이터를 내부 및 외부 감사자들이 검토하고 있으며, Vasarhelyi는 데이터 분석은 계속적인 감사를 제공할 수 있으며, 위험을 완화하도록 도와줄 수 있다. Hoogduin은 인공지능과 빅데이터의 응용은 회계감사들에게 더 효율적인 감사를 수행케 하며, 과거에 적용되지 않았던 새로운 감사 증거를 제공할 수 있는 방법을 제시한다고 한다.

인공지능과 빅데이터는 감사영역뿐만 아니라 관리회계 및 세무회계 영역에도 영향을 미친다. 관리회계사는 이미 데이터를 가지고 어떻게 일을 해야 되는지를 알고 있기에 새로운 데이터를 가지고 인공지능과 빅데이터 과학자들과 함께 일하면서 기업 가치를 증가시킬 수 있는 역할을 할 수 있다.

Deloitte(2016)에서 인용하면 과거의 회계 업무가 전통적으로 세무자료를 사후평가에만 집중하여 수집했다면, 빅데이터를 분석함으로써 데이터가 가지고 있는 정보의 통찰력과 예측력을 끌어낼 수 있다고 한다. 인공지능과 빅데이터는 기업들에게 새로운 성과 평가 영역을 제공한다. 빅데이터라는 도구를 사용하여 정형화된 또는 비정형화된 회계 관련 정보를 수요맞춤형으로 활용하여 새로운 고객 발굴에 사용할 수 있다. Bhimani and Willcocks는 비즈니스의 디지털화는 회계정보 제공자 측면에서 새로운 기회를 제공할 뿐만 아니라 '정보처리 능력(information literacy)' 영역에 새로운 도전을 만들고 있다고 한다. 이러한 회계 전문가의 기회와 도전이 인공지능과 빅데이터 시대에서 회계전문가의 역할이 될 수 있다.

회계전문가들의 역할이 데이터 수집 및 전달이었다면 정보제공 측면에서 인공지

12) 4차 산업혁명에 따른 인공지능과 빅데이터가 세무서비스 시장에 미치는 영향과 세무전문가의 대응방안, 세무사신문, 2019

능과 빅데이터 시대에는 디지털화된 데이터 즉 정형 및 비정형화된 데이터를 분석하여 유용한 정보를 추출하여 경영자에게 새로운 유형의 비즈니스 정보를 제공하는 역할을 해야 할 것이다. 이러한 역할을 수행하기 위해 회계전문가는 회계지식과 더불어 인공지능과 빅데이터 활용 능력과 분석적 능력을 갖춘 새로운 직업군을 만들어야 할 것이다. ACCA and IMA(2013b) 보고서에서도 데이터 자산 평가, 인공지능과 빅데이터 활용에 의한 의사결정, 활용에 의한 위험관리의 3가지 분야에 회계전문가의 기회가 있을 것이라고 했다.

결과적으로 회계전문가들은 인공지능과 빅데이터 시대 '정보처리 능력' 영역에 새롭게 도전하여 과거의 전통적인 회계 영역에서 벗어나 데이터 활용능력과 분석적 능력을 갖춘 디지털 데이터 기반 유용한 정보를 제공하는 새로운 형태의 직무로서 데이터 해석가와 분석가의 역할을 수행해야 한다.[13)]

미국 기술 및 데이터 전문가인 버나드 마는 인공지능/빅데이터가 다음과 같은 회계 업무를 대체할 것이라 전망했다.

(1) 회계업무 대체 분야

① **외상 매출금 및 매입금 처리**: 최근 인공지능기반 송장 관리시스템이 도입돼 송장 처리 효율성이 대폭 개선됐다. 인공지능 시스템은 송장 처리에 필요한 모든 회계 코드를 습득할 수 있다.

② **공급업체 온보딩**: 인공지능은 세금 정보와 신용점수를 확인해 새로운 공급업체를 신중하게 검토할 수 있다.

③ **회계감사**: 디지털화된 인공지능 감사 시스템은 보안성을 높인다. 인공지능은 누가 언제 디지털 파일에 접근했는지 확인할 수 있다. 회계감사의 정확성과 효율성까지 끌어올릴 수 있다.

④ **조달**: 조달 시스템을 인공지능으로 구축하면 구조화되지 않은 데이터까지 추적이 가능하다. 또한, 서로 다른 공급업체의 가격 변동 추세를 추적할 수 있다.

⑤ **경비 관리**: 인공지능이 경비를 감사하고 영수증을 읽으며, 위반 행위를 한 사람에게 주의를 줄 수 있다.

⑥ **인공지능 챗봇**: 청구 만기일, 최신 계정 잔고 및 계정 상태 등 고객 질문에 효

13) 빅데이터와 블록체인 시대의 회계교육, 회계저널, 2018

율적으로 답신할 수 있다. 예를 들면, 뉴질랜드 소프트웨어업체 제로(XERO)는 고객들의 질문에 답하는 '헤이 제로 챗봇(Hey Xero Chatbot)'을 공개했다. 헤이 제로 챗봇은 머신러닝 기술을 활용해 금융 정보를 통합한다.

⑦ **월별 · 분기별 마감 프로세스**: 인공지능은 필요한 수치를 빠르게 수집할 수 있다. 이를 통해 직원들은 전략적 판단에 필요한 시간을 충분히 확보할 수 있다.[14)]

(2) 회계분야 인공지능 활용 트렌드

최근 신용평가 방식의 변화가 일어나고 있다. SNS, 통화 기록 등 데이터와 인공지능 기법이 결합하여 신용평가에 활용하는 기술의 출현으로 신용평가 방식이 변화하고 있다.

① **기존 신용평가 방식**: 채무상환 이력, 현재 부채 수준, 보증 여부, 신용거래 기간, 과거 신용거래 종류 등을 신용평가에 활용하며, 이 방식은 과거 금융거래 이력이 있어야 평가가 가능하다.

② **새로운 신용평가 방식**: SNS 등 비전통적인 데이터에 머신러닝, 인공지능, 블록체인 등의 기술을 적용하여 신용평가에 활용한다.

- SNS: 페이스북 · 트위터 등 소셜 미디어로부터 지인의 연체 여부, 게시물 및 댓글, 라이프스타일 등 관계성 분석
- 행동 패턴 분석: 가입신청서의 철자 오류 및 문장 특성 파악, 웹 사이트 가입 때 정보를 읽는 소요 시간 등 분석
- 모바일 데이터: 위치정보, 주 · 야간 통화 현황, 문자 기록, 등록된 연락처 수 수, 유료 어플리케이션 사용 여부 등 분석
- 심리측정실험, psychometric test: '현재 1만 달러, 6개월 후 2만 달러 중 어느 것을 가질 것인지?' 등의 질문을 통해 심리적 행동 특성 평가
- 기타: 통신 · 전기 등 공과료 납부 내역, 전자상거래 이용 현황 등[15)]

---

14) 머신러닝과 인공지능, 회계산업 판도 바꾼다, Ai타임스, 2019

15) 최근 해외 핀테크 기업들의 새로운 신용평가 방식 개발, ISSUE ANALYSIS, 국제금융센터, 2019년 2월 13일

1.7 인공지능과 보험

1.7.1 인슈어테크(InsurTech)의 개요

인슈어테크(InsurTech)

인슈어테크는 보험(Insurance)과 기술(Technology)의 합성어로 기존의 보험서비스에 4차산업혁명 기술(인공지능, 빅데이터)을 융합한 보험서비스의 혁신을 의미한다. 금융감독원은 인슈어테크란 보험산업에 사물인터넷, 빅데이터, 인공지능, 블록체인 기술 등을 접목하여 상품개발, 계약체결, 고객관리 등 보험업무 전반에 혁신 서비스를 제공하는 것이라고 정의했다. 다시 말해 인슈어테크란 빅데이터 분석, 인공지능, 블록체인 등의 기술을 활용해 보험금 청구 간소화 서비스, 빅데이터 분석을 통한 고객 맞춤형 보험 등과 같은 기존과 다른 보험서비스를 제공하는 보험 핀테크라고 정의했다.

전체 가입자에게 동일하게 적용하던 보험요율을 인공지능과 빅데이터를 이용해 다르게 적용할 수 있다. 사고 후 보상 개념인 기존 보험과 달리 사고 전 위험관리 차원으로 접근하는 서비스를 가능하게 한다. 보험 상담 업무를 로봇이 대행할 수 있고, 인공지능, 빅데이터, 블록체인을 이용한 안전한 결제시스템 구축이 가능하다. 보험회사 측면에서는 인슈어테크로 인해 보험 산업의 기존 가치사슬(value chain)이 무너지고, 새로운 형태의 가치사슬이 재정립될 것이라 예상한다.

1.7.2 인슈어테크의 사례

미국 보험사 가이코(GEICO)는 자동차에 IT를 적용, 고객의 운전 습관을 파악한 후 빅데이터를 활용해 데이터를 비교, 보험료를 산정하는 운전습관연계보험(Usage-Based Insurance, UBI)을 출시했다. 가이코는 자동차 운행기록 자기진단장치, 차량진단 시스템, 스마트폰 내비게이션 애플리케이션 등을 통해 속도, 제동, 운전시간대 등 차량 운행 정보를 파악하여 운전자의 안전 운전 수준을 평가하고 점수에 따라 보험료를 차등 산정하였다. 일부 국내 보험사도 통신사와 협약을 맺고 운전자의 운전 행태를 기반으로 보험료를 산정하는 UBI 보험을 출시했다.

1.7.3 보험사의 인공지능 활용

보험사에서는 리스크 및 보안 관리시스템에 인공지능과 빅데이터를 활용하고 있다. 직원 비리에 따른 손실을 방지하기 위해 보험사의 경우 상품개발 시 빅데이터를 적용하고 있다. 단순 개인정보에 따른 상품이 아닌 고객 행위, 시장 환경 및 트렌드 분석 결과에 따른 UBI(User Based Insurance) 기반의 상품들이 출시되고 있다.

JP모건체이스(JP Morgan Chase)는 직원의 인터넷 사용 기록뿐만 아니라 개인정보인 이메일과 전화통화 기록까지 분석해 비리 협의를 포착하는 데 빅데이터와 인공지능 기술을 적용하고 있다. 또한, 은행이 담보로 잡은 부동산을 적절한 값에 매각하기 위한 최적의 가격 결정 모델을 구할 때도 사용하였다. 부동산 시장 상황을 지역별로 분석해 팔릴 만한 가격을 산정한다면 채무자가 지급불능에 빠지기 전에 부동산을 매각할 수 있어 사회적 손실도 줄일 수 있다.[16)]

생명보험사 메트라이프(MetLife)는 인공지능과 빅데이터 기술을 활용하여 약 70개의 데이터베이스에 흩어져 있던 1억 명 이상의 고객 데이터를 하나의 시스템으로 통합하여 고객관리시스템인 'The Wall'을 구축하고 이를 상품 판매 및 마케팅, 고객관리 등에 활용해오고 있다.

AIG와 AXA, Alliance 등 여러 대형 보험사들은 운전자의 급가속, 급감속, 과속 등 운전습관 관련 데이터를 수집, 분석, 활용하여 안전한 운행을 한 고객들에 대해 보험료를 할인해 주는 방식의 운전습관연계보험(UBI: Usage Based Insurance) 상품을 개발, 판매해왔다. 영국 대형보험사 아비바(Aviva)는 고혈압, 당뇨, 우울증과 같은 질병에 걸릴 위험의 예측을 위해 기존의 의료진단정보(혈액 및 소변 샘플 분석 등)를 활용하는 방식 대신 신용평가보고서와 라이프스타일 데이터를 이용한 건강위험 예측모형을 개발하여 언더라이팅(Underwriting) 단계에서 비용 절감을 추진하였다.

한화생명은 2016년 2월 업계 최초로 SNS 데이터 분석 등을 포함한 인공지능과 빅데이터를 이용한 신용평가모형 기반의 신용 대출 상품을 출시했으며, 동부화재와 메리츠화재 등의 보험사들은 이동통신 회사들과 제휴하여 운전습관연계보험을 출시하고 판매 중이다. 한화생명은 자사 고객정보뿐만 아니라 생명보험협회, 건강보험심사평가원, 통계청의 데이터를 기반으로 고객들에게 컨설팅 서비스를 제공하는 자동 컨설팅 시스템 '피플라이크유(People Like You)'를 도입했으며, 삼성생명도 고객 맞춤형 컨설팅을 제공하는 컨설팅 영업 지원시스템을 도입하였다.

---

16) 차세대금융! 금융분야 빅데이터 분석 활용 사례 18, 삼성SDS, 2017

ING생명은 미래창조과학부 등과 함께 생명보험 인공지능과 빅데이터 전략 모델 개발 및 확산 사업을 진행해 왔으며, 2016년 말에는 보험업 가치사슬(Value Chain)을 기준으로 한 빅데이터 분석 전략 모델을 개발 완료하여 중소보험사들이 참조하도록 하였다.[17)]

프로그래시브(Progressive)사는 자동차에 부착된 기기가 전송하는 데이터를 바탕으로 고객의 운전 패턴을 분석하고 미래 사고 가능성을 예측하는 데 인공지능과 빅데이터 기술을 활용하고 있다. 이를 통해 자동차 보험료를 산정하는 Pay as You Drive 시스템을 운영하고 있다. 즉, 상대적으로 덜 위험한 방법(속도, 운전습관)으로, 덜 위험한 시간대 및 지역에서 운전하는 고객일수록 적은 보험료를 낸다. 이는 고객들의 안전 운전을 유도하는 데 도움을 준다.

IFDS(Insurance Fraud Detection System)

삼성화재의 경우 인공지능과 빅데이터를 활용하여 보험사기를 적발하고 있다. IFDS(Insurance Fraud Detection System)는 보험계약, 보험 정보 등 방대한 데이터를 활용하여 사기 고위험군을 자동 추출해서 현장 조사 전문인력에게 알려주고 조사에 착수한다. 이 시스템으로 인해 허위 신고로 보상금을 받으려는 보험사기 건을 적발할 수 있었다. 예를 들면, 고급 승용차를 도난당했다고 접수한 건에 대해 가입자의 정보 및 사고 경위 등 사고 관련 데이터를 수집하여 분석한 결과, IFDS 시스템은 이 건을 고위험군으로 분류하였다. 이후 전담 보험사가 조사한 결과 차량을 담보로 대출을 받고 이를 갚지 않기 위해 허위로 신고한 건으로 판명 났었다.

1.7.4 보험사기 예측 사례

보험사기 예측

삼성화재는 자체 보험사기방지시스템인 IFDS로 보험사기 의심 사고를 걸러낸 후, 현장 조사 전문 인력이 사기 건을 적발하고 있다. 삼성화재에 따르면 IFDS는 보험계약이나 보험 정보 등 방대한 데이터를 활용해 도덕적 해이(모럴헤저드) 사고 및 사기 고위험군 사고를 분석하는 시스템이다. 만약 접수된 사고에 대해 데이터를 토대로 보험사기와 관련해 일정 기준 이상의 점수로 산출(스코어링)되면 F1, F2, F3 등으로 분류되고 보험사기 가능성이 가장 큰 F1 사고에 대해서는 보험사기를 의심하는 건으로 보고 조사에 착수한다.

IFDS를 활용해 단순 사고에 대해서만 추적이 가능할 것으로 생각하면 오산이

17) Report 금융가 레터

다. 이 시스템은 무수히 많은 데이터를 축적하고 있어 도난 · 음주 등과 관련한 보험사기도 적발이 가능하다.

예를 들면, 고급승용차 벤츠를 잃어버렸다며 배상을 요구하는 사고가 접수됐다. IFDS에서 '의심사고'라고 표시되어 보험조사파트 외제차 보험조사 전담자에게 자동으로 배당됐다. 조사 전담자는 즉시 현장으로 달려가 주변 탐문과 함께 사고조사를 벌인 결과 가입자가 1억 4,000만 원 상당의 차량을 담보로 대출을 받고 이를 갚지 않기 위해 허위로 신고해 보험금을 타내려고 했던 것으로 드러났다.

IFDS를 활용하면 음주로 교통사고를 내고도 아닌 것처럼 위장한 보상 건에 대해서도 적발할 수 있다. 삼성화재는 최근 경찰에 미신고된 음주운전 사고를 조사해 음주한 사실을 시인 받아 수리비 150만 원을 타내려던 가입자를 적발하기도 했다. 인공지능과 빅데이터를 활용해 보험사기를 적발하는 것은 손보업계에만 국한된 것이 아니다. 삼성생명과 한화생명, 동양생명 등 국내 대형 생보사들도 이를 활용해 보험사기 의심 건을 걸러내고 있다.[18)]

2. 인공지능과 마케팅

2.1 개요

인공지능이 화두에 떠오르면서 마케팅 분야에서의 변화도 빠르게 일어나고 있다. 2019년 마케팅 전문가들은 디지털 마케팅의 주요 키워드 4가지로 인공지능을 뽑았다. 인공지능 마케팅은 머신러닝 및 베이지안 네트워크와 같은 인공지능 개념 및 모델을 활용하여 마케팅 목표를 달성하는 마케팅의 한 형태이다. 기존 마케팅과의 가장 큰 차이점은 사람이 아닌 컴퓨터와 알고리즘에 의해 수행된다는 추론 부분에 있다.[19)]

2.2 인공지능 마케팅 동향

오늘날 인공지능은 머신러닝을 통해 빅데이터를 학습하게 되면서 이를 마케팅에

18) 보험금 청구 즉시 빅데이터로 '사기' 적발, 머니투데이

19) 위키피디아, 소비자평가(http://www.iconsumer.or.kr)

서 활용하려는 노력이 활발해지고 있다. 인공지능은 마케팅 정보와 고객 데이터 관리를 통해 시장과 고객의 욕구를 분석하고 수요를 예측하여 타깃 시장을 선정, 이에 적합한 차별화된 포지셔닝을 설계하는 데 사용된다. 제품이나 가격을 실시간으로 관리하여 소비자의 반응에 즉각적으로 대응할 수 있으며, 물류 수요를 예측하고 최적의 유통경로를 찾아 가장 효율적인 방식의 온라인마케팅을 실시할 수도 있다. 꾸준하고 개인화된 고객관리를 통해 고객 만족을 높여 충성고객을 창출하고, 신용평가 및 사기 탐지를 통해 매출 안정화를 꾀하며 이를 통해 시장점유율을 증대시킨다.[20]

그로스 마케팅

최근 그로스 마케팅에 인공지능을 더한 스마트 마케팅 전략이 확대되고 있다. 그로스 마케팅 과정에 필요한 방대한 데이터의 수집과 분석을 위해 마케터가 특정한 규칙을 정해 입력하면, 인공지능이 자동화를 통해 사람의 개입이 없이도 마케팅 작업 통계, 분석이 진행된다. 학습과 개선을 반복하고 사용자와의 상호작용을 통해 인사이트 도출까지 자동화하면서 최종적인 완전 자동화 단계에 이른다. 사람이 마케팅 과정을 모두 직접 관리하던 기존 방식에서, 인공지능은 원하는 목표를 보다 효과적으로 달성할 수 있도록 지원한다.[21]

2.3 인공지능 마케팅 트렌드

신한, 삼성, KB국민, 비씨, 롯데카드는 고객의 유형과 소비 형태 패턴을 분석하여 맞춤형 혜택과 정보를 제공했다.

(1) 인공지능 맞춤형 타깃팅

인공지능 맞춤형 타깃팅은 인공지능과 빅데이터의 개발로 고객이 처한 상황을 고려한 마케팅이다. 인공지능 마케팅은 성별 및 세대별 이용 가능성 가맹점 등 정교화된 분석으로 고객이 평소 사용하는 카드로 결제하는 가맹점을 추천해주거나 할인쿠폰을 알려준다. 이를 통해 여러 카드회사들은 누적 이용 건수가 늘거나 카드 이용 금액 증대 효과를 보는 등 인공지능 마케팅을 활용하여 엄청난 수익을 창출하고 있다.

20) 인공지능과 마케팅, 김미영

21) 신한카드 My SHOP Partner

(2) 인공지능 챗봇과 마케팅

챗봇이 간단한 퀴즈, 이벤트 등 다양한 마케팅 활동까지 활용되고 있다. 인공지능 챗봇은 고객과의 개인적이고 친밀한 대화 상황을 통해 신규고객 유입과 기존의 고객을 관리할 수 있는 일석이조의 효과를 보여주고 있다. 미국의 마케팅 연구기업 인컴스코어는 앞으로 온라인 검색의 50%가 스크린이 아닌 인공지능 음성을 통해 이뤄질 것으로 예상했다. 인공지능 챗봇 알렉사, 시리, 구글 어시스턴트와 같은 음성 인식 기술이 소비자와 상호작용하는 핵심이 될 것이다.[22)]

(3) 인공지능 마케팅 동향

2019년에 실시된 미국마케팅협회의 설문조사에 따르면 인공지능을 이용해 마케팅 전략을 구현하는 기업의 수가 전년에 비해 27% 증가했다. 현재 많은 기업의 마케터들이 고객 경험을 개선하고 운영 효율성을 높이기 위해 인공지능 마케팅 솔루션의 도입을 서두르고 있다. 마케터들은 인공지능의 대량의 데이터 학습을 통해 제품 개발, 타깃 시장 선정, 마케팅 채널 계획 등에서 매우 정확하게 예측할 수 있게 되었다. 마케팅의 핵심 활동은 고객의 요구를 이해하고 이를 바탕으로 제품 및 서비스를 개발하여 고객의 구매를 설득하는 것인데, 현재 기술 단계에서 인공지능의 뛰어난 분석력과 예측력이 이러한 활동을 성공적으로 수행하는 데 매우 적합하다.[23)]

(4) 기업에서 인공지능의 마케팅 활용 분야

다음은 기업에서 인공지능의 마케팅으로의 주요 활용 분야이다.[24)]

- 고객지원
- 교차판매, 상향판매
- 마케팅 캠페인의 자동화(이메일, 고객세분화 등)
- 가격 책정
- 제품과 서비스 추천: 맞춤화, 개인화 서비스
- 소셜 미디어 계획 수립 및 실행
- 웹 분석 내러티브 생성
- 웹 사이트 운영과 최적화

---

22) 소비자평가, 2019
23) 소비자평가, 2019
24) HBR Korea

인공지능을 관통하는 진화 키워드는 '쉽고, 편하게, 대중적으로' 세 가지로 요약된다. 예로 사우스아프리카 공항에 설치된 더치커피 자판기는 얼굴 인식 기능을 활용해 자판기 앞에서 하품을 하면 커피를 무료로 제공한다. 인공지능이 도입되면 마케팅 무게중심이 집단에서 개인으로 넘어가고, 이미지 광고 대신 직접적인 행동 유발, 구매 유발 프로세스로 가게 될 것이다.[25]

2.4 인공지능 마케팅 활용 분야

인공지능이 활약하는 분야는 상당히 넓지만, 특히 마케팅 분야에서 하는 주요 역할은 분류, 예측, 추천, 최적화, 인식의 5가지로 나눌 수 있으며, 이외에도 개인화, 자동 광고 생성, 고객 타깃팅, 미디어 믹스 모델링 등이 있다.

(1) 분류

인공지능은 수집한 방대한 데이터를 트렌드 및 특징을 기준으로 분류할 수 있다. 분류
이커머스 사이트에서는 매일 모이는 대량 구매에 관한 데이터를 바탕으로 어떤 제품이 특정한 상품과 함께 팔리고 있는 제품인지 파악하고 특정 상품을 구매하는 고객의 특징과 구매 경향, 재구매 주기 등을 산출하는 기능으로 인공지능을 활용하고 있다. 소셜 미디어 분석을 통해 기업과 브랜드에 대해 언급되는 방대한 수의 피드를 '호의적으로 작성된 피드'와 '부정적으로 작성된 피드'로 분류하여 전체적인 평판과 경향을 파악하는 기능에도 활용하고 있다.[26]

(2) 예측

과거에는 경험이 풍부한 마케터가 데이터를 참조하여 개인 경험에 의존하여 마케팅 전략의 성과와 매출 예측을 판단하는 경향이 있었다. 현재 인공지능은 잠재 고객을 예측하고 적절한 방법을 제안해 주는 등 정밀도 높게 예측하고 있다. 고객 행동에서 모은 데이터를 바탕으로 고객 행동 예측에 기반한 미래 고객 행동 기반 광고의 자동화도 수행할 수 있게 되었다. 예측

(3) 추천

추천 기능 역시 인공지능의 전문성 분야 중 하나이다. 마케팅에서는 메일 및 웹 제 추천

25) 박진한 HS애드 데이터마케팅연구소 국장, The PR

26) sales force, 2022

품 추천, 콘텐츠 추천을 통해 최적화된 제품, 콘텐츠, 서비스를 각각의 고객에게 제공한다. 고객에게 개인화된 경험을 제공할 뿐만 아니라 마케터에게 다음 전략을 제시하는 것도 인공지능이 수행하는 추천의 중요한 기능이다. 마케팅 활동을 통해 얻은 다양한 데이터와 인사이트를 기반으로 다음 단계에서 마케터가 반드시 해야 하는 필요한 마케팅 활동을 제시한다.

(4) 최적화

최적화

마케팅 고객의 경향을 기반으로 고객이 수신된 메일을 열람할 타이밍을 파악하여 한 명 한 명 열람할 가능성이 높은 최적의 타이밍에 광고 메일을 전송한다.

(5) 인식

인식

소비자의 자사 상품, 서비스의 이미지가 어떠한지 알려준다. 인공지능은 자사의 로고가 어떤 경우에 반영되고, 어떻게 언급되고 있는지와 같이 고객이 자사가 제공하는 경험에 관해 어떻게 느끼는지에 대한 정보와 인사이트를 제공한다.

(6) 개인화

개인화

인공지능과 머신러닝은 소비자로부터 실시간 행동 데이터를 가져와서 매우 개인화되고 관련성 높은 광고를 제공할 수 있다. 인공지능은 이미 고객 행동을 분석하여 연령, 성별, 위치 및 수백만 개의 다른 데이터와 같은 속성을 기반으로 더욱 스마트하게 추천할 수 있다. 우리 모두는 이미 맞춤형 쇼핑 카탈로그와 같은 개인화된 새로운 웹 페이지에 익숙하다. 예측 분석 알고리즘은 온라인이든 실제 상황이든 어떤 소비자가 특정 행동을 취할 가능성이 가장 높은지를 알 수 있게 한다.[27)]

(7) 자동 광고 생성(Automatic Ad Creation)

자동 광고 생성(Automatic Ad Creation)

인공지능 기반 시스템은 목표에 따라 광고를 제작하는 과정을 자동화할 수 있다. 소셜 미디어 광고 플랫폼은 이미 지능형 자동화를 통해 기업이 홍보해야 하는 맞춤형 광고를 제안하고 있다. 인공지능 처리 기술인 자연어 처리 및 자연어 생성을 사용하여 사람이 작성한 문구보다 성능이 뛰어나거나 더 나은 광고 문구를 작성하는 도구도 있다.

27) IAB 2020

인공지능 마케팅의 장점은 고객이 원하는 상품을 자동으로 광고하는 데에 있다. 인공지능을 이용한 마케팅 및 광고 효과가 높은 이유는 소비자가 원하는 니즈(needs)를 사람보다 훨씬 더 잘 파악해 실시간으로 광고를 전송할 수 있기 때문이다.[28)]

(8) 고객 타깃팅(Audience Targeting)

고객 타깃팅(Audience Targeting)

페이스북, LinkedIn 및 구글은 정교하게 타깃 고객을 고를 수 있게 한다. 인공지능은 마케터로 하여금 올바른 잠재 고객에게 도달하고 소비자가 캠페인에 어떻게 반응하고, 어떻게 다양한 유형의 채널에 반응하는지를 이해할 수 있게 한다. 인공지능은 소비자를 타깃팅하고, 실시간으로 타깃팅 전략을 최적화하며, 소비자 행동에 따라 전체적인 미디어 제공을 조정할 수 있게 한다. 인공지능은 더 많은 잠재 고객에게 도달할 수 있게 한다.

(9) 미디어 믹스 모델링(Media Mix Modeling)

미디어 믹스 모델링(Media Mix Modeling)

인공지능은 채널별로 잠재 고객 전략을 최적화할 수 있다. 소비자들이 서로 다른 채널의 메시지에 어떻게 대응하고 있는지에 따라 미디어 믹스를 구체화하는 방안을 지속적으로 권고할 수 있다. 이를 통해 광고주는 최적의 미디어 믹스 전략을 결정하고 디지털 광고 ROI를 높일 수 있다. 이런 방식으로 브랜드와 에이전시는 마케팅 믹스 할당을 완전히 자동화하여 시간과 비용을 절약할 수 있을 것이다.

2.5 인공지능 마케팅의 창의적 활용 사례

(1) 호주 초콜릿 회사 산츄로(San Churro)

인공지능, 소셜 미디어 인사이트, 로열티 데이터를 이용해 특정 소비자 그룹을 타깃 마케팅했다. IBM의 인공지능 엔진인 왓슨은 산츄로에게 4가지 캐릭터를 부여했다. 젊은 여학생, 젊은 엄마, 젊은 여성 전문가, 그리고 산츄로의 현재 로열티 프로그램 데이터베이스가 그것이었다. 이 4가지 페르소나를 통해 고객들에게 전달할 메시지를 만들어 집중 공략했다. 이들은 500여 가지 이상의 광고 문구를 만들고, 왓슨을 이용하여 이들 데이터를 처리한 후 정서 분석(sentiment analysis) 기법을

28) 시사위크, 2021

이용하여 어떤 문구가 가장 효과적으로 메시지를 전달할지를 알아보았다.[29)]

(2) 스타벅스

케빈 존슨 스타벅스 CEO는 수익에 가장 많은 영향을 준 요인으로 인공지능을 꼽았다. Deep Brew라는 인공지능 플랫폼을 개발하여 앱에 적용시키고 소비자의 성향을 파악해 다양한 상황에서 맞춤형 메뉴를 제안했다. 스타벅스는 효과적인 매장 운영에 필요한 인원을 시뮬레이션 하는 등 인공지능으로 속도와 효율을 모두 이루었다.

(3) 아마존

아마존은 소비자의 구매 경험뿐만 아니라 내부 비즈니스 운영 효율성 향상을 위해 인공지능을 활용하고 있다. 소비자 구매 패턴을 기반으로 만들어진 방대한 데이터를 통해 맞춤형 제품을 제안하는 추천 엔진을 만들었다. 스마트 로봇과 비전 시스템으로 수많은 상품들을 효과적으로 관리하는 창고를 운영했다. 이미지 분석과 센서 기술로 상품을 자동 결제하는 무인매장을 운영하고 있다. 아마존은 음성인식 스마트 스피커 알렉사 등 여러 분야에 걸쳐 인공지능 기술을 적용했다. 인공지능에 Flywheel 방식을 접목해 소비자 경험 데이터를 활용한 서비스 유도 전략을 성공적으로 적용했다.[30)]

(4) 넷플릭스

넷플릭스는 팬데믹의 영향으로 많은 수혜를 봤다고 평가되었다. 빅데이터 분석으로 철저한 예측을 통한 콘텐츠 제작과 뛰어난 사용자 경험을 분석, 활용하였다. 신규 콘텐츠를 제작할 때 회원들의 시청 데이터를 수집, 분석해 인사이트를 도출해내고 흥행 성공 여부를 정확히 예측했다. 시청 이력을 기반으로 시청자가 좋아할 만한 콘텐츠를 지속적으로 추천해 제안하거나 추천 화면을 차별화하는 전략 등을 수행했다.

넷플릭스는 당신이 영상물 시청을 언제 멈추는지 안다. 알고리즘을 통해 당신이 5분간 영상물을 시청하고 멈추었다는 것을 안다. 넷플릭스는 과거의 기록을 바탕으

29) CIO KOREA
30) SK DT

로 고객의 하루 행동과 시간 분석을 통해서 그들이 다시 돌아오리라는 것을 안다.

넷플릭스는 고객의 데이터베이스를 구축해서 신규 고객의 확보 시점부터 고객 번호가 부여되면 그 후부터 고객의 모든 활동이 추적, 기록된다. 어떤 콘텐츠를 검색하는지, 어떤 영화나 드라마를 다시 시청하는 것과 같은 기본적인 사항부터 영상을 멈추고 다시 시청하는 지점, 그리고 영화의 어느 지점에서 고객이 마지막까지 시청하게 되는 것과 같은 상세한 정보가 저장, 분석된다.[31)]

(5) 나이키

나이키는 AR(증강현실) 기술로 개인화된 쇼핑 경험을 향상시켰다. 나이키는 매년 100만 명의 사람들이 잘못된 크기의 신발을 구매한다는 데이터에 착안해, 소비자의 발을 스캔하고 인공지능을 통해 핏이 정확한 신발을 제안해 주는 Nike Fit 서비스를 중국 광저우 매장에 선보였다.

미국의 유통업체 타깃(Target)은 AR을 통해 스마트폰 카메라로 실내에 가구와 장식품들을 구현해볼 수 있는 'See It in Your Space' 서비스를 제공해 큰 호응을 얻었고, 미국의 안경업체 와비 파커(Warby Parker)는 다양한 스타일의 안경을 자신의 얼굴에 매칭해 볼 수 있는 'Virtual Try-On' 기능을 제공했다.

(6) SK(주) C&C의 AccuInsight+

데이터 분석 기능은 물론, 누구나 쉽게 모델을 생성해 검증과 운영 및 배포까지 손쉽게 가능하도록 지원한다. 금융/유통/제조업계 등 다양한 분야에서 이상 거래 탐지, 고객 수요 예측, 설비 데이터의 고도화를 도와준다. 특히, AccuInsight+의 AutoML 도구 AccuTuning는 누구나 고품질의 머신러닝 모델을 쉽고 빠르게 만들 수 있게 도와준다.

(7) 웨이페어(Wayfair)

온라인을 중심으로 가구를 판매하는 미국의 가구회사 웨이페어 또한 인공지능을 활용해서 축적된 고객 데이터를 적극적으로 마케팅 활동에 활용한다. 2002년 창업 초기부터 고객과의 모든 터치포인트를 통해 수집된 방대한 양의 데이터를 축적해 왔다. 일 년에 40억 회 이상 고객의 행동을 추적하면서 하루 평균 4테라바이트

31) Ai 타임즈

의 데이터를 축적한다. 웨이페어에서는 고객이 가지고 있는 사진을 이용해서 제품을 검색하는 것이 가능하다. 고객이 직접 찍은 사진을 가지고 검색하면 웨이페어의 인공지능이 그 사진과 미적으로 가장 비슷한 상품을 찾아준다.

(8) 스티치픽스(StitchFix)

온라인 의류 사업체인 스티치픽스는 인공지능으로 소비자 각자를 다른 개인으로 대한다.

(9) LUCY 2.0

LUCY 2.0은 중소 · 중견기업을 위한 '인공지능 마케팅 플랫폼'이다. LUCY 2.0은 유튜브, 트위터, 인스타그램, 카페, 블로그 등 12개 채널에서 수집한 고객 반응 · 경험 등을 인공지능으로 분석 · 데이터화해서 제품 소비, 사용 패턴, 트렌드를 발굴할 수 있도록 실시간 분석과 통계 자료를 대시보드로 제공한다. LUCY 2.0은 1) 마케팅 효과 측정을 통한 전략 수립, 2) 소비자 인식변화 분석, 3) 주요 이슈의 발굴, 4) 자사 · 경쟁사 제품별 추이 및 점유율 분석, 5) 제품 출시 전 · 중 · 후 주요 연관 키워드 분석을 통한 소비자 니즈 및 페인 포인트(Pain-Point) 발굴, 6) 소비자 행태 분석 등을 효과적으로 수행할 수 있도록 도와준다.[32]

3. 인공지능과 인적관리

3.1 개요

인공지능 기술이 사회 전반에 확대되며 직원 인사 고과 영역에까지 적용되고 있다. 직원 인사 트렌드의 바로미터인 은행권의 인사 관리 시스템이 전폭적으로 인공지능화됨에 따라 타 산업 분야로 확산되고 있다. 신한은행은 자체적으로 개발한 인공지능 알고리즘을 이용하여 직원에 대한 정기인사를 단행했다. 신한은행은 각 직원의 직무경험, 다면 평가 결과, 업무 처리 속도, 실적 등의 인사 평가 정보 등의 데이터를 가중치를 달리해 인공지능에게 학습시킨 후 직원 이동 및 승진 여부를 시뮬

32) 중소기업 투데이 2021

레이션하여 인사를 결정하였다.

오라클은 인사관리 솔루션 '오라클 다이나믹 스킬'을 내놓는 등 인공지능 인사 관리 솔루션도 속속 등장하고 있다. 인공지능 인사 시스템의 큰 골자는 업무 시스템 내 직원의 수행 로그를 기반으로 직책 · 직원 역량 · 기술 숙련도 등을 데이터로 쌓고, 이를 인공지능이 직무에 따라 판단하는 방식이다. 다면 역량 평가를 인간 대신 인공지능이 수행한다면 더 적절한 직원 평가가 가능하다는 전제다. 기존 인사 분야에서 인공지능은 면접이나 퇴직자 예측 등에 활용되었으나 이보다 한 단계 넘어선 셈이다.[33)]

3.2 인사관리에서의 인공지능 활용 분야

(1) 구인 공고 작성을 지원하는 서비스

인공지능 활용 분야

구인 공고 작성

텍스티오(Textio) 사는 약 2억 5천만 건의 구인 공고와 채용 결과를 수집하여 예측 모델을 만들었다. 이를 통해서 채용 담당자가 구인 공고를 낼 때 가장 효과적인 홍보 방법을 제안하는 서비스를 만들었다. 담당자가 구인 공고 초안을 만들어서 입력하면 어떤 표현들이 어떤 유형의 구직자들에게 주목을 받고 매력적으로 보일지 평가한다. 100점 만점에 60점 이하의 공고문이라고 평가되면 예측 모델링은 그 점수를 높일 수 있는 표현과 문구를 제안해 준다.[34)]

(2) 인공지능을 이용한 자기소개서 평가

자기소개서 평가

일본 기업 소프트뱅크는 2017년에 IBM의 '왓슨(Watson)'을 이용하여 신입사원 서류를 심사했다. 소프트뱅크는 집념, 민첩성 등을 소재로 200자 이상의 자기소개서를 기술하도록 요구했다. 왓슨은 그 텍스트를 분석하여 합격과 불합격을 판단했다. 왓슨을 도입한 후 서류 전형을 검토하는 단계가 기존의 680시간에서 170시간으로 줄어, 업무 시간을 75%가량 줄였다고 소프트뱅크는 밝혔다.

(3) 인공지능 면접

인공지능 면접

미국 IBM, 일본 소프트뱅크 등 다른 글로벌 기업들은 인공지능 면접을 적용하고 있다. 국내 역시 롯데그룹, LS그룹, SK하이닉스, 기아자동차 등 100개가 넘는 기

33) tech42, 2021
34) 인사(HR) 분야의 인공지능 활용, 2022

업이 인공지능 면접을 도입했다. 대부분 인공지능 분석 결과를 참고해 심층 면접 여부를 가린다. 서류 검토를 인공지능이 대신해주면 시간 단축 효과가 크다는 장점을 강조하고 있다.[35)]

미국에서는 포춘지가 선정한 500개 기업 대부분이 인공지능을 채용 프로세스에 도입했으며, 유니레버나 힐튼 호텔 등 50여 개의 기업은 면접에 인공지능을 도입하였다. 국내에서는 롯데그룹, SK하이닉스, KB국민은행, KT, 기아자동차, CJ를 포함한 다양한 산업군의 기업들이 인공지능을 일부 활용한 채용 시스템을 도입하였다. 그러나 인공지능 기반 채용에 관련해서도 긍정적 여론과 부정적인 여론이 공존하고 있다.[36)]

(4) 챗봇(chatbot)을 활용한 지원자 상담

챗봇(chatbot)

많은 기업이 채용 업무에 챗봇을 적극 활용하여 채용 담당자들의 시간과 노력을 대폭 줄여주고 있다. 지원자들은 자신이 관심 있는 기업에 여러 질문을 가지고 있을 수 있다.

첫째, 지원 자격 요건과 관련된 질문이다. 특정 직무에 지원하기 위해서 어느 정도의 경력을 갖추고 있어야 하는지, 자격증은 필요한지 등이다.

둘째, 채용 절차와 관련된 질문이다. 이력서 제출 마감은 언제까지인지, 그 이후에 프로세스는 어떻게 진행되는지, 면접은 어떤 방식으로 보는지 등이다.

셋째, 처우에 대한 질문이다. 연봉 수준, 그리고 복리 후생 제도 등을 궁금해할 수 있다. 예전에는 채용 담당자가 전화와 이메일 문의에 응답해야만 했다.[37)]

(5) 인공지능을 이용한 부서 배치

부서 배치

경영자들이 고민하는 일 중에 하나는 신규 사업팀에 어떤 이들을 배치해야 하는가 하는 문제다. 수백 명, 수천 명, 수만 명에 달하는 기업의 경우에는 정보 비대칭성으로 인해 되려 속을 앓는 경우가 많다. 새로운 프로젝트를 추진하기 위해 팀을 꾸리고자 할 때, 일차적인 정보, 즉 특정인의 머릿속에만 있는 정보에 의존했다. 경

35) 한경닷컴, 2020
36) 인공지능 기술을 적용한 채용 프로세스와 지원자의 특성이 기업 지원의도에 미치는 영향, 2019
37) 인사(HR) 분야의 인공지능 활용, 2022

영진이 알고 있는 사람들 중에 적임자를 찾아 프로젝트 추진 팀장으로 임명하고, 또 그 팀장이 알고 있는 사람들을 줄줄이 탐색하곤 했다. 팀을 꾸리는 데 시간이 오래 걸린다는 문제점 역시 존재한다. 인공지능은 단시간에 이 문제를 해결할 수 있다.[38]

직원 부서배치 등 인사 시스템에 인공지능을 적용하는 국내 사례가 있다. 국민은행은 2020년 7월 직원 1,086명을 대상으로 한 인사에 '인공지능 알고리즘 기반 인사 시스템'을 처음 적용했다. 인공지능이 직원 및 영업점의 요구를 세심하게 반영해 인력을 배치했다. 국민은행 관계자는 "인사 업무 효율성이 높아졌고, 공정한 인사 시스템에 대한 신뢰도가 올라갔다는 평가도 받고 있다."고 말했다.[39]

(6) 승진 평가에 인공지능 활용

구글은 승진 의사결정에 인공지능을 활용하였다. 낮은 직급은 2차에 걸쳐서, 높은 직급은 3차에 걸쳐서 위원회가 심사한다. 이 위원회는 3~5일 정도 진행되는 것으로 알려져 있다. 승진 심사에 엄청난 시간과 자원을 투입하고 있는 것이다. 구글의 인사부서와 CEO는 그와 같은 의사결정을 보다 효율적으로 내릴 수 있도록 돕고 싶었다. 시간과 돈을 절약하기 위해서 인공지능을 이용한 승진 예측 모델을 만들었다. 승진 평가

예측 모형을 여러 번 테스트한 결과 정확도는 90% 수준이라고 밝혔다. 상사가 객관적이고 공정한 평가를 하지 않고, 그가 편애하는 사람들만 챙기는 일이 없도록 하려는 목적이었다. 그로 인해서 우수한 리더들이 조직에서 탈락되지 않도록 하고자 임원들의 연령, 출신학교, 전공, 경력뿐만 아니라 매년 부하와 동료들이 평가한 리더십 서베이 데이터를 활용하여 임원 개인마다 어느 정도의 인사고과를 받게 될 수 있을지를 예측한다. 상사가 '코드 인사', 즉 성향이나 이념이 자신과 유사한 사람에게 더 높은 고과를 주고, 그렇지 않은 사람에게는 의도적으로 낮은 고과를 주는 문제를 미연에 방지하고자 하였다.

(7) 이직 예측에 인공지능 활용

페이스북, 구글과 미국 실리콘밸리에 있는 기업들은 이직 예측모형을 적극적으로 활용하는 것으로 알려져 있다. 글로벌 컨설팅 회사인 맥킨지가 '인재 전쟁(War for 이직 예측

38) 인사(HR) 분야의 인공지능 활용

39) 한경닷컴, 2020

Talent)'이라고 표현했듯이 우수한 개발자, 연구원, 프로그래머 등을 채용하려고 혈안이 되어 있다. 직무와 관련된 변수로 직무 특성, 직무 만족도, 직무 성과 기록, 연봉, 인센티브, 승진 가능성 등이 있다. 실시간 행위 데이터로는 사내 망을 통해 구직 사이트에 접속하는 횟수, 인사 정보 시스템에서 퇴직금을 조회하는 빈도 등이 있다. 시뮬레이션한 예측률은 대략 80~90%까지 정확도가 나오는 것으로 알려져 있다.[40)]

(8) 인공지능으로 직원들의 생각 관리

생각 관리

미국 테네시주의 지역은행 퍼스트 호라이즌은 인공지능 기술을 이용하여 직원들이 회사에 대해 실제로 어떤 감정을 갖고 있는지를 파악했다. 캔자스주 철강업체 SPS의 경우 '잰더(Xander)'라는 인공지능 시스템을 동원해 직원들의 응답 내용과 인구통계자료, 이전 답변 등을 종합 분석해 직원들이 진짜 마음에 품고 있는 생각과 태도를 판단했다. 설문조사 응답 과정에 사용한 문장의 언어적 표현과 객관적인 다른 데이터를 기초로 직원들이 겉으로는 만족한다고 하지만, 실제로도 그런지 아니면 혼란스럽거나 분노하는지 등을 파악해낸 것이다.[41)]

3.3 인사관리에서의 인공지능 활용 성공 사례

(1) 유니레버의 인공지능 이용 채용

'도브' 비누와 '바셀린' 로션을 생산하는 다국적 기업 유니레버는 인공지능을 이용하여 직원을 채용한다. 유니레버에 입사지원하면 최종 면접을 보기 전까지 회사 관계자를 볼 수 없다. 지원서 접수 후 3~4단계에 이르는 전형을 모두 인공지능이 진행하기 때문이다. 이 시스템에선 입사지원자가 이력서를 손수 채우지 않아도 된다. 지원자가 동의하면 유니레버가 구인 · 구직 소셜 미디어 '링크드인'에서 프로필 정보를 끌어와 지원서를 작성해준다. 지원자의 서류 전형 합격 여부는 인공지능이 정한다. 인공지능 알고리즘이 지원서를 분석해 해당 직무에 적합한 후보를 절반 이상 추려낸다. 다음 단계로 직무 능력을 파악하기 위해 고안된 온라인 게임을 한다.

인공지능이 지원자의 스트레스를 받는 상황에서의 집중력 및 기억력을 평가한다. 특정 질문에 대답하는 모습을 각자 동영상으로 촬영해 제출하면 인공지능이 이

40) 인사(HR) 분야의 인공지능 활용, 2022
41) 한국일보, 2018

를 분석해 최종 면접 대상까지 걸러낸다. 질문에 대답하는 속도, 표정, 목소리 톤 등을 종합적으로 판단해준다. 긍정적이거나 부정적인 단어를 얼마나 사용하는지도 분석한다. 유니레버는 이 전형을 모두 통과한 합격자를 대상으로 최종 대면 면접을 본다. 유니레버는 인사 시스템에 인공지능을 도입하면서 채용 과정이 빠르고 정확해졌다고 소개했다.[42)]

(2) 삼성그룹의 인공지능 이용 채용 시스템

삼성그룹은 빅데이터 열풍이 한창이던 시기에 텍스트마이닝 기법을 활용하였다. 지난 20여 년간 지원자들이 삼성그룹에 제출한 이력서와 자기소개서, 그리고 이들이 입사한 후 달성한 성과와 경력들을 데이터베이스로 만들었다. 이를 바탕으로 입사 후 성과를 예측하는 모델링을 만들어 이 결과를 합격자 선발에 활용하였다. 인적성 검사에서 높은 점수를 받은 지원자라 하더라도, 예측 모델에서 향후 성과가 좋지 않으리라고 예상되면 탈락시켰다. 반면, 인적성 검사 점수는 낮지만, 예측 모델에서 높은 점수를 받은 지원자들을 합격시키기도 하였다.[43)]

(3) SK하이닉스의 인공지능 이용 채용 시스템

SK하이닉스는 SK C&C와 협력하여 인공지능 에이브릴(Aibril)을 채용 과정에 시범적으로 활용하였다. 이들이 밝힌 테스트 결과에 따르면, 인공지능이 한 명의 자기소개서를 평가한 시간은 3초 이내였다. 입사지원서 1만 개를 평가하는데 인사담당자 10명이 하루 8시간씩 7일을 일해야 하는 반면, 인공지능을 활용하면 8시간 만에 마무리할 수 있는 것으로 평가되었다. 인공지능의 판단 결과와 인사담당자의 평가 점수 간에 오차 범위는 15% 이내인 것으로 보고되었다.[44)]

(4) 로열 더치 쉘의 인공지능을 이용한 인사 배치

9만 명의 임직원을 고용하고 있는 세계적인 석유 회사인 로열 더치 쉘은 이미 보유하고 있는 다양한 인재풀에 효율적으로 접근하고 활용하는 방법을 모색하고자 인공지능 기술에 눈을 돌렸다. 구성원들은 각자 자신 있는 업무 분야, 전문지식과 기술, 자격, 그리고 관심을 갖고 있는 분야 등을 시스템에 등록하였다. 구성원들은 자

42) 한경닷컴, 2020, 동아 비즈니스 리뷰, 2019
43) 인사(HR) 분야의 인공지능 활용
44) 인사(HR) 분야의 인공지능 활용, 2022

신의 능력과 기술을 보다 필요한 곳에 활용할 수 있고, 또한 자신의 미래 경력에 도움이 되는 일자리를 얻을 수 있는 기회를 잡을 수 있을 거라 기대하였다. 셸은 이 데이터에 비지도 학습 등을 적용하여 인사 배치 시스템을 만들었다.

(5) 주식회사 KUFU의 Smart HR

인사관리 소프트웨어 개발업체인 주식회사 KUFU(2013년 1월 설립)는 클라우드형 노무관리 소프트웨어 'Smart HR'를 개발하여 2015년 11월부터 서비스를 제공하고 있다. Smart HR은 사원의 입사 및 퇴사 시에 발생하는 사회보험 및 고용보험의 신청 및 탈퇴 등의 업무를 자동적으로 처리해 주는 클라우드형 노무관리 소프트웨어다. 인사담당자가 종업원과 관련된 정보를 입력하는 것만으로 필요한 서류가 자동적으로 작성된다. 2016년 11월 당시 사용 기업 수는 2,700사에 달하고 있었다.[45]

(6) 네오 커리어의 Jinjer

네오 커리어(2000년 11월 설립)는 일본에서 최초로 인사용 플랫폼인 Jinjer를 개발하여 2016년 1월부터 서비스를 제공하고 있다. Jinjer는 클라우드 상에서 채용 및 인사 관리 그리고 급여 계산 등의 다양한 인사 영역 데이터를 횡단적으로 관리할 수 있는 플랫폼이다. Jinjer의 근무 관리시스템인 'Jinjer 근무태도'는 인공지능을 이용하여 지금까지 파악하기 어려웠던 사원의 회사에 대한 애착심이나 근무 태도 등 인사 관련 데이터를 수치화, 시각화하여 인사업무와 관련된 업무 효율을 향상시키는 것을 목적으로 하고 있다.[46]

(7) 미라이 셀프의 Mitsucari

일본 오사카에 본사를 두고 있는 벤처기업 미라이 셀프(2015년 5월 설립)는 구직자의 인품과 가치관을 통계적으로 분석하여, 컴퓨터가 구직자에게 적합한 기업을 제시하는 취업지원 매칭서비스인 Mitsucari를 2016년 2월부터 제공하고 있다. 취업을 희망하는 학생이 스마트폰으로 해당 사이트에 접속해 질문 항목(48개 문항)에 응답하면 개인의 가치관과 논리적 사고, 그리고 커리어 지향성과 인품 등에 대한 결과가 나온다. 이 결과를 가입 기업의 사원들을 대상으로 실시한 테스트 결과와 대조(인공지능을 이용하여)하여, 학생들에게 보다 어울리는 기업(3개 사 정도)을 소개하

---

45) 일본의 4차 산업혁명 대응 동향과 인적자원관리의 인공지능 활용사례, 2017

46) 일본의 4차 산업혁명 대응 동향과 인적자원관리의 인공지능 활용사례, 2017

는 시스템이다.[47)]

(8) i-plug의 OfferBox

i-plug(2012년 4월 설립)는 2012년 9월부터 학생이 엔트리 시트를 희망 기업에 제출하는 대신에, 기업이 선호하는 학생에게 연락할 수 있는 시스템인 OfferBox를 제공하고 있다. 취업을 희망하는 학생은 OfferBox에 연령, 성별, 대학 명, 자격증, 유학 경험과 같은 정보 이외에 취업하고 싶은 기업, 담당하고 싶은 업무 등의 희망사항과 추억의 사진 및 본인의 연구 관련 슬라이드 등 본인을 어필할 수 있는 정보를 함께 등록하는 것이 가능하다. 회원 기업의 채용 담당자는 프로필을 제공받은 학생 중에서 채용하기를 희망하는 학생을 선택하여, 메일을 보내 면접 등을 실시하고 채용 여부를 결정한다.

(9) 미쓰비시종합연구소의 엔트리 시트 우선도 진단 서비스

미쓰비시종합연구소가 제공하는 엔트리 시트 우선도 진단 서비스는 각 기업의 과거 결정 및 평가 기준을 인공지능이 학습하게 한 다음, 추가적으로 빅데이터를 활용하여 방대한 엔트리 시트 정보를 자동적으로 분석하게 하여 각 기업에 가장 적합한 구인자에게 높은 점수(우선도)를 부여하는 채용지원 서비스이다. 인공지능 기술을 활용하는 것에 의해 각 기업의 특징을 반영한 평가 결과를 신속하게 제공할 수 있다. 인공지능이 학습한 결과를 시각화하는 것에 의해 각 기업이 결정에 있어서 중요시하고 있는 항목을 정량적 또는 객관적으로 파악할 수 있다는 장점이 있다.

4. 인공지능과 생산/제조

4.1 개요

제조업에서 인공지능이란 기계가 인간과 같은 작업을 수행할 수 있는 지능을 말한다. 공장 안팎에서 발생하는 사건들에 대응하고, 발생할 사건을 자체적으로 예상까지 하는 것이다. 데이비드 설리(David Cearley) 가트너 부사장은 인공지능이 "증강

47) 일본의 4차 산업혁명 대응 동향과 인적자원관리의 인공지능 활용사례, 2017

현실, 사물인터넷, 에지 컴퓨팅, 디지털트윈 등과 함께 이용되어 고도로 통합된 스마트 공간을 제공할 것"이라고 예상했다. 산업현장에서의 가장 일반적인 인공지능 적용은 설비의 이상 유무를 사전에 감지함으로써 불량제품의 생산을 사전에 방지하고 적시에 설비를 정비할 수 있도록 하는 설비예지보전 모델을 적용함으로써 설비 사용 연한 극대화와 더불어 생산비용 절감에 큰 효과를 얻고 있다.

4.2 제조 혁신과 인공지능

제조업에서 가장 선도적인 인공지능 혁신 프로젝트는 기계 관리와 품질이다. 제조업에서 인공지능 구현의 29%는 기계와 생산 자산 관리에 있다. 글로벌 IT 컨설팅 업체 캡제미니(Capgemini) 연구팀은 기계와 장비가 고장 날 가능성이 높은 시기를 예측하고, 정비(조건별 정비)를 실시하기에 최적의 시기를 권고하는 것이 오늘날 제조에서 가장 많이 사용되는 인공지능 활용 사례라고 소개했다. 보스턴컨설팅그룹의 2020년 연구 '포스트 위기 아래의 세계의 인공지능 활용 기업의 향상'을 보면, 14%의 기업이 인공지능을 이용하여 매출 증가와 이윤을 모두 증가시킬 수 있었다.[48]

공정 분석 데이터, 생산 실적 데이터, 불량품 데이터, 재고 데이터 등 다양한 데이터와 인공지능을 활용해 생산량, 불량률, 재고 등을 예측하는 모델을 만들 수 있다. 공정 차원에서는 수율을 높이기 위한 활용 역시 가능하다. 예를 들어, IoT 센서, 비전 인공지능과 같은 장비를 통해 생산 과정에서 발생하는 사고나 불량품 데이터를 수집, 분석한다면 사고와 불량품을 사전에 통제하는 것이 가능하다. 또한, 고장 이력이나 패턴 등을 분석해 고장 예측 및 위험 분석으로 잠재적 리스크를 줄일 수 있다.

4.3 인공지능의 제조에의 활용 분야

(1) 예측 분석

예측 분석

예측 분석은 문제가 될 만한 상황을 미리 예측하고 방지하기 위해 현재의 데이터를 분석한다. 예측 분석은 최선의 해결방안을 찾아 문제를 극복하게 해주기도 하고 혹은 예측을 통해 애초에 문제가 일어나지 않도록 예방할 수 있는 기회를 제공한다.

48) Ai타임즈, 2020

(2) 고장 예측 및 예방적 유지보수

고장 예측 및 예방적 유지보수 예측 모델은 모두 기기가 작업을 바르게 수행하지 못하는 순간을 예측한다. 예측을 통해 고장을 예방하거나 그 수를 줄일 수 있다. 볼보는 그들이 생산하는 자동차에 내장된 많은 센서와 CPU를 이용하여 운전과정에서 발생되는 데이터를 수집하여 제조 과정에서 알기 어려운 결함 내용과 소비자의 니즈를 파악하여 선제적으로 대응한다.

고장 예측
예방적 유지보수

(3) 수요 예측 및 재고 관리

수요 예측은 데이터 분석뿐 아니라 회계사와 전문가들의 대규모 작업을 요구하는 복잡한 과정이다. 수요 예측과 재고 관리는 경제, 시장, 원자재의 가용성과 같은 외부 요인도 모두 고려하여 수행한다.

수요 예측
재고 관리

(4) 가격 최적화

제품의 제조와 판매는 제품의 가격에 영향을 끼치는 수많은 요인들과 기준들을 고려한다. 원재료의 가격부터 유통 비용까지의 모든 요소들이 제품의 최종 가격 형성에 기여한다.

가격 최적화

(5) 제조 품질 향상 및 품질보증 분석

인텔은 인공지능 분석을 칩 생산 공정에 도입했다. 기존 칩 생산 과정을 분석해 문제가 발생하는 지점에 주목했다. 불량 발생 지점을 추정하고 품질 검사를 이곳에 집중하면서 1만 9천여 품질 검사 과정을 단순화한 덕분에 품질을 유지하는 동시에 25%의 제조 시간을 절감하는 효과를 얻었다.

제조 품질 향상
품질보증 분석

품질보증 청구는 제품의 신뢰도와 질에 대한 가치 있는 정보를 밝혀내 제품의 결함이나 문제점을 일찍 발견하도록 도와준다. 이러한 데이터를 활용하면 생산자는 보다 효과적, 효율적으로 기존 제품을 개선하거나 신제품을 개발할 수 있다.

(6) 자동화 및 로봇화

반복적인 업무에 로봇을 사용하는 것은 흔한 일이 되었고, 사람이 하기에 너무 까다롭거나 위험한 작업 역시 많은 부분을 로봇이 대체하고 있다.

자동화
로봇화

(7) 제품 개발
생산자들은 인공지능을 활용해 고객을 더 잘 파악함으로써 그들의 니즈를 만족시키고 수요를 충족할 수 있다. 데이터를 기반으로 기존 제품을 개선하고 신제품을 개발할 수 있게 되었다.

(8) 유통망 관리
데이터 관리 툴은 유통망 운영의 최적화에도 쓰일 수 있다. 고객 피드백을 처리한 뒤 이 데이터를 제품의 마케팅 담당자에게 제공하여 아이디어 창출에 기여한다.

(9) 공급망 관리
기업들은 발생 가능한 딜레이(지연)를 예측하고 그 확률까지도 얻을 수 있다. 인공지능 분석으로 예비 공급업체를 찾아내고 비상 계획도 수립이 가능하다.

(10) 인공지능을 이용한 고객의 행동 분석 및 활용
델컴퓨터는 그들의 온라인 주문시스템의 효율성을 높이기 위해 클릭스트림(clickstream) 데이터, 마우스 움직임 추적, 모든 방문자들의 방문 경로 등의 데이터를 수집하여 분석했다. 분석 결과 소비자들이 주문을 완료하기까지 평균 30~40번 마우스 클릭을 하는 것으로 나타났고, 분석팀은 홈페이지 개편을 통해 5번의 클릭으로 주문을 완료할 수 있도록 했다. 개편을 통해 델컴퓨터는 3,500만 달러 규모의 수익 영향이 발생한 것으로 분석했다.

4.4 제조업에서의 인공지능 성공사례

(1) 제너럴 모터스의 로봇 고장 파악
제너럴 모터스는 조립 로봇에 장착된 카메라의 이미지를 분석해 공급자의 도움을 받아 로봇 부품 고장 징후를 포착한다. 시스템 시범 테스트에서 7,000여 대의 로봇에서 72건의 부품 고장 사례를 발견해 예상치 못한 정전이 발생하기 전에 문제를 파악했다.

(2) 제너럴 모터스의 제품 설계 알고리즘 구현
제너럴 모터스는 오토데스크와 협력해 머신러닝 기법으로 최적화된 제품 설계를 제공하는 생성 설계 알고리즘을 구현했다. 2018년 5월 제너럴 모터스는 적층 제조 성공을 위해 오토데스크 생성 설계 소프트웨어를 채택했다. 최근 안전벨트 브래킷 부품에 대한 시제품 제작 테스트 결과, 기존의 8개 부품 디자인보다 40%나 더 가볍고, 20%나 더 강한 싱글피스 디자인이 나왔다.

(3) 노키아: 조립라인 모니터링 영상 프로그램

노키아는 머신러닝을 이용해 생산 공정에서 불일치가 있을 경우 조립 작업자에게 알리는 영상 응용 프로그램을 도입했다. 핀란드 오울루 공장에서 조립 공정 과정을 모니터링하는 비디오 애플리케이션을 출시했다. 실시간으로 문제가 시정될 수 있도록 운영자에게 프로세스의 불일치를 경고한다.

(4) 아우디: 영상인식 시스템

자동차와 소비재 산업에서 실시간으로 이미지를 분석해 제품 품질 검사를 완료하게 한다. 고해상도 카메라 가격이 지속적으로 하락하고 인공지능 기반 영상인식 소프트웨어와 기술은 지속적으로 개선되고 있다. 이 두 가지 요인으로 실시간 인라인 검사가 속속 도입되고 있다. 아우디는 선도적으로 인골슈타트 프레스샵에 딥러닝 기반 영상인식 시스템을 탑재했다.

(5) 다농: 수요 계획 및 예측 시스템

프랑스의 다국적 식품 제조회사 다농 그룹은 수요 예측 정확도를 높이기 위해 머신러닝 시스템을 사용한다. 그들은 머신러닝으로 마케팅, 판매, 회계 관리, 공급망, 재무 전반에 걸쳐 계획을 개선해 보다 정확한 예측을 이끌어 내고 있다. 제품 판매 촉진 수요를 미리 예측하여 채널 또는 가맹점 단위 재고에 대한 목표 서비스 수준을 달성했다. 인공지능 시스템으로 예측 오류 20% 감소, 매출 손실 30% 감소, 제품 노후화 30% 감소, 수요기획자 업무량이 50% 감소하였다.

(6) 탈레스 에스에이: 고속철도 노선 유지보수

여러 산업에 전자 시스템을 공급하는 선도업체 탈레스 에스에이는 유럽 전역의 고속철도 노선에 대한 예방적 유지보수를 예측하기 위해 머신러닝을 사용한다. 이 회사는 수천 개의 센서, 열차 부품 및 유럽 대륙 횡단 철도 시스템의 서브시스템 현황에 대한 과거 및 현재 데이터를 수집한다. 데이터를 활용해 잠재적 문제점을 예측하고 특정 부품을 언제 교체해야 하는지 파악할 수 있는 인공지능 알고리즘을 개발해 이 과정에서 높은 신뢰성을 확보했다.

(7) BMW 그룹: 인공지능 기반 이미지 매칭 기술

BMW 그룹은 인공지능을 사용해 생산 라인의 부품 이미지를 평가함으로써 품질 표준으로부터의 편차를 실시간으로 포착할 수 있다. 인공지능 애플리케이션이 차량 주문 데이터와 신규 생산 자동차의 지정 모델 영상을 실시간 비교한다. 일반적으로 승인된 모든 조합뿐만 아니라 사륜구동 차량의 'xDrive'와 같은 지정 모델 및 여타 등록번호판을 이미지 데이터베이스에 저장한다. 지정이 누락된 경우처럼 실시간 영상과 주문 데이터가 일치하지 않으면 최종 검사팀에서 통보받는다.

(8) 슈나이더 일렉트릭: 예측 IoT 분석 솔루션

슈나이더 일렉트릭은 마이크로소프트 애저(Azure) 머신러닝 서비스와 애저 IoT 엣지를 기반으로 예측 IoT 분석 솔루션을 개발했다. 이를 통해 작업자의 안전을 개선하고 비용을 절감하며 지속가능성 목표를 달성했다. 이 회사 데이터 과학자들은 언제 어디서 정비가 필요한지 예측하는 모델을 만들기 위해 과거 보수 이력 데이터를 사용한다. 데이터 과학자는 자동화된 머신러닝 기능을 사용해 최적 머신러닝 모델을 지능적으로 선택하고 머신 모델 하이퍼 파라미터를 자동으로 조정해 시간을 절약하고 효율성을 향상시킨다. 이 솔루션을 활용했을 때, 이틀 만에 10~20% 효율성을 높이는 결과를 보였다.

(9) 닛산: 차량 디자인에 인공지능 활용

닛산은 차세대 모델 시리즈의 출시 시간을 단축할 목적으로 인공지능을 활용해 실시간으로 신모델을 설계하는 인공지능을 시범 운영 중이다. 닛산은 이 프로그램을 '드라이브 스파크'라고 부르며, 4년째 존속하고 있다. 닛산 디자이너들은 이 시스템을 사용해 완전히 새로운 모델을 만들고 있다. 또한, 기존 모델의 수명주기 연장에도 인공지능을 활용했다.

(10) 캐논: 고급 자산 결함 인식 시스템

캐논은 제조 센터에 새로운 수준의 품질 관리를 제공하는 고급 자산 결함 인식 시스템을 개발했다. 캐논은 머신러닝, 컴퓨터 비전, 예측 모델링 등 인적 전문성과 통찰력, 인공지능 기법을 접목해 고정밀 기계 부품 테스트의 정확성과 효율성을 높이고 있다. 캐논의 제조 부품은 산업용 방사선 촬영(X선 영상)과 영상을 이용해 정밀하게 검사해 각 부품과 내부 구조의 무결성을 검증한다. 보조 결함 인식 기술 시스템은 컴퓨터 비전과 머신러닝을 통해 검사된 부품의 이미지를 지능적으로 분석하고, 사람의 눈으로 놓칠 수 있는 결함을 자동으로 식별한다.

(11) 테슬라의 제조 로봇

테슬라의 공장은 사람과 로봇이 함께 전기차를 생산하고, 공장바닥에 깔린 자석 띠를 따라서 로봇 카트가 제품을 이동하는 스마트 이동시스템이 설치되어 있다. 쿠카(Kuka) 로봇이 레이저를 통해 부품을 자르고 알루미늄과 같은 철제 부품들을 조립하여 부품 차체를 제작한다. 궁극적 목표는 공장 완전 자동화를 위해 사람의 개입을 최소화하는 것을 목표로 배터리부터 완성차까지 고객이 요구 사양에 따른 주문 전표만 넣으면 전기자동차가 나올 수 있게 하는 것이다.

완전 자동화를 통해 자동화 공장을 실현한 후에는 구축된 엔지니어링 기술과 스마트팩토리 자체를 혁신적 상품으로 시장에도 출시할 가능성이 있다.[49]

(12) 현대제철의 철강원료 이미지 분석

현대제철은 철강원료 이미지 분석에 픽셀 기반 딥러닝 기술을 적용하였다. 또한, 라벨링 자동화 알고리즘을 통해 시멘틱 분할 작업 시간의 많은 부분을 차지하는 라벨링 작업 시간을 대폭 단축시켰다.

(13) 한국건설기술연구원의 하수관 폐수배출 측정을 지원하는 딥러닝 모델 개발

인공지능 기법을 적용하여 영상 픽셀을 기반으로 하수관 안의 폐수의 높이를 정밀하게 측정하는 딥러닝 모델을 개발했다. 해당 딥러닝 모델로 수학적 계산을 통해 폐수 높이를 측정했으며, 수위 감지 비율을 기존의 53%에서 100%로 향상시켰다.

---

49) Industrial Communication Network, 2020

(14) 인공지능 기반 생존자 수색 기술 개발

선박해양플랜트 연구소는 해양 조난자 검출 모델을 딥러닝 객체 탐지 방식으로 개발했다. 해양에서 육안에 의존해 생존자를 수색하고 구조했는데, 보다 효율적이고 정확한 검출을 위해 YOLO 객체 검출 알고리즘을 사용해 인공지능 기반 실시간 생존자 수색 솔루션을 개발했으며, UDP 통신을 이용해 다른 기존 드론 제어 및 모니터링 앱을 통합함으로써 딥러닝 모델이 드론 영상 데이터를 기반으로 객체와 조난자 여부를 탐지했다. 해당 딥러닝 기반 솔루션은 평균 정밀도 99%를 달성했으며, 이는 현재 현장 수색을 대체할 수 있을 정도의 수준이다.

(15) 포스코의 VR, 드론의 활용

공정에 따른 설비 데이터에서 수집된 데이터 분석을 통하여 품질 불량 발생 원인을 실시간으로 불량률을 낮추고 추적한다. 3D 기술을 이용하여 가상공간(VR)에서 공장 설립에서 생산 노하우를 접목시킨 신제품 개발에 이르기까지 시뮬레이션에 대해 문제점을 보완하고 있다. 드론을 재고 파악에 활용하여 30만 평 규모의 야외 야적장을 비행하게 한 후 3D 영상 촬영을 통해 원자재 재고량을 추측하고 필요한 원자재 수급에 이 정보를 활용하고 있다. ICT 기술을 작업자 안전관리에 GPS와 블루투스 센서를 활용하여 사용하고 있다.

5. 인공지능과 의료 및 헬스케어

5.1 개요

U-헬스케어

U-헬스케어는 유비쿼터스(Ubiquitous)와 헬스케어(Healthcare)의 약어로 IT 기술이 의료와 접목되어 환자가 병원을 찾지 않더라도 언제, 어디서나 질병의 예방, 진단, 치료, 사후관리를 받을 수 있는 건강관리 의료서비스이다. 4차산업혁명 시대에 들어서 U-헬스케어 개념보다 스마트 헬스케어(디지털 헬스케어)라는 용어를 더 많이 사용하고 있다. 스마트 헬스케어는 4차산업혁명의 핵심 원천기술과 함께 많이 언급되어 U-헬스케어 개념보다 광의의 개념으로 인식되고 있다. 최근에는 인공지능 분야를 강조한 인공지능 헬스케어라는 용어도 많이 사용되고 있다.

스마트 헬스케어(디지털 헬스케어)는 개인의 건강과 의료에 관한 정보, 기기, 시스템, 플랫폼을 다루는 산업 분야로 건강 관련 서비스와 의료 IT가 융합된 종합 의료서비스이다. 스마트 헬스케어는 개인맞춤형 건강관리 서비스를 제공하거나, 개인이 소유한 휴대형, 착용형 기기나 클라우드 병원정보시스템에서 확보한 생활 습관, 신체검진, 의료 이용정보, 유전체 정보 등의 분석을 바탕으로 제공되는 개인 중심의 건강관리생태계를 구축하는 것이다. 스마트 헬스케어 산업은 전통적인 의료서비스, 제약, 의료기기 분야와 무선 네트워크와 클라우드 기술, 빅데이터 등 IT 기술의 융합으로 도출되는 새로운 산업이다.

헬스케어의 패러다임 변화에는 빅데이터와 인공지능이 큰 영향을 미치고 있다. 무선 센서의 발달, 통신 속도의 향상, 스마트폰의 발달 등으로 외부적인 활동 데이터(생활 습관 데이터) 습득이 수월해졌다. 의료 빅데이터의 중요성으로 인해 데이터의 수집, 저장, 분석에 대한 기술들 역시 점차 발달하고 있다. 스마트 헬스케어의 핵심기술로는 인공지능과 빅데이터 이외에도 가상현실, 정밀의료, 유전체분석, 재생의료 등이 있다.

5.2 4차산업혁명 시대의 인공지능 헬스케어

(1) 인공지능 헬스케어(Artificial Intelligence Health Care)

인공지능 헬스케어는 인공지능 기술에 헬스케어가 접목된 것으로 질병의 치료, 예방, 건강관리 과정을 모두 포함하고 있다. 방대한 데이터(보건의료 빅데이터)를 신속하게 처리 · 분석하고, 의사가 최적의 판단, 의사결정 지원을 위해 인공지능 기술이 필요하다. 의료영상분석, 치료의약, 신약개발 연구에 인공지능 기술이 본격적으로 사용되고 있다. 헬스케어 분야의 빅데이터를 제대로 활용하기 위한 인공지능 기술들의 개발을 통해 새로운 헬스케어 서비스 창출을 시도하고 있다.[50)]

인공지능 헬스케어는 첨단 IT 기술을 활용하여 언제 · 어디서나 환자의 상태를 지능적으로 모니터링하고, 환자 정보와 질병 정보 등을 분석하여 실시간으로 맞춤형 의료 서비스를 제공하는 것이다. 인공지능 헬스케어 산업은 고령화로 인한 급속한 인구구조의 변화에 따른 의료비 급증, 기존의 병원 방문을 통한 의료체제에서 질병 예방의 사후관리로의 의료서비스 패러다임 변화, 맞춤형 의료서비스에 대한

50) 인공지능 헬스케어, KISTI 마켓리포트

수요 증대 등으로 인해 글로벌 핵심 비즈니스로 성장하고 있다.

(2) 해외 인공지능 헬스케어 산업의 동향

액센츄어(Accenture)에 따르면, 2021년 인공지능 헬스케어 시장 규모가 66억 달러(8조 원)로 성장했고, 이는 2014년 6억 달러(7,400억 원)에서 약 11배 넘게 성장한 수치이다. 의료서비스 분야 중 정형외과 수술 보조 로봇(400억 달러, 49조 원)과 약 복용량 관리(160억 달러, 19조 원) 분야에 인공지능이 적용될 가능성이 큰 시장으로 예측했다. 전체 인공지능 시장의 다양한 응용 분야들 중 의료용 인공지능의 연평균 성장률(CGAR)은 60.3%로 가장 높은 성장세를 보였다.

마켓스앤마켓스(MnM)에 따르면, 글로벌 인공지능 헬스케어 시장은 2018년부터 연평균 50%씩 성장하여 2025년에는 362억 달러(약 43조 원) 규모를 형성할 것으로 전망된다. 프랑스 시장조사기관 욜 디벨롭먼트(Yole Development)는 의료영상용 AI 시장 연평균 성장률이 36% 증가해, 시장 규모가 2019년 약 5,000억 원에서 2025년에는 약 3조 3,000억원으로 성장할 것으로 전망하였다. 또한, 국내 인공지능 헬스케어 시장도 연평균 45%의 성장률을 보일 것으로 예측하였다.

미국 PMI 프로젝트는 100만 명 이상이 자발적으로 참여하는 대규모 코호트(cohort)를 구축해 개인의 유전체, 임상진료, 생활환경 및 습관, 직업 등의 데이터를 바탕으로 질병과 그것의 원인 및 치료방법을 발굴하고, 새로운 약제 개발의 기반을 마련하는 '정밀의학사전'을 만들고 있다. PMI 프로젝트는 암과 당뇨 등의 질병을 연구하기 위한 오픈 소스 데이터를 구축하고 환자 질병에 최적화된 치료 및 예방 탐색(개인 맞춤형 질병 치료 및 예방)을 구현하고자 한다.

(3) 국내 인공지능 헬스케어 산업동향

4차산업혁명위원회에 디지털헬스케어특별위원회가 설치되었는데, 위원회에서 헬스케어 부문은 병원 간 진료정보 교류 전국 확대, 보건의료 빅데이터 및 인공지능 기반 개인 맞춤형 정밀의료, 인공지능 기반 신약 개발 등의 프로젝트를 선정하였다. 스마트폰으로 자신의 의료정보를 열람하고, 진료기록 데이터를 한 병원에서 다른 병원으로 전송할 수 있도록 하는 내용의 '개인 주도형 의료데이터 이용 활성화 전략'을 허가하였다.

(4) 국내 인공지능 헬스케어 빅데이터 구축 본격화

2020년 3월, 보건복지부 주관으로 연구기관(서울대), 민간기업(테라젠이텍스), 병원(서울대병원, 삼성의료재단, 세브란스병원), 그리고 IT 기업(LGCNS) 등의 컨소시엄으로 인공지능 헬스케어 빅데이터 구축 프로젝트가 진행되고 있다. 인공지능 헬스케어 빅데이터 구축 프로젝트는 유전체, 라이프 로그, 진료 및 검진 기록 등 다양한 헬스케어 데이터의 축적 및 활용도를 높이기 위해 표준화 기반을 마련하고 빅데이터 관련 기술 경쟁력을 제고하는 것이 목적이다. 공공기관과 병원, 기업 등 민간에 분산된 다양한 헬스케어 데이터를 당사자 중심으로 통합하여 헬스케어 빅데이터를 국가 의료 인프라로 구축하게 되었다.

5.3 인공지능 응용 헬스케어 선도 기업

(1) IBM

IBM은 암의 진단 및 치료를 돕는 인공지능 소프트웨어 왓슨 포 온콜로지(Watson for Oncology)를 개발했다. 왓슨 포 온콜로지는 메모리얼 슬론 케터링(Memorial Sloan Kettering) 암센터의 학습을 기반으로 의사들이 암 환자들에게 데이터에 근거한 개별화된 치료 옵션을 제공하도록 설계되었다. DB에 종양학 관련 전문지식과 의학학술지 300개, 의학서 200개 등 1,500만 쪽 분량의 의료정보가 구축되어 있어 의사가 환자의 정보를 입력하면 빅데이터를 바탕으로 가장 성공률이 높은 치료법을 제안한다.[51)]

(2) 구글(Google)

구글은 복수의 안과 질환을 정확하게 판별 가능한 기술을 개발하고 3차원 영상인 빛 간섭 단층촬영(OCT)으로부터 다양한 안과적 비정상 영역을 딥러닝 모델(심층학습 모델)로 정확하게 분할하여 판별하고 있다. 의료 빅데이터(안구사진 판독)를 기반으로 대량의 심층신경망과 머신러닝을 반복하여 환자들이 당뇨를 겪고 있는지 이를 통해 수년 내 실명할 가능성을 예측한다.

5.4 인공지능의 헬스케어 분야에서의 역할 및 활용 사례

인공지능의 헬스케어에서의 주요 역할은 다음 그림에서 보듯이 수술 보조, 영상 인

51) 인공지능(AI) 헬스케어산업 현황 및 동향, 융합연구정책센터, 2019

식 및 진단 보조, 수술 및 병원 치료 시스템 오진 감소, 의료 통계의 효율적 관리, 질병 예측 및 치료 가이드, 환자들의 전자 진료 차트 분석이 있다(Frost & Sullivan, 2015).

(1) 인공지능 기술을 활용한 의료영상처리 및 정밀진단

의료영상 분야는 인공지능 활용이 가장 활발한 활용 분야이다. 심혈관 이상 식별, 골절 및 근골격계 손상 감지, 신경 질환 진단, 암 검사 등에서 인공지능 활용 가능성이 매우 높고 정밀한 인공지능 기술을 활용한 병리 진단을 통해 암의 진행속도를 평가할 수 있다. 딥러닝 기술을 통해 대량의 의료 영상기록을 처리함으로써 의료진의 치료 불확실성을 감소시킬 수 있다. 인공지능 의사는 질병에 대한 방대한 양의 데이터를 스스로 수집, 분석하고 인지 · 학습 · 추론의 과정을 거쳐 의료서비스를 제공한다.

[그림 6-1] 헬스케어 분야의 인공지능의 역할

*출처: 출처: Frost & Sullivan(2015)/KISTI

(2) 인공지능 기술 기반 신약 개발

신약 개발은 신약 후보물질을 발견하고 연구하는 것이다. 신약 개발에 드는 평균적인 비용과 기간은 1조 원에 10년으로, 신약 개발 비용은 대부분 신약 후보 물질을 탐색하는 비용이다. 약물 발견에서 딥러닝의 활용은 후보 약물 발견의 성공률을 높이고 비용과 시간을 줄일 수 있는 획기적인 대안이 되었다. 인공지능은 약물의 화학구조를 설계하는 단계뿐 아니라 대량의 데이터가 생성되는 임상시험에서 약물의 안전성과 효과를 조사하고 예측하는 데 활용될 수 있다.

(3) 의료 빅데이터의 분석

의료 빅데이터

헬스케어 기관들이 보유한 방대한 환자 의료데이터를 처리하고 환자와 의사에게 맞춤형 권고를 제공한다. 인공지능이 방대한 양의 유전자 정보를 스스로 분석하고 학습해 질환 발현 시기를 예측한다. 미국 세튼 헬스케어 가족(Seton Health Care Family)사는 연간 200만 명에 달하는 환자들의 진료 정보를 IBM의 왓슨(Watson) 시스템에 저장한 후, 이를 바탕으로 환자의 질환이나 증상을 미리 예측하여 예방하는 통합된 빅데이터 기반 의료서비스를 제공하고 있다.

(4) 의료 로보틱스(robotics)

의료 로보틱스(robotics)

로봇과 테크닉스(공학)의 합성어로, 로봇의 설계, 제작, 응용에 관계되는 공학적 연구를 하는 학문과 센서 공학 및 인공지능 연구 등의 종합적 학문 분야를 말한다. 로봇을 이용한 수술 과정의 정밀함과 정확도를 높여 질 높은 치료를 제공할 수 있다. 인공지능 기술이 탑재된 수술 로봇이 수술 중에 실시간으로 영상을 분석하고 학습해 수술 집도 중인 의사에게 가이드라인을 제공한다. 국내 의료계는 다빈치 수술 로봇을 도입하였으며, 최근 도입된 4세대 다빈치 수술 로봇은 최소 절개 및 고화질 3D 영상, 손 떨림 보정을 통해 더 정교한 수술이 가능하다.

(5) 개인 맞춤형 질병 예측

인공지능 헬스케어 서비스는 측정센서로 환자의 생체신호(심전도, 혈압 등)를 얻어오는 센싱 단계(생체 정보 측정), 생체신호를 1차적으로 가공하는 모니터링 단계, 데이터로부터 패턴인식, 데이터마이닝과 같은 머신러닝으로 새로운 건강지표를 구하는 분석단계, 건강 상태를 사용자에게 알려주는 피드백 단계와 같이 4단계로 구성된다. 축적된 생체신호 데이터로부터 환자의 건강 상태를 알아내는 분석 단계가 인공지능 헬스케어의 핵심이다. 최근에는 의사결정나무 기법과 인공지능을 이용하여 개인 맞춤형 질병을 예측하고 있다.

(6) 건강관리 앱과 챗봇

건강관리 앱

독일의 보험금융회사 알리안츠(Allianz)는 건강관리 앱(app)을 통해 측정한 기록을 바탕으로 일정 금액을 환급해 주는 서비스를 제공하고 있다.

보험 가입자의 건강관리 노력 및 성과에 따라 보험료 할인 혜택을 제공하는 건강증진형 보험을 출시했다. 스마트 기기와 연동하여 일정 기준 이상 운동하거나 건강관리 프로그램의 건강지표를 달성하면 보험료가 할인된다. 최근 국내 보험사는 메신저 서비스를 이용하여 보험업무 관련 상담을 제공하는 인공지능 상담서비스 챗봇을 도입했다.

(7) 보험 빅데이터 분석

보험 빅데이터

IBM은 인공지능 기반의 보험사 사정 업무를 담당할 수 있는 인공지능 솔루션 왓슨 익스플로러(Watson Explorer)를 개발했다. 왓슨 익스플로러는 자동차 사고보고서, 병원 기록, 사고 영상 자료 등의 데이터를 분석하여 보험금 지급 여부 및 금액을 결정한다. 다수의 보험사들이 인공지능 왓슨을 통해 보험사정 업무를 대체하고 있으며, 수십 년 경력을 갖춘 보험사정사들의 실제 업무 사례를 보험 빅데이터로 분석하여 과학적이고 합리적인 의사결정을 지원하고 있다.

(8) 모바일 헬스케어 사례

모바일 헬스케어

모바일 헬스케어(Mobile Health Care)는 이동 중에도 생체정보를 측정하는 언제 · 어디서나 건강관리 서비스를 제공하는 기술이다. 모바일 헬스케어는 이동 중에도 생체정보를 안정적으로 측정할 수 있는 센서 시스템이 필요하며, 이들은 착용형 또는 휴대형으로 구현된다. 측정된 생체정보를 스마트폰과 같은 휴대용 단말기를 통해 서비스 센터로 전송하도록 구성된다. IBM은 일상생활 중 간편하게 혈압, 체중, 심박수, 심전도 등 건강정보를 디바이스를 이용하여 측정하고, 통신 모듈을 통해 전송하여 모바일 헬스케어 서비스를 제공하는 솔루션을 개발했다.

인공지능 헬스케어 시장의 미래

의사결정지원 및 진단, 자동화된 탐지 및 정량화를 위한 소프트웨어 등으로 구성된 인공지능 및 머신러닝 시장이 지속적으로 성장할 것이다. 인공지능 기술은 개인화된 진단 및 치료 계획을 제공할 뿐만 아니라 임상 결과, 진단 정확도 등을 향상시킬 것이기 때문에 의료 이미징 산업을 변화시킬 것이라 예상된다. 딥러닝 기술, 그래픽 처리 장치, 경제적인 클라우드 컴퓨팅 및 스토리지가 도입되면 인공지능 기반 의료 이미지 분석 도구의 개발 속도도 빨라질 것이라 예상된다.

6. 우리 생활 속의 인공지능

6.1 개요

우리는 하루 수십 개 이상의 인공지능을 이미 사용하고 있다. 우리의 핸드폰 앱이 인공지능과 연관되어 있으며, 핸드폰에서 주고받는 정보 역시 인공지능과 연동되어 있을 가능성이 높다. 거리, 전철, 버스에서 마주하게 되는 정보 역시 인공지능과 연동되어 있는 경우가 많다. 핸드폰, 인터넷, 컴퓨터처럼 인공지능도 우리 사회, 생활에 이미 필수적으로 녹아 들었다.

오늘날 인공지능은 그 어느 때보다 우리의 일상생활에 밀접하게 스며들어 있다. 이메일을 확인할 때도, 넷플릭스 목록을 둘러볼 때도 인공지능은 우리의 선호도, 성향, 그리고 행동에 기반해 사용자 경험을 향상시켜 주는 결정을 내린다. 의학, 검색, 언어, 자동차 그리고 물론 광고 분야에서 인공지능은 혁신을 추진하는 데 없어서는 안 될 요소가 되었다. 이제 우리는 일상생활 어디에서든 인공지능을 쉽게 만날 수 있다.

6.2 생활 속의 인공지능 활용 분야

(1) 자동차

자율주행 차량은 많은 센서 데이터를 이용해 임무를 수행하는 동시에 교통상황에 대응하는 방법을 학습하고 실시간 의사결정을 내리면서 지속적으로 개선된다. 인공지능은 자동차와 주행의 미래를 완전히 바꾸어 놓았다. 자율주행 자동차는 거의 무한한 시나리오로 주행할 수 있다. 이 스마트한 자동차는 인간의 실수 때문에 발생하는 교통사고를 낼 확률이 낮고, 추운 겨울밤에는 온열 시트를 켜주는 등 소유자의 선호도에 기반해 설정을 자동으로 조절할 수 있다.[52]

52) criteo, 2019

(2) 내비게이션

인공지능은 교통상황과 도로공사 등의 정보를 고려하여 목적지까지 가장 빠른 경로를 찾아준다. 인공지능 스피커는 여러 가지 음성 명령을 시행한다.

(3) 은행 업무

많은 은행들이 고객과의 소통과 전체 모바일 앱 경험의 맞춤화에 인공지능을 사용하고 있다. 미국의 Wells Fargo 은행의 앱은 계좌 정보를 보고 반복 결제와 사용자 행동을 분석하여 청구서 알림, 초과 인출 사전 알림, 계좌 이체 통지 등을 제공한다. 미국의 은행에서는 인공지능과 SW를 사용하여 손 글씨를 읽고 이전에 은행에 제공한 서명과 비교하여 수표를 승인하는 것을 안전하게 도와준다.[53)]

(4) 의료

머신러닝은 의료영상을 검토하여 종양을 발견하고 병리 보고서에 기반해 진단을 내리는 데 사용되고 있다. 인공지능은 잠재적인 질병을 감지하는 데 큰 역할을 하고 있다.

(5) 검색

인공지능은 고객과 브랜드 모두에게 더 나은 결과를 제공하기 위해 지속적으로 사용자의 행동으로부터 학습한다. 검색엔진이 사용자가 결정을 내리는 시간을 절약하는 데 도움을 준다.

(6) 이메일

스팸 탐지 등 다양한 기능에 인공지능을 사용해 스팸 및 피싱 이메일을 걸러준다. 인공지능은 또한 Gmail의 스마트 답변 및 스마트 리마인더 기능을 제공한다.

(7) 언어와 챗봇

인공지능 시스템이 인간의 언어를 이해하고 이와 유사한 방법으로 응대할 수 있게 한다. 자연 언어 처리는 외국어 번역, 음성인식, 감정 분석 등의 영역에서 활용되고 있다. 시리, 구글 어시스턴트, 알렉사, 코타나 등 유비쿼터스 스마트 디지털 도우

53) Ai타임즈,2022

미는 기본적으로 명령을 하면 듣고 응답하여 행동으로 바꿀 수 있다.

챗봇은 질문에 답변하거나 질문에 응답할 수 있는 충분한 직원이 없는 기업의 고객 서비스 옵션으로 사용되는 경우가 많다. 기업은 챗봇을 사용하여 고객들로부터 중요한 정보를 얻는 동시에 직원의 시간을 다른 작업에 할애할 수 있다.

(8) 광고

인공지능 광고는 고객이 이전에 보인 관심, 행동, 선호도에 기반한 맞춤형 광고를 한다. 인공지능은 상황에 맞는 광고를 제시한다.

(9) 표절 적발

인공지능은 대량의 정보를 확인하고 관련 텍스트와 비교하며 일치하는 정보가 있는지 여부를 확인할 수 있다. 외국어로 된 정보뿐만 아니라 이미지와 오디오도 표절을 확인할 수 있다.

(10) 콘텐츠 추천 기능

사용자가 제공하는 데이터로부터 정보를 얻은 다음 사용자의 요구에 가장 적합한 콘텐츠를 제공한다. 이용자가 이미 보고 좋아한 것을 고려하여 수천의 다른 콘텐츠와 비교하여 최적의 콘텐츠를 추천한다.

(11) 신용 사기 방지

인공지능 및 알고리즘을 사용하면 1초에 수천 개의 거래를 분석하여 문제를 일으킬 수 있는 거래를 파악한다. 또한, 대출을 신청하거나 신용카드를 신청할 때마다 은행은 신용점수, 재무 기록 등을 이용하여 신용평가를 한다.

(12) 비디오 요약

인공지능은 편집자들이 긴 비디오를 단축 또는 필터링하거나 3초 분량의 비디오로 잘라내는 데 수백 시간을 소비하지 않아도 되게 한다. 수백 시간 분량의 컨텐츠를 분석한 후 짧은 분량으로 요약할 수 있다.

(13) 레시피 및 요리

라사(Rasa)라는 회사는 음식을 분석한 후 냉장고와 식료품 저장고에 있는 재료를 기준으로 레시피를 추천한다. 이러한 유형의 인공지능은 요리를 좋아하지만 식사 계획에 너무 많은 시간을 허비하고 싶지 않은 사람들에게 좋은 방법이라고 할 수 있다.

(14) 얼굴 인식

사회관계망 서비스(SNS)인 스냅챗(snapchat)은 인공지능 기술을 사용하여 실제로 사람의 얼굴을 인식하는 얼굴 필터를 적용한다. 페이스북은 이제 특정 사진에서 얼굴을 식별하고 이를 이용하여 다른 사람을 초대하여 태그를 지정할 수 있다.

(15) 장애인을 위한 도구

중국의 화웨이는 인공지능과 증강현실을 활용해 청각장애 아동들이 수화로 글을 번역해 읽는 것을 돕는 무료 모바일 앱스토리사인을 만들었다. 화웨이의 트랙아이는 시각장애 어린이들을 도와줄 수 있는 인공지능 앱이다.

6.3 생활 속의 인공지능 활용 사례

(1) 인공지능을 활용한 야생동물 보호

지구상 야생동물 보호에도 인공지능 기술이 쓰이고 있다. 캘리포니아 주립대 사회 인공지능 센터 또한 인공지능을 이용해 멸종 위기에 처한 동물을 살피며, 감소를 막고 있다. 마이크로소프트(MS)는 인공지능을 이용해 고래상어 같은 멸종 위기 동물을 자동으로 인식하고 추적하는 앱을 만들었다.

(2) 인공지능을 활용한 기아 구제

수백만 개의 데이터 포인트를 분석해 인간이 물리적으로 탐색하기 힘든 오지 토양을 발견해 심을 작물을 결정하고, 씨앗을 개발하고, 제초제 적용을 쉽고 빠르게 수행할 수 있게 도와준다.

(3) 인공지능을 이용한 가짜뉴스 적발

구글을 비롯한 MS, 페이스북, 트위터 등 SNS 기업은 머신러닝과 자연어 처리 기술(NLP)을 활용해 기사 및 정보의 사실 여부를 평가한다.

(4) 인공지능 게이머

알파고는 '지도학습'과 '강화학습'의 강점을 결합한 기법을 사용해 바둑을 학습하고 2016년 3월 이세돌 9단과의 대국에 등장했다. '팩맨' 게임은 '유령'을 피해 도망 다니면서 '먹이'를 다 먹으면 이기는 게임이며, 지금까지 최고점은 266,330점이었다. 마이크로소프트 인공지능 시스템 '말루바'는 999,999점으로 팩맨 게임에서 만점을 찍었다. 말루바는 '분할정복기법'을 사용해 게임을 150개의 작은 단위(에이전트)로 쪼갠 후 단위별로 먹이를 찾거나 유령의 행동과 게임 동작 패턴을 학습했다.

(5) 인공지능을 이용한 자살 예방 상담사 크라이시스 텍스트 라인(CTL)

미국의 문자 메시지 기반 24시간 위기 상담 서비스 '크라이시스 텍스트 라인(CTL)'은 몰려드는 상담 문의를 한정된 인력으로 모두 대응하기 어려운 점을 극복하기 위해 인공지능의 힘을 빌렸다. 대화 내용, 시간, 발신자 위치, 나이, 성별, 생년월일, 이용자 후기 등이 포함된 3,300만 건에 이르는 상담 문자를 인공지능으로 분석했다. 이 분석으로 고위험군을 먼저 가려내고 더 위급한 순간을 판단해 상담에 효율적으로 응대할 수 있는 시스템을 만들었다.

(6) 흑백 사진을 컬러로 바꾸는 인공지능

인공지능이 사진에서 점, 선, 면 정보를 분석해 사진 속 부분 정보를 기존 사물 정보와 합쳐 색깔을 입히는 방식이다. 컴퓨터가 흑백 사진이 해가 뜨는 아침에 촬영됐다는 정보와 사진을 찍은 곳이 햇살을 받은 산봉우리라는 정보를 뽑아내면, 이 둘을 결합해 일출 때의 산을 재현할 수 있다.

(7) 인공지능 쇼핑 도우미

아웃도어 브랜드 노스페이스는 IBM 인공지능 왓슨 기술을 기반으로 앱을 개발해 '플루이드 리테일'이라는 서비스를 선보였다. 예를 들어, 고객이 "14일 동안 배낭 여행을 준비하려고 하는데 뭘 가져가야 해?"라고 물으면 이를 분석해 도움이 될 수 있는 상품과 조언을 제공하는 식이다.

(8) 인공지능 보험상담사

생명보험사 AIA생명 한국지점은 인공지능 콜센터 서비스를 운영 중이다. 인공지능 상담사가 학습한 대화를 기반으로 고객과 대화를 나누고 계약정보를 확인하여 계약을 확정하는 음성서비스를 제공한다. 이 콜센터는 'AIA온'이란 채팅 기반 고객 상담 챗봇과 전화로 응대하는 로보텔러로 구분돼 운영된다.

(9) 인공지능 그림 도우미

구글의 '오토드로우' 서비스는 펜으로 서툴게 그림을 그려도 멋진 그림으로 탈바꿈해주는 서비스이다. 그림을 그리면 웹 사이트 상단에 인공지능이 사용자 의도를 짐작해 다양한 추천 그림을 제시한다.

(10) 인공지능 변호사

스타트업 로스인텔리전스는 인공지능, IBM 왓슨을 기반으로 최초로 인공지능 변호사를 개발했다. 이 인공지능 변호사가 하는 일은 판례 수천 건을 검색해 인간 변호사가 수임한 사건에 도움이 될 만한 것들을 고르는 일이다. 주로 초보 변호사들이 하던 일을 인공지능이 맡아서 하게 된 것이다. 인공지능 변호사 로스는 단순한 검색 도구를 넘어 질문을 받고 관련 법률 사례를 분석해 적합한 답변을 준다.

(11) 인공지능 기자

기자이자 프로그래머인 켄 쉬웬키가 2012년 개발한 퀘이크봇은 지진이 일어나는 것을 감지해 자동으로 기사를 작성한다. 지진이 일어나자마자 5분 만에 과거 지진 기록 · 그래픽 자료까지 첨부해 기사를 작성 · 전달했다. 포브스, 가디언 등이 이 로봇 기자를 활용하고 있다.

(12) 인공지능 고문서 번역 프로젝트

다국어 자동 통 · 번역 지원 업체 시스트란 인터네셔널은 과학기술정보통신부(NIA)의 '2017년도 ICT 기반 공공서비스 촉진 사업'에 참여해 인공지능 기반 번역기술(NMT)을 활용, 고전문헌 자동번역 시스템을 구축했다. 자동번역 대상으로 우리나라 국보 303호 '승정원 일기'가 선택됐다. 원문 총 3,243책, 약 2억 4,259만 자의 많은 양을 인공지능 기술을 사용해 완역 45년이 걸릴 일을 초벌 번역 도움을 주며 시기를 앞당길 예정이다.

(13) 인공지능 반려동물 장난감

인공지능 기반 반려동물 케어 플랫폼 '고미랩스'는 반려동물 장난감에 인공지능 기술을 적용했다. 인공지능 자율주행 장난감 '고미'는 바닥에 두기만 하면 알아서 움직인다. 반려동물과 상호작용을 하며, 놀이 패턴, 견종, 나이, 성별 등을 행동 데이터와 함께 분석하여 어떻게 얼마나 움직이는지 정보 및 반려동물의 건강 상태를 앱으로 알려준다.

(14) 인공지능 사물 감별사

구글 렌즈는 인공지능 컴퓨팅 능력으로 이미지 기반 정보를 습득한다. 사물이 보이면 이를 이해하고 정보를 전달한다. 카메라에 꽃을 찍으면 무슨 꽃인지 알려주고, 가게를 찍으면 연동된 가게의 정보가 뜬다.

(15) 영화 예고편 제작

IBM 인공지능 왓슨이 100여 편의 공포영화를 분석 · 학습하고 20세기폭스사의 SF 영화 〈모건〉의 예고편을 제작했다. 보통 영화 예고편 제작에만 한 달 이상의 시간이 소요되는데, 왓슨은 불과 24시간 만에 1분 15초짜리 최종 예고편을 만들었다.

(16) 시각장애인의 눈

마이크로소프트의 '씨잉 AI' iOS 앱은 인공지능 기술을 이용해 시각장애인에게 주변 환경, 인물, 사물, 텍스트, 이미지 등을 설명해준다. 사람을 카메라로 비추면 성별, 나이, 행동, 감정 등을 분석해 읽고 묘사해주며, 메뉴를 찍으면 메뉴를 읽어 준다.

(17) 명품가방 판별

미국 스타트업 '엔트루피'가 개발한 애플리케이션은 명품가방을 카메라로 비추면 인공지능을 이용해 진품, 가품을 판별해준다. 카메라는 육안으로 찾기 어려운 안장이나 하자를 260배 확대해 찾아낸다. 3만여 종의 핸드백과 지갑 사진을 학습한 인공지능 기술이 사용됐다. 진품 판별도 정확도는 98%에 이른다.

(18) 워터마크 제거

구글이 사진 저작권 보호 기술인 워터마크를 인공지능으로 제거하는 기술을 논문을 통해 공개했다. 인공지능은 워터마크가 찍힌 이미지들에서 워터마크 삭제 알고리즘을 학습한 후 이미지에서 워터마크 구성요소를 분리하는 '멀티 이미지 매팅' 과정을 거친다. 인공지능은 워터마크 구성요소를 이해한 다음 이를 바탕으로 워터마크를 삭제할 수 있는 단계까지 달성한다.

(19) 심정지 예측

인공지능에 호흡수, 심장 박동수, 산소포화도, 혈압을 포함함 약 7가지 데이터를 학습시킨다. 이 데이터를 바탕으로 자동으로 계산하고 심정지 가능성을 예측한다. 사람의 경우 똑같은 데이터를 가지고 심정지가 일어나기 약 30분 전에 예측할 수 있지만, 인공지능으로 예측할 경우 약 24시간 전에 알아낼 수 있으며, 예측 정확도는 70% 이상이다.

(20) 영상 조작(딥페이크 기술)

딥페이크 기술

미국 워싱턴대학교 연구진은 영상 조작에 인공지능을 사용했다. 캐나다 몬트리올 스타트업 라이어버드는 사람 목소리를 재현하는 데 인공지능 기술을 사용했다. 필요한 것은 단 60초 정도의 음성 녹음 데이터다. 심지어 감정을 담은 목소리까지 재현할 수 있다.

(21) 졸음운전 예측

일본 기타큐슈시 대형 택시업체인 다이이치 교통산업은 일본 손해보험사 및 글로벌 컨설팅 기업 액센츄어와 공동으로 졸음 예측 공동 연구에 인공지능을 사용했다. 2017년 3월부터 5월 약 두 달간 택시 100대와 택시 기사 100명을 대상으로 택시 운전자의 심박 수, 운전자 태도, 운전자의 주행 모습 등의 데이터를 수집하여 학습했다.

7. 인공지능과 창의성

7.1 개요

회화나 소설 등의 예술 영역은 이제까지 인간만이 할 수 있는 고유의 창작 분야로 여겨왔다. 하지만 이제 인공지능이 예술의 영역까지 넘보고 있다. 인공지능 기술이 발전을 거듭하면서 이제는 인공지능이 음악, 그림 등 예술작품을 만들어내는 시대다. 2018년 뉴욕 크리스티 경매에서는 인공지능이 그린 인물 초상화가 43만 2,500

달러(약 4억 8,000만 원)에 낙찰되자 세계인의 이목이 집중됐다. 이 사건을 계기로 전문가들 사이에서는 "인간 고유의 영역으로 여겨졌던 창의성마저 인공지능이 인간을 앞지를 가능성이 있다."는 우려가 나왔다.[54)]

2016년 6월, 구글은 예술작품을 창작하는 인공지능을 만들겠다는 '마젠타 프로젝트'를 공개했다. 마젠타는 머신러닝을 사용하여 음악과 영상을 비롯한 다양한 형태의 예술작품을 제작하는 크라우드 소스 방식의 연구 프로젝트이다. 마젠타는 코딩이나 인공지능에 대한 경험이 없는 아티스트들이 이 도구를 사용하여 작품을 만들 수 있는 인터페이스와 플랫폼을 만들 예정이다.[55)]

구글에서 만든 인공지능 '딥 드림(Deep Dream)'은 빈센트 반 고흐의 작품을 모사하는 훈련을 받았다. 그런데 딥 드림이 그린 '별이 빛나는 밤'은 반 고흐와 비슷하지만, 예술적인 면에서는 약간 다르다는 평을 받았다. 마이크로소프트는 네덜란드 연구진과 함께 '빛의 마술사'로 불리는 네덜란드의 화가 렘브란트의 화풍을 인공지능에 학습시켰다. 인공지능은 유화의 질감과 물감의 두께까지 렘브란트의 화풍을 그대로 재현해냈다. 이 프로젝트를 위해 150GB에 달하는 렘브란트의 그림 자료를 3D 스캔 기술로 정교하게 디지털화하여 컴퓨터에 입력해 학습시켰다. 일본에서는 인공지능이 쓴 소설이 한 문학상 공모전에서 일반 작가들이 쓴 소설과 겨뤄 1차 심사를 통과했다. 소설 제목은《컴퓨터가 소설을 쓴 날》이다.[56)]

7.2 인공지능 활용 예술 분야: 미술

2016년 4월 마이크로소프트와 네덜란드의 델프트 공대, 렘브란트 미술관은 인공지능 '넥스트 렘브란트'를 공동 개발해서 생전의 렘브란트 화풍을 빼닮은 회화를 완성했다. 넥스트 렘브란트는 18개월 동안 렘브란트의 작품 346점을 분석하고 렘브란트의 그림과 똑같은 느낌을 주는 회화를 입체(3D) 프린터를 이용해 재현하는 데 성공했다. 모자를 쓰고 하얀 깃털 장식과 검은 옷을 입은 30~40대 백인 남자를 그리라고 명령했더니, 렘브란트가 직접 그린 것 같은 초상화를 완성했다. 구글의 딥 드림이나 스마트폰 앱 프리즈마 등은 인상파 등 특정 화가의 작품을 학습시킨 뒤 사진을 입력하면 해당 화풍으로 바꿔주는 기능을 선보였다. 미국에서 2016년 2월 인

54) 한국경제, 2020
55) ai4school
56) 사이언스타임즈, 2017

공지능이 그린 작품 전시회가 열렸는데 8천 달러(920만 원)에 팔린 그림을 비롯해 1억 원이 넘는 판매가 이뤄졌다.

2018년 10월 25일, 세계적인 미술품 경매 회사인 크리스티 경매장에서 〈에드먼드 벨라미의 초상화(Portrait of Edmond Belamy)〉가 43만 2,000달러(5억 원)에 팔렸다. 인공지능이 그린 〈메모리스 오브 패서바이 I(Memories of Passersby I)〉은 2019년 3월 6일 런던 소더비 경매에서 4만 파운드(6,000만 원)에 거래되었다. 인공지능 창작품은 전시회, 경매장, 비엔날레를 오가면서 예술의 일부로 자리 잡아가고 있다.[57)]

7.3 인공지능 활용 예술 분야: 음악

소니는 자사의 인공지능 '플로머신'이 작곡한 음악 〈대디스 카〉 등을 유튜브에 공개했다. 1만 3,000여 곡을 분석하고 사용자가 선택한 스타일에 맞춰 작곡을 하는 기능으로 〈대디스 카〉는 비틀스풍의 노래다. 미국 조지아 공대가 개발한 연주 로봇 사이먼은 머신러닝을 통해 다양한 장르의 음악을 학습한 뒤 뛰어난 재즈연주가처럼 자연스럽고 즉흥적인 재즈 연주 실력을 자랑했다. 구글도 2016년 6월 자사의 예술 창작 인공지능인 마젠타가 작곡한 피아노곡을 공개했다.

마젠타는 인간 예술가의 영향을 받지 않고 스스로 예술작품을 만들 수 있는 기계를 프로그래밍할 수 있다. 다른 많은 유사한 프로젝트를 통해 연구자들은 딥러닝 기술을 이용하여 인공지능이 바흐나 비틀스의 작품에서 영감을 얻은 음악을 만들거나 슬픈 시를 쓸 수 있도록 하고 있다. 한국의 인공지능 작곡가로는 '포자랩스'가 있다. 포자랩스는 뉴에이지, 힙합, 재즈, 영화음악, EDM, 아크스틱, 록 등 다양한 장르의 음악을 작곡할 수 있다.

포자랩스는 인공지능 기술을 통해 콘텐츠에 삽입되는 배경음악 등 다양한 곡을 소비자에게 공급한다. 인공지능을 이용한 작곡 시간은 빠르면 3분, 길면 10분이 소요된다. 포자랩스 인공지능이 만든 곡은 다른 인공지능 음악 업체들보다 곡 퀄리티가 높다는 평을 받았다. 기존 인공지능 음악은 반복되는 음 구간이 많은 반면, 포자랩스는 음 반복을 줄이고 기승전결이 있는 음악을 만들었다.

---

57) 인공지능과 창의성, 구본권 사람과 디지털 연구소장, 2021

인공지능이 이제 음악 산업계의 신흥 강자로 떠올랐다. 복잡한 연주도 가능한 인공지능 피아니스트도 등장했다. 인공지능은 이미 고인이 된 유명 가수들을 인공지능기술로 부활시켰다. 빅히트는 음성합성기술 스타트업 수퍼톤에 40억 원을 투자했다. 이제 인공지능은 작곡으로 인간과 대결하는 수준까지 기술이 발전했다.

매시브 테크놀로지(Massive Technologies)의 창업자 Fayez Salka는 인공지능 피아니스트를 만들었다. 3D 렌더링된 사람 모습의 인공지능 피아니스트가 클래식 음악과 애니메이션 음악을 연주한다. 원시 오디오(Raw audio) 파일을 입력, 학습시켜 연주 기법과 신체의 움직임을 애니메이션으로 구현한다.

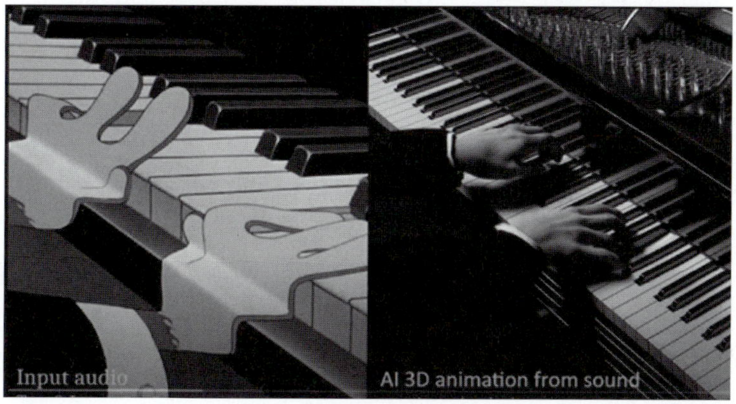

[그림 6–2] 인공지능 피아니스트

*출처: Ai 타임즈

음성 인공지능을 연구해온 서울대 이교구 교수는 음성합성기술 스타트업인 수퍼톤을 설립했다. 수퍼톤은 '인공지능 음악 프로젝트–다시 한번'과 SBS '세기의 대결! 인공지능 vs 인간' 등의 프로그램을 통해 음성합성기술을 선보였다. 엠넷 '다시 한번'에서 혼성그룹 '거북이'의 고(故) 터틀맨(임성훈)과 가수 김현식의 목소리를 복원했다. '인공지능 vs 인간'에서는 고(故) 김광석의 목소리를 구현했다.

7.4 인공지능 활용 예술 분야: 뉴스, 문학, 스토리

인공지능이 뉴스를 작성하고 글을 창작하는 시대가 왔다. LA 지진 기사를 맨 처음 송고한 것은 컴퓨터이다. 퀘이크봇은 2014년 3월 17일 LA에서 발생한 지진을 가장 빨리 보도하며 주목을 받았다. 지진 발생 8분 만에 올라온 기사로 규모 4.4의 지진이었다. 퀘이크봇은 템플릿에 데이터를 연결하여 기사를 작성하며, 파라미터 조정으로 비판과 칭찬을 마음대로 할 수 있으며, 거의 실시간으로 운동경기의 기사를 전달한다. 다음은 인공지능이자 퀘이크봇의 글의 일부이다.[58)]

> "A shallow magnitude 4.7 earthquake was reported Monday morning five miles from Westwood, California, according to the U.S. Geological Survey. The temblor occurred at 6:25 a.m. Pacific time at a depth of 5.0 miles. …"

일본에서는 2016년 소설 쓰는 인공지능이 일본 문학상 1차 심사를 통과했다. 이 소설의 일부는 다음과 같다.[59)]

> "나는 처음으로 경험한 즐거움에 몸부림치면서, 몰두해 글을 써나갔다. 컴퓨터가 소설을 쓴 날 컴퓨터는 스스로의 즐거움을 우선 추구하느라 인간이 맡긴 일을 멈췄다."
>
> – 인공지능이 쓴 소설 《컴퓨터가 소설 쓰는 날》에 나오는 글

최재식 교수(UNIST) 연구진이 개발한 '시인 뉴럴'은 54,023편의 시를 학습한 딥러닝 기술을 활용하여 주제에 맞는 시를 창작했다.

2021년 1월 미국의 소프트웨어 개발자 앤디 허드는 인공지능을 통해 2004년 종료된 인기 시트콤 〈프렌즈〉 시리즈의 새로운 에피소드를 만들어내는 데 성공했다. 인공지능에게 기존의 〈프렌즈〉 대본 데이터를 모두 학습시켜 등장인물별 특성과 이야기 구조를 파악하게 한 뒤 새로운 에피소드를 작성하도록 했는데, 주인공들이 구사했을 법한 유머를 비롯해 실제 방영분과 유사한 수준의 대본을 만들어냈다. 알파고와 같은 심층 신경망 방식의 머신러닝을 활용한 인공지능이 종영된 드라마 시리즈에 새로운 이야기를 보탤 수 있게 됐다.[60)]

---

58) 스토리오브 서울

59) 스토리오브 서울

60) 인공지능과 창의성, 구본권 사람과 디지털연구 소장, 2021

7.5 인공지능과 딥페이크 및 가상인간

딥페이크

딥페이크(deepfake)는 딥러닝과 가짜(fake)의 혼성어로 인공지능을 기반으로 한 인간 이미지 합성 기술이다. 일반적으로 생성적 적대 신경망(GAN)이라는 기술을 사용하여 기존의 사진이나 영상을 원본이 되는 사진이나 영상에 겹쳐서 만들어냈다. 딥페이크는 영화나 방송계 등에서 이미 사망하거나 나이가 든 배우를 스크린에 되살리거나 초상권 보호 등을 위해 사용할 수 있는 한편, 유명인의 가짜 섹스 동영상이나 가짜 리벤지 포르노, 가짜 뉴스나 악의적 사기를 만드는 데에 사용되어 논란이 되기도 한다.

딥페이크는 실제 산업현장에서도 널리 활용되고 있다. 영국의 축구선수 출신인 데이비드 베컴은 말라리아 퇴치 캠페인 홍보 영상에서 중국어, 힌디어, 아랍어 등 9개 언어를 구사하며 내용을 전달했다. 해당 영상 기술을 지원한 기업인 Synthesia는 딥페이크 기반의 더빙 기술을 활용하여 베컴의 언어를 구현했다.

신한라이프도 가상 인간 로지를 모델로 광고를 공개했다. 네티즌 대다수가 사람이라고 착각해 화제가 되어 영상 조회 수 80만을 돌파했다. 2022 LG전자의 가상인간 김래아는 CES 2021 연설자로 등장해 주목을 끌었다.[61]

[그림 6-3] 가상인간 로지

*출처: 신한라이프 공식 유튜브 채널

61) 신한 라이프

가상인간 로지는 12월 인스타그램 게시글을 통해 본인이 가상인간임을 밝혔다. 현재 로지의 팔로워 수는 15.4만 명이 넘는다(2023년 1월 19일 기준). 개인 활동뿐만 아니라 브랜드 홍보 모델로도 활동 중이다. 유명 잡지 보그 코리아와 럭셔리, 주얼리 브랜드 티파니 앤코는 로지와 화보 촬영 진행 후 잡지에 게시했다. 그 외에, 아모레퍼시픽 브랜드 헤라 제품 광고와 제로 웨이스트 챌린지 등에 참여한 바 있다. 보험업계 최초로 가상 인간 로지를 광고 모델로 발탁한 신한라이프 측은 기존의 보험광고 편견을 깨고 MZ세대에게 친근하게 접근하고자 이같은 전략을 내세웠다고 전했다.[62)]

[그림 6-4] 가상인간 김래아

*출처: Ai 타임즈

LG전자는 올해 초 열린 국제전자제품박람회 CES 2021에서 가상 인간 김래아(Reah Keem)를 소개했다. 래아는 해당 박람회에서 연설자로 참여해 LG전자 제품을 소개해 주목받기도 했다. '미래에서 온 아이'를 뜻하는 래아는 23세로 작곡가 겸 DJ로 활동 중이다.

버추얼 휴먼 루이커버리(루이)의 특기는 노래, 춤, 중국어, 한국어 가르치기다. 현재 유튜브 채널을 운영 중이다. 한국 새생명복지재단의 홍보대사에 임명되었다. 요즘 기업들은 딥페이크를 이용해 광고 맞춤형 모델을 만드는 것이 추세이다.

62) 단비뉴스

7.6 인공지능 활용 예술 분야: 요리

IBM의 왓슨은 이제 요리 레시피도 개발해준다. IBM이 프렌차이즈 레스토랑인 보나빼띠와 공동으로 개발한 셰프 왓슨(Chef Watson)은 1만여 개에 달하는 요리 레시피를 학습한 다음 자신이 배운 요리법뿐 아니라 재료와의 조합을 분석, 전혀 새로운 요리 레시피를 창조해낼 수 있다. 셰프 왓슨 홈페이지에 접속한 후에 자신이 갖고 있는 재료를 입력하고 스타일을 더하면 왓슨이 이에 맞는 다양한 요리를 추천해준다. 요리법 가운데 자신이 꺼리는 재료가 있다면 어울리는 다른 재료를 왓슨이 추천해주기도 한다. 또한, 많은 요리사는 왓슨 덕분에 틀에 박힌 요리법에서 벗어나 새로운 요리를 개발할 수 있게 됐다고 한다. 이렇게 왓슨을 이용한 요리 레시피는 책(《cognitive cooking with chef watson》)으로 출간되기도 했다.[63)]

IBM의 인공지능 왓슨은 이미 2014년 미국 사우스바이 사우스웨스트 음악축제 기간 푸드트럭에서 다양한 메뉴를 선보였다. 에담치즈를 토르티야로 감싼 오스트레일리아식 초콜릿 브리토 등 인간 요리사가 만들어보지 않은 새로운 요리가 여럿 등장했다. 왓슨은 수천 가지 요리의 조리법을 익히고 음식 재료 간의 어울림 정도와 사람들의 반응을 조합해 이제껏 세상에 없던 요리들을 만들어냈다. 왓슨 요리사의 새로운 메뉴를 맛본 이들의 반응은 열광적이었다.[64)]

63) techholic, 2015

64) 인공지능과 창의성, 구본권 사람과 디지털연구 소장, 2021

연·습·문·제

1. 경영에서 인공지능이 활용되는 사례를 조사하고 정리해 보시오.

2. 생산과 제조에서 인공지능이 활용되는 사례를 조사해 보시오.

3. 의료 및 헬스케어에서 인공지능이 활용되는 사례를 조사해 보시오.

4. 우리 생활 속에서 인공지능이 활용되는 사례를 조사해 보시오.

5. 인공지능이 창의성을 발휘하는 사례를 조사하고 정리해 보시오.

7 CHAPTER

비즈니스 경쟁력의 핵심 인공지능

학습목표

비즈니스 경쟁력의 핵심 동인으로서의 AI

학습내용

4차산업혁명에 대한 이해

인공지능 비즈니스 모델 이해

1. 4차산업혁명과 디지털 전환
2. 인공지능의 종류와 분류
3. 인공지능 비즈니스 모델
4. 인공지능 적용 분야 및 비즈니스 영역

1. 4차산업혁명과 디지털 전환

1.1 디지털 전환과 인공지능

디지털 전환(Digital Transformation)은 정보통신기술(ICT)을 사회 전반에 적용하여 전통적인 사회 구조를 혁신시키는 것이다. 일반적으로 기업에서 사물인터넷(IoT), 클라우드 컴퓨팅(Cloud Computing), 인공지능(AI), 빅데이터(Big Data) 등의 핵심원천기술을 플랫폼으로 구축 · 활용하여 기존의 전통적인 운영 방식과 서비스를 혁신하는 것이다. 현재 디지털 전환은 첨단제조기술, IT 등의 기술 적용과 프로세스 효율화 그리고 비즈니스 모델 변혁과 생태계 구축까지 확장되어 실행되고 있다.

디지털 전환(Digital Transformation)

딥러닝(심층학습) 기법의 등장으로 인공지능은 급변하는 경영환경의 핵심 동인이 되었고 기업 경쟁우위 확보를 위한 디지털 전환의 핵심 주제로 급부상하였다. 비즈니스 영역의 디지털 전환은 신규 디지털 기술을 활용해 창의적인 비즈니스 모델 생성과 프로세스 혁신을 달성하는 것이다. 인공지능 기술은 최근 정확도와 효율성 측면에서 기존 빅데이터 접근법을 능가하며, 비즈니스 환경을 다각도로 변화시키고 있다.

시장조사기관 포레스터(Forrester) 리서치는 산업계 대상 인공지능 활용에 대한 설문조사를 실시한 결과 응답자의 86%가 인공지능이 자신의 산업 내 디지털 전환의 핵심동력이 될 것이라고 응답한 바 있다. 인공지능은 사람의 인식, 학습, 추론 등의 지능을 기계로 구현하여 다양한 분야의 문제해결, 의사결정, 창의성 발현 등을 수행하는 범용 목적 기술이다. 최근 딥러닝 기술이 패턴인식을 비롯한 다양한 해결과제에서 인간의 역량을 넘어서면서 주목받고 있다. 딥러닝 기술이 작업기억(working memory)을 토대로 한 심층추론(deep reasoning) 기술로 확장되며 보다 논리적인 추론이 필요한 과제 역시 빠르게 해결되고 있다. 이를 구현한 심층신경망(DNN) 모형이 다양한 비즈니스 환경에서 적용되고 있다.

1.2 4차산업혁명 시대의 인공지능

인공지능은 인간이 가진 지각, 학습, 추론, 자연어 처리 등의 능력을 컴퓨터가 실행할 수 있도록 프로그램으로 구현한 기술로, 머신러닝(기계학습), 딥러닝, 자연어 처리, 음성인식, 시각인식 등 첨단기술을 개발하는 방향으로 발전하고 있다. 인공지능 기술은 안전, 의료, 국방, 금융, 복지 등 다양한 응용분야에 특화된 소프트웨어와 머신러닝, 클라우드, 고성능 컴퓨터 기술 등을 포함하고 있다. 최근 인공지능은 단순히 인지능력에서 벗어나, 인지한 환경 속에서 최적의 답을 찾아내고, 여기에 스스로 수행한 학습을 더해 추론 및 예측을 수행한다. 향후에는 인공지능이 문제를 스스로 발견하고 해결하는 행동단계에 이르기까지 도달할 것이다.

인공지능은 4차산업혁명의 핵심원천기술로 4차산업혁명의 선도국가와 기업은 인공지능을 통한 혁신 및 성장 모멘텀(momentum) 발굴에 집중하고 있다. 4차산업혁명 시대 인공지능의 완성은 모든 분야에서 인간을 대체하거나 능가할 수 있는 가능성을 보여주는 것으로 4차산업혁명과 이전 산업혁명과의 결정적인 차이는 인공지능의 기술력에서 발생한다. 인공지능이 클라우드 서버의 빅데이터를 분석하여 시간을 최적화(예측)하고 인간과 공간을 최적화(맞춤)함으로써 가치를 창출한다. 인공지능은 이들 과정을 융합하는 미래의 원천기술로 시간의 예측과 공간의 맞춤이라는 4차산업혁명의 가장 핵심적인 가치를 창출한다.

인공지능이 지닌 데이터 중심 모델링과 의사결정 차별성은 산업 전반적으로 영향을 미쳐 기업 내부 비즈니스 프로세스와 기업들 간 상호협력 방식을 변화시키고, 새로운 비즈니스 모델을 창출하여 디지털 전환의 강력한 동인이 되고 있다. 비즈니스 영역에서 디지털 전환은 새로운 디지털 기술을 활용해 신규 비즈니스 모델을 창출하거나 내부 비즈니스 프로세스를 혁신하는 등 디지털 기술을 통한 비즈니스 변혁과 이를 지원하는 디지털 비즈니스 생태계를 포괄적으로 의미한다. 현재 딥러닝 기술 중심으로 사람의 지능 역량을 구현하고 있는 인공지능은 4차산업혁명 시대 비즈니스를 재편성할 디지털 전환의 핵심 주제로 대두되고 있다.

2. 인공지능의 종류와 분류

인공지능 기술력은 최근 몇 년 사이 급성장하고 있다. 구글의 나우, 애플의 시리와 같은 개인비서 영역에서부터 자율주행자동차의 인지 · 판단시스템에 이르기까지 언론, 교통, 물류, 안전, 환경 등 각종 분야에서 기술이 빠르게 접목 및 확산되면서 인간 중시 가치산업 및 지식정보사회를 이끌 부가가치 창출의 새로운 원천으로 주목받고 있다.

미국의 미래학자 레이 커즈와일(Ray Kurzweil)은 2045년을 '기술적 특이점(technological singularity)'으로 예상하면서 가장 뛰어난 인간의 두뇌보다 과학적 창의력과 일반적인 지혜, 사회적 능력 등을 포함해 모든 분야에서 훨씬 똑똑한 지능인 초지능(superintelligence)이 등장할 것으로 주장하였다. 인공지능이 인간지능에 의존하지 않고 스스로 진화해가면, 미래에 인간이 미래를 예측할 수 없는 시점에 이를 수도 있다는 것이다.

학자들마다 인공지능을 다양하게 분류하고 정의를 내리고 있다.[1] 인공지능의 사전적 의미는 소프트웨어 기술을 활용하여 인간의 뇌를 모방하는 기술이다. 즉, 사람의 뇌가 수행하는 인지와 학습 및 추론기능을 컴퓨터 프로그램으로 구현한 지능형 시스템을 만드는 과학과 기술이다. 인공지능이란 결국 인간의 지능, 즉 고도의 문제해결능력을 가진 인공적 지능을 말한다.

철학자 존 설(John Searle)은 인공지능을 주어진 조건 아래에서만 작동 가능한 약한 인공지능(Weak AI/Artificial Narrow Intelligence: ANI)과 자의식을 지니고 인간과 동일한 사고가 가능한 강한 인공지능(Strong AI/Artificial General Intelligence: AGI)으로 분류한 바 있다. 약한 인공지능은 인공지능 기술을 유용한 소프트웨어 기술로 파악하고, 특정한 문제를 해결하기 위한 인간의 지능적 행동을 수행하도록 공학적 응용을 모색하는 접근방식이다. 강한 인공지능은 인간과 같은 사고체계로 문제를 분석하고 행동할 수 있도록 인공지능을 연구하는 접근방식을 말한다. 이러한 분류기준에 따르면 현재 인공지능의 발전 수준은 약한 인공지능(ANI)에서 강한 인공지능(AGI) 수준의 발전 단계로 진행되고 있다.

---

1) 인공지능에 대한 자세한 내용은 1장을 참고하기 바란다.

다른 분류방식으로 인공지능의 레벨에 따른 분류(레벨 1~4)가 있다. 인공지능을 하나의 '에이전트(agent)'로 인식하고, 입력과 출력의 관계에서 그 수준에 따라 레벨 1에서 레벨 4의 4단계로 구분한다.

첫 번째 레벨은 단순한 제어프로그램(control program)을 '인공지능'이라고 칭한다. 레벨 1은 마케팅적으로 '인공지능(AI)'이라고 지칭하는 것들을 말하며, 지극히 단순한 제어프로그램을 탑재하고 있는 전자제품을 '인공지능 탑재'라고 부르는 경우도 여기에 해당한다.

두 번째 레벨은 고전적인 인공지능이다. 레벨 2는 행동 패턴이 지극히 다채로운 경우의 인공지능을 말한다. 장기 프로그램, 퍼즐 프로그램, 청소로봇, 진단 프로그램 혹은 질문에 대답하는 인공지능이 이에 해당된다. 입력과 출력 간의 조합 수가 레벨 1보다 복잡한 경우이며, 이때 인공지능은 적절한 판단을 내리기 위해 추론·탐색을 하거나, 기존에 보유한 지식베이스를 기반으로 판단하기도 한다.

세 번째 레벨은 기계학습을 받아들인 인공지능이다. 레벨 3은 검색엔진에 내장되어 있거나 빅데이터를 바탕으로 자동적으로 판단하는 인공지능이다. 추론의 구조나 지식베이스가 데이터를 바탕으로 학습되는 것으로 전형적으로 기계학습의 알고리즘이 이용되는 경우가 많다. 기계학습은 표본이 되는 데이터를 바탕으로 규칙이나 지식을 스스로 학습하는 것이다. 이 기술은 패턴인식(pattern recognition)이라는 과거의 연구를 기초로 1990년대부터 진행되어 2000년대 들어와 빅데이터 시대를 맞으면서 더욱 진화하고 있다.

레벨 4는 딥러닝을 받아들인 인공지능이다. 딥러닝은 다량의 데이터나 복잡한 자료들 속에서 핵심적인 내용 또는 기능을 요약하는 작업을 수행하는 진보된 기계학습 알고리즘이다. 딥러닝은 기계학습에서 사용되는 입력값(input) 또는 특징(feature) 자체를 학습한다. 레벨 4의 인공지능은 컴퓨터 비전, 음성인식, 자연어처리, 음성/신호처리 등의 분야에 딥러닝 기술을 적용하여 향상된 결과물을 보여주고 있다.

최근 인공지능의 진보는 구글의 딥마인드(deep mind)가 개발한 딥러닝 기반의 바둑프로그램 알파고(AlphaGo)를 통해 확인할 수 있다. 입력층(input layer)과 출력층(output layer) 사이에 다수의 은닉층(hidden layer) 구조를 갖는 신경망을 기반으로 학습 성과를 높이고 있으며, 층(layer)이 많을수록 높은 성능을 나타내고 있다. 최근 알파고는 152개 층(layer)에 도달하여 심층(deep layer)을 갖는 신경망 구조로 발전하여 오류 가능성을 제로로 만들고 있다. 알파고의 이미지 인식 오류율은 인간의 인식 수준(5%)보다 월등히 낮은 수준을 보여주고 있다. 이처럼 인공지능은 약한 인공지능에서 강한 인공지능인 범용 인공지능으로 발전이 가속화되고 있다.

사물인터넷(IoT)과 웨어러블(wearable)을 통하여 대량의 데이터를 수집하고 클라우드로 데이터를 저장 및 관리하고 인공지능을 활용하여 의미 있는 빅데이터를 추출하는 일련의 과정이 기술의 융합이다. 인공지능은 단순히 하나의 기술로 끝나는 것이 아니라 맞춤과 예측이란 핵심기능을 제공하며, 다양한 기술의 융합을 수행하고 있다. 따라서 인공지능은 "학습을 통하여 예측과 맞춤의 가치를 제공하는 최적화 시스템"이라고 정의할 수 있다.

3. 인공지능 비즈니스 모델

3.1 인공지능 비즈니스 모델 구성요소

인공지능 비즈니스 모델

인공지능 비즈니스 모델은 인공지능을 이용하여 수익모델을 실현하는 것을 말한다. 피터 웨일(Peter Weill)과 스테파니 워너(Stephanie Woerner) 교수는 인공지능 시대의 디지털 비즈니스 모델 개념을 제시하였다. 디지털 비즈니스 모델은 콘텐츠, 고객 경험, 플랫폼의 세 가지 요소들이 결합되어 고객 가치를 창출하는 비즈니스 모델이다.

데이터(콘텐츠)는 디지털화된 제품(예: e-Book)뿐만 아니라 이들에 대한 정보를 포함한다(예: 상품 관련 설명, 고객 정보 등). 콘텐츠는 바로 데이터(정보)이며, 이는 인공지능 비즈니스 모델의 가장 중요한 구성 요소이다. 플랫폼은 다양한 제품이나 서비스를 제공하기 위해 사용되는 토대를 말한다. 인공지능 비즈니스 모델에서 플랫폼은 고객이 데이터를 이용하고 분석하는 공간이며, 새로운 가치를 경험하는 통로이다. 인공지능 플랫폼은 영상 처리, 음성 인식, 자연어 처리, 추천 등 인공지능 기술을 이용하여 사용자가 원하는 제품이나 서비스를 개발하기 위한 도구를 의미한다. 고객 경험은 서비스 제공자가 만들어낸 환경 속의 여러 요소들과 고객 사이에 발생하는 상호작용을 말한다. 온라인에서는 고객 경험이 경쟁우위의 핵심으로 작용한다. 제품 및 서비스 리뷰 데이터(구매 후기), 게시판, 온라인에서의 입소문 등이 고객 경험으로 이용자들의 재구매를 유도한다.

비즈니스 모델의 구성요소인 가치 창출과 이익 실현을 빅데이터, 플랫폼, 고객 경험과 결합하여 인공지능 비즈니스 모델을 설명할 수 있다. 첫째, 가치창출 영역에서 빅데이터는 '어떻게 빅데이터를 활용해 가치를 창출할 것인가?', 플랫폼에서는 '어떤 플랫폼의 형태로 가치를 제공할 것인가?', 고객 경험에서는 '고객이 경험하는 가치는 무엇인가?' 이것들이 핵심적인 고려사항이다. 둘째, 이익실현 영역에서 빅데이터는 '빅데이터에 대해 어떻게 과금하여 이익을 실현할 것인가?', 플랫폼에서는 '고객과의 어느 플랫폼에서 이익을 실현할 것인가?', 고객 경험에서는 '어떤 고객 경험으로 이익을 실현할 것인가?'에 대해 고민해야 한다.

3.2 인공지능 비즈니스 생태계 프레임워크

인공지능 비즈니스 생태계 프레임워크

비즈니스 생태계는 서로 다른 속성, 의사결정 원칙, 신뢰를 갖는 다수의 참여자들로 구성된 다계층 구조의 비즈니스 네트워크이다. 러셀(Russell)과 스모로딘스키(Smorodinsky) 교수는 비즈니스 네트워크 유형으로 협업 중심의 단편적인 비즈니스 생태계, 긴밀한 협력이 이루어지는 혁신 생태계, 마지막으로 기업, 대학, 정부 간 삼중나선(Triple-helix) 구조가 형성되는 지속적인 혁신 생태계로 분류하였으며, 비즈니스 생태계의 지속적 혁신성을 강조한 바 있다.

또한, 비즈니스 생태계에서 플랫폼을 통한 네트워크 효과(network externality)는 폭발적으로 창출될 만한 내재된 자원(embedded resource)이 기반이 되어야 발현된다고 주장한 바 있다. 플랫폼이란 다양한 참여자들이 오고 가는 공간을 의미하는데, 최근 디지털 비즈니스에서 애플의 앱스토어, 에어비엔비, 카카오 등과 같은 플랫폼 기업들이 다양한 참여자들 간의 디지털 네트워크 공간을 구축해 중심기업(focal firm)으로 활동하며 비즈니스 생태계의 폭발적 성장을 주도하고 있다.

러셀과 스모로딘스키 교수는 인공지능 비즈니스 생태계를 다음과 같이 정의하였다.

첫째, 인공지능 비즈니스 생태계 내부관점에서 가장 하부에는 실시간으로 정형 · 비정형 빅데이터의 획득과 전송, 인공지능 학습과 추론을 처리할 인프라스트럭처(Infrastructure) 및 하드웨어 계층(Hardware Layer)이 있다. 현재 인공지능을 주도하는 딥러닝, 강화학습 같은 머신러닝 기법은 통계적으로 대량의 데이터를 기반으로 무수한 다단계 반복 최적화 연산 수행을 통해 솔루션을 찾아낸다. 따라서 이러한 반복 최적화 연산을 효율적이고 안정적으로 지원하는 GPU(그래픽 연산용 프로세서) 등의 하드웨어가 필수적으로 지원되어야 한다.

인공지능은 막대한 데이터 획득을 바탕으로 고속의 연산량이 수반된다. 따라서 하드웨어들이 결합된 인프라스트럭처는 실시간 빅데이터 획득과 저장 관리 서비스를 제공해온 기존 클라우드 산업들이 IaaS(Infrastructure as a Service) 형태로 인공지능 서비스에 필요한 서버, 통신 등 인프라 장비 지원을 주도하고 있다. 클라우드 서비스 선도 기업은 자사의 클라우드 인프라에 인공지능 서비스 지원 인프라를 추가해 플랫폼 형태로 제공하며, 비즈니스 생태계 발전을 주도하고 있다. 이들은 자사의 인공지능 클라우드 인프라 플랫폼을 기반으로 상위 계층인 인공지능 소프트웨어와 애플리케이션 계층 생태계까지 주도하고 있다.

IaaS(Infrastructure as a Service)

둘째, 인공지능 비즈니스 생태계 내부의 기술적 관점에서 데이터 학습 및 서비스를 지원하기 위한 인공지능 응용 소프트웨어(SW) 및 애플리케이션 계층(Application Layer)이 있다. 인공지능 응용 소프트웨어와 애플리케이션 계층은 인공지능 알고리즘 개발을 위한 오픈 혁신이 진행되어 건전한 인공지능 비즈니스 생태계가 구축되고 있다. 불특정 다수의 엔지니어가 협력적으로 인공지능 문제를 해결하는 집단지성 플랫폼 캐글(Kaggle)을 시작으로, 인공지능 플랫폼의 주된 구성요소인 Tensorflow, Torch, Chainer 등의 딥러닝 프레임워크, H2O를 비롯한 오픈소스 딥러닝 플랫폼까지 인공지능 개발에 필요한 핵심 알고리즘이 일반 데이터 사용자들도 쉽게 참여하여 활용할 수 있는 오픈 소스 형태로 제공되고 있다.

셋째, 서비스 및 데이터 계층(Service and Data Layer)이다. 비즈니스 관점에서 인공지능 서비스와 그 핵심인 인공지능 학습용 도메인 지식(domain knowledge)의 데이터 계층을 말한다. 인공지능 비즈니스 경쟁은 소프트웨어 계층의 독점적 알고리즘 개발이 아닌 서비스 계층에서의 데이터 확보에 달려 있다. 서비스 계층에서 인공지능 학습 데이터들을 빠르게 확보해 자사의 인공지능으로 학습시켜 지능 역량을 높이고, 지속적으로 서비스 완성도를 고도화하는 것이 인공지능 비즈니스의 핵심 경쟁우위 전략이다.

서비스 생태계 계층 역시 인프라 및 소프트웨어 대형 플랫폼 기업들이 자신들이 구축한 인공지능 애플리케이션 개발과 운영 플랫폼 위에서 다양한 범용 서비스를 제공하며 주도하고 있다. 이들은 이미지 인식 기술의 얼굴 인식 서비스, 웹 페이지 사진 자동 태깅 · 분류 서비스, 음성 인식 기술의 가상 비서 서비스 등 실제 사용자 대상 인공지능 기반 범용 서비스를 주도하고 있다. 이러한 범용 서비스는 대량의 실시간 데이터에 대한 효율적인 학습 연산처리 인프라와 개발 역량을 갖추었기 때문에 가능한 것이다.

넷째, 인공지능 비즈니스 생태계 외부 관점에서 직간접적으로 인공지능 비즈니스와 관련된 네트워킹 그룹이 있다. 이들 네트워킹 그룹에는 사용자 그룹, 기술투자자 그룹, 정책가 그룹, 학계와 산업계 컨소시엄, 시민 그룹 등이 있다. 사용자 그룹은 실제 지식도메인 데이터를 제공하거나 이들 데이터 기반의 인공지능 서비스를 사용한다. 기술투자자 그룹은 다양한 분야의 인공지능 스타트업을 지원하는 창업투자가를 말한다. 정부 정책가 그룹은 인공지능 산업이 성장하도록 촉진하며, 사회적 이슈에 대한 제도적 가이드라인(거버넌스)을 마련한다. 학계와 산업계 컨소시엄은 다양한 형태의 인공지능 관련 기술, 서비스, 정책들을 연구하는 학계와 산업계의 컨소시엄을 말한다. 마지막으로 시민 그룹은 사회적으로 인공지능이 잘못 사용되지 않도록 감시하며 의견을 제시한다.

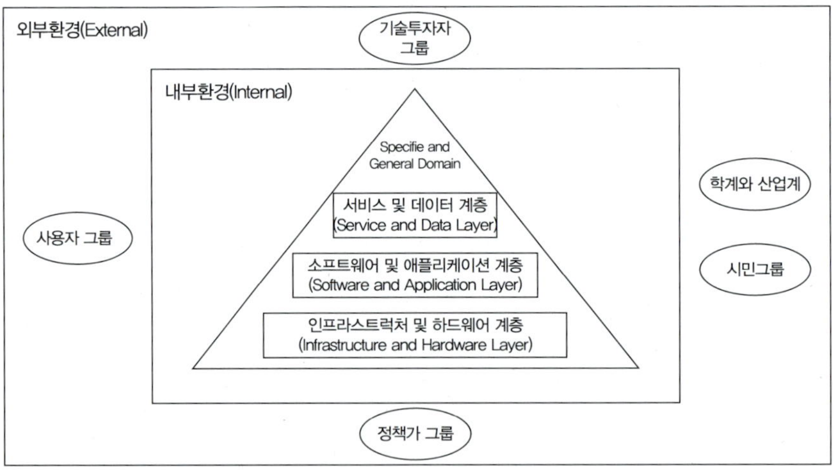

[그림 7-1] 인공지능 비즈니스 생태계 프레임워크

4. 인공지능 적용분야 및 비즈니스 영역

4.1 인공지능 적용분야

인공지능은 기술개발 속도가 가속화되어 생활, 의료, 금융 서비스 및 자율자동차 등 산업 전반에 적용되고 있다. 4차산업혁명 시대의 핵심기술로 자리 잡고 있는 인공지능의 경쟁력 확보를 위해 선진국들은 국가적 역량을 집중하고 있다. 지능정보사회의 고도화에 따라 인공지능은 향후 국가의 산업경쟁력을 좌우할 기반 기술이기에 국가적인 관심과 역량 결집이 필요한 시점이다. 인공지능의 각 기술 분야 및 산업에는 기술 기반 스타트업뿐 아니라 기존의 주요 산업체들이 진입하여 인공지능 생태계를 구축하고 있다. 인공지능 솔루션은 사용 형태나 목적에 따라 디지털 에이전트(가상비서), 대화형 챗봇, 머신러닝 기반 예측분석, 프로세스 자동화, 임베디드 인공지능, 자율주행자동차 등으로 구성된다.

디지털 에이전트(Digital Agent)

디지털 에이전트(Digital Agent)는 음성 비서, 고객 상담센터 및 서비스 데스크, 계좌관리 및 이체, 자산 운용 관련 질의응답 등 은행 업무 전반이 응용 분야이다. 영국 HSBC 은행은 'Oliva'를 도입하여 인공지능 기반 고객계좌를 관리하고 있으며, 스웨덴 SAB 은행은 'Nina'로 콜센터 업무 처리를 수행하는 디지털 에이전트 서비스를 제공하고 있다.

챗봇은 대화형 인공지능(Conversational AI)으로 음성이나 문자를 통해 사용자와 대화를 하고 사용자가 원하는 작업을 수행한다. 대화형 커머스, 고객 상담 센터, 법률 자문, 병원 진료 도움 등 전문서비스에 응용되고 있다. 세계 최초의 로봇 변호사 두낫페이(DoNotPay)는 주차 위반 여부 확인 및 난민 신청서 작성 등 법률 자문 서비스를 제공한다. 중국 검색 포털사이트 바이두(Bidu)는 '멜로디' 챗봇으로 병원 방문 전 문진, 진료 예약, 질병 관련 데이터를 제공하고 있다.

예측분석

예측분석(Predictive Analytics)은 머신러닝 및 딥러닝 기술을 활용하여 대용량 데이터를 분석하고, 이를 통해 예측 결과를 제시한다. 머신러닝은 금융 산업 전반에 적용되고 있는 로보어드바이저와 이상금융거래탐지(FDA) 그리고 개인 맞춤형 콘텐츠 추천에도 적용 중이다. 미국 금융투자회사 뱅가드(Vanguard)는 자연어 처리, 사회 인식 알고리즘 등 인공지능을 활용한 로보어드바이저 서비스를 제공하고 있다. 넷플릭스(Netflix)는 머신러닝 기술을 활용하여 영화 추천을 포함한 고객 맞춤형 콘텐츠 추천 서비스를 제공하고 있다.

프로세스 자동화

프로세스 자동화(Process Automation)는 인간이 수행하는 생산, 사무 등의 단순 반복적인 업무를 자동화하여 수행한다. 대표적인 예로 로봇 프로세스 자동화(Robot Process Automation, RPA)를 들 수 있다. RPA는 인공지능과 머신러닝을 사용하여 기업이 반복적인 작업을 자동화하도록 지원하는 새로운 비즈니스 프로세스이다. 이 기술은 인력 의존도를 없애고 오류 없는 운영 환경을 조성한다. 프로세스 자동화는 RPA 이외에도 스마트팩토리, 공항 입국 심사 자동화, 보험 보상 심사 및 산정 자동화 등에 적용되고 있다. 독일 자동차 제조회사 BMW는 글로벌 공장에 스마트 팩토리를 도입하여 공장 운영 효율화 및 자동화를 도모하고 있다. 영국 철도 사업자 버진트레인(Virgin Trains)은 RPA를 도입하여 연착 기차 승객에 대한 환불 절차를 자동화하는 서비스를 제공하고 있다.

임베디드 인공지능 (Embedded AI)

임베디드 인공지능(Embedded AI)은 서버 연결 없이 소형 기기에서 바로 구현되는 인공지능을 의미하며, 최근 다양한 사물에 내장되는 인공지능 소프트웨어가 대표적이다. 자율주행 및 관련 서비스는 인공지능을 활용하여 차량 내 음성 비서와 차량 보행자 표지판 등 주변 사물 인지를 기반으로 운전자 보조 기능을 제공할 뿐 아니라 운전자 상태 주행 환경 및 경로 예측까지 수행하고 있다.

4.2 인공지능 적용 비즈니스 영역

주요 인공지능 적용 영역은 요구사항 예측 및 R&D 최적화 영역, 제품 및 서비스 비용 절감 및 품질 향상, 제품 및 서비스 홍보 최적화 영역, 개인화된 편리한 사용자 경험 제공 영역 등이다.

첫째, 요구사항 예측 및 R&D 최적화 영역은 제품 수요 및 공급 예측, 제품 디자인 및 효율성 개선, 고위험 환자 그룹 분류에 인공지능이 적용된다.

둘째, 제품 및 서비스 비용 절감 및 품질 향상은 창고/매장 운영 자동화, 예방 유지보수 최적화, 오류 및 재작업 등 프로세스 개선, 진단 자동화 및 속도/정확도 개선 영역에 인공지능이 적용된다.

셋째, 제품 및 서비스 홍보 최적화 영역에서는 가격 최적화, 개인화 프로모션, 유지보수 서비스의 수요 예측, 영업 우선순위 조정에 인공지능이 적용된다.

넷째, 개인화된 편리한 사용자 경험 제공 영역에서는 개인화된 팁 또는 추천 서비스 제공, 가상 에이전트(Virtual Agent) 활용, 경로 및 계획 최적화 서비스에 인공지능이 적용된다.

1. 요구 사항 예측 및 R&D 최적화

- 제품 수용/공급 예측
- 제품 디자인 및 효율성 개선
- 고위험 환자 그룹 분류

2. 제품/서비스 비용 절감 및 품질 향상

- 창고/매장 운영 자동화
- 예방 유지보수 최적화
- 오류/재작업 등 프로세스 개선
- 진단 자동화 및 속도/정확도 개선

3. 제품/서비스 홍보 최적화

- 가격 최적화
- 개인화 프로모션
- 유지보수 서비스의 수요 예측
- 영업 우선순위 조정

4. 개인화된 편리한 사용자 경험 제공

- 개인화된 팁 또는 추천
- 가상 Agent 활용 CS
- 경로/계획 최적화 서비스

[그림 7-2] 주요 인공지능 적용 영역

4.3 인공지능 기반의 예측분석 모델

인공지능 및 빅데이터 전문가 에릭 시겔(Eric Siegel)은 예측분석모델(predictive analytics model)이 인공지능의 주요 적용 목적이며, 이것이 필요한 이유를 기업의 주요 전략목표들(key strategic objective)과 연계하여 설명하였다.

에릭 시겔은 기업들이 경쟁(compete), 성장(grow), 강화(enforce), 개선(improve), 만족(satisfy), 학습(learn), 행동(act)의 7가지 주요 전략목표를 달성하기 위해 인공지능 기반 예측분석이 필요하다고 주장하였다. 기업은 각 사업부서별로 필요한 예측모델들이 있으며, 학습이라는 전략목표에서 축적된다. 에릭 시겔은 기업의 경쟁우위 유지에 필수적인 핵심적 기업 실행(core enterprise practice)으로 예측분석의 중요성을 인지하였으며, 이들 기술이 조직의 학습과정을 통해 여러 사업 분야에 특화된 데이터 기반 리스크 관리 체제를 구현하여 기업의 진화에 있어 완전히 새로운 단계(new phase)를 실행시킨다고 주장한다. 에릭 시겔은 기업 데이터는 조직 경험의 집합체이자 고객과 나눈 상호작용의 역사이기 때문에 값으로 환산할 수 없는 중요한 전략적 자산이다. 예컨대, 고객의 반응 내지 무반응, 구매의사결정, 고객 유치 및 이탈, 부정 및 사기행위, 고객파산, 제품 결함에 대한 불만 등은 기업에 다양한 학습 경험을 제공한다. 그리고 다양한 예측모델들은 기계학습 및 딥러닝 기술을 통해 문제해결을 위한 규칙(지식)과 해결방안을 제시해준다. 따라서 예측모델은 데이터에서 찾은 경험으로부터 나오는 학습 활동이다. 즉, 예측모델 자체가 학습의 결과물이 되는 것이다.

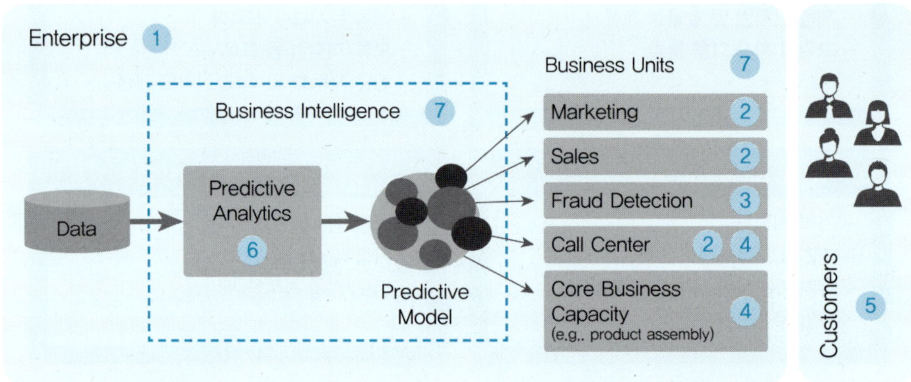

[그림 7-3] 사업부서별로 관찰된 기업의 예측분석 모델 프레임워크

*출처: E. Siegel, 2010

경쟁

에릭 시겔이 제시한 7가지 전략목표들을 살펴보면, 첫 번째 전략목표인 경쟁에서는 가장 강력하고 독보적인 경쟁력 원천을 확보하는 것이 핵심이다. 기업이 제공하는 제품이나 서비스가 범용화되면 결국 경쟁우위는 업무 프로세스(business process) 개선 여부에 달려 있다. 예측분석 모델들은 판매나 고객 유지에 활용할 비즈니스 인텔리전스(business intelligence)의 원천을 제공하며, 고객 세분화의 형태로 정교하게 고객의 구매패턴을 예측할 수 있다. 이 전략목표는 세부적인 예측모델들의 개발을 위한 상위의 전략목표가 된다.

성장

두 번째 전략목표인 성장은 경쟁 상황에서의 매출 증대와 고객 유지가 핵심이다. 예측분석을 마케팅 및 영업에 활용하여 고객별 구매패턴, 및 반응, 이탈률, 클릭 수 등 판매 관련 행동에 대한 예상 점수가 책정될 수 있으며 이는 마케팅, 영업, 고객관리, 기업의 웹 사이트 활동 등 운영 전반에 영향을 준다. 특히, 다이렉트 마케팅(direct marketing)에 대한 반응 예측모델은 비즈니스 모델 혁신 가운데 가장 확실하게 입증된 부문이다. 왜냐하면 반응할 가능성이 낮은 고객을 제외시키면 비용이 대폭 줄고 수익이 늘어나기 때문이다. 예컨대, 전체 고객 중 반응할 가능성이 매우 높은 40%에 전체 반응 고객의 80%가 포함되어 있다면 나머지 60% 중 상당 부분이 제외될 것이므로 마케팅 비용이 크게 절감되어 최종 수익이 대폭 증가하게 된다.

세 번째 전략목표인 강화는 부정행위관리를 통한 비즈니스 무결성 유지가 핵심이다. 다양한 업종에 걸쳐 송장, 신용카드 구매, 세금 환급, 보험금 청구, 휴대폰 통화, 온라인 광고 클릭 수, 가계수표 등과 관련된 부정 및 사기 거래가 막대한 비용을 초래하곤 한다. 인공지능 기반 예측모델을 통한 거래평가와 분류는 사기 행위와 관련된 해당 기업의 기록된 경험을 활용하여 사기 탐지 및 적발 능력을 획기적으로 높일 수 있다. 강화

네 번째 전략목표인 개선은 핵심 사업역량의 경쟁력 강화가 핵심이다. 매출 증대와 사업거래 무결성 확보 외에 예측분석이 가장 활발하게 활용되는 영역은 제품 개선 및 생산성 효율 증대이다. 예측 결과는 핵심 사업역량의 혁신에 기여할 수 있다. 예컨대, 생산 중에 결함 품목이 조립 라인에서 감지될 수도 있고 제품이 출고되면 고장 가능성이 높거나 수리가 필요한 부품을 파악하여 급송(sending by express) 차량에 적재할 수 있다. 또한, 보험사는 보험 상품의 가치와 경쟁력을 위험점수(risk score)로 산출하는 예측분석을 수행한다. 많은 보험금을 청구할 가능성이 있는 신청인을 정확히 예측할수록 보험료 책정 효과를 높이게 되어 그만큼 손실률을 최소화할 수 있다. 개선

다섯 번째 전략목표인 만족은 갈수록 높아지는 고객의 기대 충족이 핵심이다. 예측분석은 기업에 다양한 혁신의 가능성을 부여할 뿐 아니라 고객 역시 더 나은 제품을 더 낮은 가격으로, 더 편리하게, 더욱 안심하면서 구입할 수 있게 해준다. 특히, 고객은 갈수록 심해지는 기업의 마케팅 활동에 대해 맞춤형 마케팅 및 서비스를 요구하고 있다. 고객 맞춤화된 제품과 서비스를 제공하기 위해서 다양한 추천시스템의 예측성과가 중요해질 것으로 보인다. 만족

여섯 번째 전략목표인 학습은 가장 진보된 심층분석(고급분석, 딥러닝) 기술을 채택하는 것이 핵심이다. 균형성과표(BSC, Balanced Score Card), 주요성과지표(KPI, Key Performance Indicator) 등은 과거를 분석하고 현재 상태를 진단하는 것으로 이용되었으나 예측분석기술은 과거의 경험으로부터 반복적으로 학습해가는 과정을 통해 예측력을 축적하여 미래를 예측하고 이를 의사결정에 실시간으로 학습

반영한다. 예측모델은 고객이탈률 예측, 공정과정 최적화, 신용위험 예측, 부도확률 예측, 보험사기 적발 등과 같은 당장의 현실적인 전략목표에 최적화되어 있다. 데이터로부터 규칙과 패턴이 발견되어 미래 사례(검증 데이터)에 적용되었을 경우 유효하다는 차원에서 예측모델들의 최적화 과정 자체는 곧 학습과정이 된다.

행동

마지막 전략목표인 행동에서는 비즈니스 인텔리전스(BI)와 예측분석의 실천을 구현하는 것이 핵심이다. 비즈니스 인텔리전스 보고방식이 제공해주는 인사이트(insight)는 즉시 행동으로 실천하기에 역부족이나 예측분석은 최종 행동명령을 도출하도록 설계된다. 예컨대, 개별 고객의 예측점수(고객생애가치 점수)에 따라 해당 고객에게 수행할 행동이 결정되는 방식인 마이크로 마케팅(micro marketing)이 가능하다. 이러한 차원에서 예측분석은 가장 실천적인 형태의 비즈니스 인텔리전스가 된다.

인공지능 및 빅데이터 활용을 통해 비즈니스 모델 혁신이 가능한 주요 비즈니스 업무가 마케팅 및 영업, 부정 및 사기 방지, 핵심 사업역량의 개선, 그리고 고객 대응 등이다. 에릭 시겔이 언급한 경쟁이라는 전략목표는 경쟁사의 약점을 먼저 파악하는 등 비즈니스 단위별 전략목표라기보다는 기업 경영 전반의 전략목표가 되며, 학습이라는 전략목표에 나타나는 예측분석은 사업부서별로 수행된 다양한 예측모델들의 풀(pool)을 최적화해 나가는 학습과정이다. 또한, 행동이라는 전략목표는 기업이 진정한 혁신을 위해 비즈니스 인텔리전스 보고 방식을 개선하여 실행시키는 실천단계를 의미한다.

연·습·문·제

1. 디지털 전환의 등장 배경에 대해 설명하시오.

2. 인공지능 비즈니스 모델의 구성 요소에 대해 설명하시오.

3. 인공지능 비즈니스 생태계 프레임워크에 대해 설명하시오.

4. 인공지능 적용 분야를 찾아보고 정리해 보시오.

5. 인공지능 기반의 예측 분석 모델에 대해 설명하시오.

8

CHAPTER

인공지능 도입 프로세스

학습목표

인공지능 도입 프로세스 학습

학습내용

AI 비즈니스 적용 프로세스 이해

기업 경영 적용 프레임워크 이해

성공 및 실패 요인 이해

1. 인공지능이 기업경영에 중요한 이유
2. 인공지능 비즈니스 적용 프로세스
3. 인공지능의 기업경영 적용 프레임워크
4. 인공지능 도입의 성공요인과 실패요인
5. 머신러닝 워크플로우
6. 인공지능 윤리

1. 인공지능이 기업경영에 중요한 이유

인공지능이 기업경영에 중요한 이유로 다음의 다섯 가지를 들 수 있다.

첫째, 대량의 데이터와 반복적인 작업을 빠르게 처리할 수 있는 인공지능 기술은 데이터에 존재하는 패턴이나 특징을 분석하고 스스로 자동 학습하도록 지원한다. 분석모델 구축을 자동화하는 머신러닝은 신경망, 통계분석, 운영분석 등에서 활용되는 기법들을 이용하여 프로그래밍 없이 의사결정을 지원하는 등 데이터에 숨어 있는 인사이트를 찾아낸다. 인공지능 자동화를 위해서는 지속적으로 인공지능 모델을 고도화하고, 이를 수행할 인공지능 전문가의 노력이 필요하다.

둘째, 인공지능은 기존 제품에 지능을 더한 스마트 제품과 스마트 서비스로 전환할 수 있다. 인공지능은 개별 애플리케이션 판매가 아닌 이미 사용 중인 제품에 인공지능 기능을 탑재해 제품 개선을 이루고 있다. 자동화, 챗봇, 스마트 머신이 대량의 데이터와 결합되면서 다양한 비즈니스 모델을 창출하고 있다.

셋째, 인공지능은 점진적인 학습 알고리즘을 통해 스스로를 개선하고 데이터가 프로그래밍을 수행하도록 지원한다. 딥러닝은 컴퓨팅 파워의 발전과 학습기법의 개선을 바탕으로 심층 신경망(DNN)을 활용한다. 이를 통해 대량의 데이터에서 복잡한 패턴을 학습할 수 있다. 딥러닝은 데이터의 구조와 규칙성을 찾아내고 스스로 학습하여 최적화 관련 의사결정을 지원한다. 딥러닝은 첫 번째 대답이 적절하지 않은 경우 새로운 학습과 추가 데이터 분석을 통해 최적의 솔루션을 탐색한다.

넷째, 심층 신경망 분석을 통해 다양한 의사결정문제에 관한 향상된 정확도를 제공한다. 최근 인공지능 플랫폼은 모두 딥러닝 기술을 활용하고 있으며, 다양한 사용자들이 인공지능 플랫폼을 이용할수록 더 높은 정확도로 원하는 결과를 획득할 수 있다. 의료분야에서는 딥러닝,

이미지 분류, 개체 인식 등의 인공지능 기술들을 이용하여 MRI 이미지 분석을 활용하고 있으며, 숙련된 방사선 기술자만큼이나 판별 정확도가 높은 결과를 보여주고 있다.

다섯째, 인공지능은 데이터의 활용도를 극대화하며, 빅데이터의 보유는 차별화된 경쟁우위 요소로 작용한다. 알고리즘이 자체 학습을 수행하면 데이터 자체가 지적재산이 될 수 있다. 모든 문제의 해답은 데이터에 있으므로 인공지능을 데이터 분석에 적용하면 최적의 해답을 찾을 수 있다. 경쟁이 치열한 산업에서는 유사한 기술을 보유하여 경쟁우위를 유지하는 기업보다 최상의 데이터(품질이 보증된 빅데이터)를 보유한 기업이 경쟁에서 살아남게 된다.

2. 인공지능 비즈니스 적용 프로세스

AI Summit

AI Summit은 비즈니스 분야에서 인공지능을 어떻게 적용하고 활용할 것인지 탐구하는 목적으로 열리는 국제 컨퍼런스이다. AI Summit에서는 기업 경쟁력 향상을 위한 인공지능 비즈니스 적용 프로세스를 지속적으로 탐구하고 있다. 기업 경쟁력 향상을 위한 인공지능 비즈니스 적용 프로세스는 5단계로 구성된다. 비즈니스 영역 탐색, 비즈니스 목표 수립, 데이터 수집 및 적재, 인공지능 모델 개발, 인공지능 배포 및 프로세스 정비 등이다.

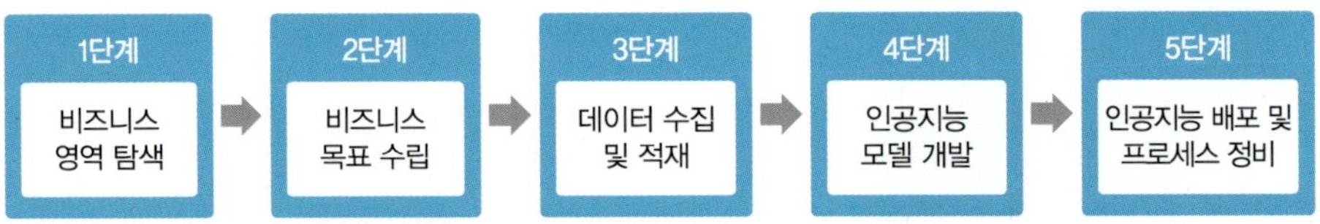

[그림 8-1] 인공지능 비즈니스 적용 프로세스

(1) 1단계: 비즈니스 영역 탐색

비즈니스 영역 탐색

기업이 인공지능 비즈니스를 수행하려면 개선 및 이윤 창출이 가능한 영역이 자사의 업무에 있는지 탐색해야 한다. 또한, 인공지능을 비즈니스에 적용하는 것은 IT 부서만의 일이 아니기 때문에 비즈니스와 인공지능 기술을 모두 이해해야 한다. 두 영역을 모두 이해하는 전문가가 있다면 적은 인원으로 인공지능의 비즈니스 영역을 탐색할 수 있으나 그렇지 않은 경우 비즈니스 전문가와 인공지능 기술 전문가 간의 원활한 의사소통이 필요하다.

인공지능의 비즈니스 적용 프로세스에서는 분야별 전문가가 필수적이다. 기업이 비즈니스, 인공지능 기술, 시스템/소프트웨어 전문 인력을 모두 보유하는 것은 현실적으로 어렵다. 따라서 각 영역에서 서로 다른 의견을 이어주고 절충할 수 있는 하이브리드(hybrid)형 전문가가 필요하다.

(2) 2단계: 비즈니스 목표 수립

인공지능을 적용할 비즈니스 영역을 발견한다면, 비즈니스 목표와 기술 목표를 수립해야 한다. 인공지능 개발 및 적용에 있어 비즈니스와 기술의 목표가 항상 같지는 않으며, 일반적으로 비즈니스 목표는 여러 가지 기술 목표의 조합으로 선정된다.

비즈니스 목표 수립

(3) 3단계: 데이터 수집 및 적재

인공지능 기술은 특정 문제를 해결하기 위한 알고리즘으로 현 비즈니스가 보유한 데이터와 상황에 맞는 알고리즘을 사용한 모델링이 필요하다. 신뢰성 및 타당성이 확보된 데이터를 확보하려면 데이터 정의 및 수집 과정에서 비즈니스 전문가와 인공지능 기술 전문가 간에 긴밀한 의사소통이 수행되어야 한다. 특히, 딥러닝은 방대한 양의 데이터가 필요한 알고리즘이므로 양질의 데이터 확보 여부가 인공지능 비즈니스의 성패를 결정한다. 또한, 데이터양과 처리속도에 따라 인공지능 기술과는 별개로 빅데이터 분석 기술이 요구된다.

데이터 수집 및 적재

(4) 4단계: 인공지능 모델 개발

인공지능 모델 개발 단계는 인공지능 모델 구축 관련 인프라를 준비하고, 모델 평가 지표를 수립 후 알고리즘 선택/모델링/평가/보완 작업을 반복적으로 수행한다. 이 과정에서 비즈니스 목표와 제약사항에 따라 다양한 고려사항이 발생하므로 비즈니스 전문가, 인공지능 기술 전문가, 시스템/소프트웨어 전문가의 중재 및 조언의 역할이 필요하다.

인공지능 모델 개발

(5) 5단계: 인공지능 배포 및 프로세스 정비

인공지능 배포 및 프로세스 정비

인공지능은 업무의 가치와 효율성을 높여주는 도구이므로 인공지능 적용 후의 업무 방식 또한 도구를 잘 사용할 수 있도록 변화해야 한다. 인공지능 적용 프로젝트 이후 영향을 줄 수 있는 업무를 미리 파악하여 부작용을 최소화하고, 불필요한 업무 정비, 업무 흐름(workflow) 재수립, 업무 목표 변경 등의 프로세스 개선을 통해 인공지능 도입에 따른 변화에 연착륙을 시도해야 한다.

3. 인공지능의 기업경영 적용 프레임워크

기업이 특정 업무 영역에서 또는 전사적으로 인공지능을 도입하여 경쟁력 창출에 활용하기 위한 절차 및 방안으로 다음의 4가지 프레임워크를 제시한다.

데이터 과학자(Data Scientist)

첫째, 인공지능 조직 환경 구축 단계(원천역량 확보 단계)로 인공지능 도입에 대한 구성원의 공감대를 형성하고, 데이터 과학자(Data Scientist) 중심의 추진 주체를 확보하는 단계이다. 기업 경영진이 데이터와 사실(fact)에 기반을 둔 의사결정이 직관에 의한 결정보다 미래의 비즈니스를 위해 더 효율적이라고 공감대를 형성한 이후에 인공지능을 도입한다.

무엇보다도 성공적인 인공지능 도입을 위해서는 전사적 조직의 적극적인 협조가 필요하므로 인공지능 도입에 따른 일부 부서의 두려움과 반감을 불식시키는 공감대의 형성이 선결되어야 한다. 전사 인공지능 적용을 주도할 수 있는 인력 구성이 필요하며, 특히 데이터 과학자 확보가 중요하다. 데이터 과학자란 데이터 분석, 관리뿐만 아니라, 기업 비즈니스 영역에 대한 이해도가 높아 업무 데이터 간의 연계를 원활히 수행할 수 있는 인력을 말한다.

기업은 데이터 과학자 인력 확보를 위해 외부 데이터 전문가를 영입하는 것뿐 아니라, 기업 내부에서 업무 파악도가 높은 실무자들 중 IT 스킬, 통계 등의 능력을 갖춘 인력을 배양하는 것도 가능하다. 정의된 문제와 수행 목적에 맞는 양질의 데이터를 모으고, 데이터의 다양한 활용 가능성을 디자인하는 것은 인공지능 적용 성공의 핵심이다. 데이터는 인공지능 활용의 원료로서 데이터의 양, 종류, 품질 등이 중요하다. 데이터가 편향 · 왜곡되지 않고, 정확하고 체계적인 축적 여부는 향후 인공지능 활용성과를 좌우할 수 있기 때문에 데이터 과학자 등 전문 인력의 주도하에 빅데이터의 설계와 수집이 수행되어야 한다.

Q&A 데이터 과학자란 무엇인가?

데이터 과학자(Data Scientist)는 빅데이터 분석가에서 좀 더 심화되고 전문화된 직업이다. 빅데이터 분석가가 통계학적 지식으로 관계를 예측 분석한다면 데이터 과학자는 그 관계의 원인을 찾고 이후의 일을 예측하는 데 중점을 둔다. 전문가들은 데이터 과학자를 통계학 지식과 넓은 범위의 학문적 지식을 가지고 있으며, 이를 바탕으로 데이터 분석으로 가치 있는 결과물을 얻을 수 있는 사람이라고 정의하였다.

2012년 HBR의 보고서 〈Data Scientist: the Sexiest Job of the 21st Century〉에 따르면 데이터 과학자란 수학, 통계학, 컴퓨터공학에 대한 이해와 적용하고자 하는 분야에 대한 지식(경영학, 우주공학, 물리학, 사회과학, 생태학, 생물학 등)을 갖춘 사람들로 정의하였다. 이들은 강력한 호기심과 창의적인 사고능력을 갖춘 것이 특징이다. 또한, 데이터 과학자는 주로 그룹(group)으로 일하게 되므로 소통 능력, 협업 능력, 스토리텔링 능력이 요구된다. 데이터 과학자는 응용수학 및 통계학, 프로그래밍 및 데이터베이스, 도메인 지식 및 소프트 스킬, 커뮤니케이션 및 시각화 영역에서 다양한 기술 목록을 필요로 하고 있다.

둘째, 기술 및 솔루션 획득 단계는 프로젝트 목적과 설계에 따라 적합한 인공지능 기술 및 솔루션을 선택하고, 구체적인 구현 계획을 수립하는 단계이다. 인공지능 기술은 코어 기술(core technology)과 인공지능 솔루션(제품 혹은 기술 묶음)으로 구분되며, 코어 기술에는 머신러닝, 언어 인식, 컴퓨터 비전이 있다.

머신러닝

컴퓨터 비전(computer vision)

머신러닝은 기계 혹은 소프트웨어가 데이터를 스스로 학습하는 것이며, 언어인식(language recognition)은 기계 혹은 소프트웨어가 사람이 말하는 음성 혹은 사람이 작성한 문자를 인식하여 해석하는 것이다. **컴퓨터 비전(computer vision)**은 컴퓨터에 시각을 부여해 이미지 혹은 영상을 분석하여 이해하고 유용한 정보를 생성하는 기술이다. 인공지능 솔루션은 사용 형태나 목적에 따라 가상비서, 대화형 인공지능, 예측분석, 프로세스 자동화, 임베디드 인공지능 등을 예로 들 수 있다.

기술 및 솔루션 도입 방안으로는 이미 검증된 외부의 기술과 제품을 구입하는 방법 또는 자체 개발, 협력 R&D 등의 방법을 고려할 수 있다. 인공지능 구현은 텐서플로, 파이토치, 케라스 등의 오픈 소스 또는 클라우드 서비스를 활용하는 방안과 기업 독자적인 플랫폼을 구축하는 방안이 있으며, 기업의 상황에 맞게 선택한다.

총소요비용(TCO)

인공지능을 적용할 분야가 기업의 장기적인 성장과 관련된 핵심 업무영역인지, 기업 내부적으로 기술 역량은 갖추었는지, 인공지능 적용을 위한 데이터는 마련되어 있는지 그리고 마지막으로 총소요비용(TCO, Total Cost of Ownership) 측면에서 자체 구축과 외부 솔루션 도입 중 어느 것이 적절한 방안인지 결정해야 한다. 기술과 솔루션 도입 이후에는 전문가로 구성된 태스크포스(Task Force, TF)를 통해 소규모 데이터를 활용한 사전조사(Pilot Test)를 실시하여 해당 기술, 제품이 문제해결에 적합한지를 검증한다.

셋째, 적용, 차별화 단계로 대상 업무별 특성 및 전략적 우선순위를 고려하여 인공지능을 도입하고 경쟁력 차별화를 추구하는 단계이다. 인공지능의 기업 적용은 주로 고객 접점 영역, 데이터 친화적 업무, 인공지능 적용 기대성과가 큰 영역부터 시도하는 것이 일반적이다. 비정형 데이터나 암묵지가 많은 인력 체화 업무보다는 정형 데이터가 많은 데이터 친화적 업무가 인공지능 적용이 용이하다.

생산, 전략기획 등 내부 핵심 업무영역보다 서비스, 영업 등 고객 접점 업무가 인공지능 적용에 용이하며, 도입성과를 빠르게 확인할 수 있다. 인공지능 도입의 기대성과가 큰 영역부터 인공지능 적용 범위를 넓혀가는 것이 바람직하다. 고객 서비스 영역에서는 챗봇과 가상비서 제품, 데스크 업무 영역에서는 로봇 프로세스 자동화(RPA) 활용이 증가 추세에 있다.

유통업에 속한 기업들은 챗봇과 가상비서 제품의 활용을 늘리고 있으며, 은행, 보험 등 금융업에서는 RPA 활용이 급격히 증가하고 있다. 주로 단기적 성과창출 가능 영역 중심으로 인공지능 수요가 증대되는 실정이다.

넷째, 성과 확산 및 전사전략 연계 단계로 인공지능 적용의 성과 분석 및 성공사례를 타 부문에 확산시키고 전사 인공지능 전략과 연계한 차기 프로젝트를 설계하는 단계이다. 개별 프로젝트를 통해 창출된 인공지능 적용 성과를 전사로 확산할 필요가 있다. 인공지능 도입을 부정적으로 인식하던 이해관계자 및 내부 구성원을 대상으로 인공지능 도입 과정과 현재까지의 성과, 향후 목표 등을 공유하여 향후 전사 인공지능 전략 추진의 동력을 확보한다.

또한, 프로젝트 추진 과정의 알고리즘, 솔루션 등 기술적 성과 분석과 향후 활용 및 개선 방안에 대한 아이디어를 수집하고 이를 전사 인공지능 전략에 업데이트한다. 일부 기업들이 인공지능 도입에 실패하는 주된 이유는 프로젝트 결과를 연계 · 활용하지 못하고 다른 새로운 연구에 몰두하기 때문이다. 머신러닝을 비롯한 인공지능 기술들은 학습할수록 더 나은 성과를 창출할 수 있다는 점을 명심해야 한다. 따라서 성공 및 실패의 결과를 차기 프로젝트의 설계로 연결시키는 단계가 매우 중요하다.

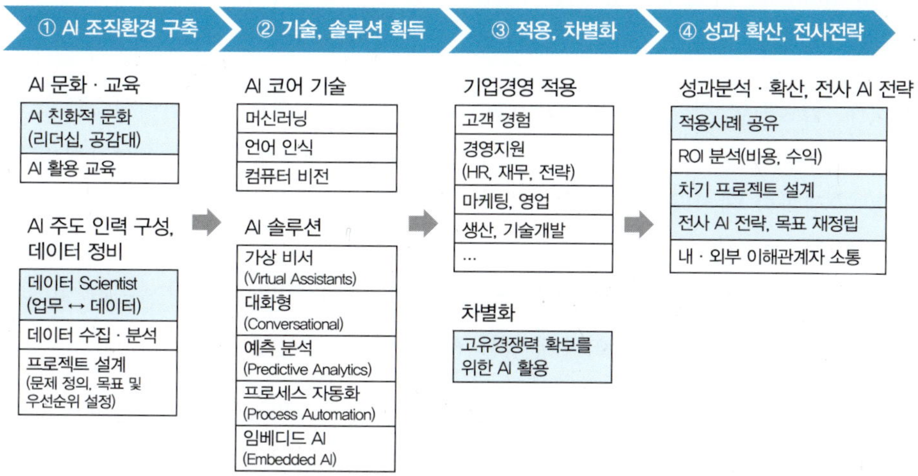

[그림 8-2] 인공지능 기업 경영 적용 프레임워크

4. 인공지능 도입의 성공요인과 실패요인

4.1 성공적인 인공지능 도입을 위한 선행조건

첫째, 인공지능을 비즈니스에 적절히 활용하기 위해서 현황과 문제 파악이 우선시 되어야 한다. 인공지능 프로젝트를 성공적으로 수행하여 비즈니스에 적용하기 위해서는 현재의 비즈니스 현황과 문제, 필요한 솔루션 등에 대하여 최대한 명확하게 파악하고 정리해야 한다. 향상된 고객서비스 제공 및 합리적이며 과학적인 의사결정 지원을 위한 기회식별이나, 경영목표 달성을 위해 해결해야 할 문제를 식별해야 한다. 식별된 문제들 중 조사 연구 등을 통해 시급히 해결할 문제를 사용자 관점에서 정의한다.

둘째, 인공지능에 대한 바른 인식이 필요하다. 인공지능은 목적이 아닌 수단임을 명심해야 한다. 인공지능을 통해 달성해야 할 목표, 해결해야 할 문제가 무엇인지 분명히 해야 한다. 무작정 인공지능을 도입하기보다는 지금 현실에서 주어진 데이터를 바탕으로 투자 대비 효과를 볼 수 있는 낮은 단계의 저비용 자동화를 먼저 시도하는 것이 바람직하다. 즉, 인공지능 도입을 투자자본수익률(ROI, Return On Investment) 측면에서 성과를 가져올 수 있는지 현실적이고 냉정하게 판단해야 한다.

셋째, 인공지능 기반 데이터(AI-ready data) 획득 및 빅데이터 관리시스템 도입이 필요하다. 인공지능시스템 구동을 위한 필수요건은 인공지능에 최적화된 충분한 양의 정확한 데이터이다. 데이터를 사회적으로 중요 자원으로 인식하고, 효과적으로 활용하기 위한 빅데이터 센터 등 인프라를 만드는 것이 중요하다. 즉, 인공지능을 적용할 부분의 입력 데이터를 수집 · 저장 · 정제 · 변형 · 종합 관리할 빅데이터 관리시스템을 도입하고, 이를 운영할 전문 인력을 양성해야 한다.

넷째, 최고 수준의 진정한 지능인 실제 지능(real intelligence)을 포함한 인공지능 기술과 지식들을 관리할 인력의 양성이 필요하다. 인공지능이 의도한 결과물을 잘 도출하고 있는지 확인하고 점검하며 제대로 활용할 수 있는 해당 분야의 전문성을 소유한 인력이 필요하다. 또한, 시스템의 지속적인 진화를 도와주고 유지 · 보수할 수 있는 인력이 필요하다. 이들 인력이 있어야 인공지능은 지속 가능한 비즈니스 시스템, 증강지능(AR)으로 발전할 수 있다. 인공지능은 인력을 대체하기도 하지만, 인력투자에 대한 확고한 의지가 없이는 성공할 수 없다. 인공지능 산업의 발전을 위해서는 고급 인공지능 전문가 인력의 유치 및 양성이 가장 중요하다.

Q&A 인공지능 시스템이란 무엇인가?

오늘날 인공지능 발전을 주도하는 딥러닝 구현에서 인공지능 시스템이 주요 이슈로 부각되고 있다. 인공지능 시스템은 추론 엔진, 지식베이스(규칙베이스, 데이터베이스), 사용자와의 인터페이스 등이 포함된 시스템을 말한다. 인공지능(또는 인공지능시스템)의 구조는 다음과 같다. 인공지능은 사용자가 인공지능 시스템의 인터페이스를 통해 질의하면 인공지능 시스템이 추론엔진(inference engine)에 의해 그 질의를 처리하게 된다. 다음으로 인공지능은 지식베이스(knowledge base)를 이용하여 사용자의 질의에 대해 응답한다.

즉, 인공지능의 구조는 규칙베이스(rule base)와 데이터베이스가 포함된 지식베이스와 추론엔진 그리고 사용자와의 인터페이스 구조로 구성된다. 인공지능 시스템은 학습, 추론, 인식이라는 3가지 주요 기술이 실현되어야 하며, 그중 가장 핵심기술인 학습은 현재 딥러닝 기술로 적용되고 있다. 추론과 인식 분야는 다양한 분야와의 융복합 및 ICBMS(IoT, Cloud, Big Data, Mobile, Security)와의 결합으로 인해 새로운 개념이 등장하여 혁신적 돌파구를 찾을 것으로 예상된다. 이것이 가능하다면 진정한 형태의 인간을 모방하는 지능형 시스템이 등장할 수 있다.

4.2 인공지능 도입 프로세스의 실패 요인

인공지능에 대한 폭발적인 관심에도 다수의 인공지능 및 빅데이터 분석 프로젝트의 성공률은 낮다고 알려져 있다. 인공지능 도입 프로세스의 실패 요인은 인공지능 지식을 보유한 인력의 부족, 프로젝트에 활용할 데이터의 특성(품질), 인공지능 프로젝트 수익모델의 부재, 인공지능 프로젝트 투입 인력의 의사소통 부재의 네 가지로 분류할 수 있다.

첫째, 인공지능 기술에 대한 이해 부족과 더불어 인공지능을 비즈니스에 적용하는 과정에 대한 지식과 경험을 갖춘 인력의 부족 현상이 실패 요인이다. 인공지능 분야를 전공하고, 다양하고 실제적인 프로젝트를 기획 단계에서 최종 구현 단계까지 충실히 수행한 전문가를 보유하는 것은 현실적으로 어렵다. 내부적으로 인공지능 인력을 지속적으로 양성하는 노력이 필요한 부분이다.

둘째, 인공지능을 비즈니스에 적용 및 활용 성공 여부는 전적으로 데이터에 달려 있다. 인공지능 프로젝트의 대부분은 빅데이터를 기반으로 진행된다. 프로젝트에 필요한 데이터의 내용, 형태, 품질 및 용량 등이 인공지능 세부 분야에 따라 크게 달라진다는 점도 인공지능 프로젝트의 성공적인 진행을 어렵게 하는 요인이다. 즉, 데이터의 특성으로 인해 인공지능 프로젝트의 성공 가능성을 예측하기 어렵다. 능력과 경험이 풍부한 인공지능 전문가를 보유하더라도 활용 대상은 데이터이기 때문에 인공지능 프로젝트는 실패할 수 있다. 또한, 인공지능 프로젝트가 진행되는 동안 새롭게 밝혀지는 데이터 특성으로 인해 프로젝트의 세부 진행, 심지어 전체적인 방향과 범위가 바뀔 수 있는 리스크도 존재한다.

셋째, 인공지능을 비즈니스에 적용한 결과의 유용성에 초점을 두기보다 새로운 기술 적용에 초점을 맞추는 경우가 있다. 인공지능 관련 기술을 '비즈니스'에 적용하려는 가장 근본적인 이유는 추가적인 수익을 창출하기 위함이다. 그럼에도 다수의 인공지능 프로젝트들이 인공지능의 기술적 내용에만 초점을 맞추거나, 구체적인 성과가 없어도 인공지능 기술을 적용했다는 사실만으로 만족스럽게 생각하는 경우가 많다. 인공지능 프로젝트 수익모델의 부재는 인공지능 및 데이터 분석 기반 프로젝트의 대표적인 실패 요인으로 알려져 있다.

넷째, 인공지능 프로젝트는 프로젝트 관련자들 사이의 의사소통이 매우 중요하다. 비즈니스 관점에서 프로젝트를 보는 사람들과 기술적 관점에서 프로젝트를 이해하는 사람들 사이에서 커뮤니케이션의 어려움뿐만 아니라, 기술을 개발하는 개발자들 사이에서 커뮤니케이션의 어려움도 포함된다. 인공지능, 특히 데이터 기반 프로젝트는 데이터 전처리 및 정제 과정에 시간과 비용이 많이 소요되는데 이런 부분이 시스템 개발자들의 관점에서는 매우 낯설게 느껴질 수 있다.

5. 머신러닝 워크플로우

머신러닝 워크플로우

머신러닝(machine learning, 기계학습)은 컴퓨터가 방대한 데이터를 분석해서 미래를 예측하는 기술로 경험적 데이터를 기반으로 학습하고 예측을 수행하며, 스스로 성능을 향상시키는 시스템과 알고리즘을 말한다. 데이터를 수집하고 머신러닝을 수행하는 과정, 즉 머신러닝 워크플로우(workflow)는 6단계로 구성된다.

데이터 수집(Data Acquisition)

첫째, **데이터 수집**(Data Acquisition) 단계이다. 인공지능 구현을 위해서는 머신러닝 · 딥러닝 등의 학습 방법과 이것을 학습할 수 있는 막대한 양의 데이터와 컴퓨팅 파워가 필요하다. 여기에 데이터를 수집하는 사물인터넷 뿐만 아니라 이를 분석하는 빅데이터 및 컴퓨터 용량을 제공하는 클라우드 기술, 이외에 자연어 처리 기술과 인식 기술 등 다양한 기술 개발이 필수적이다.

자연어 처리의 경우, 자연어 데이터를 말뭉치 또는 **코퍼스(corpus)**라고 부르는데 코퍼스는 조사나 연구 목적에 의해서 특정 도메인으로부터 수집된 텍스트 집합을 말한다. 텍스트 데이터의 파일 형식은 txt 파일, csv 파일, xml 파일 등 다양하며, 그 출처도 음성 데이터, 웹 수집기를 통해 수집된 데이터, 영화 리뷰 등 다양하다. 분석 목적에 맞는 데이터를 수집해야 하며, 수집 방법은 내부의 데이터웨어하우스(data warehouse)나 데이터베이스 내의 데이터, 조직 외부의 데이터 소스 등을 통해 이루어진다. 기업 내부에서 보유한 민간 빅데이터와 외부의 공공 빅데이터를 획득하고, 이를 통합한 빅데이터 센터 구축도 필요하다.

코퍼스(corpus)

둘째, **점검 및 탐색(Inspection and Exploration)** 단계이다. 데이터가 수집되었다면, 이제 데이터를 점검하고 탐색해야 한다. 여기서는 데이터의 구조, 노이즈 데이터, 머신러닝 적용을 위해서 데이터를 어떻게 정제해야 하는지 방법을 탐색한다. 이 단계를 탐색적 데이터 분석(EDA, Exploratory Data Analysis)이라고 한다. EDA는 독립변수, 종속변수, 변수 유형, 변수의 데이터 유형 등을 점검하며, 데이터의 특징과 내재하는 구조적 관계를 알아내는 과정이다. 이 과정에서 시각화 프로그램을 이용하여 극단치(outlier)를 추출하거나 간단한 통계 테스트(군집 분석, 신뢰성 분석 등)를 진행하기도 한다.

점검 및 탐색(Inspection and Exploration)

셋째, **전처리 및 정제(Preprocessing and Cleaning)** 단계이다. 데이터 전처리와 정제는 다양한 소스로부터 획득한 데이터 중 분석하기에 부적합하거나 수정이 필요한 경우 데이터를 전처리하거나 정제하는 과정이다. 데이터 전처리와 정제는 머신러닝 과정에서 가장 중요한 부분이다. 불필요한 정보를 제거하고 비정형데이터를 정형데이터로 구조화하는 작업이 필요하다. 자연어 처리의 경우 토큰화, 정제, 정규화, 불용어 제거 등의 단계를 포함한다.

전처리 및 정제(Preprocessing and Cleaning)

넷째, **모델링 및 훈련(Modeling and Training)** 단계로 머신러닝에 대한 코드를 작성하는 모델링 단계를 말한다. 적절한 머신러닝 알고리즘을 선택하여 모델링을 수행하고, 해당 머신러닝 알고리즘에 전처리가 완료된 데이터를 학습시킨다(훈련). 전처리 완료된 데이터 셋은 학습용 데이터(training data)와 평가용 데이터(test data)로 구성된다. 학습용 데이터 집합은 머신러닝 모형을 적합화시키기 위해 사용

모델링 및 훈련(Modeling and Training)

되는 데이터를 말한다. 평가용 데이터 집합은 구축한 머신러닝 모형 중에서 가장 좋은 모형(높은 예측성과)을 찾는 데 사용된다.

평가(Evaluation)

다섯째, **평가(Evaluation)** 단계이다. 머신러닝 기법을 이용한 분석모델(연구모형)을 실행하고 성능(예측정확도)을 평가하는 단계이다. 모형평가에는 연구모형이 얼마나 정확한가, 연구모형이 관찰된 데이터를 얼마나 잘 설명하는가, 연구모형의 예측에 대해 얼마나 자신할 수 있는가(신뢰성, 타당성), 모형이 얼마나 이해하기 좋은가 등을 평가하고 만족하지 못한 결과가 나온다면 모델링 및 훈련(Modeling and Training) 단계를 반복 수행한다. 분석과 정리를 통해 나온 처리 결과는 수용 가능한지 여부를 판단해야 한다. 수용하지 못할 경우 반복적인 분석과 정리 작업을 통해 결과의 활용성을 제고하고, 모형의 정확성(예측정확도)을 향상시키는 작업을 반복 수행해야 한다. 다음으로 분석결과의 의미를 제시한다.

즉, 데이터 분석을 통해 변수 간의 관련성이 분석되면 그 결과가 의미하는 바를 명료하게 해석하여 의사결정자에게 구체적인 조언을 하는 것이다. 특히, 주요 분석결과를 간단명료하게 요약하여 어떠한 의사결정이 바람직한 것인지 차트나 그래프 또는 시각화 도구를 적극적으로 활용하여 결과를 제시하는 것이 중요하다.

배포(Deployment)

마지막은 **배포(Deployment)** 단계이다. 평가 단계에서 머신러닝 기법을 이용한 연구모형이 성공적으로 훈련된 것으로 판단된다면 완성된 모델을 배포한다. 분석모델을 실행하여 도출된 최종 결과물을 점검하고 사업적 측면에서 결과의 가치를 재평가한다. 주요 발견 사항의 사업적 가치를 발주기관의 관계자가 판단할 수 있도록 명확한 보고서와 시연(데모)을 준비한다. 발주 책임자에게 최종 결과물을 발표하고 업무에 활용할 방안을 마련한다.

분석모델을 파일럿 테스트를 통해 운영한 다음 안정적으로 확대하여 운영계 시스템에 구축한다. 일정 기간 분석모델을 운영계 시스템에서 운영한 후, 예상한 대로 수익이 증가하고 목표한 효과가 나타나는지 확인한다. 시스템 운영 상황을 정기적으로 재점검하고 프로젝트의 최종 산출물을 발주기관에 전달하는 서비스 구현 프로세스를 거친다. 서비스 구현은 소프트웨어 개발방법론에 따라 기본적으로 필요한 일련의 산출물을 종합적으로 정리한다. 서비스 구현 단계는 분석결과로 만들어진 분석모델을 실 운영계 시스템에 적용하므로 분석, 설계, 구현, 시험의 반복 수행이 필요하다.

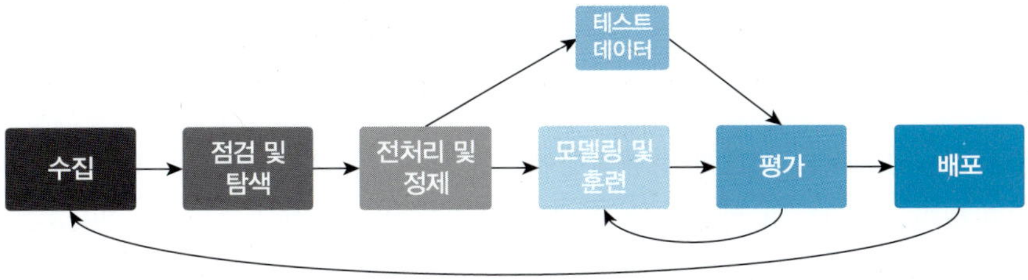

[그림 8-3] 머신러닝 워크플로우의 6단계

6. 인공지능 윤리

인공지능 윤리

6.1 인공지능 윤리이슈 및 동향

인공지능 확산에 따른 역기능과 부작용에 대해 법적 책임 규명 및 권리의 범선, 혼선에 대비한 법제도적 논의가 증가하고 입법적 대응 방안이 점차적으로 중요해지는 시점에 인공지능 윤리이슈 분석 등 윤리적 평가와 개발 논의 개선이 필요하다.

KISDI(정보통신정책연구원)의 자료에 따르면 인공지능 기술이 방대한 데이터, 알고리즘의 복잡성으로 인해 통제와 예측이 쉽지 않고, 알고리즘의 의도하지 않은 차별, 편견 개입에 따른 피해 요인을 인지하기 어렵다. 또한, 현재의 인공지능은 개발자가 의도를 가지고 개발하는 시스템이고 매우 빠른 속도로 발전하는 기술이므로 공학적인 윤리 등 지속적으로 윤리적 논의 체계를 고도화시킬 필요성이 있다. AI 윤리이슈 중 가장 심각한 점은 머신러닝에 의한 인종, 종교와 같은 인간의 편견이 프로그래밍되는 것이다.

독일의 인공지능연구소(DFKI), 영국 노팅엄대학교(The Univ. of Nottingham), 미국 인공지능 비영리연구단체(FLI), 일본 인공지능학회, 카이스트(KAIST) 인공지능연구센터 등 국내 · 외 인공지능 연구소 및 학계 연구자들이 인공지능 윤리 설계방안을 검토하고 논의를 활발히 진행하고 있다. 또한, IBM의 '인공지능 윤리위원회', 카카오의 '알고리즘 윤리헌장', 구글의 '인공지능 윤리원칙' 등 국내 · 외 IT 기업들은 인공지능 윤리정책과 개발원칙을 검토하고 있다. 각 국가별 정부/의회 차원의 인공지능 윤리 정책이 점차 상세화되어 인공지능 개발 가이드라인이 발표되고 있다. 국내는 정부 및 의회 차원의 인공지능 입법/정책대응 현황 분석을 수행하고 있다.

최근에는 인공지능 개발과 사용과정에서 발생하는 위험요소와 오용의 문제에 대해 윤리원칙을 검토 및 채택해야 한다는 움직임이 활발해지고 있다. 2018년 9월 세계경제포럼(World Economic Forum)에서 인공지능 규범(AI code)의 5개 원칙을 발표한 바 있다.

〈표 8-1〉 세계경제포럼의 인공지능 규범 원칙

코드명	인공지능 규범(AI code)의 5개 원칙
Code 1	인공지능은 인류의 공동 이익과 이익을 위해 개발되어야 한다.
Code 2	인공지능은 투명성과 공정성의 원칙에 따라 작동해야 한다.
Code 3	인공지능이 개인, 가족, 지역사회의 데이터 권리 또는 개인정보를 감소시켜서는 안 된다.
Code 4	모든 시민은 인공지능을 통해서 정신적, 정서적, 경제적 번영을 누리도록 교육받을 권리를 가져야 한다.
Code 5	인간을 해치거나 파괴하거나 속이는 자율적 힘을 인공지능에 절대로 부여하지 않는다.

시민을 위한 공공분야의 인공지능 사용 가이드라인을 공동 설계하였으며, 보고서가 권장하는 인공지능 규범(AI code)의 5개 원칙은 1) 인공지능은 인류의 공동 이익과 이익을 위해 개발되어야 한다. 2) 인공지능은 투명성과 공정성의 원칙에 따라 작동해야 한다. 3) 인공지능이 개인, 가족, 지역사회의 데이터 권리 또는 개인정보를 감소시켜서는 안 된다. 4) 모든 시민은 인공지능을 통해서 정신적, 정서적, 경제적 번영을 누리도록 교육받을 권리를 가져야 한다. 5) 인간을 해치거나 파괴하거나 속이는 자율적 힘을 인공지능에 절대로 부여해서는 안 된다고 발표한 바 있다.

6.2 국내 인공지능 윤리 동향

국내는 정부 및 의회 차원의 인공지능 윤리정책 영향의 쟁점화가 2018년부터 대두되었으며, 산업통산자원부의 '지능형 로봇개발 및 보급촉진법(2020년 5월 시행)'에서 로봇윤리헌장의 제정이 구체화되었다. 방송통신위원회와 정보통신정책연구원은 2019년 11월 '이용자 중심의 지능정보사회를 실현하기 위한 원칙(이하 '인공지능 윤리원칙')'을 발표하였다.

인공지능 윤리원칙은 인공지능 시대 이용자의 권리와 이익이 충분히 보호될 수 있도록 정부, 기업, 이용자 등 구성원들이 함께 지켜가야 할 기본적인 원칙이다. 인공지능 윤리원칙은 사람 중심 서비스, 투명성과 설명 가능성, 책임성, 안전성, 차별금지, 참여, 프라이버시와 데이터거버넌스의 내용을 담고 있다.

첫째, 사람 중심 서비스이다. 지능정보서비스의 제공과 이용은 사람을 중심으로 그 기본적 자유와 권리를 보장하고 인간의 존엄성을 보호할 수 있는 방향으로 이루어져야 한다.

둘째, 투명성과 설명 가능성이다. 지능정보서비스가 이용자에게 중대한 영향을 끼칠 경우 기업의 정당한 이익을 침해하지 않는 범위에서 이용자가 이해할 수 있도록 관련 정보를 작성해야 하며, 이용자 기본권에 피해를 유발할 경우 예측, 추천, 결정의 기초로 사용한 주요 요인을 설명할 수 있어야 한다.

셋째, 책임성이다. 구성원들은 지능정보서비스의 올바른 기능과 사람 중심 가치의 보장을 위한 공동의 책임을 인식하고 관련한 법령과 계약을 준수한다.

넷째, 안전성이다. 안전하고 신뢰 가능한 지능정보서비스의 개발과 이용을 위해 모두가 노력하고, 지능정보서비스가 초래할 수 있는 피해에 대한 자율적인 대비 체계를 서비스 제공자와 이용자가 수립하고 운영한다.

다섯째, 차별금지이다. 지능정보서비스가 사회적 · 경제적 불공평이나 격차를 초래할 수 있다는 점을 인식하고, 알고리즘 개발과 사용의 모든 단계에서 차별적 요소를 최소화할 수 있도록 노력한다.

여섯째, 참여이다. 지능정보사회의 구성원들은 공적인 이용자 정책 과정에 차별 없이 참여할 수 있으며, 공적주체는 제공자와 이용자가 실질적으로 의견을 제시할 수 있는 정기적인 통로를 조성해야 한다.

마지막으로, 프라이버시와 데이터거버넌스이다. 지능정보사회의 개발, 공급 및 이용의 전 과정에서 개인정보 및 프라이버시를 보호하며, 구성원들은 기술적 이익의 향유와 프라이버시 보호 사이의 균형을 위해 지속적인 의견 교환에 참여한다.

이처럼 4차산업혁명 시대에 인공지능은 윤리이슈와 관련하여 다수의 과제가 남아 있다. 현재 정부는 산업별 인공지능과 윤리이슈 검토를 위해 제조, 금융, 의료, 군사 분야의 윤리이슈를 선정하여 분석 중이다. 자동차 분야는 무인자율주행 자동차, 금융 분야는 로보어드바이저, 의료분야는 인공지능 의사 및 관련 윤리이슈, 군사 분야는 치명적 자율무기체계에 관한 이슈 등 4가지 분야에 대한 윤리이슈를 우선적으로 검토하고 있다.

6.3 인공지능 윤리 향후 과제

인공지능이 발전함에 따라 부작용과 위협에 대한 우려가 제기되고 있으며, 그중 대표적인 것이 인공지능의 윤리 문제이다. 인공지능 무기, 채팅봇, 자율주행자동차 등의 알고리즘을 구현하는 경우 인공지능의 윤리 문제가 제기된다.

또한, 인공지능에 의해 인간관계 및 사회문화적 단절 또는 파괴가 일어나는 경우 우리 사회는 어떠한 조치를 수행할 것인가의 문제도 고려 대상이다. 인공지능의 윤리 문제를 해결하기 위한 세 가지 방안은 다음과 같다.

첫째, 인공지능 공학자의 전문가적 윤리 정립이 필요하다. 즉, 프로그래머는 인공지능 윤리 체계(매뉴얼) 및 거버넌스(governance) 하에서 인공지능을 구동하는 알고리즘을 작성해야 한다.

둘째, 사회 · 문화적으로 통용되는 윤리적 가치관에 의해 인공지능이 실행될 수 있는 알고리즘 체계(moral code)가 필요하다.

셋째, 인공지능 스스로 자기 윤리성을 검증할 수 있는 능력이 필요하다. 인공지능이 실행하는 연산 및 그 결과가 윤리적인지 스스로 검증할 수 있는 능력을 보유해야 한다. 인공지능의 레벨이 높아질수록 사용 영역의 민감성 여부에 따라 인공지능의 윤리에 대한 많은 문제들이 제기될 것이며, 향후 이와 관련하여 많은 논의와 사회적 합의가 필요한 시점이다.

우리나라는 글로벌 기업들과 비교해서 상대적으로 소프트웨어 역량과 데이터 축적 면에서 상당한 격차가 있으며, 글로벌 경쟁력을 갖춘 전문가 및 산업현장에서의 인재가 부족한 상황이다. 최신 인공지능 제품 개발 및 서비스 창출을 위한 연구자와 기업도 소수에 불과하다.

중 · 장기 관점에서 소프트웨어 역량과 양질의 데이터 확보, 관련 법 · 제도 정비, R&D 투자 확대를 통해 인공지능 스타트업을 다수 배출해야 한다. 이를 위해 인공지능 산업생태계 구축을 위한 산학연 혁신클러스터 조성이 필요하다. 인공지능 투자사, 금융기관, 스타트업 기업, 지역대학, 연구소 등이 공동으로 네트워크를 구축하는 혁신클러스터를 조성하고 전문 인력을 양성해야 한다.

연·습·문·제

1. 인공지능이 기업의 경영에 있어 중요한 이유에 대해 설명하시오.

2. 인공지능 비즈니스 적용 프로세스에 대해 설명하시오.

3. 인공지능의 기업 경영 적용 프레임워크에 대해 설명하시오.

4. 인공지능 도입의 성공과 실패 요인에 대해 설명하시오.

5. 머신러닝 워크플로우에 대해 설명하시오.

9

CHAPTER

인공지능에서 빅데이터의 역할

학습목표

인공지능에서 빅데이터의 역할 이해

학습내용

빅데이터 활용과 AI 기법 이해

금융 빅데이터와 마이데이터 이해

AI에서 빅데이터의 역할과 과제

1. 빅데이터 개요
2. 빅데이터 활용과 인공지능 기법
3. 분야별 빅데이터 활용 사례
4. 빅데이터 관련 법제
5. 금융 산업의 빅데이터 활용과 마이데이터
6. 인공지능에서 빅데이터의 역할과 과제
7. 인공지능 도입 프로세스 시사점 및 전망

1. 빅데이터 개요

1.1 빅데이터 등장 배경

인공지능 구현을 위해 머신러닝과 딥러닝 기술도 중요하나 무엇보다 이것을 학습할 수 있는 방대한 양의 데이터, 즉 빅데이터가 필요하다. 빅데이터는 디지털 환경에서 생성되는 데이터로 규모가 방대하고, 형태도 수치데이터(numerical data)뿐만 아니라 문자와 영상데이터(string and video data)를 포함한 다양하고 거대한 데이터의 집합을 말한다. 즉, 부피가 크고, 변화의 속도가 빠르며, 속성이 다양한 데이터를 지칭한다. 다국적 컨설팅전문회사인 맥킨지는 빅데이터를 "지금까지 데이터를 관리하던 기존의 소프트웨어로는 저장, 관리, 분석할 수 있는 범위를 초과하는 규모의 데이터"로 정의했으며, 시장조사기관 가트너(Gartner)는 "보다 향상된 의사결정을 위해 사용되는 비용 효율적이며 혁신적인 거대한 용량(volume)의 정형 및 비정형의 다양한 형태(variety)로 엄청나게 빠른 속도(velocity)로 쏟아져 나와 축적되는 특성을 지닌 정보 자산"이라고 정의한 바 있다.

최근 정보기술 발전에 따른 데이터 저장 및 처리 비용의 하락과 SNS의 확대 등의 디지털 정보량 증가에 따라 빅데이터가 중대한 이슈로 부각되고 있다. 저장 장치(storage)와 프로세서의 발달과 더불어 데이터 분석 기술의 진보는 빅데이터 시장을 촉진해왔으며, 4차산업혁명의 핵심원천기술인 사물인터넷, 클라우드 컴퓨팅, 인공지능과 함께 폭발적인 잠재성을 가지며 동반 성장하고 있다. 주요 국가 정부와 산업계에서는 빅데이터를 각종 문제 해결 및 이슈 대응뿐만 아니라 미래 전략과 수반되는 전략적 의사결정의 중요한 도구로 활용하고자 한다.

우리 정부는 '빅데이터를 활용한 과학적 행정 구현 및 유능한 전자정부 구현'을 목표로 빅데이터 기반의 합리적 정책 결정체계와 맞춤형 행정서비스 지원 계획을 수립하고 있다. 지방정부에서는 지능형 정부를 표방하여 빅데이터 분석 등 첨단 신기술을 활용해 지방행정을 혁신하고, 맞춤형 대국민 서비스를 제공하는 스마트 지자체 정부를 추진하고 있다. 또한, 지능형 행정서비스 제공을 위해 관광 및 교통정책 등에 빅데이터를 활용하여 맞춤형 콘텐츠 개발과 신속한 교통서비스를 제공하고 있다.

이처럼 빅데이터 시장이 급격히 성장하고 있고, 빅데이터 분석 활용도 점차 확대되고 있다. 빅데이터에 대한 기술적 수요와 관심이 높아짐에 따라 이를 활용하기 위한 방법으로 다양한 솔루션 및 오픈 소스들이 등장하고 있다. 이에 관해 현재 국내 · 외 빅데이터 관련 표준화 전략 수집과 표준 개발 활동이 증가하고 있는 추세이다. 또한, 각국 정부에서는 국가 주도의 빅데이터 기반의 지식처리 인공지능 소프트웨어 프로젝트를 추진하고 있으며, 차세대 지능형 소프트웨어 시장에서 지식 및 지능처리 기술 선점을 위해 소리 없는 전쟁을 벌이고 있다.

1.2 빅데이터의 개념 및 특성

시장조사기관 IDC(International Data Corporation)는 빅데이터란 "다양한 종류의 대규모 데이터로부터 저렴한 비용으로 큰 가치를 추출하고, 데이터의 빠른 수집, 발굴, 분석을 지원하도록 고안된 차세대 기술"이라고 정의하였다. 우리나라의 국가지식재산위원회는 빅데이터를 "대용량 데이터를 활용 및 분석하여 가치 있는 정보를 추출하고 생성된 지식을 바탕으로 능동적으로 대응하거나 변화를 예측하기 위한 정보화 기술"이라고 정의하였다. 이와 같이 빅데이터란 엄청나게 많은 데이터로 양적인 의미를 벗어나 데이터 분석과 활용을 포괄하는 개념으로 사용하고 있다.

빅데이터

빅데이터의 정의는 다양하지만, 빅데이터를 기업의 효과적인 전략 도출에 필요한 상세하고 높은 빈도로 생성되는 다양한 종류의 데이터로 정의할 수 있다. 즉, 현재 시스템의 처리 범위를 넘어서는 데이터이며, 기존의 방식과 다른 새로운 처리 및 분석방법이 필요하다는 것이다.

데이터웨어하우징 인스티튜트(TDWI, The Data Warehousing Institute)에서 발표한 〈2012년 빅데이터 분석 보고서(Big Data Analytic Report 2012)〉에 의하면 빅데이터의 특성으로 규모(Volume), 속도(Velocity), 데이터의 다양성(Variety)을 제시하였다. 시장조사기관 가트너(Gartner)의 〈Emerging Technology Hype Cycle 2012〉 보고서에서도 빅데이터의 3가지 조건으로 규모(Volume), 속도

(Velocity), 다양성(Variety)이라는 '3V'의 조건을 충족해야 한다고 언급한 바 있다. 3V
빅데이터는 대규모 용량, 빠른 속도 그리고 다양성을 갖는 정보자산으로서, 이를 통해 의사결정, 새로운 정보의 발견, 프로세스 최적화를 향상시키기 위해서는 새로운 형태의 처리 방식이 필요하다.

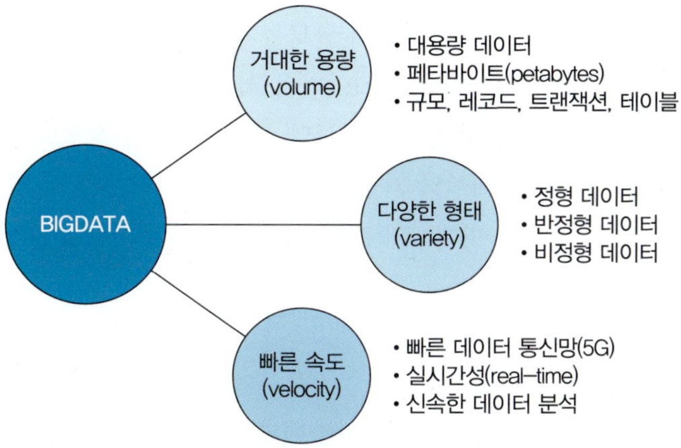

[그림 9-1] 빅데이터의 정의(3V)

(1) 규모(Volume): 데이터의 크기 규모(Volume)

빅데이터에서 규모란 데이터의 양적인 수준을 의미한다. 구글의 CEO 에릭 슈미트(Eric Emerson Schmidt)는 인류문명이 시작된 이후 2003년까지 축적된 데이터를 모두 합치면 50억 기가바이트(gigabyte) 정도가 되며, 이제 인류는 하루 만에 이보다 많은 양의 데이터를 만들어내고 있음을 언급하였다.

빅데이터 기술을 활용하는 기업들은 이미 분석에 필요한 대용량 데이터를 보유하고 있다. 데이터웨어하우징 인스티튜트(The Data Warehousing Institute)의 설문조사에 의하면, 약 37%의 기업이 이미 10테라바이트(terabyte, 240) 이상의 데이터를 갖고 있다고 응답하였다. 4차산업혁명 시대의 핵심원천기술(사물인터넷, 클라우드, 인공지능 등)의 발전과 스마트폰 및 무선인터넷 등이 일상화되면서 해마다 디지털 정보량이 기하급수적으로 폭증하여 현재 제타바이트(ZetaByte, ZB) 시대로 진입하고 있다.

시장조사기관 IDC의 백서 〈Data AGE 2025〉에 따르면, 2025년까지 전 세계 데이터의 양은 163ZB(제타바이트)까지 늘어날 것으로 예측하였다. 특히, 163ZB는 지난 20여 년 동안 출하된 하드디스크의 80억 대가 합쳐진 용량인 4ZB에 비교하면 엄청난 대규모 데이터이며, 현재 12TB의 하드디스크를 기준으로 약 160억 대의 하드디스크가 필요한 수준이다. 향후 빅데이터는 모두 저장되지는 않을 것이며, 가치 있는 약 5%의 중요 데이터만 저장될 것으로 예측하고 있다.

현재의 빅데이터 시대에서 빅데이터의 규모는 단지 데이터의 양적인 측면보다는 기존의 데이터 처리 방법이나 기술로 데이터를 처리하는 데 소요되는 비용이나 시간이 많아 데이터 처리를 통해 얻은 가치보다 비용이 더 큰 정도로의 데이터를 빅데이터로 인식하고 있다. 빅데이터 기술에서 대용량 데이터는 분석 결과에 대한 신뢰성과도 연관 있다. 이제는 빅데이터 관리 방법과 빅데이터 품질을 어떻게 개선할 것인지 고민해야 할 시점이다.

(2) 속도(Velocity): 데이터의 변화 속도

속도(Velocity)

속도란 데이터의 생성, 분석, 유통, 소비에 이르는 시간을 의미한다. 1990년대 초까지만 해도 빠른 데이터 통신망은 매우 값비싼 자원이었다. 데이터의 유통 주기가 몇 시간에서 길게는 몇 주까지 소요되었으나, LTE(Long Term Evolution) 등으로 대변되는 4세대(4G) 이동통신과 5세대(5G) 이동통신망에서는 데이터의 생성, 분석, 유통, 소비의 주기가 거의 실시간으로 이루어지고 있다. 빅데이터의 속도란 데이터의 생성에서 소비에 이르는 시간이 거의 실시간으로 이루어져야 함을 의미한다.

소셜(social) 데이터, 사물 정보(센서, 모니터링), 스트리밍(streaming) 정보 등 실시간성 정보가 지속적으로 증가하고 있으며, 실시간성으로 인한 데이터 생성, 이동(유통) 속도도 지속적으로 증가하고 있다. 특히, SNS는 사람과 사람이 소통하는 것으로 끊임없이 새로운 데이터(소셜 데이터)를 생성하고 소비하는 곳이다.

또한, 데이터의 변화 속도가 빠르기 때문에 현재의 데이터를 포함할 가능성이 큰 영역이다. 대규모 데이터 처리 및 가치 있는 현재 실시간 정보 활용을 위해 데이터를 처리하고 분석하는 속도가 매우 중요하다. 신속한 데이터 분석이 더 큰 미래 예측의 가치를 제공한다. 이는 기존의 정형 데이터 분석 기반의 BI(Business Intelligence) 사고에서 비정형 데이터 분석까지 포함하는 비즈니스 애널리틱스(Business Analytics) 사고로 확장시켜야 함을 말한다.

(3) 다양성(Variety): 데이터의 다양성

다양성(Variety)

빅데이터의 다양성이란 빅데이터를 구성하는 데이터 유형의 다양화를 말한다. 기존에 관계형 데이터베이스(RDB, Relational Database)에서 처리하는 데이터들은 관계형 데이터베이스에 입력이 가능한 정형화된 데이터들로 구성된다. 그러나 빅데이터에서 처리되는 주요 데이터는 이와 같은 정형화된 데이터들이 아닌 로그(log)기록, 클릭 스트림(click stream) 데이터, 소셜 데이터, GPS(Global Positioning System)와 같은 센서(sensor) 데이터, 비디오 · 오디오 등의 멀티미디어 등과 같이 정형화하기 어려운 비정형 데이터나 XML, RSS Feeds 등의 반정형 데이터가 대부분이다.

또한, 빅데이터 처리 기술은 이와 같은 비정형 데이터와 반정형 데이터를 처리하는 데 최고의 성능을 내도록 설계되어 있다. 즉, 과거 데이터 분석은 RDBMS에 입력된 정형 데이터(structured data)를 기반으로 수행되었다. 정형 데이터는 주로 수치화된 정량적 데이터를 의미한다. 그러나 현재 빅데이터가 다루는 데이터의 종류는 〈표 9-1〉과 같이 반정형 데이터(semi-structured data), 비정형 데이터(unstructured data)로 대변되는 정성적 데이터까지 포함한다.

〈표 9-1〉 빅데이터의 다양성(분류)

정의	설명
정형 데이터 (structured data)	고정된 필드에 저장된 데이터, 연산 가능 예) 관계형 데이터베이스, 스프레드시트, CSV 등
반정형 데이터 (semi-structured data)	고정된 필드에 저장되어 있지는 않지만, 메타데이터나 스키마 등을 포함하는 데이터, 연산 불가능 예) XML, HTML, 로그 형태(웹 로그, 센서 데이터)
비정형 데이터 (unstructured data)	고정된 필드에 저장되어 있지 않은 데이터, 연산 불가능 예) 텍스트, 소셜 데이터, 이미지, 동영상, 음성 등

정형 데이터
반정형 데이터
비정형 데이터

빅데이터는 정형(structured) 데이터, 반정형(semi-structured) 데이터, 비정형(unstructured) 데이터로 구분할 수 있다. 정형화된 데이터는 일정한 규칙을 갖고 체계적으로 정리된 데이터를 의미한다. 고정된 필드에 저장된 데이터로 관계형 데이터베이스 및 스프레드시트 등에 저장된 데이터이다. 예를 들어, 매년 통계청에서 발표하는 통계자료, 방송통신 실태조사, 각종 과학적 데이터 등을 말한다.

정형화된 데이터는 그 자체로 의미 해석이 가능하며, 바로 활용할 수 있는 정보를 내포하고 있다. 반정형화된 데이터는 고정된 필드에 저장되어 있지 않지만, 메타데이터(metadata)나 스키마(schema) 등을 포함하는 데이터이다. 즉, 반정형 데이터는 스키마 형태가 있으나 연산이 불가능한 데이터이다. XML(eXtensible Markup Language), HTML(Hypertext Markup Language) 문서와 웹 로그(weblog), 센서 데이터(sensor data) 등이 이에 해당한다.

비정형화된 데이터는 고정된 필드에 저장되어 있지 않은 데이터이다. 텍스트 분석이 가능한 텍스트 문서 및 이미지, 동영상, 음성 데이터 등을 예로 들 수 있다. 비정형화된 데이터는 개인, 집단, 사회, 국가 등과 관련된 주제를 스마트 미디어(smart media) 이용자들이 상호 의견을 교류함으로써 생산되는 정보들이다. 특히, 오늘날 빅데이터는 비정형화된 데이터에 초점을 두고 있다.

기존 데이터 분석과 빅데이터 분석의 차이를 네 가지로 요약할 수 있다. 첫째, 규모가 매우 큰 데이터를 대상으로 한다. 둘째, 통계자료나 구매 기록 등 정형 데이터뿐만 아니라 소셜 데이터, 위치 및 센서 데이터 등 반정형 · 비정형 데이터까지 분석 대상에 포함한다. 셋째, 다양한 데이터들의 관계를 동시에, 가능한 빨리 처리할 수 있는 새로운 컴퓨팅 기술을 적용한다. 넷째, 다양하고 신뢰할 수 있는 분석결과를 제시하여 가치를 창출하는 데이터 처리방식이라는 점에서 차이가 있다.

2. 빅데이터 활용과 인공지능 기법

2.1 머신러닝과 빅데이터 분석

머신러닝은 수집된 다양한 데이터를 분석할 수 있는 기준(알고리즘)을 가지고 학습을 통해 주어진 일에 대한 해결책 제시(의사결정 지원)를 자동화하는 것을 의미한다. 머신러닝은 다양한 확률이론과 수학적 최적화 기법, 통계기법, 알고리즘, 컴퓨터 구조를 활용하여 이상적인 학습모델을 구축하는 기술과 연구자의 경험적 지식 습득까지 포함하는 융합기술이다. 머신러닝 개념은 빅데이터 혹은 데이터마이닝과 혼동되는 경우가 있으나 데이터마이닝은 대용량 데이터 속에서 유효한 정보와 규칙(지식)을 찾아내는 과정이고, 머신러닝은 데이터를 이용하여 학습과 검증의 과정을 통해 특정 조건에서 예측 값을 얻는 과정이라는 점에서 차이가 있다.

데이터마이닝은 방대한 데이터에서 숨어 있는 규칙(rule)과 패턴(pattern), 의미를 발견하는 것이고, 머신러닝은 여기에 과거의 추이를 통해 미래의 추정과 예측이 추가된다. 머신러닝의 가장 기본적인 절차는 데이터를 정제하고 정리하는 과정을 통해 추상화하고 그렇게 추상화된 모형을 기반으로 훈련과 테스트를 통하여 일반화된 알고리즘을 도출하는 과정을 거친다. 즉, 빅데이터 머신러닝은 빅데이터를 이용하여 학습과 검증의 과정을 통해 예측과 추측을 수행하여 의사결정을 지원한다.

빅데이터 전문가들은 빅데이터 분석의 핵심기술인 머신러닝과 인공지능기법에 대한 이해 및 기술력 향상을 가장 중요한 요소로 선정하였다. 빅데이터 머신러닝은 빅데이터를 정제하는 과정을 통해 추상화하고 이들 추상화된 모형을 기반으로 훈련과 테스트를 통해 일반화된 알고리즘을 도출하는 과정을 거치게 된다.

머신러닝은 도출된 알고리즘이 최적화에 이르기까지 학습하고 이를 통해 미래 현상을 추측 및 예측이 가능하기에 전통적인 통계 기법(판별분석, 회귀분석 등)과 비교하여 지능형 기법(intelligent techniques) 또는 인공지능기법(AI techniques)으로 불린다. 인공지능기법으로는 인공신경망(artificial neural network), 의사결정나무(decision trees), 연관성규칙분석(association rule analysis), 유전자알고리즘(genetic algorithm), 서포트벡터머신(support vector machines) 등이 있다.

머신러닝 기법들은 지도학습(Supervised Learning)과 비지도학습(Unsupervised Learning)으로 구분된다. 머신러닝은 일반적으로 주어진 입력 데이터 기반으로 출력 데이터를 예측하는 지도학습과 주어진 입력 데이터가 아닌 비식별 데이터로 출력 데이터를 예측하는 비지도학습으로 구분된다.

지도학습 기법으로는 Classification, Logistic Regression, Support Vector Machines, Decision Tree, Neural Networks 등이 있으며, 비지도학습 기법으로는 K-means, Gaussian Mixture Model 등이 있다. 머신러닝이 효율적으로 동작하기 위해서는 충분한 학습 데이터와 대용량 처리의 지연을 감소시키기 위한 알고리즘의 개선, 대용량 처리가 가능한 빅데이터 플랫폼 기반의 머신러닝 알고리즘 적용이 요구된다.

2.2 빅데이터 기법: 데이터마이닝(Data Mining)

데이터마이닝(Data Mining)

조직이 빅데이터를 보유하고 있고, 이를 활용할 수 있는 IT 인프라를 구축했다고 해서 바로 빅데이터를 분석할 수 있는 것은 아니다. 실제 빅데이터 분석을 위해서는 다양한 통계기법과 인공지능기법 활용이 필요하며, 이들 기법을 통칭하여 데이터마이닝 기법이라고 한다.

데이터마이닝은 축적된 대용량 데이터를 통계적 기법 및 인공지능 기법을 이용하여 분석하고 이에 대한 평가를 거쳐 일반화시킴으로써 새로운 자료에 대한 예측 및 추측을 할 수 있는 의사결정을 지원한다. 데이터마이닝은 대규모로 저장된 데이터 안에서 다양한 분석기법을 활용하여 전통적인 통계학 이론으로는 설명이 힘든 패턴과 규칙을 발견한다. 데이터마이닝은 빅데이터라는 거대한 광산 속에 묻혀 아직 발견되지 않은 가치 있는 정보를 '발굴'하기 위한 기법이며, '가설'을 세우고 이를 '검증'하는 전통적인 통계학과는 다소 차이가 있다.

데이터마이닝은 대용량의 데이터베이스에 존재하는 은닉된 데이터 간의 관계, 패턴, 새로운 규칙 등을 탐색적으로 찾아내고 모형화해서 유용한 정보로 변환하는 일련의 과정을 의미한다.

데이터마이닝 기법은 통계학 분야의 탐색적 자료분석(exploratory data analysis), 가설검정(statistical hypothesis testing), 시계열분석(time series analysis), 일반선형모형(generalized linear model), 군집분석(cluster analysis), 판별분석(discrimination analysis) 등의 방법론과 연결분석(link analysis), 연관성규칙(association rule), 의사결정나무(decision tree), 신경망모형(neural networks), 전문가 시스템(expert system) 등의 기술적인 방법론이 쓰이고 있다.

데이터마이닝은 분류(classification), 추정(estimation), 예측(prediction), 유사집단화(affinity grouping), 군집화(clustering)의 5가지 업무영역으로 구분할 수 있다(〈표 9-2〉 참조).

〈표 9-2〉 데이터마이닝의 5가지 업무영역

업무영역	데이터마이닝 기법	사례
분류(classification)	의사결정나무 분석, 사례 기반 추론	부도기업과 건전기업 분류, 신용우량고객과 불량고객 분류, 보험사기 분류(정상 청구, 허위 청구)
추정(estimation)	회귀분석, 신경망	수입, 은행잔고, 배당금 산출, 고객평생가치 산출
예측(prediction)	장바구니분석, 사례기반 추론, 의사결정나무, 신경망	소비자 구매 행동 예측, 고객이탈률 예측, 부도확률 예측, 환율변동성 예측
유사집단화(affinity grouping)	장바구니분석, 연관성분석	장바구니분석, 교차판매, 끼워팔기 전략 수립
군집화(clustering)	클러스터링	시장 세분화

분류(classification)
추정(estimation)
예측(prediction)
유사집단화(affinity grouping)
군집화(clustering)

분류(classification)는 데이터마이닝에서 가장 보편적인 작업으로 어떤 새로운 사물이나 대상의 특징을 파악하여 미리 정의된 분류 코드에 따라 어느 한 범주에 할당하거나 나누는 것을 의미한다. 즉, 분류는 클래스들에 대한 사전에 명확한 정의가 존재하며, 미리 분류된 예들로 구성된 훈련 집합을 가진다. 분류는 목표변수가 이산형인 것을 주로 다루며, 이에 대한 예로는 부도 예측(부도, 건전), 신용등급 예측(우량, 불량), 보험사기 예측(정상적인 청구, 허위청구) 등이 있다. 분류작업을 위해서 많이 사용되는 데이터마이닝 기법으로는 의사결정나무 분석(Decision Tree), 사례 기반 추론(Memory Based Reasoning) 등이 있다.

추정(estimation)은 결과가 연속형 값을 갖는 연속형 변수를 주로 다루며, 주어진 입력변수로부터 수입(income), 은행잔고(balance), 배당금(corporate dividends)과 같은 미지의 연속형 변수에 대한 값을 예측하는 작업을 의미한다. 추정은 예측한 결과를 이용하여 분류작업을 이용할 수 있다. 고객충성도 지수 또는 고객평생가치(CLTV, Customer LifeTime Value)를 추정하여 고객충성도가 높은 고객과 낮은 고객에 대한 차별화된 마케팅을 수행할 수 있다. 추정작업에 사용되는 대표적인 방법은 회귀분석과 신경망이 있다.

예측(prediction)은 과거와 현재의 자료를 이용하여 미래를 예측하는 모형을 만드는 것이다. 미래에 대한 것이라는 것만 제외하면 분류, 추정과 근본적으로 유사하다. 예측은 분류와 추정에 사용되는 방법을 이용하여 시간 순으로 정리된 자료에 대하여 미래를 예측할 수 있는 모형을 만들 수 있다. 예측에 관한 사례로는 소비자 구매 행동 예측, 고객의 이탈 여부 예측, 부도 확률 예측, 환율 및 주가변동성 예측 등이 있다. 예측에 관한 분석기법으로는 장바구니분석(Market Basket Analysis), 사례 기반 추론(Case Based Reasoning), 의사결정나무, 신경망 등이 있다.

유사집단화(affinity grouping)란 유사한 성격을 갖는 사물이나 물건들을 함께 묶어주는 작업을 말한다. 이에 관한 전형적인 예로는 판매시점정보관리(POS, Point Of Sales) 시스템의 구매내역 데이터(영수증 데이터)를 이용한 장바구니분석이 있다. 유통업에서는 장바구니분석을 통해 매장에서의 카탈로그 및 진열대 배치에 어떠한 품목을 같이 진열할 것인가를 결정한다. 또한, 장바구니분석을 통해 번들링(bundling), 교차판매(cross selling), 끼워팔기(tying product) 등의 마케팅 전략을 수립하기도 한다. 유사집단화 관련 분석기법으로는 장바구니분석, 연관성분석(association rule analysis) 등이 있다.

군집화(clustering)란 이질적인 사람들의 모집단으로부터 다수의 동질적인 하위 집단 혹은 군집들로 세분화하는 작업이다. 군집화가 분류와 다른 점은 군집화는 미리 정의된 집단이 없다는 것이고, 분류는 새로운 원소나 레코드를 미리 정의된 집단에 할당함으로써 모집단을 나누는 방법이다. 군집화에서는 개체들끼리의 유사성에 따라 여러 개의 동질적인 군집(cluster)으로 나누게 되는데, 군집화를 통하여 나누어진 각각의 집단에 대해 분석자가 의미를 부여하여 해석하게 된다. 군집화는 다른 데이터마이닝이나 모델링의 선행 작업으로 사용되기도 한다. 예를 들어, 군집화는 시장 세분화 과정의 첫 번째 작업으로 수행될 수 있다. 군집화와 관련된 분석 기법으로는 군집화 또는 클러스터링 기법이 있다.

데이터마이닝의 응용 분야로는 기업부실화 예측모델 개발(prediction model of financial distress), 신용평점시스템(credit scoring system)의 신용평가모형 개발, 사기탐지시스템, 장바구니분석, 공정과정의 최적화(optimization of manufacturing process) 등 다양한 산업 분야에서 광범위하게 사용되고 있다.

2.3 빅데이터 기법: 텍스트마이닝(Text Mining)

텍스트마이닝(Text Mining)

최근 빅데이터 기술이 각광을 받으면서 방대한 양의 데이터를 다루는 기술뿐만 아니라 텍스트, 이미지, 음성 데이터와 같이 정형화되지 않은 비정형 데이터(unstructured data)를 다루는 기술이 빠르게 발전하고 있다. 기업에서 생산되는 데이터의 80~90% 이상은 비정형 데이터로 이루어져 있으며, 그중 텍스트 데이터는 가장 대표적인 비정형 데이터이다.

온라인 쇼핑몰에서 사람들은 물건을 구매할 때 다른 구매자가 남긴 제품 리뷰 텍스트(구매후기)로부터 제품에 대한 정보를 수집한다. 특정 상품들에 대해 개인이 평가한 리뷰들은 해당 기업이나 상품에 관심이 있는 잠재적 고객에게 필요한 데이터이다. 또한, 소셜 미디어의 발전으로 SNS에서 방대한 텍스트 데이터들이 생산되고 빠르게 확산되고 있으며, 기업들은 이들을 분석해 SNS를 마케팅 채널로 활발히 활용하고 있다.

텍스트마이닝은 텍스트 데이터를 분석하는 방법으로 가장 기본적인 빅데이터 분석 기법 중 하나이다. 텍스트마이닝은 자연어 형태로 구성된 비정형 또는 반정형 텍스트 데이터에서 패턴 또는 관계를 추출하여 의미 있는 정보를 찾아내는 기법으로, 컴퓨터가 사람들이 말하는 언어를 이해할 수 있도록 하는 자연어 처리(NLP)에 기반을 둔 기술이다.

텍스트마이닝 분석을 실시하기 위해서는 불필요한 정보를 제거하고, 비정형 데이터를 정형 데이터로 구조화하는 작업이 필요한데 이를 위해 데이터 전처리(data preprocessing) 과정이 필수적이라 할 수 있다. 데이터 전처리 과정은 텍스트 형태로 작성된 문서를 컴퓨터가 자동으로 인식할 수 있도록 사전 작업을 하는 것이다. 주로 불필요한 기호나 단어를 제거하는 토큰화(tokenization) 과정, 영문의 대소문자를 통일해주는 변환(transform) 과정, 의미가 없는 단어나 연구 주제와 일치하지 않는 단어를 제거해주는 불용어(stopword) 제외 과정(관사, 전치사, 조사, 접속사 제외)을 거친 데이터를 통해 분석한다.

온라인 쇼핑몰의 특정 상품에 대한 리뷰 데이터에서 해당 상품의 전반적인 평가, 장점 및 단점, 품질 불량 등을 파악할 수 있다. 이들 리뷰 데이터를 추출 및 정리하여 정형 데이터로 만들어 분석하는 텍스트마이닝 작업은 다음과 같다.

데이터 추출 및 정제 단계에서 상품 평가 리뷰를 추출하고 자연어 처리를 진행한다. 웹 크롤링(web crawling)을 이용하여 상품에 대한 온라인 리뷰와 공개된 고객의 정보를 수집한다. 각 단어의 연관관계를 분석하기 위한 데이터 파일과 데이터베이스에 저장하기 위한 테이블 형태의 데이터 파일을 구분 지어 리뷰 텍스트를 저장한다.

저장한 텍스트를 통계분석용 소프트웨어(R 프로그램)를 이용하여 비정형적인 리뷰 데이터를 단어 단위로 추출하고 불용어(stopword)나 의미가 없는 문자 및 기호를 제거하는 전처리(preprocessing)를 수행한다. 다음으로 단어 정보 및 키워드를 추출하고 이들 요소들을 군집화를 통해 분류한다.

각 고객 식별자(Customer ID)에서 추출된 키워드에 연관 규칙 학습(association rule learning)을 수행하여 각 단어 간 관계를 파악하여 연관성이 있는 단어들끼리 결합하고 자료 분류 및 요약 등을 수행한다. 이처럼 텍스트마이닝은 문서 분류(document classification), 문서 군집(document clustering), 정보 추출(information extraction), 문서 요약(document summarization) 등 문서에 숨겨진 고급 지식들을 탐색하는 분야이다.

감성분석(sentiment analysis)

텍스트마이닝의 관련 분야로는 **감성분석(sentiment analysis)** 또는 오피니언 마이닝(opinion mining)이라 불리는 기술이 있다. 현재 이들 용어는 서로 혼용되어 사용되고 있으나 텍스트마이닝은 감성분석과 오피니언 마이닝을 포괄하는 기술로 볼 수 있다. 감성분석은 텍스트마이닝 분석의 한 분야로 특정 문서의 긍정, 부정에 대한 감정을 추측하고 분류하는 방법이다. 사용자가 생성한 온라인 텍스트 속에 담긴 감성(sentiment), 정서(affect), 주관(subjectivity) 또는 감정(emotion)을 식별하기 위해 사용된다.

감성분석은 각 문서의 최소 단위인 단어의 감성극성(sentiment polarity)에 기반을 두어 이루어진다. 즉, 단어의 감성극성이 미리 정의된 감성사전을 구축한 후 새로 주어진 문서에 출현한 단어의 감성극성에 따라 문서 전체의 감성을 분류하게 된다. 따라서 단어의 감성극성을 정확하게 반영한 감성사전을 사용하는 것이 중요하다. 감성분석은 포럼(forum), 블로그(blog), SNS 등에서 발생하는 텍스트에 적용 가능하며, 주로 소셜 미디어(social media) 사용자들의 의견을 긍정(positive), 부정(negative), 중립(neutral)으로 선호도를 판별하고, 감정을 추측 및 분류한다.

감성분석은 온라인 쇼핑몰 구매자의 상품평 검색 효율을 높이기 위해 상품평 데이터에 순위를 결정할 수 있고 영화 관람의 후기를 요약하고 긍정 및 부정을 평가할 수 있다. 또한, 법률 분야의 블로그를 대상으로 오피니언 마이닝을 이용해 고객의 반응이나 법률적 이슈에 대한 모니터링을 수행할 수 있다. 감성분석은 특정 서비스 및 상품에 대한 시장규모를 예측하거나 상품에 대한 고객의 반응 탐지, 입소문 분석 등에 활용되고 있으며, 현재는 제품, 서비스, 영화 등에 대한 리뷰를 대상으로 텍스트마이닝을 이용한 감성분석이 활발히 사용되고 있다.

3. 분야별 빅데이터 활용 사례

3.1 고객 빅데이터 분석을 통한 구매성향 예측

CRM(Customer Relationship Management) 분야는 최근 빅데이터 분석이 가장 많이 활용되는 분야로 고객 분석을 통해 차별적인 경쟁력을 확보하여 높은 성과로 연계시킬 수 있다. 현 고객에 대한 서비스의 이용 성향, 취향 등의 분석을 통해 고객을 세분화(segmentation)하고 각 고객군에 맞는 맞춤형 전략을 추진하는 것이 특징이며, 고객의 불만사항 등을 실시간으로 파악하여 고객 충성도를 증진시킨다. 현재의 충성도 높은 고객뿐만 아니라, 이탈 가능성이 있는 고객 파악은 물론 잠재고객 파악에도 활용된다.

CRM(Customer Relationship Management)

효율적인 고객관계 관리를 위해서는 고객의 니즈(needs)를 파악하고 실제 고객이 필요로 하는 제품이나 서비스를 제공(추천)하는 것이 중요하다. 그러나 최근에는 고객의 니즈가 다양화와 복합성의 특징을 가지므로 이를 파악하는 것이 매우 어려워지고 있다. 게다가 경쟁이 심한 산업의 기업환경은 기업과 관계를 맺고 있는 고객정보의 규모가 매우 커서 일일이 고객의 니즈를 파악하는 것이 불가능하다. 따라서 빅데이터 분석을 기반으로 한 니즈 유형화 및 분류가 고객의 니즈 분석을 위해 필요하게 되었다. 도출된 니즈의 유형화를 기반으로 각 니즈 유형에 따른 고객관리 전략을 수립하여 효과적인 고객관리가 가능하도록 할 수 있다.

미국의 마케팅 솔루션 글로벌 기업인 카탈리나 마케팅 코퍼레이션(Catalina Marketing Corporation, 이하 카탈리나)은 CRM 빅데이터 분석을 통해 고객의 구매성향을 예측하여 고객 니즈에 맞는 제품과 서비스를 제공하고 있다. 카탈리나에서는 2.5페타바이트(petabytes)의 방대한 고객 데이터를 데이터웨어하우스로 운영하고 있다. 고객이 대형 할인마트의 매장 계산대에서 결제를 하는 순간 고객의 구매

이력 데이터가 분석되어 고객을 위한 맞춤형 쿠폰이 인쇄된 영수증이 출력된다. 이때, 여러 명의 소비자가 동일 제품을 구매해도 각 구매이력에 따라 각각 다른 쿠폰이 출력된다. 고객의 개인별 구매 성향이 실시간으로 반영된 쿠폰 제시를 통해 구매를 유도하는 것이다.

그 결과 쿠폰 사용을 통한 추가 구매율이 기존 10%에서 25%로 크게 향상되었고 고객의 마케팅 반응률이 향상되어 카탈리나의 수익이 크게 증가하였다. 이러한 결과를 얻기까지 카탈리나는 CRM 분석용 데이터웨어하우스를 기반으로 다양한 데이터마이닝 기법(인공지능 기법)을 이용하여 실시간으로 고객의 구매성향을 예측하였다.

즉, 고객에게 맞춤형 쿠폰을 발행할 때 실시간으로 고객 행동에 대한 프로파일링(profiling)을 수행하였으며, 기존에 4.5시간이 걸리던 예측모형에 대한 스코어링 시간도 불과 60초 이내로 단축시켰다. 카탈리나는 빅데이터를 활용하여 고객예측모형의 예측성과 향상과 더불어 맞춤형 고객 밀착 서비스에 성공하였다.

이처럼 CRM 분야에서는 고객 빅데이터를 활용하여 고객생애가치(CLTV)을 추정하여 우수한 새 고객의 유치(customer acquisition)에 이용하고, 고객이탈률을 추정하여 고객유지율(customer retention)을 향상시키고 있다.

3.2 금융 분야에서의 빅데이터 분석 및 활용

최근 가장 활발하게 빅데이터 분석 및 활용이 이루어지고 있는 분야가 바로 금융 분야이다. 금융서비스는 대다수의 국민들과 기업들이 항상 이용하고 있고, 우리 생활의 일부분이므로 데이터의 유입량, 보유량, 집적량이 광대하며, 그 증가 속도도 매우 빠르게 실시간으로 이루어지고 있다. 다른 산업분야에 비해 금융 분야의 빅데이터는 활용 범위가 다양하고 비즈니스적 가치가 매우 큰 것이 특징이다.

금융 분야의 가장 대표적인 업종인 은행 업종에서는 대출의사 결정과 관련하여 해당 기업에 대한 도산 예측(bankruptcy prediction)과 개인의 신용등급 예측(credit rating prediction)에 금융 빅데이터 분석을 적극 활용하고 있다. 독일의 금융기관은 당좌예금(결제) 계좌상태, 신용기간, 신용이력, 신용대출목적, 신용대출합계, 저축성예금의 평균 잔액, 인구통계학적 자료(거주기간, 근무기간, 직업 상태) 등을 포함한 개인의 금융거래 빅데이터를 활용하여 개인 신용평가 및 신용등급 예측을 수행하고 있다.

보험업종에서는 해약 가능성이 높은 고객, 고객가치가 높은 고객, 금융 리스크가 높은 고객 등을 추정하기 위해 빅데이터 분석을 주로 활용하고 있다. 또한, 보험 계약 및 보험금 심사 등의 업무에도 빅데이터 분석을 활용하고 있다. 회사 내부의 고객 보험 관련 데이터와 보험개발원, 보험협회 등의 외부 고객 데이터를 통합하여 보험료 산정 및 사고보험금 심사에 활용하고 있다.

신용카드업종에서는 신용카드 도용(fraudulent transaction)의 패턴을 탐색하기 위해 빅데이터 분석을 이용한다. 또한, 고객 맞춤형 서비스 제공을 위해 고객의 신용카드 사용 이력(소비 성향 패턴)을 분석하여 고객의 니즈를 파악하여 이를 유형화함으로써 효과적인 고객관계 관리를 위한 기반 정보 구축에 힘쓰고 있다. 빅데이터 이용을 통한 소비 패턴 분석을 통해 선호도가 가장 높은 품목에 할인 혜택을 제공하는 등 맞춤형 서비스를 제공하고 있다. 이 밖에도 글로벌 금융기관에서는 이자율, 환율, 유가변동의 예측(forecasting)에 금융 빅데이터 분석을 적극적으로 이용하고 있다.

3.3 의료 분야에서의 빅데이터 분석 및 활용

의료분야는 각종 임상 및 검진의료기기(device) 데이터의 통합, 병원 간 검사 기록과 연구 데이터 공유를 통해 질병의 징후를 조기에 발견하고 질병을 예측하는 데 빅데이터 도입과 활용을 확대하는 추세이다. 미국의 경우 빅데이터와 관련하여 가장 주목받는 영역 중 하나가 의료 분야인데 미국의 의료개혁과 관련되어 의료기관, 환자, 정부, 의료보험회사를 하나로 통합하는 'Health 2.0' 프로젝트에서 빅데이터 분석이 가장 큰 역할을 담당하고 있다.

미국 세튼 헬스케어 패밀리(Seton Health Care Family)사는 연간 200만 명에 달하는 환자들의 복잡한 진료 정보를 IBM의 왓슨 시스템을 도입하여 환자가 미래에 겪을 수 있는 질환이나 증상을 예측하여 이를 예방하는 통합된 빅데이터 기반 의료 서비스를 제공하고 있다. IBM의 인공지능 의사 왓슨은 매일 쏟아지는 300개 이상의 의학저널, 200개 이상의 의학교과서, 1,500만 페이지에 달하는 의료정보, 치료 가이드라인과 전 세계 암환자 2만 명의 치료 사례를 분석해 각 환자에게 최적의 치료법을 제안하고 있다.

빅데이터를 활용하면 미국의 의료부문은 연간 3,300억 달러(미 정부 의료 예산의 약 8%, 378조 원)의 직간접적인 비용 절감 효과가 있을 것으로 전망하고 있다. 특히 임상분야에서는 의료기관별 진료방법, 효능, 비용 데이터를 분석하여 보다 효과적인 진료방법을 파악하고 환자 데이터의 의료협회 간 데이터 공유로 치료 효과를 제고하며, 공중보건 영역에선 전국의 의료 데이터를 연계하여 전염병 발생과 같은 긴박한 순간에 빠른 의사결정을 가능케 할 전망이다.

미국 국립암연구소(National Cancer Institute)는 암 환자에 대한 빅데이터 분석을 실시하여 암 발생의 원인을 제시하였다. 환자의 상태와 가족력 등을 분석하여 이를 고려한 식단, 운동, 치료가 가능한 맞춤형 의료서비스를 제공하고 있다. 빅데이터가 의료 분야에 응용되면서 의료 패러다임이 바뀌고 있다. 의료는 병에 걸리면 치료를 한다는 치료의 개념이 강했지만, 빅데이터 분석을 활용하면 질병을 원천적으로 차단하는 예방 의료가 가능해진다.

4. 빅데이터 관련 법제

4.1 데이터 3법(개인정보보호법, 정보통신망법, 신용정보법)

데이터 3법

금융당국은 2018년 3월, 혁신 성장과 소비자 중심 금융 구현의 토대가 될 금융 빅데이터 활용도를 높이기 위해 금융 빅데이터 활성화, 금융 데이터산업의 경쟁력 강화, 정보보호의 내실화라는 3대 전략 방향을 설정하고, 세부 과제를 추진하고 있다. 2017년부터 '개인정보 비식별화 조치 가이드라인'에 따라 비식별화를 진행했으나 비식별화 조치 요구 수준이 과도하게 높아 법제 정비의 필요성이 지적됐다.

금융 빅데이터 활성화를 위해 익명정보 및 가명정보 개념 도입 등 빅데이터 분석 및 이용의 법적 근거를 명확히 해야 한다는 요구로 2020년 2월, 데이터 3법인 「개인정보보호법」, 「정보통신망 이용촉진 및 정보보호 등에 관한 법률(이하 「정보통신망법」)」, 「신용정보의 이용 및 보호에 관한 법률(이하 「신용정보법」)」이 개정되었다.

먼저, 개정된 「신용정보법」은 금융분야 빅데이터 분석 · 이용의 법적인 근거를 명확화하고 빅데이터 활용 및 보호를 위한 안전장치를 강화하는 것이 주목적이다. 개정된 「신용정보법」은 제33조의 2(개인신용정보의 전송요구)에 '개인신용정보 전송요구권'을 신설하여 정보주체의 권리행사에 따라 개인신용정보를 본인 또는 제3자에게 이동시킬 수 있고, 이러한 전송요구권은 빅데이터 분석 및 마이데이터 서비스의 법적 근거가 된다. 정보주체가 전송요구권을 행사하면 신용정보제공 · 이용자 등은 지체 없이 해당 개인신용정보를 신용정보주체 본인 또는 본인신용정보관리회사, 개인신용평가회사 등에게 처리가 가능한 형태로 전송하여야 한다. 데이터 경제 및 빅데이터 산업 활성화를 위해서는 데이터 수집 · 거래 · 활용이 활발해져야 하는데, 개인이 본인데이터에 대한 통제권을 얻고 데이터 개방에 대한 인센티브를 받게 되면 더욱 적극적으로 데이터를 개방하고 활용할 수 있다.

제33조의2(개인신용정보의 전송요구): 개인인 신용정보주체는 신용정보제공 · 이용자등에 대하여 그가 보유하고 있는 본인에 관한 개인신용정보를 다음 각 호의 어느 하나에 해당하는 자에게 전송하여 줄 것을 요구할 수 있다.

1. 해당 신용정보주체 본인
2. 본인신용정보관리회사
3. 대통령령으로 정하는 신용정보제공 · 이용자
4. 개인신용평가회사
5. 그 밖에 제1호부터 제4호까지의 규정에서 정한 자와 유사한 자로서 대통령령으로 정하는 자

가명정보(pseudonymous data)

2011년에 제정된 「개인정보보호법」은 공공영역과 민간영역을 포괄하는 개인정보보호에 관한 일반법(기본법)이다. 개정된 「개인정보보호법」의 주요 사항은 가명정보 도입, 동의 요건 완화, 개인정보 개념 정비, 법제 정비, 추진체계 일원화 등이다.

가명정보(pseudonymous data)는 추가정보의 사용 없이는 특정 개인을 알아볼 수 없게 비식별 처리한 개인정보를 말한다. 즉, 개인정보나 신용정보를 가명정보화해 정보주체의 피해가 발생할 수 있는 상황을 방지하기 위한 개념이다. 통계작성(시장조사 등 상업적 목적의 통계작성을 포함), 과학적 · 산업적 연구, 공익적 기록 보존 등에 정보주체의 동의 없이 개인정보 활용이 가능하다. 기존 익명정보, 개인정보 외 가명정보 개념이 새롭게 등장하면서 데이터 활용 가능 범위가 확대된 것이다. 또한, 개인정보 오남용 및 유출 등에 관한 감독기구를 개인정보보호위원회로 일원화하고 중앙행정기관으로 지위를 격상하여 독립성을 강화하였다.

정리하면, 데이터 3법 개정안의 주요 내용은 (1) 가명정보 도입을 통한 데이터 이용 활성화, (2) 개인정보보호체계 일원화, (3) 개인신용정보 전송요구권 도입, (4) 신용정보업의 규제체계 선진화 등이다. 데이터 3법 개정안은 디지털 산업의 핵심인 데이터 활용 환경을 개선하여 데이터 생태계를 활성화할 법안이다. 데이터 3법 개정안으로 데이터 개방 · 유통 확대를 추진할 수 있고, 데이터 간 융합과 주요 분야의 데이터 활용을 촉진할 수 있다. 데이터 3법으로 금융 빅데이터 분석의 법적 근거가 마련됐고, 인공지능 시대와 데이터경제를 선도할 수 있는 제도적 기반이 마련됐다.

4.2 데이터 기본법

개인정보이동권

개인정보이동권(Right to data portability)은 본인 개인정보를 체계적이고 판독이 가능한 형식으로 수취할 권리와 다른 개인정보처리자에게 개인정보를 이전할 권리를 말한다. 개인정보이동권이 우리나라에서는 개정된 「신용정보법」상 개인신용정보 전송요구권으로 도입되었으나 동 권리에 근거한 마이데이터(MyData) 사업이 정보주체의 권리 보장에 미흡하고 마이데이터 사업자에게 고착화될 우려가 있다. 또한, 개인정보이동권을 개인신용정보뿐 아니라 일반적인 개인정보로 확대할지도 쟁점이 되고 있다.

민간데이터의 생산, 거래 및 활용 촉진에 초점을 맞춘 「데이터 생산 · 거래 및 활용 촉진에 관한 기본법」(이하 「데이터기본법」, 조승래 의원 대표발의, 2020. 12. 8)은 데이터의 생산, 거래 및 활용 촉진을 위한 일반사항들을 정하는 법으로 정보주체가 민간 데이터를 사업자(본인데이터 관리회사)에게 전송하고, 관련 사업자가 데이터를 활용해 사업할 수 있는 권리를 명시하고 있다. 「데이터 기본법」의 목적은 데이터로부터 경제적 가치를 창출하고 데이터산업 발전의 기반을 조성하여 국민생활 향상과 국민경제 발전에 이바지하는 것이다. 「데이터 기본법」은 정부가 추진 중인 디지털 뉴딜(Digital New Deal)의 핵심인 '데이터 댐' 프로젝트의 민간 분야 산업 활성화를 위한 목적으로 마련되었다.

「데이터 기본법」의 주요 내용은 다음과 같다. 첫째, 정부는 데이터산업의 기반 조성을 위해 5년마다 관계 중앙행정기관의 장과 협의를 거쳐 데이터산업 진흥 기본계획을 수립한다. 둘째, 데이터 주체가 자신의 데이터를 제공받거나, 자신의 데이터를 제3자에게 제공하도록 요청할 수 있도록 하는 '개인데이터이동권'을 도입한다. 또한, 개인데이터를 통합해 주체에게 제공하는 행위를 영업으로 하는 '본인데이터관리업'을 허용한다. 셋째, 데이터 자산을 부정 취득 · 사용하거나, 정당한 권한 없이 데이터 자산에 적용된 기술적 보호조치를 제거 · 회피하는 행위는 금지한다. 넷째, 데이터를 이용한 정보 분석을 위해 필요한 경우 타인의 저작물과 공개된 개인데이터 등을 이용할 수 있도록 허용한다.

한국판 뉴딜 정책(디지털 뉴딜 정책)의 성공과 데이터 기반 산업 활성화의 명확한 법적 근거 마련을 위해서는 디지털전환 3법(디지털집현전법, 디지털포용법, 데이터기본법)이 조속히 제정되어야 한다. 한국판 뉴딜 정책은 데이터 수집 · 가공 · 거래 · 활용기반을 강화하여 데이터 경제를 가속화하고, 데이터 기반 전 산업 혁신 촉진을 위한 5G · 인공지능(AI) 융합 확산을 목표로 한다. 데이터 생산과 거래 · 활용 촉진 등을 체계적으로 지원할 수 있는 데이터 기본법 제정은 혁신적 데이터 생태계 구축에 필수 구성요소이다.

데이터 3법과 데이터 산업 활성화

데이터 3법은 개인정보보호법, 정보통신망법, 신용정보법 개정안을 일컫는 말이다. 데이터 3법은 개인정보보호에 관한 법이 소관 부처별로 상이하게 분산되어 발생되는 중복 규제를 없애 4차산업 혁명 도래에 맞춰 개인과 기업이 정보를 활용할 수 있는 폭을 넓히기 위해 마련되었다. 이에 국회는 2018년 11월 데이터산업 활성화를 위한 '데이터경제 3법' 개정안을 발의하였다. 이후 법안 발의 1년 1개월 만인 2019년 12월 국회가 정보통신망법 개정안을 통과시킨 후 2020년 1월 국회 본회의를 최종 통과하였다.

데이터 3법은 최초 수집 목적과의 관련성 등을 고려해 일부 상황에서 개인정보를 주체의 동의 없이 추가로 사용할 수 있다는 게 골자다. 우리나라는 개인정보처리에 있어 정보주체가 일일이 동의해야 정보를 제공 가능한 옵트인(Opt-in) 방식을 채택하여 구글, IBM 등 해외 IT 기업들과 형평성 문제가 제기되었다. 미국, 유럽, 일본 등은 '옵트아웃(Opt-out)' 방식을 기본으로 데이터 활용에 대한 포괄적 동의를 전제한다. 데이터 3법은 데이터 이용 활성화를 위한 '가명정보' 개념을 처음으로 도입하였다. 추가적인 정보 없이는 개인을 특정할 수 없게 가명(假名) 처리된 정보를 뜻한다. 개인정보나 신용정보를 가명정보화해 정보주체의 피해가 발생할 수 있는 상황을 방지하기 위한 개념이다.

관계 부처와 시민단체 · 산업계 · 학계 · 법조계가 참여하여 '데이터 3법 시행령 개정안'에 대해 토론하고, 안전한 데이터 활용이 이뤄질 수 있는 방안을 도출하여 시행령 개정안에 반영해 나가는 것이 필요하다.

5. 금융 산업의 빅데이터 활용과 마이데이터

5.1 마이데이터의 의미와 주요 개념

마이데이터(MyData)

마이데이터(MyData, 본인신용정보관리업)는 각종 기관과 기업 등에 분산된 개인데이터를 통합하여 제공함으로써 정보주체인 개인이 능동적으로 본인의 데이터를 확인·관리·활용할 수 있는 사업 또는 서비스를 말한다. 마이데이터는 정보주체가 통제할 수 있는 데이터로 정보주체가 적극적으로 본인데이터에 접근 및 활용한다는 점에서 데이터를 통제하고 관리할 권한이 기업에서 정보주체로 이동(개인정보이동권, Right to Data Portability)하는 데 의미가 있다.

즉, 마이데이터는 정보주체의 개인정보열람권, 동의 또는 개인정보이동권에 법적 근거를 두고 있다. 개인정보이동권(전송요구권)은 정보주체가 본인의 데이터에 대한 전송을 요청하면, 개인정보처리자는 해당 데이터를 개인 또는 개인이 지정한 제3자에게 전송하는 정보주체의 권리를 말하며, 이에 따라 정보주체가 보다 능동적으로 자신의 데이터를 관리할 수 있다. 마이데이터는 금융거래, 통신, 구매, 진료기록, 여행 등 다양한 서비스를 이용하면서 생성되는 개인데이터에 대하여 개인들이 접근하고, 저장하고, 활용할 수 있는 환경을 조성하는 것을 목적으로 한다.

마이데이터 산업은 고객의 전송 요구권 행사에 따라 분산된 개인신용정보를 제공받아 해당 고객에게 통합조회서비스를 제공하는 산업이다. 마이데이터 산업은 개인신용정보를 대량 집적하는 산업 특성상 엄격한 보안체계를 갖추도록 하고, 이해상충으로 고객을 보호하는 절차가 필요하여 2020년 8월 5일부터 시행되는 개정 「신용정보법」에 따라 허가산업으로 운영한다. 「신용정보법」 제4조(신용정보업 등의 허가)에 따르면 신용정보업, 본인신용정보관리업, 채권추심업을 하려는 자는 금융위원회로부터 허가를 받아야 한다.

「신용정보법」상 본인신용정보관리업 영위 허가는 예비 허가와 본 허가로 구분된다. 본인신용정보관리업 예비 허가의 심사기간은 2개월이며, 신용정보업 본 허가의 심사기간은 3개월(예비 허가를 거친 경우 1개월)이다. 2022년 6월 기준으로 본 허가는 56개 사(은행 10개 사, 카드사 9개 사, 금융투자 7개 사, 보험 2개 사 등)이며, 예비 허가는 카카오뱅크를 포함한 10개 사이다(〈표 9-3〉 참조). 이처럼 다수의 금융기관들이 마이데이터 사업허가를 받아 마이데이터 사업자로서 맞춤형 금융서비스를 제공하고자 노력하고 있다.

〈표 9-3〉 마이데이터 허가 현황(2022년 6월 기준)

구분(66)	본 허가(56개)	예비 허가(10개)
은행(10)	국민, 농협, 신한, 우리, 기업, 하나, 대구, SC 제일, 광주, 전북	
보험(4)	교보생명, KB손보	신한생명, 미래에셋생명
금투(9)	미래에셋증권, 키움증권, 하나금투, NH투자증권, 한투증권, KB증권, 현대차증권	교보증권, 신한금투
카드 · 캐피탈(9)	국민, 하나, BC, 현대, 신한, 우리, 롯데카드, 현대캐피탈, KB캐피탈	
저축(2)	웰컴저축은행	동양저축은행
상호금융(1)	농협중앙회	
CB사(2)	나이스평가정보, KCB	
핀테크 · IT 등(30)	뱅크샐러드, 핀크, 쿠콘, 카카오페이, 토스, NHN페이코, SK플래닛, 민앤지, 네이버파이낸셜, 핀다, LG CNS, 보맵, 한국신용데이터, FN가이드 등	기웅정보통신, 코나아이, 피플펀드, SK텔레콤, 11번가 등

*출처: 금융위원회(22년 본인신용정보관리업(마이데이터) 허가심사방향)

마이데이터 사업자는 본인신용정보관리업에 대하여 금융위원회로부터 허가를 받은 자, 본인신용정보관리회사를 말한다. 본인신용정보관리업은 신용정보제공 · 이용자 또는 공공기관이 보유한 개인신용정보 등을 수집하고 수집된 정보의 전부 또는 일부를 신용정보주체가 조회 · 열람할 수 있는 업무를 말한다. 본인신용정보관리업은 신용정보주체의 신용관리를 지원하기 위해 신용정보를 통합하여 정보주체에게 제공하는 행위를 영업하는 것으로, 예금계좌 입출금 및 신용카드 거래내역, 보험계약 정보, 주식 · 펀드 투자상품, 통신료 등 본인 신용관리에 필요한 신용정보를 통합 · 조회하는 서비스를 고유 업무로 한다.

마이데이터 사업자는 고객의 개인신용정보 전송요구를 통해 정보제공자로부터 개인신용정보를 API(Application Programming Interface) 방식(2021년 8월 이후)으로 수집하고, 수집한 개인신용정보를 저장 · 분석하여 고객에게 마이데이터 서비스를 제공한다. 여기서 API란 응용프로그램 프로그래밍 인터페이스로 응용프로그램 간에 인터페이스(통신)를 해주는 역할을 담당한다.

즉, 응용프로그램을 개발하는 경우 다른 응용프로그램을 쉽게 이용할 수 있게 제공하는 인터페이스이다. 마이데이터 사업자는 5억 원 이상의 자본금을 갖추며, 인적·물적 설비를 갖추는 등 일정한 요건을 충족해야 한다(「신용정보법」 개정안 제6조 제1항 및 제2항). 금융위원회는 자본금 요건 등은 최소화하여 다양한 업체의 진입을 유도하고 있으나 기술적·물리적 보안시설 구비, 배상책임보험 가입, 신용정보 관리·보호인 선임 등 정보보호 및 보안 의무는 준수해야 한다.

마이데이터 산업은 헌법상 기본권인 '개인정보자기결정권'을 보장해야 한다. 개인정보자기결정권이란 자신에 관한 정보가 언제 누구에게 어느 범위까지 알려지고 또 이용되도록 할 것인지를 그 정보주체가 스스로 결정할 수 있는 권리, 즉 정보주체가 개인정보의 공개와 이용에 관하여 스스로 결정할 권리를 의미한다. 마이데이터 산업은 고객이 개인정보자기결정권을 행사하는 것을 실질적으로 보장하는 것을 목적으로 시작된 산업임을 이해하고, 고객의 개인정보자기결정권 행사를 최대한 보장함을 원칙으로 모든 절차를 진행해야 한다. 마이데이터 사업자는 고객의 전송요구에 따라 고객의 개인신용정보를 대량으로 수집하고, 고객으로부터 개인정보자기결정권의 행사도 위임받을 수 있는 등 마이데이터 사업자와 고객의 이익이 상호 충돌할 우려가 있다.

마이데이터 사업자는 마이데이터 서비스를 운영하면서 고객의 이익을 최대한 존중해야 한다. 이처럼 마이데이터 사업은 정보주체의 자기결정권 확립과 데이터경제 활성화에 기여할 것으로 기대하고 있다.

5.2 마이데이터 서비스의 특징 및 참여자 역할

마이데이터 서비스는 기존에 개인(신용)정보를 보유한 기관들로부터 마이데이터 사업자가 개인(신용)정보를 이전받아 이를 통합하여 개인신용정보 통합조회서비스, 맞춤형 서비스 등을 신용정보주체에게 제공하는 것이다. 현재 마이데이터 서비스가 가장 활발하게 제공되는 영역은 금융 분야이다. 마이데이터 서비스로 인해 디지털 금융으로의 패러다임 전환(디지털 전환)을 더욱 앞당기고 있다. 금융 분야 마이데이터 서비스 활성화로 인해 금융소비자는 금융회사, 금융기관 등 여러 기관에 존재하던 자신의 신용정보를 비롯한 각종 금융정보를 하나의 플랫폼에 모아둘 수 있고, 플랫폼에 참여하는 기업들은 이 데이터를 활용하여 맞춤형 자산관리 서비스나 고도화된 금융 서비스 제공이 가능하다.

대표적인 금융 분야 마이데이터 서비스 유형에는 본인 신용정보 통합조회, 재무현황 분석, 신용관리 · 정보관리 지원, 금융상품 비교 · 추천 등이 있다. 본인 신용정보 통합조회는 분산된 개인 금융거래 등의 정보를 일괄 수집 · 통합하여 정보주체에게 제공하는 것이다. 재무현황 분석은 일괄 수집된 개인금융정보 등을 기초로 신용도, 위험성향, 소비행태 등 개별 소비자의 재무현황을 분석해 주는 서비스이다. 신용관리 · 정보관리 지원은 금융소비자의 재무현황을 기초로 신용상태의 개선을 위한 맞춤형 재무 컨설팅을 제공한다. 금융상품 정보 제공 · 추천은 현재 신용상태 및 재무현황 하에서 이용 가능한 금융상품 목록을 제시하고, 상품별 가격 · 혜택을 상세 비교하여 개인에게 최적화된 금융상품을 추천하는 서비스이다.

마이데이터 서비스는 마이데이터의 기본 원칙(데이터 권한 원칙, 데이터 제공 원칙, 데이터 활용 원칙)에 의해 제공되는 개인데이터 기반 서비스이다. 데이터 권한 원칙은 개인이 개인데이터의 접근, 이동, 활용에 대한 통제 및 결정권을 가지는 것이다. 데이터 제공 원칙은 개인이 해당 기업, 기관에 개인데이터를 요구한 경우 안전한 환경에서 개인데이터를 쉽게 접근 및 이용할 수 있는 형식으로 제공해야 한다는 것이다. 마지막으로 데이터 활용 원칙은 개인의 요청 및 승인(동의)에 의한 데이터의 자유로운 이동과 제3자 접근이 가능해야 한다는 원칙이다.

〈표 9-4〉 마이데이터 서비스 유형 및 기본 원칙

구분	유형	설명
마이데이터 서비스 유형	본인 신용정보 통합조회	개인정보를 일괄 수집 · 통합하여 정보주체에게 제공
	재무현황 분석	신용도, 위험성향, 소비행태 등 개별 소비자의 재무현황 분석
	신용관리 · 정보관리 지원	금융소비자의 재무현황을 기초로 신용상태의 개선을 위한 맞춤형 재무 컨설팅 제공
	금융상품 비교 · 추천	신용상태 및 재무현황을 고려하여 개인에게 최적화된 금융상품 추천

마이데이터 기본 원칙	데이터 권한 원칙	개인이 개인데이터의 접근, 이동, 활용 등에 대한 통제 및 결정권을 가지는 것
	데이터 제공 원칙	안전한 환경에서 개인데이터를 쉽게 접근 및 이용할 수 있는 형식으로 제공해야 한다는 것
	데이터 활용 원칙	개인의 요청 및 승인(동의)에 의한 데이터의 자유로운 이동과 제3자 접근이 가능해야 함

***출처**: 금융위원회(2018), 심연숙(2020)을 토대로 저자 작성

6. 인공지능에서 빅데이터의 역할과 과제

인공지능 기술 기반 프로젝트에서 데이터는 매우 중요하다. 구현하고자 하는 기능에 적합한 데이터를 보유해야 하며, 데이터에 대해 이해도가 높을수록 인공지능 프로젝트의 성공 가능성은 높아진다. 빅데이터 기반의 인공지능 분석을 수행하기 전 다음과 같은 단계를 먼저 수행해야 한다.

첫째, 현업이 보유 및 관리하고 있는 데이터를 이해해야 한다. 레코드의 수, 변수의 종류, 자료값의 질(quality), 데이터 관리 체계 등을 파악해야 한다. 또한, 다양한 분석이 가능하도록 분석에 필요한 모든 데이터를 분석시스템에 적재한다. 인공지능 모델을 학습시킬 수 있는 충분한 양의 데이터를 확보하고, 현재 보유하고 있는 데이터가 충분하지 않다면 외부에서 추가적인 데이터를 획득해야 한다.

둘째, 데이터는 활용하기에 적합한 내용과 형태로 구성하고 목적에 맞게 데이터를 가공(데이터 전처리 및 정제)해야 한다. 데이터 전처리 및 정제과정은 데이터에 대한 배경지식, 활용 목적, 그리고 데이터를 다루기 위한 기술적 지식과 경험이 요구된다. 데이터 전처리 및 정제과정은 시간과 비용이 많이 소요되는 작업이며, 이 과정에서 인공지능 프로젝트의 성패가 결정된다. 또한, 적재된 시스템 내 데이터의 기초 분석, 오류 정제, 표준화 등 데이터 품질을 높이는 작업도 수행해야 한다.

마지막으로 데이터 통합작업을 수행하고 분석 모델에 적합한 유의한 속성 도출과 데이터형식을 정의한 다음 인공지능 기술에 적용해야 한다. 인공지능은 데이터를 기반으로 학습과정을 통해 문제해결 모델을 찾아낼 수 있다. 딥러닝, 머신러닝 등 기술 혁신으로 학습을 통해 인공지능은 스스로 대상을 구별, 범주화하거나 최적

화 모델을 찾아낼 수 있다.

우리 정부는 데이터의 중요성에 따라 국가 연구개발 성과와 관련된 모든 연구 데이터 공유 활용 전략을 세우고 데이터 통합관리를 수행하고 있다. 각 공공기관 저장소별로 보관하고 있는 연구데이터를 지정된 센터에 모이도록 하고 최종적으로 국가연구데이터 플랫폼센터에서 관리하고 있다.

사물인터넷 기반의 초연결사회에서 데이터 창출이 다양한 매개체에 의해 수집되어 빅데이터가 생성, 분석, 활용되고 있다. 사물인터넷, 산업인터넷의 등장으로 사람–사람, 사람–기계, 사람–센서의 연결이 가능해져 데이터를 생산, 축적, 활용하는 것이 기업과 국가 경쟁력의 핵심이 되었고, 빅데이터 센터는 가장 중요한 인프라가 되었다.

인공지능은 빅데이터와 상호보완적으로 발전하고 있다. 최근 인공지능의 도약에는 빅데이터의 기여도가 높다. 알파고의 높은 바둑 실력은 방대하게 축적된 바둑기보 데이터의 분석과 학습을 바탕으로 한 것이다. 최근 인공지능 및 빅데이터 환경에서 데이터 보호 및 사이버 안보가 핵심 이슈로 떠오르고 있다. 인터넷 기반 소셜미디어, 산업인터넷, 사물인터넷 기술이 발전하면서 방대한 데이터가 생산되고 이것을 가공하여 다시 생산, 경제, 사회 시스템에 피드백됨으로써 데이터 보호와 사이버 안보(안전)가 핵심적인 과제가 되고 있다.

빅데이터와 인공지능 기반 알고리즘의 발전은 무엇보다 경제적 중요성을 가진다. 테러 예방과 같은 국가안보의 영역에서도 중요하여 빅데이터와 알고리즘을 바탕으로 '대량감시'의 기술이 발전하고 있다. 빅데이터 분석에 알고리즘은 필수 요소이며, 데이터 분석은 기본적으로 알고리즘의 논리구조와 이를 실행하는 소프트웨어에 기반하고 있다.

테러 예방을 위한 데이터 기반 대량감시도 단순히 많은 데이터를 수집해서 분석한다는 것이 아니라 알고리즘에 기반한 분석 기술을 적용한다는 의미가 있다. 대량감시에 이용되는 데이터는 이메일에 담긴 내용과 같은 내용데이터(content data)를 포함하고 있지만, 대부분 누가, 언제, 누구에게 이메일을 보냈는지에 관한 정보와 같은 메타데이터(meta–data)이다. 이는 오류의 비율이 높은 성격을 가지고 있다. 메타데이터에서 프라이버시와 개인정보침해가 이루어지기 쉽기 때문에 데이터 보호의 필요성이 증대되고 있다.

7. 인공지능 도입 프로세스 시사점 및 전망

글로벌 IT 기업의 임원들은 인공지능이 오늘날 사업 성공에 매우 중요한 기술이고, 자신의 회사를 혁신적으로 크게 변화시킬 것이라고 믿고 있다. 이는 인공지능 기술을 적용하여 차별화 전략과 지속적인 경쟁우위를 유지하고 싶은 것이다. 향후에도 인공지능은 기술의 지속적인 발전에 따른 완성도의 향상과 적용 분야의 광범위한 확산 및 이들 간의 선순환에 따른 가속도 증가가 예상되고 있다. 이 과정에서 추가적인 비즈니스의 기회도 더불어 증가할 것이다.

인공지능 비즈니스 기회는 적용 산업과 서비스의 종류에 있어서 현재 예상할 수 없는 수준으로 확대될 것이나 결과적으로는 인간과 소통하는 관여(Engagement), 의사결정을 지원하는 통찰력(Insight), 업무의 자동화(Automation), 정보 변화 감지 및 형상화(Sensing & Shaping) 영역으로 확산 · 발전될 것이다.

우리는 이제 '한국형 인공지능 모델'을 구축해야 한다. 한국형 인공지능 모델은 정치계, 경제계, 학계, 노조, 산업계가 참여하는 공동 프로젝트로 공식적으로 확대, 발전시켜야 하며, 각 행위자들의 상호작용을 통해 내용과 실천과제를 구체화해야 한다. 한국형 인공지능 모델에 대한 합치된 견해를 바탕으로 전 산업의 인공지능 기반 융합화 및 스마트화를 성공적으로 수행해야 한다.

연·습·문·제

1. 인공지능에서 빅데이터의 역할이 무엇인지에 대해 설명하시오.

2. 빅데이터의 활용과 인공지능 기법에 대해 설명하시오.

3. 데이터 3법에 대해 설명하시오.

4. 금융 빅데이터와 마이데이터에 대해 설명하시오.

5. 분야별 빅데이터 활용 사례에 대해 설명하시오.

10

CHAPTER

인공지능 실습

학습목표

인공지능 활용 실습

학습내용

머신러닝 활용 실습

딥러닝 활용 실습

1. 구글 티쳐블 머신
2. 구글 코랩
3. 케라스
4. 텐서플로우
5. ChatGPT 활용 실습

본 장의 주요 실습 주제는 다음과 같다.

- 구글 티쳐블 머신(Google Teachable Machine)
- 코랩(Colaboratory)
- 케라스(Keras)
- 텐서플로우(TensorFlow)
- chatGPT, 코랩에서 데이터 불러오기

본 장에서는 구글 티쳐블 머신, 코랩, 케라스, 텐서플로우의 4가지 딥러닝 학습도구를 소개한다. 그리고 5번째로 chatGPT 활용 방법을 간단히 소개한다. 부록에서는 마지막에 코랩에서 데이터를 불러오는 방법을 소개한다.

1. 구글 티쳐블 머신

Teachable Machine은 구글에서 2019년 출시한 서비스로 머신러닝 모델의 학습 과정을 쉽게 이해하고 직접 모델을 생성해 활용할 수 있다. 코딩을 할 줄 몰라도, 수학을 잘 하지 못해도 쉽게 활용할 수 있는 것이 가장 큰 특징이다. 학습에만 머물지 않고 프로젝트에서 생성한 학습 모델을 다양한 방법과 용도로 활용할 수 있다.[1)]

1.1 구글 티쳐블 머신을 이용한 Image/Audio 실습

실습 진행 절차는 다음과 같다.

1) 출처: Design Futures

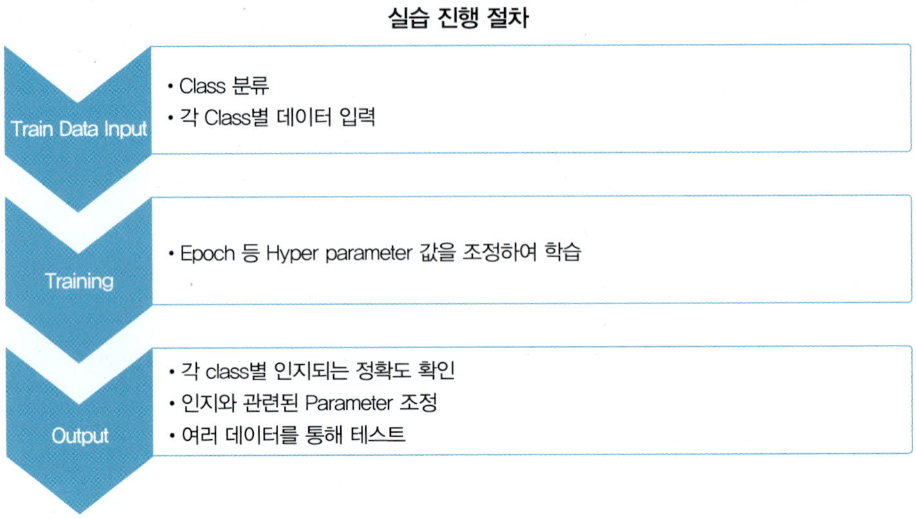

[그림 10-1] 구글 티쳐블 머신의 실습 진행 절차

[이미지 실습]

(1) 고양이/강아지 분류 예측 실습

1) 이미지 데이터의 준비

네이버나 구글에서 고양이와 개 그림을 검색 후 그림창을 이용하여 고양이와 개 그림을 분리하여 저장한다.

① 구글이나 네이버에서 '고양이', '강아지'로 그림을 검색한다.

② 그림판으로 각 그림을 가져온 후 그림을 한 개씩 오려 각자에 이름을 붙여서 저장한다.

③ 데이터 준비를 완료한다.

2) 다음 사이트에 접속

https://teachablemachine.withgoogle.com

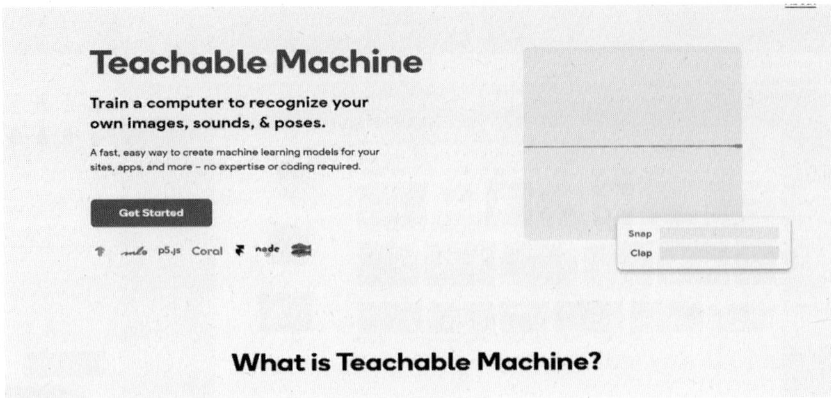

3) 시작 버튼 클릭

접속 후 다음 화면에서 'Get Stated'를 클릭한다.

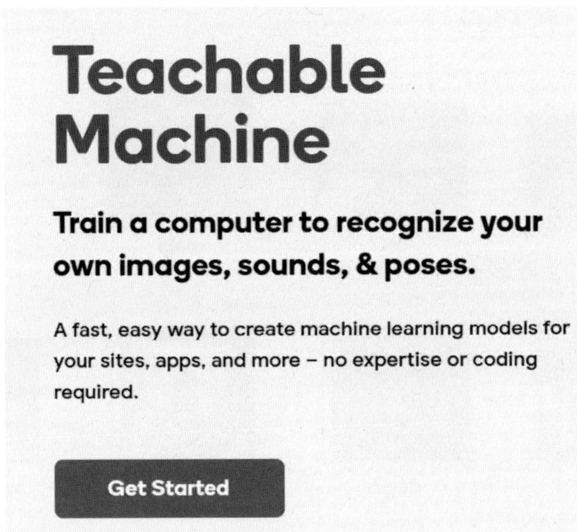

4) 이미지 프로젝트 클릭

구글 티쳐블 머신을 이용해서 할 수 있는 프로젝트의 종류는 Image, Audio, Pose 3가지가 있다. 이중 첫 번째 실습으로 'Image Project(이미지 프로젝트)'를 클릭한다.

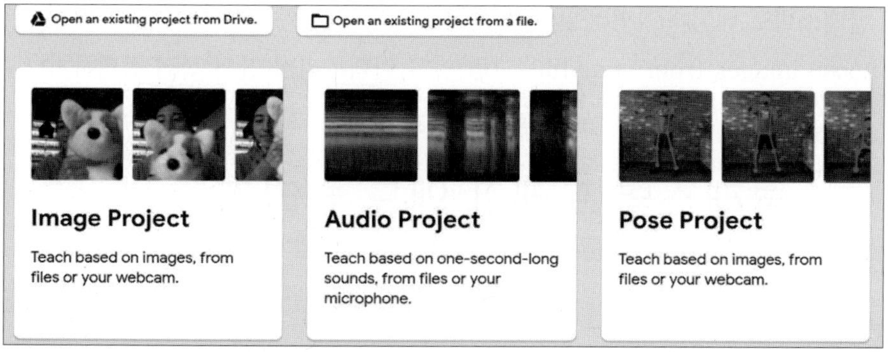

5) 데이터 파일 입력

클래스 이름('class 1', 'class 2')을 클릭하여 'cat', 'dog'으로 바꾼다.

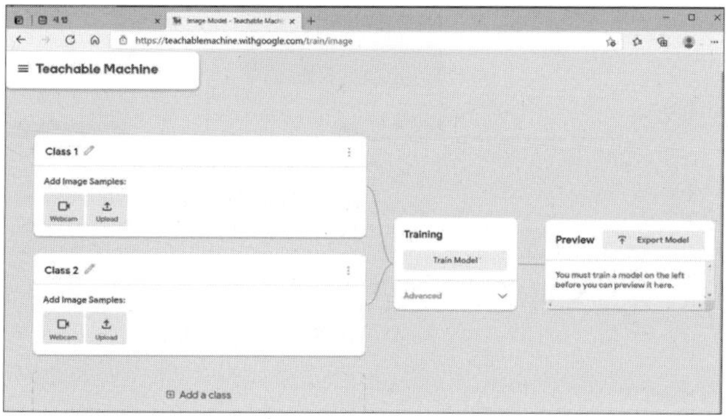

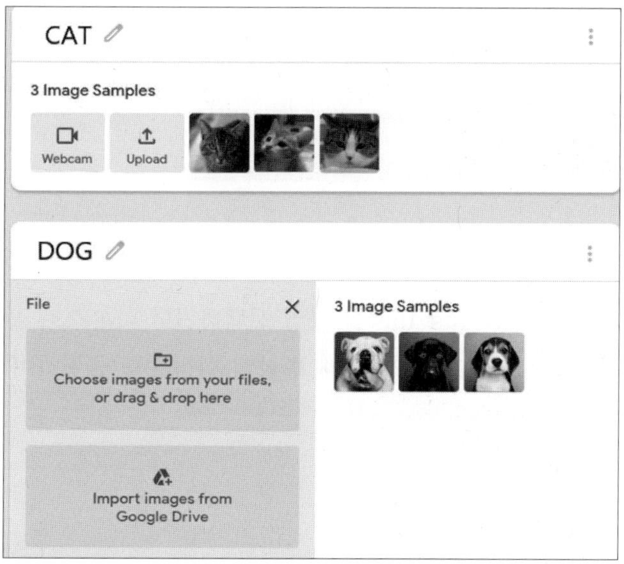

6) 클래스별로 데이터(그림 파일) 삽입

'Choose images from your file' 그림 파일 디렉토리에 가서 직접 선택하거나 직접 그림 파일을 마우스로 누르고 끌어서 해당 데이터 영역에 옮겨 놓는다.

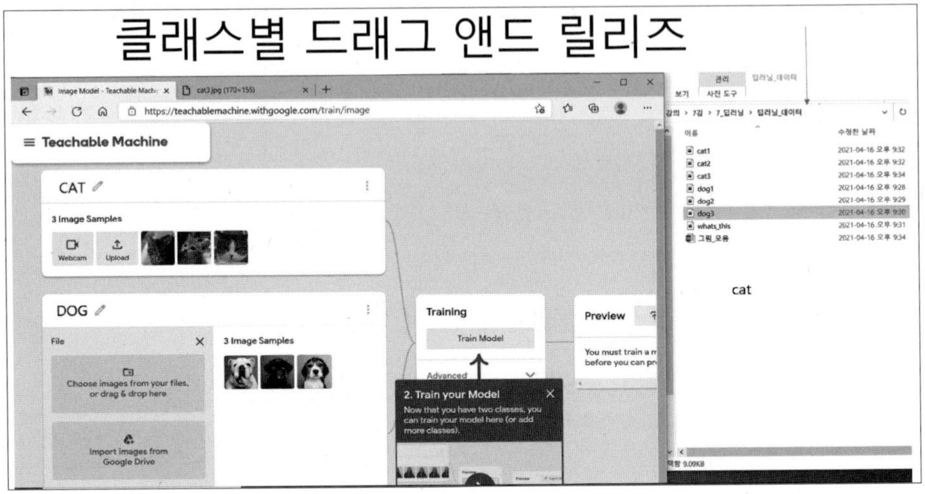

7) 트레인(학습)

'Training Model'을 클릭하고 기다리면 'Model Trained'와 같이 학습이 이루어진다.

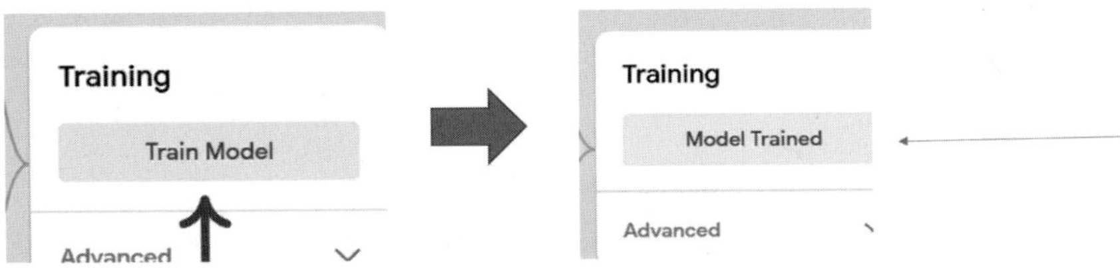

8) 예측/분류 파일 업로드

분류 예측될 그림 파일 'whats_this'를 파일 선택하거나 마우스로 끌어 온다. 그리고 예측/분류될 파일을 업로드하고 아래 방향의 화살표를 클릭하여 예측/분류 결과 값을 확인한다.

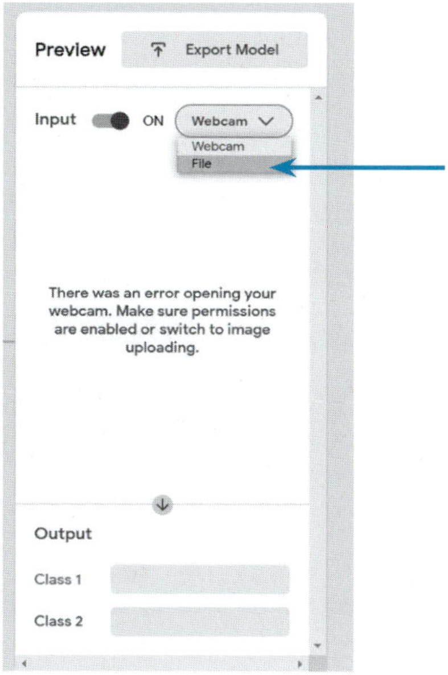

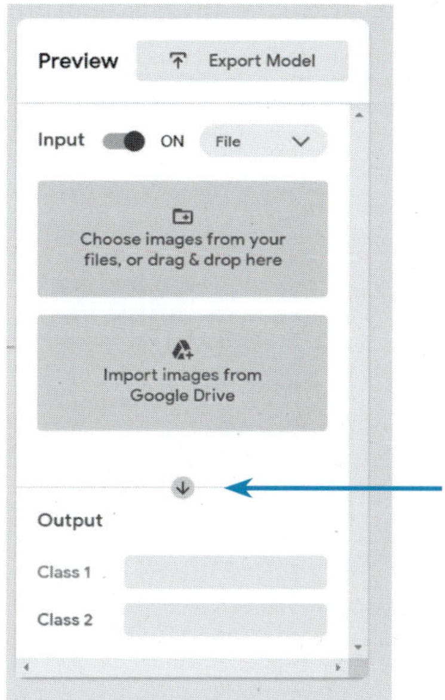

9) 분류 예측 결과 확인

다음과 같이 'whats_this' 그림은 dog 100%로 예측되었다. 데이터 사이즈가 너무 적어 결과는 같은 실습자라도 다른 결과값(%)이 나올 수 있다.

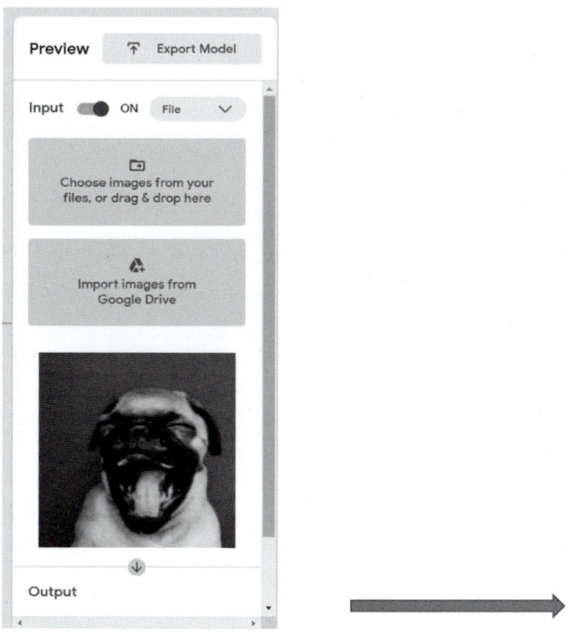

다음은 최종 모델 및 결과값 화면이다.

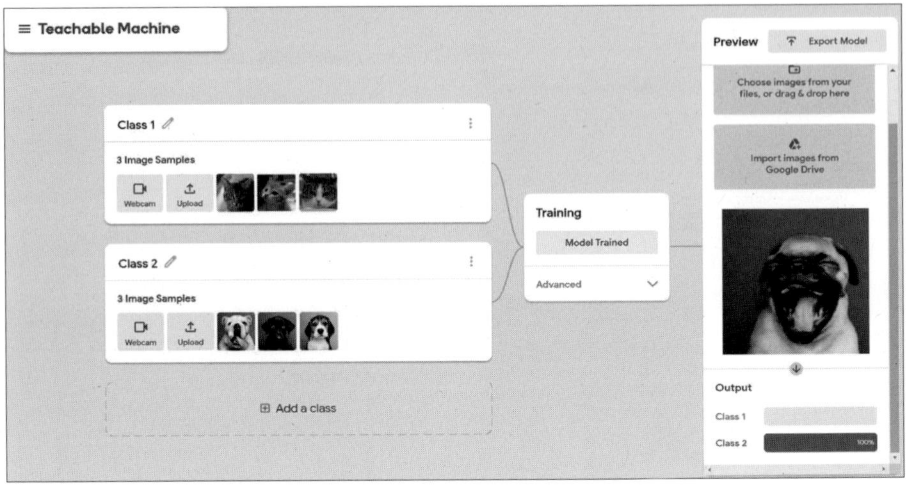

이 모델은 JS. 형식이나 텐서플로우 코드로 저장하여 웹 페이지 구성 및 학습된 모델을 활용할 수 있다. 또한 모델을 업로드한 후에 그 링크를 PC, 스마트폰 등의 기기에서 인터넷을 통해 열어서 모델을 사용할 수 있다.

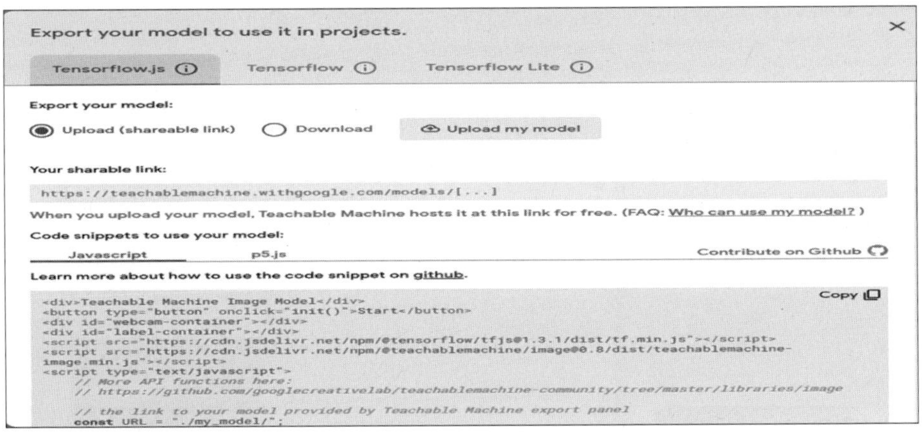

(2) 주가 예측 실습

두 번째 이미지 실습은 한 주간의 주식의 움직임 그래프를 이용하여 주가가 오를지 내릴지를 예측하는 것이다.

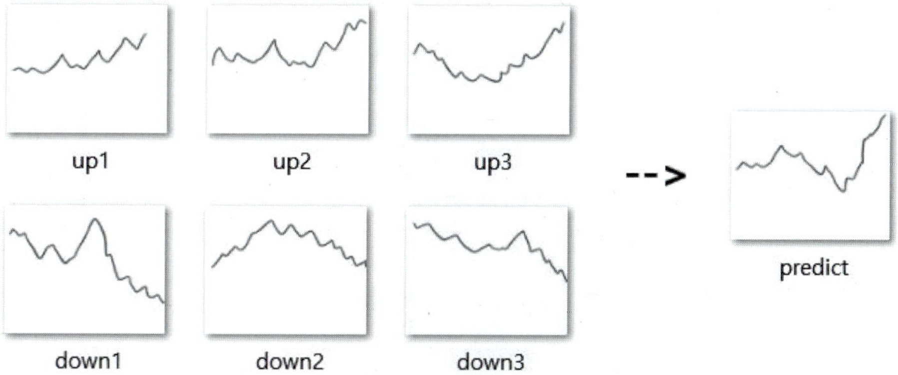

[그림 10-2] 주가 변동 예측 그래프

이전 이미지 실습에서 'cat', 'dog' 대신에 'up', 'down'으로 클래스 이름을 부여한다. 다음에 up1, up2, up3 그림 파일을 up 클래스에 업로드하고 down1, down2, down3 그림 파일을 down 클래스에 업로드한다.

'Train Model' 버튼을 눌러 모델을 생성한 후 'predict' 파일을 예측해 업로드하여 결과를 예측하게 한다. 그리고 'up', 'down'의 확률을 확인한다.

[오디오 실습(Optional)]

다음은 인공지능으로 하여금 발라드 음악과 댄스 음악을 구분하게 하는 실습이다. 'Image', 'Audio', 'Pose'의 3가지 프로젝트 메뉴 중에 'Audio'를 고른다.

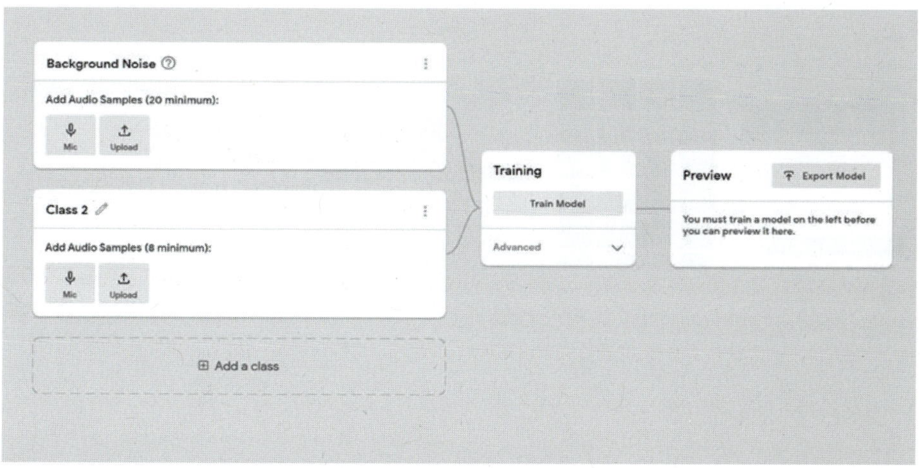

1) 소리 녹음

다음과 같이 발라드 음악과 댄스 음악을 각 20초씩 녹음한다.

2) 소리 데이터 업로드

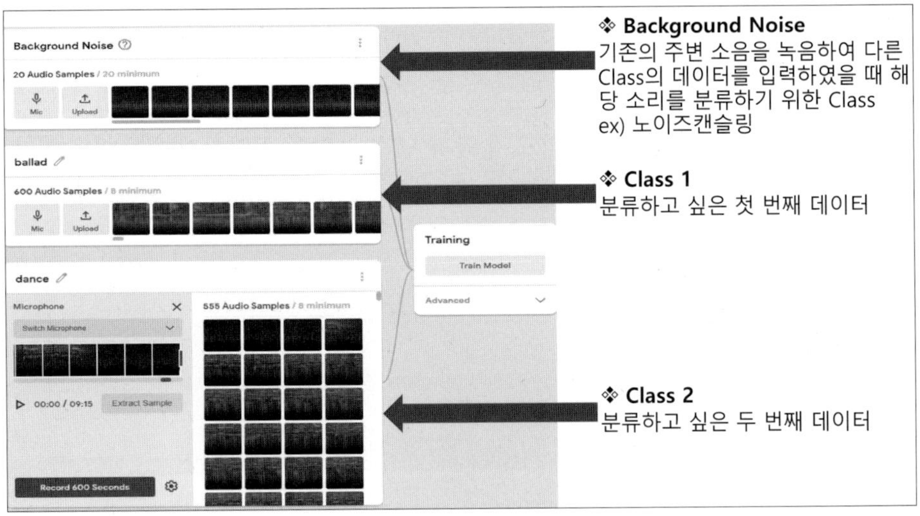

3) 소리 데이터 업로드 완성

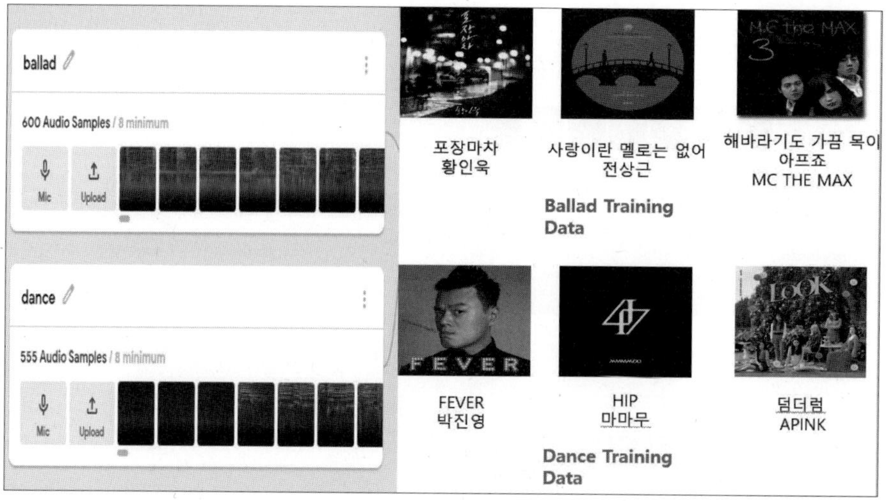

직접 데이터 녹음이 가능하다.

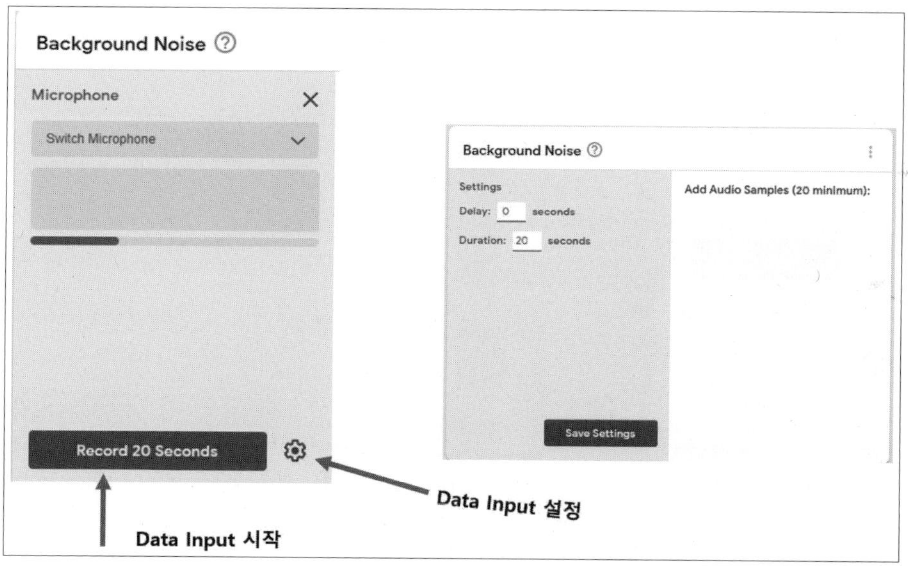

4) 트레이닝 데이터(소리 파일들) 학습

5) 새로운 곡 분류하게 함

직접 핸드폰으로 분류될 노래의 소리를 입력할 수 있다.

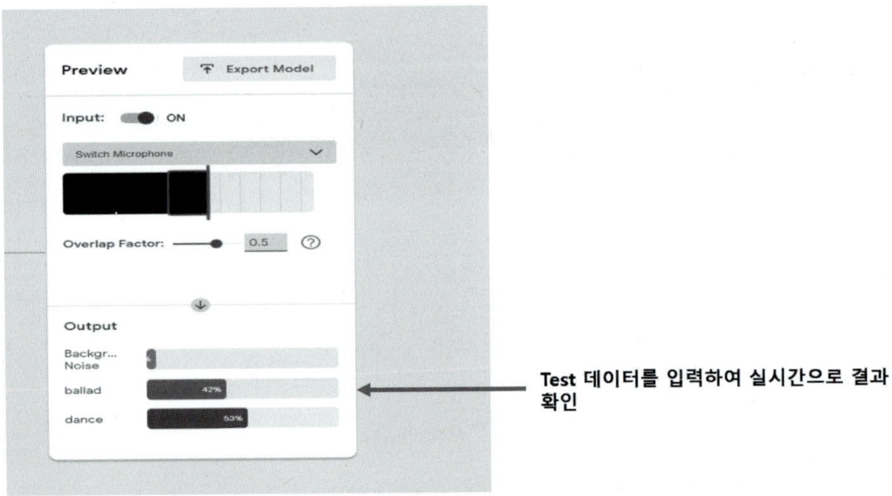

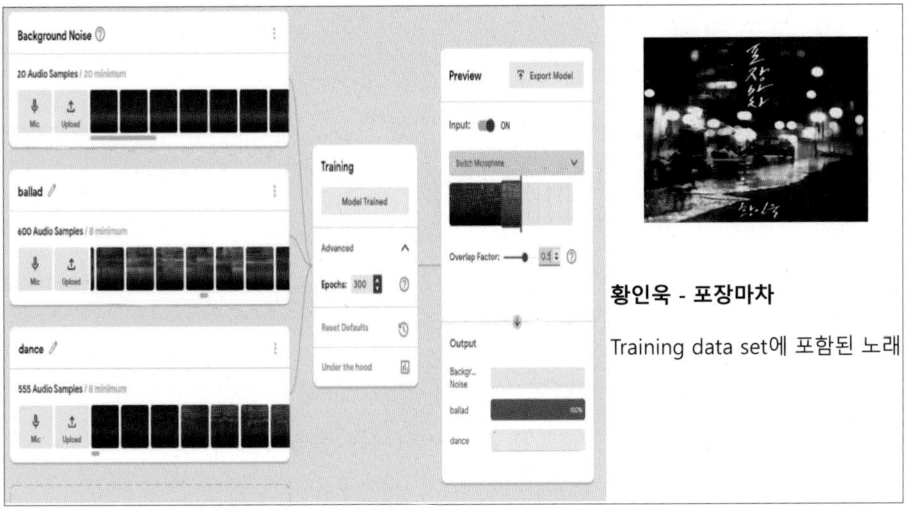

인공지능이 황인욱의 〈포장마차〉를 100% ballad로 예측함을 볼 수 있다.

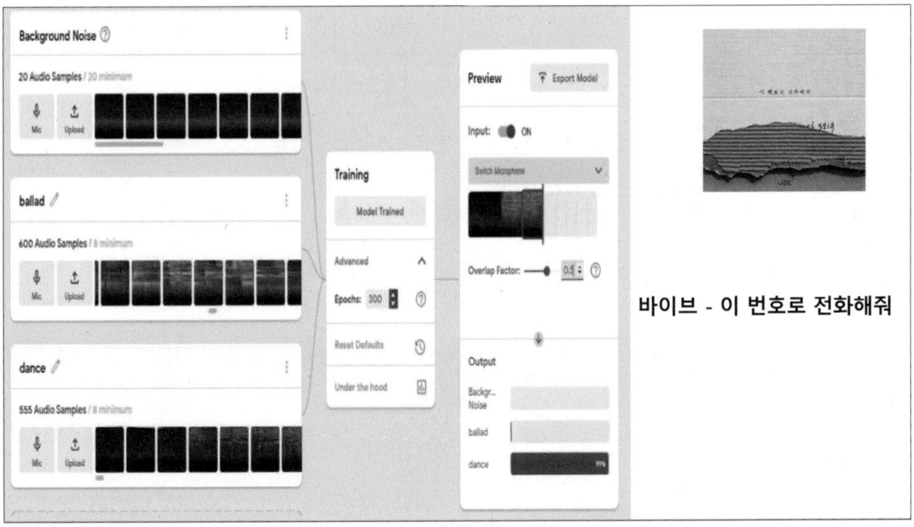

바이브의 〈이 번호로 전화해줘〉는 99% dance 곡으로 예측함을 볼 수 있다.

2. 구글 코랩

Colaboratory(줄여서 'Colab'이라고 함)를 통해 브라우저 내에서 파이썬 스크립트를 작성하고 실행할 수 있다. 코랩은 구성이 필요하지 않고 GPU 무료 액세스가 가능하며, 간편하게 gitHub를 통해 코드 공유가 가능하다. 구글 코랩(Colab)은 클라우드 기반의 무료 Jupyter 노트북 개발 환경이다. 다음은 코랩의 주요 특성이다.

- 내부적으로 코랩+구글 드라이브+도커+리눅스+구글 클라우드로 구성
- 인터넷 브라우저만 깔려 있으면 언제 어디서든 접속하여 수정이 가능
- gitHub와의 연동이 용이하여 타인과 지식을 공유하기 좋은 환경 제공
- 학습시킬 데이터는 구글 드라이브에 저장해 놓으면 된다.

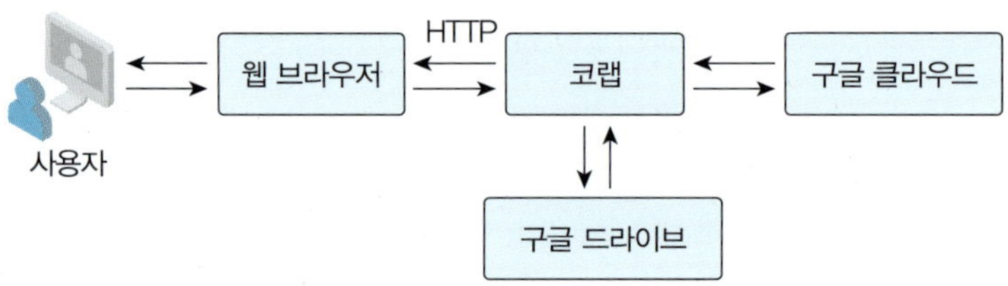

[그림 10-3] 구글 코랩의 구성

*출처: 이지스퍼블리싱

구글 계정의 최대 용량은 15G이며, 30G 이상을 저렴한 비용으로 쓸 수도 있다.

2.1 코랩 설치하기

구글 코랩을 사용하려면 기존에 사용하던 구글 계정(Gmail, Google Drive 계정)을 사용해서 로그인하거나 없다면 새로 계정을 만들어야 한다. 다음 3가지 방법 중 하나로 코랩에 접속할 수 있다. 대부분의 실습에서는 프로그램과 데이터를 저장해야 하기 때문에 세 번째 '구글 드라이브에서 코랩을 설치하고 코랩 사용하기'를 추천한다. google.co.kr에서 직접 로그인 및 코랩 사용하기를 원할 경우 맨 뒤 '부록 1. 구글 서치 엔진으로 로그인하기'를 참조한다. 이 책에서는 '구글 드라이브에서 코랩 사용하기'로 진행한다.

- google.co.kr에서 로그인 및 코랩 사용하기
- Colab에 어카운트를 만들고 코랩 사용하기: gmail이 없다면 https://colab.research.google.com에 방문하여 사용자 계정을 만든다.
- 구글 드라이브에서 코랩을 설치하고 코랩 사용하기

(1) 구글 드라이브에서 코랩 사용하기

google drive 계정에 접속한다.

1) 파일 폴더 만들기

google drive에 접속한 후 다음 '+ 새로 만들기'를 클릭한다.

다음 메뉴 제일 위 '폴더'를 클릭한 후 다음과 같이 'test'라는 이름의 폴더를 만든다.

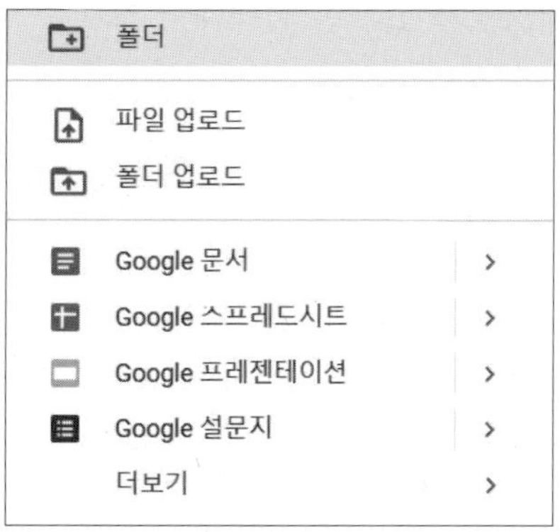

여기에 필요한 프로그램, 데이터 파일을 마우스로 끌고 온다(drag and release 방식).

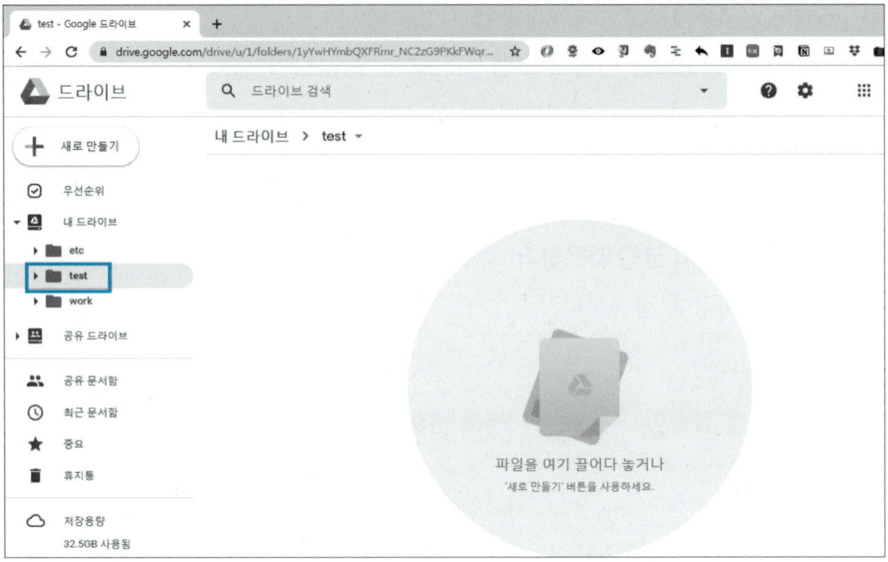

2) 코랩 설치/코랩 열기

좌측 상단의 [+ 새로 만들기] 버튼 → [더보기] → [연결할 앱 더보기]를 선택한다. 매뉴 앱 중에 'Colaboratory'가 있으면 선택해서 코랩을 열고 4)단계로 넘어간다. 만약 Colaboratory가 다음처럼 메뉴에 없다면 다음 단계를 따라 코랩을 설치한다.

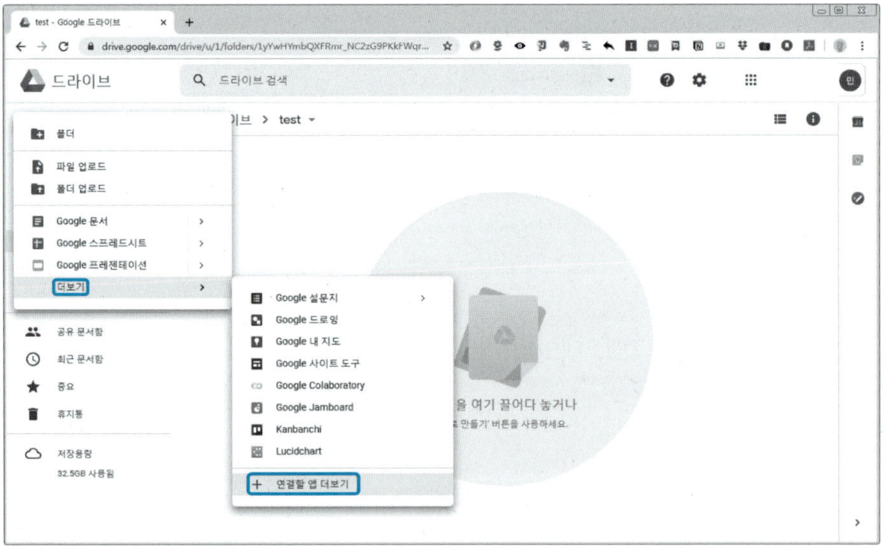

3) 새로 뜬 팝업의 우측 상단에 colab이라는 검색어를 입력하면 다음 그림과 같이 Google Colaboratory 앱이 등장한다. 검색어 바로 밑에 있는 녹색 연결하기 버튼을 누른다. (필자의 경우 이미 연결했기 때문에 좌측 메뉴에 collaboratory 버튼이 보인다.)

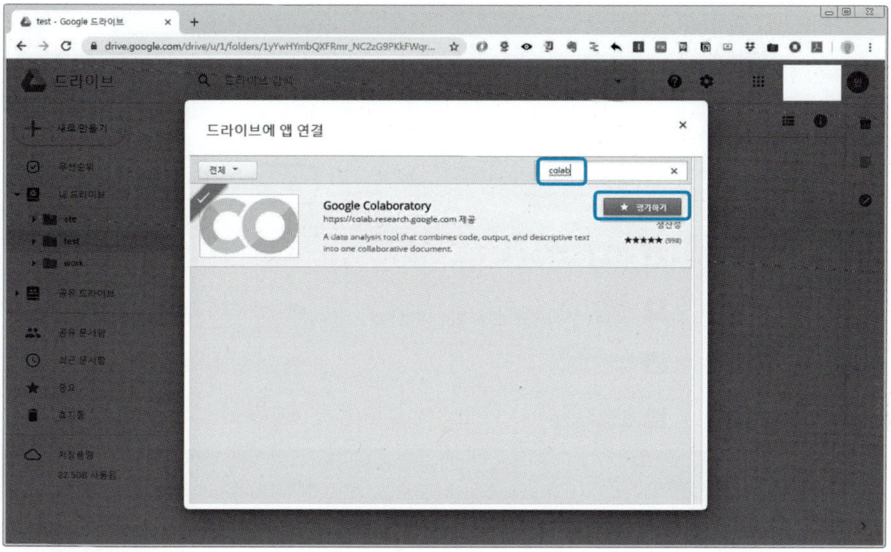

4) 드라이브 메인화면으로 이동하여 톱니바퀴 모양의 버튼을 클릭하고 설정을 클릭한다.

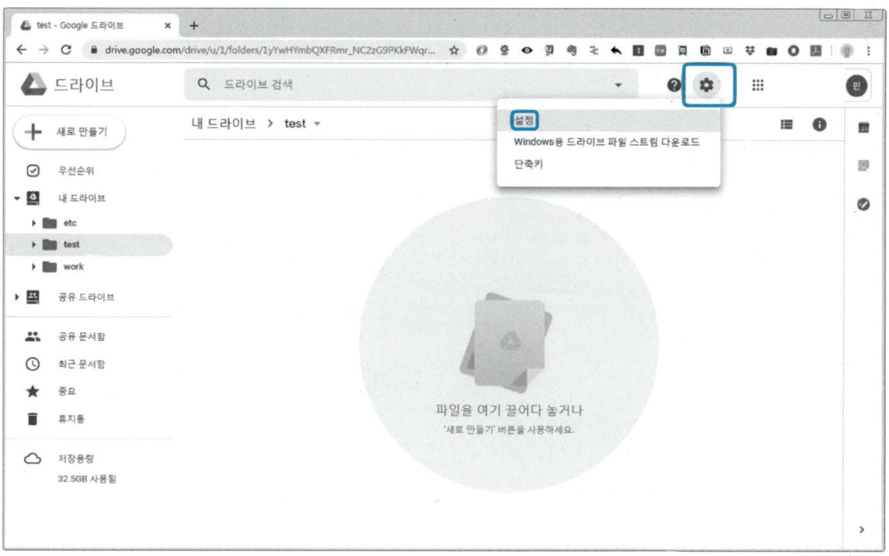

5) 새로 뜬 팝업의 좌측 메뉴 앱관리를 클릭하고 Google Colaboratory 우측의 '기본값으로 사용' 체크박스를 클릭하고 완료를 클릭한다.

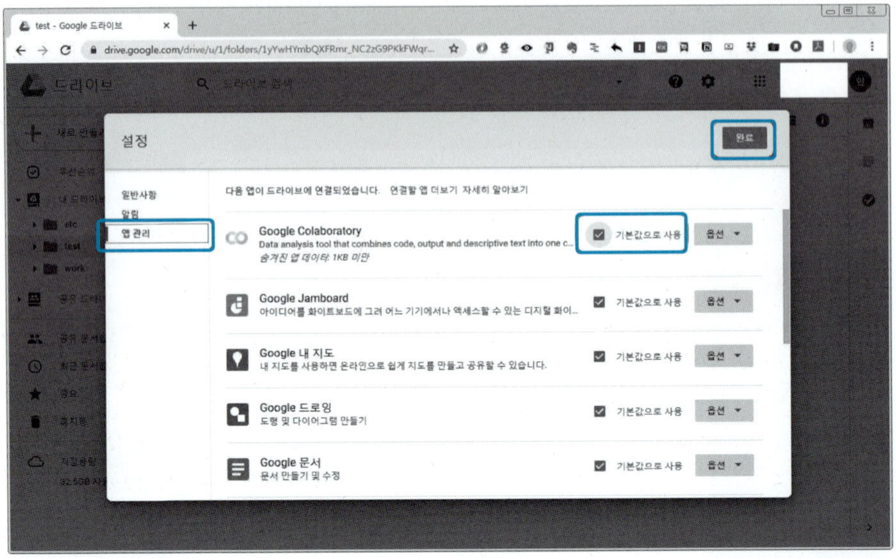

6) 드라이브 메인 화면으로 이동하여 오른쪽 마우스 클릭하고 [더보기] → [Google Colaboratory]를 클릭한다.

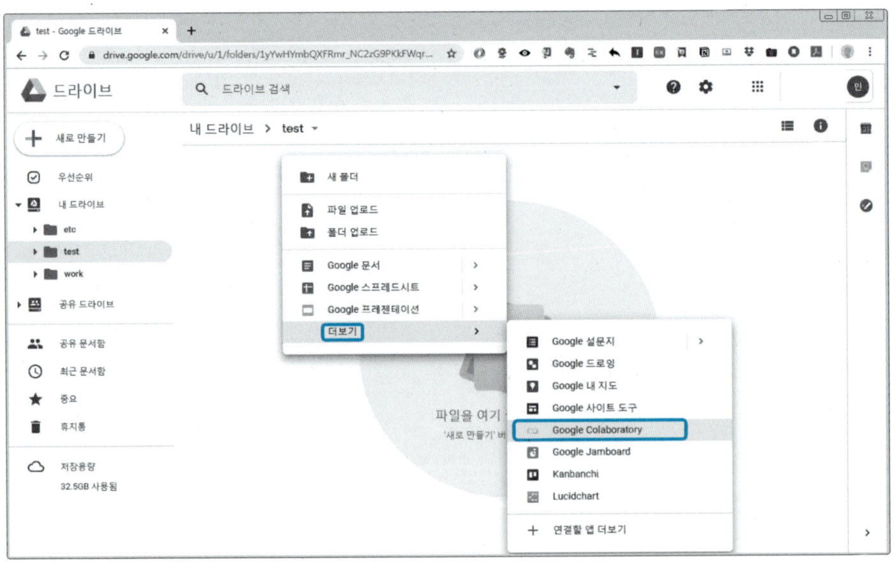

7) .ipynb 확장자 파일의 쥬피터 노트북이 등장했다. 파일 이름을 클릭하여 test.ipynb로 이름을 변경한다. 상단 메뉴 런타임을 클릭하여 [런타임 유형 변경]을 클릭한다. 런타임 유형은 Python3를, 가속기는 GPU를 선택하고 저장을 클릭한다.

※ 실습자의 PC에는 GPU가 없어도 된다. 본 실습에는 GPU가 필요하지 않다. 앞으로 뒷부분의 케라스, 텐서플로우 실습 역시 GPU는 없어도 된다.

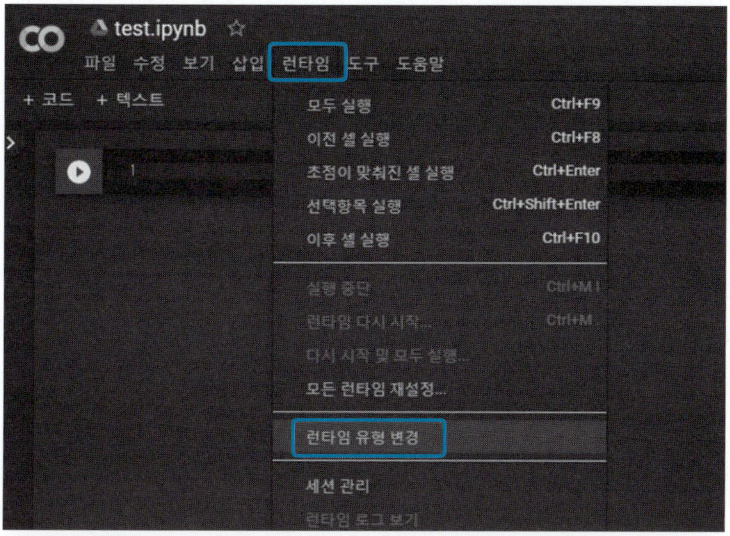

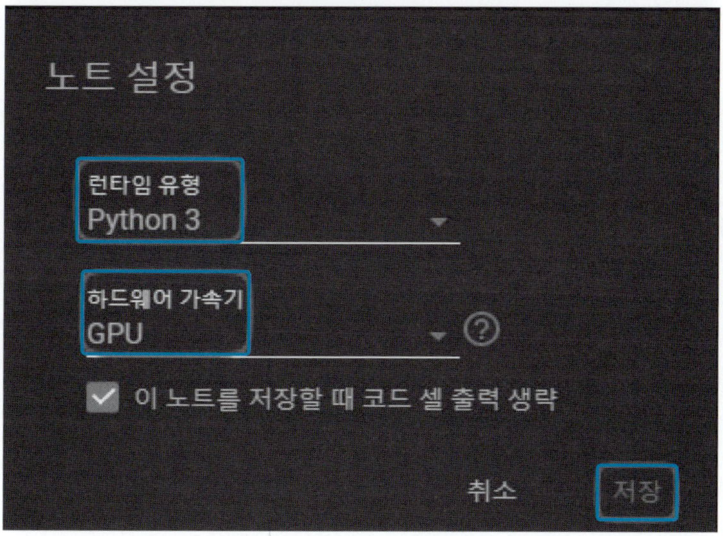

2.2 CNN 실습: CNN을 활용한 개와 고양이 이미지 분류

구글 드라이브에 Colab이 인스톨되어 연동되어 있다면 실습 준비가 완료된 것이다. 다음과 같이 구글 드라이브에 접속한다. '내 드라이브'를 클릭하고 '파일 업로드'를 선택 후 업로드하고자 하는 프로그램(데이터)을 선택하여 구글 드라이브로 업로드한다.

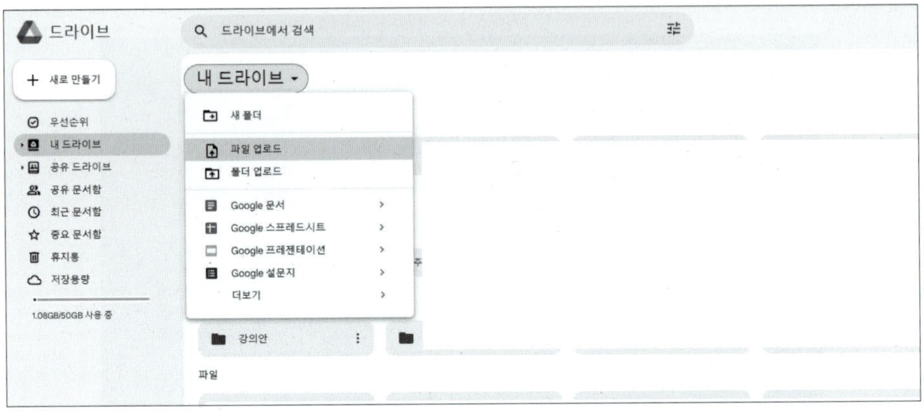

[그림 10-4] 구글 드라이브로 업로드

다음과 같이 코랩 실습을 위한 AI_GAN_example.ipynb, AI_CNN_example.ipynb, AI_RNN_example.ipynb 3개의 프로그램 파일이 업로드된 것을 볼 수 있다.

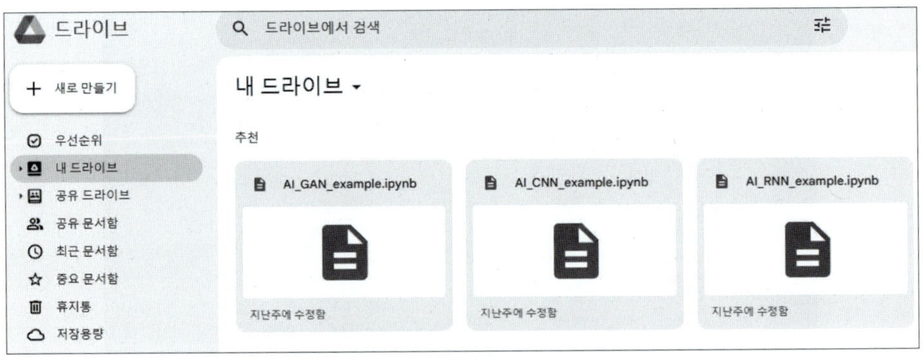

[그림 10-5] 프로그램 파일 업로드 확인

첫 번째 Colab 실습은 FastAI를 이용해서 CNN으로 개와 고양이의 이미지를 분류하는 것이다. Colab에서는 프로그램 모듈(박스 안의 여러 줄의 코드)을 각 박스 왼쪽의 플레이 버튼을 눌러 실행한다. 목록에서 AI_CNN_example.ipynb 프로그램 파일 아이콘을 클릭하여 연다. 다음 가이드에 따라 실습을 진행한다. https://github.com/fastai/fastai/blob/master/nbs/23_tutorial.vision.ipynb

2.2.1 환경 설정

FastAI를 colab에 설치하고 이를 import한다.

```
%%capture
! [ -e /content ] && pip install -Uqq fastai  # upgrade fastai on colab
from fastai.vision.all import *
```

2.2.2 데이터 로드

고양이와 개의 이미지를 37가지의 다른 품종으로 분류하는 Oxford-IIIT Pet Dataset을 사용하며 Colab에 이를 로드시킨다.

```
path = untar_data(URLs.PETS)/'images'

files = get_image_files(path)
len(files)
```

```
100.00% [811712512/811706944 00:14<00:00]
7390
```

2.2.3 데이터에 라벨링

고양이 이미지인 경우 파일 이름을 대문자로 시작하고, 개 이미지인 경우 소문자로 시작하도록 라벨링을 부여한다.

```
def label_func(f): return f[0].isupper()
```

2.2.4 fastai에서 제공하는 ImageDataLoaders로 이미지 호출

ImageDataLoaders는 파일 이름을 기반으로 label_func 함수를 사용하여 데이터를 불러오며, 각 이미지를 224×224 크기로 조정하여 보여지도록 한다.

```
dls = ImageDataLoaders.from_name_func(path, files, label_func, item_tfms=Resize(224))
```

```
dls.show_batch()
```

2.2.5 모델 학습

(1) cnn_learner로 모델 학습

cnn_learner는 fastai에서 제공하는 합성곱 신경망(Convolutional Neural Network, CNN)을 학습시키기 위한 함수이다. resnet34를 사용하였고 fine_tune(1)으로 epoch는 1로 주었다. 더 나은 모델 성능을 위해 epoch를 증가할 수 있으나 과적합을 고려하여 설정해 주는 것이 좋다.

```
learn_cnn = cnn_learner(dls, resnet34, metrics=error_rate)
learn_cnn.fine_tune(1)
```

```
/usr/local/lib/python3.9/dist-packages/fastai/vision/learner.py:288: UserWarning: `cnn_learner` has been renamed to `vision_learner` -- please update your code
  warn("`cnn_learner` has been renamed to `vision_learner` -- please update your code")
/usr/local/lib/python3.9/dist-packages/torchvision/models/_utils.py:208: UserWarning: The parameter 'pretrained' is deprecated since 0.13 and may be removed in the future, please use 'weights' ins
  warnings.warn(
/usr/local/lib/python3.9/dist-packages/torchvision/models/_utils.py:223: UserWarning: Arguments other than a weight enum or `None` for 'weights' are deprecated since 0.13 and may be removed in the
  warnings.warn(msg)
Downloading: "https://download.pytorch.org/models/resnet34-b627a593.pth" to /root/.cache/torch/hub/checkpoints/resnet34-b627a593.pth
100% 83.3M/83.3M [00:00<00:00, 232MB/s]
```

epoch	train_loss	valid_loss	error_rate	time
0	0.158003	0.023139	0.010149	01:02

epoch	train_loss	valid_loss	error_rate	time
0	0.049572	0.009371	0.003383	00:59

(2) cnn_learner로 학습된 모델로 예측하기

학습한 모델로 예측 후 예측 결과 이미지를 확인해 보도록 한다.

```
learn_cnn.predict(files[0])
```

```
('True', TensorBase(1), TensorBase([5.7393e-11, 1.0000e+00]))
```

```
learn_cnn.show_results()
```

2.2.6 모델 성능 확인

(1) confusion matrix 활용 및 잘못 예측된 데이터 확인

confusion matrix를 통해 모델 성능을 확인한다. 이 모델의 성능은 (1,017+456)/(1,017+456+2+3)=0.9966, 즉 99.7%이다.

```
interp = ClassificationInterpretation.from_learner(learn_cnn)
interp.plot_confusion_matrix(figsize=(6, 6), dpi=60)
```

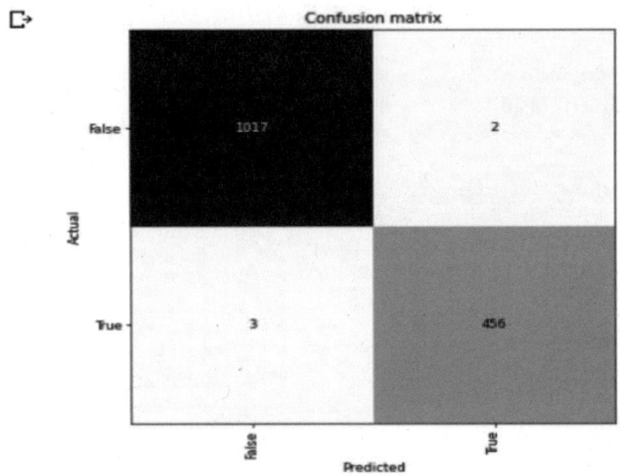

잘못 예측된 일부 데이터 9개 이미지를 확인해 본다.

```
interp.most_confused()
interp.plot_top_losses(k=9)
```

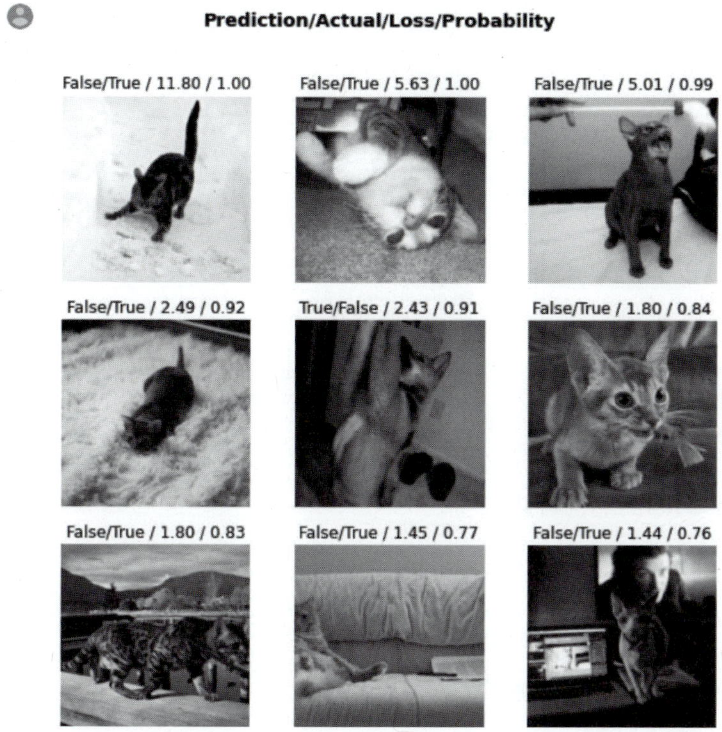

2.3 RNN 실습: RNN을 활용한 네이버 쇼핑 감성리뷰(긍정/부정) 분류

네이버 쇼핑에서 제품별 후기를 별점과 함께 수집된 자료를 활용하여 긍정과 부정으로 라벨링 후 GRU로 감성 분류하여 긍정/부정 리뷰를 예측해 보도록 한다.[2)]

2.3.1 환경 설정하기

(1) Colab에 Mecab 설치하기

Colab에서 Mecab-ko-dic를 쉽게 도와줄 수 있도록 해주는 Shell-Script이며, github 자료를 참고하였다.

```
%%capture
! git clone https://github.com/SOMJANG/Mecab-ko-for-Google-Colab.git
%cd Mecab-ko-for-Google-Colab
!bash install_mecab-ko_on_colab_light_220429.sh
```

2) https://wikidocs.net/94600

Mecab이 설치가 완료되면 본인의 Colab에 파일이 다음과 같이 생성되어 있음을 확인할 수 있다.

(2) Mecab 및 Keras 관련 파일

```
import re
import pandas as pd
import numpy as np
import matplotlib.pyplot as plt
import urllib.request
from collections import Counter
from konlpy.tag import Mecab
from sklearn.model_selection import train_test_split
from tensorflow.keras.preprocessing.text import Tokenizer
from tensorflow.keras.preprocessing.sequence import pad_sequences
mecab = Mecab()
```

2.3.2 데이터 로드 및 전처리

(1) 감성 분석에 사용할 수 있도록 텍스트 데이터 로드

다음은 네이버 쇼핑에서 제품별 후기를 별점과 함께 수집한 자료이다. 긍정과 부정으로 분류하기 애매한 3점에 해당하는 텍스트들은 제외하고, 긍정(4~5점)과 부정(1~2점)의 비율이 1:1에 가깝도록 샘플링한 자료이다.

```
5	민트색상 예뻐요. 옆 손잡이는 거는 용도로도 사용되네요 ㅎㅎ
2	비추합니다 계란 뒤집을 때 완전 불편해요 ㅠㅠ 코팅도 묻어나고 보기엔 예쁘고 실용적으로 보였는데 생각보다 진짜 별로입니다.
1	주문을 11월6에 시켰는데 11월16일에 배송이 왔네요 ㅎㅎㅎ 여기 회사측과는 전화도 안되고 아무런 연락을 받을수가 없으니 답답하신 분들은 다른곳에서 사시는거 추천드립니다
2	넉넉한 길이로 주문했는데도 안 맞네요 별로예요
2	보풀이 계속 때처럼 나오다가 지금은 안나네요~
2	110인데 전문속옷브랜드 위생팬티105보다 작은듯해요. 불편해요. 밴딩부분이 다 신축성없는 일반실로 되어있어 빅사이즈임에도 빅사이즈같지않아요. 입고벗을때 편하게 밴딩부분이 늘어나고 입었
5	사이즈도 딱이고 귀엽고 넘 좋아요 ㅎㅎ
2	베이지 색 구매했는데 약간 살색에 가까워요
2	화면빨인가봐요;; 노란컬러가 돋보여요;; 저렴한맛에 그냥 씁니다
2	별루 ㅏㅛㅇ치ㅗ티ㅓ치ㅗ탈칼타ㅗ티ㅗ티ㅗ티ㅛ티ㅛ티ㅗㅗㅗ치ㅕ치ㅕ쳐ㅣ처ㅣ치ㅓ처ㅣ펴ㅣ쳐ㅣ치ㅕㅐㅛㅌ쵸ㅔ려ㅔㅎ
5	촉감도 좋고 무게감이나 핏도 편합니다
5	불멍하기좋고 사이즈도 너무 좋아요
5	재구매 친구들이 좋은 향 난다고 해요
1	실내에서 신는건지 몰랐어요
```

이 자료의 별점은 rating, 제품별 후기는 reviews 열로 지정하여 200,000개의 데이터를 로드한다.

```
urllib.request.urlretrieve("https://raw.githubusercontent.com/bab2min/corpus/master/
sentiment/naver_shopping.txt", filename="ratings_total.txt")
```

```
('ratings_total.txt', <http.client.HTTPMessage at 0x7f3d30168c10>)

[ ]  1 total_data = pd.read_table('ratings_total.txt', names=['ratings', 'reviews'])
     2 print('전체 리뷰 개수 :',len(total_data))

전체 리뷰 개수 : 200000

[ ]  1 total_data[:5]
```

	ratings	reviews
0	5	배공빠르고 굿
1	2	택배가 엉망이네용 저희집 밑에층에 말도없이 놔두고가고
2	5	아주좋아요 바지 정말 좋아서2개 더 구매했어요 이가격에 대박입니다. 바느질이 조금 ...
3	2	선물용으로 빨리 받아서 전달했어야 하는 상품이었는데 머그컵만 와서 당황했습니다. 전...
4	5	민트색상 예뻐요. 옆 손잡이는 거는 용도로도 사용되네요 ㅎㅎ

(2) 긍정(1)과 부정(0) 리뷰 라벨링

평점이 4, 5인 리뷰에는 레이블 1(긍정)을, 평점이 1, 2인 리뷰에는 레이블 0(부정)을 부여한다. 부여된 레이블은 새로 생성한 label이라는 열에 저장한다.

```
total_data['label'] = np.select([total_data.ratings > 3], [1], default=0)
total_data[:5]
```

	ratings	reviews	label
0	5	배공빠르고 굿	1
1	2	택배가 엉망이네용 저희집 밑에층에 말도없이 놔두고가고	0
2	5	아주좋아요 바지 정말 좋아서2개 더 구매했어요 이가격에 대박입니다. 바느질이 조금 ...	1
3	2	선물용으로 빨리 받아서 전달했어야 하는 상품이었는데 머그컵만 와서 당황했습니다. 전...	0
4	5	민트색상 예뻐요. 옆 손잡이는 거는 용도로도 사용되네요 ㅎㅎ	1

(3) reviews 열에서 중복 내용이 있다면 중복 제거 및 null값 확인

```
total_data.drop_duplicates(subset=['reviews'], inplace=True)
print('총 샘플의 수 :',len(total_data))
```

```
총 샘플의 수 : 199908

[ ]  1 print(total_data.isnull().values.any())

False
```

(4) 훈련데이터와 테스트 데이터 분리

훈련 데이터와 테스트 데이터를 3:1 비율로 분리하면 긍정(1)과 부정(0)의 데이터 분포가 비슷함을 확인한다.

```
train_data, test_data = train_test_split(total_data, test_size = 0.25, random_state = 42)
print('훈련용 리뷰의 개수 :', len(train_data))
print('테스트용 리뷰의 개수 :', len(test_data))
```

```
훈련용 리뷰의 개수 : 149931
테스트용 리뷰의 개수 : 49977

[ ]  1 train_data['label'].value_counts().plot(kind = 'bar')

<Axes: >
```

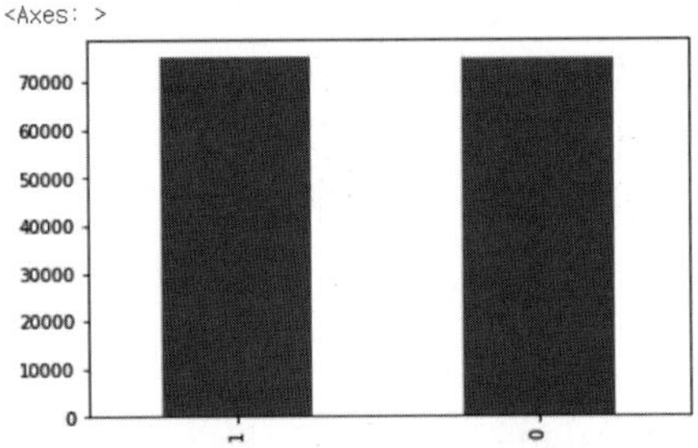

(5) 훈련과 테스트 리뷰 데이터에 한글을 제외하고 모두 제거

이 과정에서 빈 샘플이 생기지는 않는지 확인한다.

```
train_data['reviews'] = train_data['reviews'].str.replace("[^ㄱ-ㅎㅏ-ㅣ가-힣 ]","")
train_data['reviews'].replace('', np.nan, inplace=True)
print(train_data.isnull().sum())
print('전처리 후 훈련용 데이터 개수 :',len(train_data))
```

```
ratings    0
reviews    0
label      0
dtype: int64
전처리 후 훈련용 데이터 개수 : 149931
<ipython-input-12-dddfe4756467>:1: FutureWarning: The default value of regex will change from True to False in a future version.
  train_data['reviews'] = train_data['reviews'].str.replace("[^ㄱ-ㅎㅏ-ㅣ가-힣 ]","")
```

```
test_data.drop_duplicates(subset = ['reviews'], inplace=True)
test_data['reviews'] = test_data['reviews'].str.replace("[^ㄱ-ㅎㅏ-ㅣ가-힣 ]","")
test_data['reviews'].replace('', np.nan, inplace=True)
test_data = test_data.dropna(how='any')
print('전처리 후 테스트용 데이터 개수 :', len(test_data))
```

```
전처리 후 테스트용 데이터 개수 : 49977
<ipython-input-13-a9bd34a6d31a>:2: FutureWarning: The default value of regex will change from True to False in a future version.
  test_data['reviews'] = test_data['reviews'].str.replace("[^ㄱ-ㅎㅏ-ㅣ가-힣 ]","")
```

2.3.3 토큰화

(1) 불용어를 지정하여 필요 없는 토큰들 제거

```
stopwords = ['도', '는', '다', '의', '가', '이', '은', '한', '에', '하', '고', '을', '를', '인', '듯', '과', '와', '네', '들', '듯', '지', '임', '게']
```

(2) 형태소 분석기인 Mecab을 사용하여 훈련 및 테스트 데이터의 토큰화 작업 수행

```
train_data['tokenized'] = train_data['reviews'].apply(mecab.morphs)
train_data['tokenized'] = train_data['tokenized'].apply(lambda x: [item for item in x if item not in stopwords])
```

```
train_data[:5]
```

	ratings	reviews	label	tokenized
59666	2	사이즈를 센치씩 늘린건데도 작아요 그리고 색상은 완전 달라요 칙칙한핑크네요ㅠㅠ 많이...	0	[사이즈, 센치, 씩, 늘린, 건데, 작, 아요, 그리고, 색상, 완전, 달라요, ...
12433	2	ㅂ불만족 빗이 아픔 멍이피부에 빗질못해주겠네요	0	[ㅂ, 불, 만족, 빗이, 아픔, 멍, 피부, 빗, 질, 못해, 주, 겠, 네요]
146516	1	이 제품쓰고 삼일만에 변기물이 잘 안내려갔어요 혹시나해서 다시 빼보니 물이 다시 잘...	0	[제품, 쓰, 삼, 일, 만, 변기, 물, 잘, 안, 내려갔, 어요, 혹시나, 해서...
158109	5	적당하고 만족합니다	1	[적당, 만족, 합니다]
70219	2	편하자고 이용하는 밀키튼데 손 은근 많이 가서 저는 패쓰요	0	[편하, 자고, 이용, 밀키, 튼, 데, 손, 근, 많이, 서, 저, 패, 쓰, 요]

```
test_data['tokenized'] = test_data['reviews'].apply(mecab.morphs)
test_data['tokenized'] = test_data['tokenized'].apply(lambda x: [item for item in x if
item not in stopwords])
```

```
test_data[:5]
```

	ratings	reviews	label	tokenized
193242	1	너무 낮고 솔도 적고 실망스럽습니다	0	[너무, 낮, 솔, 적, 실망, 스럽, 습니다]
125080	1	피부에 뾰루지가 많이 올라와요	0	[피부, 뾰루지, 많이, 올라, 와요]
122750	5	배송도 빠르네요 가격대비 좋은것 같아요 첨에는 힘들어하나 조금 지나니 잘 하네요	1	[배송, 빠르, 네요, 가격, 대비, 좋, 것, 같, 아요, 첨, 힘들, 어, 하나...
72927	5	재구매입니다 핏도 좋고 착용감도 좋습니다	1	[재, 구매, 입니다, 핏, 좋, 착용감, 좋, 습니다]
83890	1	파손제품 온거 출장같다 오늘 받았는데 현재상황 장난하시는지 택배회사 항의하세요	0	[파손, 제품, 온, 거, 출장, 같, 오늘, 받, 았, 는데, 현재, 상황, 장난...

```
X_train = train_data['tokenized'].values
y_train = train_data['label'].values
X_test= test_data['tokenized'].values
y_test = test_data['label'].values
```

2.3.4 정수 인코딩 및 패딩

(1) 훈련 데이터에 Tokenizer를 적용하여 단어 집합(vocaburary)을 생성하고 각 단어에 고유한 정수 부여

```
tokenizer = Tokenizer()
tokenizer.fit_on_texts(X_train)
```

(2) 등장 횟수가 1회인 단어들은 자연어 처리에서 배제하고 이 단어들이 이 데이터에서 비중을 차지하는지 확인

```
threshold = 2
total_cnt = len(tokenizer.word_index)    # 단어의 수
rare_cnt = 0                             # 등장 빈도가 1번 이하인 희귀 단어의 수
total_freq = 0                           # 훈련 데이터의 전체 단어 빈도수 총 합
rare_freq = 0                            # 등장 빈도수가 threshold보다 작은 단어의 등
                                           장 빈도수의 총 합
```

```
for key, value in tokenizer.word_counts.items():
    total_freq = total_freq + value

    if(value < threshold):
        rare_cnt = rare_cnt + 1
        rare_freq = rare_freq + value

print('단어 집합(vocabulary)의 크기 :',total_cnt)
print('등장 빈도가 %s번 이하인 희귀 단어의 수: %s'%(threshold - 1, rare_cnt))
print("단어 집합에서 희귀 단어의 비율:", (rare_cnt / total_cnt)*100)
print("전체 등장 빈도에서 희귀 단어 등장 빈도 비율:", (rare_freq / total_freq)*100)
```

```
단어 집합(vocabulary)의 크기 : 40127
등장 빈도가 1번 이하인 희귀 단어의 수: 18275
단어 집합에서 희귀 단어의 비율: 45.5429012884093
전체 등장 빈도에서 희귀 단어 등장 빈도 비율: 0.7964299021840265
```

(3) 정수 인코딩

전체 단어 개수 중 빈도수 2 이하인 단어 개수는 제거한다. 해당 21,854개의 단어 집합(vocaburary)을 Tokenizer를 통해 텍스트 시퀀스를 정수 시퀀스로 변환하여 정수 인코딩 작업을 한다. 인코딩 작업 시 단어 집합(vocaburary)에 존재하지 않는 단어는 Out-Of-Vocabulary(단어 집합에 없는 단어) 문제가 발생하며, 이를 해결하기 위해 oov_token에 'OOV'로 변환하여 정수 인코딩한다. 훈련용과 테스트용 데이터 모두에 정수 인코딩 작업을 한다.

```
vocab_size = total_cnt - rare_cnt + 2
print('단어 집합의 크기 : ',vocab_size)
```

```
단어 집합의 크기 : 21854
```

```
tokenizer = Tokenizer(vocab_size, oov_token = 'OOV')
tokenizer.fit_on_texts(X_train)
X_train = tokenizer.texts_to_sequences(X_train)
X_test = tokenizer.texts_to_sequences(X_test)
```

(4) 패딩

훈련용 리뷰의 99.99%가 80 이하의 길이를 가지므로 훈련용과 테스트 데이터의 리뷰 길이를 80으로 패딩 처리 한다. 패딩은 자연어 처리 시 병렬 연산을 위해서 여러 문장의 길이를 임의로 동일하게 맞춰주는 작업이다.

```
def below_threshold_len(max_len, nested_list):
  count = 0
  for sentence in nested_list:
    if(len(sentence) <= max_len):
        count = count + 1
  print('전체 샘플 중 길이가 %s 이하인 샘플의 비율: %s'%(max_len, (count / len(nested_list))*100))
```

```
max_len = 80
below_threshold_len(max_len, X_train)
```

```
전체 샘플 중 길이가 80 이하인 샘플의 비율: 99.99933302652553
```

```
X_train = pad_sequences(X_train, maxlen=max_len)
X_test = pad_sequences(X_test, maxlen=max_len)
```

2.3.5 GRU로 네이버 쇼핑 리뷰 감성 분류하기

RNN은 시계열 데이터와 같은 연속형 데이터를 처리하기에 적합한 모델로 입력과 출력을 시퀀스 단위로 처리하는 모델이다. 일반적으로 RNN은 짧은 시퀀스를 처리하기에 적합하고 길어지게 되면 학습능력이 저하되는 문제점을 가지고 있다. 이후 이를 보완하기 위해 LSTM(Long Short-Term Memory)이 나왔으며, 성능은 LSTM과 유사하지만 좀 더 간단한 구조의 GRU 모델이 있다.

본 네이버 쇼핑 리뷰 감성 분류 시엔 GRU 모델을 적용하였다. 임베딩 벡터 차원은 100, 은닉 상태는 128로 설정하였다. 검증 데이터 손실이 4회 증가하면 정해진 에포크에 도달하지 못하였더라도 학습을 Early Stopping한다. ModelCheckpoint를 사용하여 정확도(val_acc)가 이전보다 좋아질 경우에만 모델을 저장한다. 훈련 데이터의 20%(validation_split=0.2)를 검증 데이터로 분리해서 사용한다. 테스트 정확도가 91%임을 확인할 수 있다.

```
from tensorflow.keras.layers import Embedding, Dense, GRU
from tensorflow.keras.models import Sequential
from tensorflow.keras.models import load_model
from tensorflow.keras.callbacks import EarlyStopping, ModelCheckpoint

embedding_dim = 100
hidden_units = 128

model = Sequential()
model.add(Embedding(vocab_size, embedding_dim))
model.add(GRU(hidden_units))
model.add(Dense(1, activation='sigmoid'))

es = EarlyStopping(monitor='val_loss', mode='min', verbose=1, patience=4)
mc = ModelCheckpoint('best_model.h5', monitor='val_acc', mode='max', verbose=1, save_best_
only=True)

model.compile(optimizer='rmsprop', loss='binary_crossentropy', metrics=['acc'])
history = model.fit(X_train, y_train, epochs=3, callbacks=[es, mc], batch_size=64,
validation_split=0.2)
```

```
Epoch 1/3
1875/1875 [==============================] - ETA: 0s - loss: 0.2940 - acc: 0.8865
Epoch 1: val_acc improved from -inf to 0.90773, saving model to best_model.h5
1875/1875 [==============================] - 52s 24ms/step - loss: 0.2940 - acc: 0.8865 - val_loss: 0.2534 - val_acc: 0.9077
Epoch 2/3
1875/1875 [==============================] - ETA: 0s - loss: 0.2296 - acc: 0.9176
Epoch 2: val_acc improved from 0.90773 to 0.91566, saving model to best_model.h5
1875/1875 [==============================] - 20s 11ms/step - loss: 0.2296 - acc: 0.9176 - val_loss: 0.2325 - val_acc: 0.9157
Epoch 3/3
1875/1875 [==============================] - ETA: 0s - loss: 0.2075 - acc: 0.9265
Epoch 3: val_acc did not improve from 0.91566
1875/1875 [==============================] - 19s 10ms/step - loss: 0.2075 - acc: 0.9265 - val_loss: 0.2295 - val_acc: 0.9145
```

```
loaded_model = load_model('best_model.h5')
print("\n 테스트 정확도: %.4f" % (loaded_model.evaluate(X_test, y_test)[1]))
```

```
1562/1562 [==============================] - 7s 4ms/step - loss: 0.2397 - acc: 0.9126

 테스트 정확도: 0.9126
```

2.3.6 리뷰 예측해 보기

위의 훈련된 모델을 통해 리뷰를 예측해 본다.

```
def sentiment_predict(new_sentence):
  new_sentence = re.sub(r'[^ㄱ-ㅎㅏ-ㅣ가-힣 ]','', new_sentence)
  new_sentence = mecab.morphs(new_sentence)
  new_sentence = [word for word in new_sentence if not word in stopwords]
  encoded = tokenizer.texts_to_sequences([new_sentence])
  pad_new = pad_sequences(encoded, maxlen = max_len)

  score = float(loaded_model.predict(pad_new))
  if(score > 0.5):
    print("{:.2f}% 확률로 긍정 리뷰입니다.".format(score * 100))
  else:
    print("{:.2f}% 확률로 부정 리뷰입니다.".format((1 - score) * 100))
```

```
sentiment_predict('저는 강추합니다. 좋아요 좋아요')
```

```
1/1 [==============================] - 0s 33ms/step
93.71% 확률로 긍정 리뷰입니다.
```

```
sentiment_predict('저는 강추합니다. 좋아요 좋아요')
```

```
1/1 [==============================] - 0s 21ms/step
97.27% 확률로 부정 리뷰입니다.
```

2.4 GAN 실습: GAN을 이용한 새로운 패션 아이템 생성

Fashion MNIST 데이터를 사용하여 생성자(Generator)와 판별자(Discriminator)를 통해 새로운 패션 아이템을 생성해 보고자 한다.[3)]

2.4.1 환경설정하기

EPOCHS는 10, 학습에 사용할 배치 크기(BATCH_SIZE)는 100으로 설정한다. 좀 더 성능을 좋게 하려면 EPOCHS 수를 늘려도 된다. GPU 환경이라면 DEVICE는 cuda일 것이며, 아니라면 cpu이다. GPU 환경에서 GAN이 수행되는 것을 추천한다.

3) https://github.com/yellowjs0304/3-min-pytorch_study/tree/master/09-경쟁하며_학습하는_GAN

```
import os
import torch
import torchvision
import torch.nn as nn
import torch.optim as optim
from torchvision import transforms, datasets
from torchvision.utils import save_image
import matplotlib.pyplot as plt
import numpy as np
```

```
EPOCHS = 10
BATCH_SIZE = 100

USE_CUDA = torch.cuda.is_available()
DEVICE = torch.device("cuda" if USE_CUDA else "cpu")
```

2.4.2 Fashion MNIST 데이터 로드

Fashion MNIST는 Zalando의 제품 이미지 데이터이며, 60,000개의 훈련 데이터와 10,000개의 테스트 데이터가 있다. 각 이미지는 28×28 크기의 회색 이미지이며, 10개 값으로 레이블되어 있다.

```
trainset = datasets.FashionMNIST(
    './.data',
    train=True,
    download=True,
    transform=transforms.Compose([
      transforms.ToTensor(),
      transforms.Normalize((0.5,), (0.5,))
    ])
)
train_loader = torch.utils.data.DataLoader(
    dataset     = trainset,
    batch_size  = BATCH_SIZE,
    shuffle     = True
)
```

```
Downloading http://fashion-mnist.s3-website.eu-central-1.amazonaws.com/train-images-idx3-ubyte.gz
Downloading http://fashion-mnist.s3-website.eu-central-1.amazonaws.com/train-images-idx3-ubyte.gz to ./.data/FashionMNIST/raw/train-images-idx3-ubyte.gz
100% 26421880/26421880 [00:00<00:00, 67847288.40it/s]
Extracting ./.data/FashionMNIST/raw/train-images-idx3-ubyte.gz to ./.data/FashionMNIST/raw

Downloading http://fashion-mnist.s3-website.eu-central-1.amazonaws.com/train-labels-idx1-ubyte.gz
Downloading http://fashion-mnist.s3-website.eu-central-1.amazonaws.com/train-labels-idx1-ubyte.gz to ./.data/FashionMNIST/raw/train-labels-idx1-ubyte.gz
100% 29515/29515 [00:00<00:00, 303022.97it/s]
Extracting ./.data/FashionMNIST/raw/train-labels-idx1-ubyte.gz to ./.data/FashionMNIST/raw

Downloading http://fashion-mnist.s3-website.eu-central-1.amazonaws.com/t10k-images-idx3-ubyte.gz
Downloading http://fashion-mnist.s3-website.eu-central-1.amazonaws.com/t10k-images-idx3-ubyte.gz to ./.data/FashionMNIST/raw/t10k-images-idx3-ubyte.gz
100% 4422102/4422102 [00:00<00:00, 3040819.36it/s]
Extracting ./.data/FashionMNIST/raw/t10k-images-idx3-ubyte.gz to ./.data/FashionMNIST/raw

Downloading http://fashion-mnist.s3-website.eu-central-1.amazonaws.com/t10k-labels-idx1-ubyte.gz
Downloading http://fashion-mnist.s3-website.eu-central-1.amazonaws.com/t10k-labels-idx1-ubyte.gz to ./.data/FashionMNIST/raw/t10k-labels-idx1-ubyte.gz
100% 5148/5148 [00:00<00:00, 55111.72it/s]
Extracting ./.data/FashionMNIST/raw/t10k-labels-idx1-ubyte.gz to ./.data/FashionMNIST/raw
```

2.4.3 생성자(Generator)와 판별자(Discriminator) 정의

생성자의 결과값은 784차원이며, Fashion MNIST 속의 이미지와 같은 차원이다. 판별자는 784차원의 텐서를 입력받으며, 결과값은 입력받은 텐서가 진짜인지 구분하는 예측값이다.

```
G = nn.Sequential(
        nn.Linear(64, 256),
        nn.ReLU(),
        nn.Linear(256, 256),
        nn.ReLU(),
        nn.Linear(256, 784),
        nn.Tanh())
```

```
D = nn.Sequential(
        nn.Linear(784, 256),
        nn.LeakyReLU(0.2),
        nn.Linear(256, 256),
        nn.LeakyReLU(0.2),
        nn.Linear(256, 1),
        nn.Sigmoid())
```

(1) 오차 함수 정의 및 Adam 적용

생성자와 판별자의 가중치를 DEVICE로 보낸다. 그리고 생성자와 판별자 학습의 오차를 계산하기 위해 이진 크로스 엔트로피(Binary cross entropy)를 사용한다.

```
D = D.to(DEVICE)
G = G.to(DEVICE)

criterion = nn.BCELoss()
d_optimizer = optim.Adam(D.parameters(), lr=0.0002)
g_optimizer = optim.Adam(G.parameters(), lr=0.0002)
```

2.4.4 GAN 학습

앞에서 설정한 EPOCHS(10) 값만큼 역전파 알고리즘으로 생성자와 판별자를 학습시키고 생성자 오차(g_loss)와 판별자 오차(d_loss)를 계산한다.

```
total_step = len(train_loader)
for epoch in range(EPOCHS):
    for i, (images, _) in enumerate(train_loader):
        images = images.reshape(BATCH_SIZE, -1).to(DEVICE)

        # 진짜 이미지(1)와 가짜 이미지(0)의 labeling 작업
        real_labels = torch.ones(BATCH_SIZE, 1).to(DEVICE)
        fake_labels = torch.zeros(BATCH_SIZE, 1).to(DEVICE)

        # 진짜 이미지를 discriminator의 입력으로 제공
        outputs = D(images)

        # discriminator의 진짜 이미지를 진짜로 인식하는 real_loss 구함
        d_loss_real = criterion(outputs, real_labels)
        real_score = outputs

        # random으로 가짜 이미지 입력값 생성
        z = torch.randn(BATCH_SIZE, 64).to(DEVICE)

        # 생성자(Generator) G로 가짜 이미지 생성
        fake_images = G(z)

        # 판별자(Discriminator) D의 가짜 이미지 인식 오차를 구함
        outputs = D(fake_images)
        d_loss_fake = criterion(outputs, fake_labels)
        fake_score = outputs
```

```
        # 판별자(Discriminator) 오차
        d_loss = d_loss_real + d_loss_fake

        # 역전파 알고리즘으로 판별자(Discriminator) 학습
        d_optimizer.zero_grad()
        g_optimizer.zero_grad()
        d_loss.backward()
        d_optimizer.step()

        # 생성자(Generator) 오차를 구함
        fake_images = G(z)
        outputs = D(fake_images)
        g_loss = criterion(outputs, real_labels)

        # 역전파 알고리즘으로 생성자(Generator) 학습
        d_optimizer.zero_grad()
        g_optimizer.zero_grad()
        g_loss.backward()
        g_optimizer.step()

    print('Epoch [{}/{}], d_loss: {:.4f}, g_loss: {:.4f}, D(x): {:.2f}, D(G(z)): {:.2f}'
        .format(epoch, EPOCHS, d_loss.item(), g_loss.item(),
            real_score.mean().item(), fake_score.mean().item()))
```

```
Epoch [0/10], d_loss: 0.3199, g_loss: 3.9141, D(x): 0.94, D(G(z)): 0.14
Epoch [1/10], d_loss: 0.2729, g_loss: 2.9518, D(x): 0.94, D(G(z)): 0.13
Epoch [2/10], d_loss: 0.3836, g_loss: 3.0059, D(x): 0.90, D(G(z)): 0.14
Epoch [3/10], d_loss: 0.1980, g_loss: 4.1991, D(x): 0.95, D(G(z)): 0.09
Epoch [4/10], d_loss: 0.2145, g_loss: 4.3876, D(x): 0.91, D(G(z)): 0.05
Epoch [5/10], d_loss: 0.3497, g_loss: 3.9517, D(x): 0.86, D(G(z)): 0.08
Epoch [6/10], d_loss: 0.3099, g_loss: 4.2213, D(x): 0.92, D(G(z)): 0.12
Epoch [7/10], d_loss: 0.2402, g_loss: 3.6459, D(x): 0.94, D(G(z)): 0.10
Epoch [8/10], d_loss: 0.3339, g_loss: 3.6229, D(x): 0.90, D(G(z)): 0.08
Epoch [9/10], d_loss: 0.6187, g_loss: 3.1792, D(x): 0.84, D(G(z)): 0.12
```

2.4.5 학습 후 생성자(Generator)가 만든 가짜 이미지 확인

```
z = torch.randn(BATCH_SIZE, 64).to(DEVICE)
fake_images = G(z)
for i in range(10):
    fake_images_img = np.reshape(fake_images.data.cpu().numpy()[i],(28, 28))
    plt.imshow(fake_images_img, cmap = 'gray')
    plt.show()
```

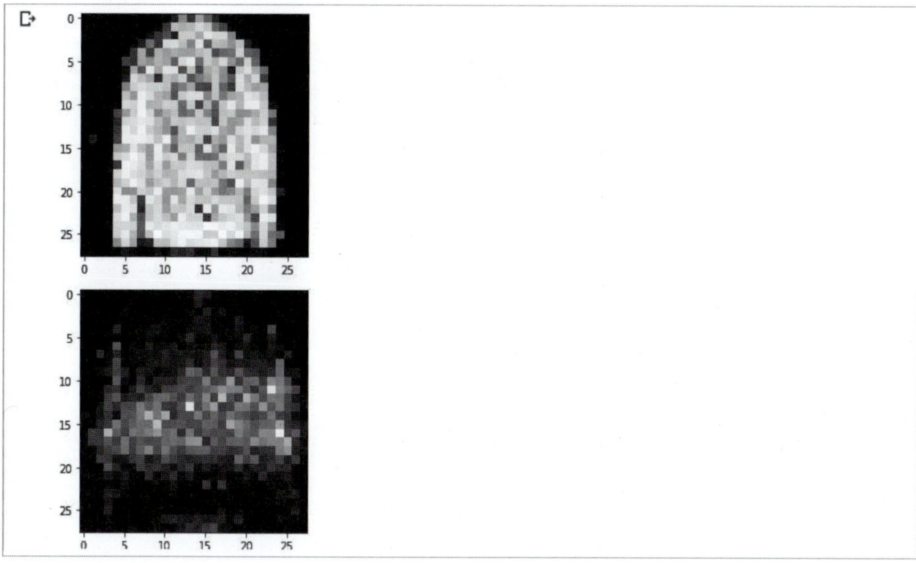

2.5 코랩 실습: 신용등급 예측모형

본 실습은 케라스로 작성된 프로그램을 코랩에서 실행한다.

2.5.1 문제 및 데이터의 설명

(1) 신용등급 데이터 및 연구 변수

신용등급 예측모형 구축을 위한 실습 데이터는 2016년 기준 코스피 및 코스닥 시장에 상장된 1,772개 기업에 대한 신용등급 데이터이다. 종속변수는 우량기업(0으로 지정)과 불량기업(1로 지정)으로 구성된 이진변수이며, 독립변수는 총 15개의 연속형 변수로 구성된 재무비율이다. 모든 분석은 학습용과 평가용의 두 가지 데이터 셋으로 구성된다. 전체 데이터의 60%(1,064/1,772)는 학습용 데이터 셋(training data set)으로, 나머지 40%(708/1,772)는 평가용 데이터 셋(test data set)으로 분류하였다. 학습용 데이터는 모델 학습을 목적으로 하는 입력 데이터이고 평가용 데이터는 학습을 마치고 모델의 성능을 최종적으로 평가하는 데 사용한다. 본 장에서 이용하게 될 실습용 데이터는 '금융빅데이터분석' 네이버카페(http://cafe.naver.com/financialbigdata)에서 무료로 다운로드할 수 있다.

〈표 10-1〉 신용등급 예측을 위한 연구변수와 속성 정의

<table>
<tr><th>변수명</th><th>값 유형</th><th>역할</th><th>설명</th></tr>
<tr><td>기업명</td><td>text</td><td>id</td><td>코스피 및
코스닥 상장기업</td></tr>
<tr><td>유동비율(X1)</td><td rowspan="15">연속형 변수</td><td rowspan="15">독립변수</td><td rowspan="2">유동성비율</td></tr>
<tr><td>당좌비율(X2)</td></tr>
<tr><td>부채비율(X3)</td><td rowspan="4">레버리지비율
(안정성)</td></tr>
<tr><td>영업이익이자보상비율(X4)</td></tr>
<tr><td>차입금/자기자본(X5)</td></tr>
<tr><td>차입금/매출액(X6)</td></tr>
<tr><td>총자산증가율(X7)</td><td rowspan="3">성장성비율</td></tr>
<tr><td>매출액증가율(X8)</td></tr>
<tr><td>순이익증가율(X9)</td></tr>
<tr><td>재고자산회전율(X10)</td><td rowspan="3">활동성비율</td></tr>
<tr><td>매출채권회전율(X11)</td></tr>
<tr><td>총자본회전율(X12)</td></tr>
<tr><td>총자본순이익률((X13)</td><td rowspan="3">수익성비율</td></tr>
<tr><td>매출액순이익률(X14)</td></tr>
<tr><td>자기자본순이익률(X15)</td></tr>
<tr><td>신용등급(종속변수)</td><td>이진(binary)</td><td>종속변수</td><td>0(우량기업) /
1(불량기업)</td></tr>
</table>

(2) 인공신경망(ANN) 구현 방법 및 단계

인공신경망(Artificial Neural Network, ANN)의 기본적인 활용 방법은 분류와 회귀로 나눌 수 있다. 분류 ANN은 입력 정보를 클래스별로 분류하는 방식이며, 회귀 ANN은 입력 정보로 다른 값을 예측하는 방식이다. 본 실습에서 활용할 신용등급 데이터는 우량기업과 불량기업을 분류하는 것으로 분류 ANN에 해당한다.

코랩를 이용하여 신경망 모형을 구현하고 검증하기 위해서는 〈표 10-2〉와 같이 변수 선언 및 데이터 불러오기, 데이터 전처리, 신경망 모형 구현을 위한 파라미터 설정, 신경망 학습 및 성능 평가 등 4단계의 프로세스를 거친다.

본 절에서는 케라스로 분류 ANN을 구현하는 방법을 설명한다. 케라스는 주피

터 노트북 환경(편집 창)에서 구현한다.

〈표 10-2〉 인공신경망(ANN) 구현 방법 및 단계

단계	설명
1단계	변수 선언 및 데이터 불러오기
2단계	데이터 전처리
3단계	신경망 모형 구현을 위한 파라미터 설정
4단계	신경망 모형 학습 및 성능 평가

2.5.2 코랩 실습

코랩을 열면 다음의 화면이 보인다.

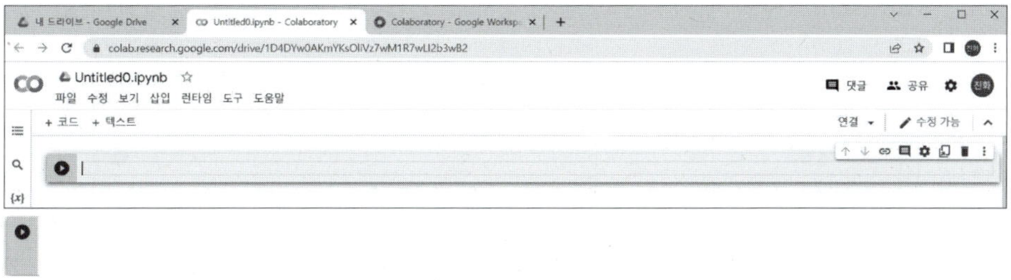

'실습' 폴더를 열고 '코랩' 폴더 안에 '인공지능 부도예측'이라는 이름의 한글 파일을 연다. 이 한글 파일에서 다음 텍스트 박스 안의 3줄의 코드를 코랩으로 복사(copy & paste)한 후 입력하고 실행한다. #은 주석으로 코드를 설명한 부분이다. 다음 코드를 코랩으로 복사 후 왼쪽에 위치한 아이콘 모양의 실행 버튼을 누른다.

```
import keras          # 케라스를 사용하겠다는 의미
import pandas as pd  # "pandas"는 엑셀 파일 로드, 즉, 엑셀 파일을 활용한다는 것으로 as
                       다음에 "pd"는 "pandas"를 약어로 줄여서 사용하겠다는 의미
import numpy as np    # "numpy"는 행렬 표현 패키지이며, np라는 약어로 사용한다는 의미
```

(1) 데이터 불러오기

코랩에서 프로그램에 연동되는 데이터를 불러오는 방법은 3가지가 있다. 자세한 내용은 '부록 2'를 참조하면 된다. 이제 학습용, 평가용 데이터, "train_data", "test_data"를 불러오기 위해 다음 메뉴 3개 중에서 맨 아래 파일 모양 아이콘을 클릭한다.

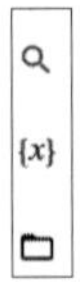

다시 화면에서 다음 '파일 업로드' 버튼을 클릭한다.

본인의 컴퓨터에서 입력할 데이터 파일을 찾아간다. 다음 화면처럼 test_data, train_data(shift 키+두 대의 파일을 동시 선택)를 선택한 후 '열기'를 클릭한다.

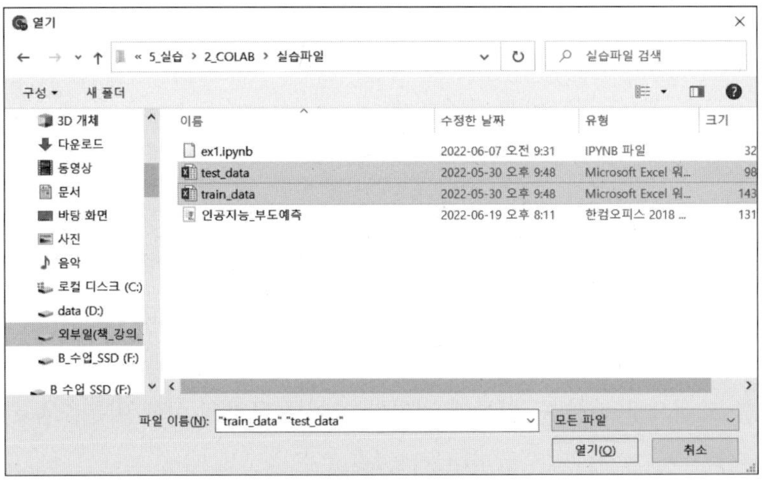

다음과 같이 데이터를 코랩으로 불러 들인 것을 확인할 수 있다.

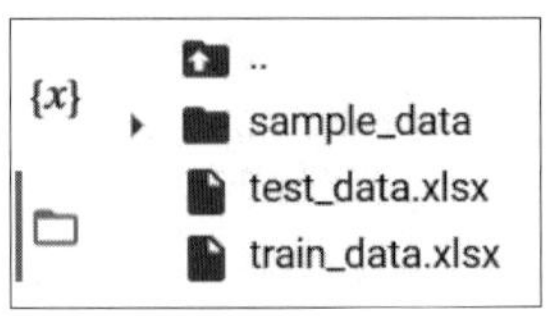

다음 '+ 코드'를 눌러 새로운 코드 입력 박스를 만들고 'copy&paste'로 다음 프

로그램 코드 셋을 입력한다.

다음 코드를 코랩으로 복사 후 왼쪽의 실행 버튼을 누른다.

```
train_data = pd.read_excel('train_data.xlsx')
test_data = pd.read_excel('test_data.xlsx')
```

실습용 데이터를 제대로 불러왔는지 확인하기 위해 다음의 명령문을 입력한다. 다음 코드를 코랩으로 복사 후 왼쪽의 실행 버튼을 누른다.

```
train_data.head()     # train_data의 5줄 행(record) 출력함
test_data.head()      # test_data의 5줄 행(record) 출력함
```

데이터가 잘 로딩되었으면 코드 실행 후 다음과 같은 화면이 결과 값으로 나온다.

```
train_data.head()     # train_data의 5줄 행(record) 출력함
test_data.head()      # test_data의 5줄 행(record) 출력함
```

	기업명	유동비율	당좌비율	부채비율	영업이익이자보상비율	차입금/자기자본	차입금/매출액	총자산증가율	매출액증가율	순이익증가율	재고자산회전율	매출채권회전율	총자본회전율	총자본순이익율	매출액순이익율	자기자본순이익율	신용등급(종속변수)
0	성지건설(주)	115.65	104.93	120.13	-118.68	18.73	7.09	-4.38	-20.20	-20.650	8.95	1.17	1.13	-12.05	-10.63	-24.02	1
1	(주)형지아이앤씨	152.23	37.91	101.22	0.24	47.04	23.20	-2.37	9.14	29.700	2.49	8.92	1.16	-4.02	-3.46	-8.48	1
2	(주)한섬	345.74	160.62	17.98	107.97	4.38	3.49	8.48	15.43	-27.070	2.60	12.96	0.72	5.71	7.98	6.67	0
3	(주)화이브라더스코리아	1137.27	1088.20	29.45	-0.91	20.69	18.94	133.69	31.98	-0.996	14.90	15.21	0.68	-1.32	-1.93	-1.68	0
4	아이원스(주)	52.73	31.60	140.48	1.71	107.61	95.56	27.03	22.53	-77.200	6.11	4.62	0.44	1.54	3.46	3.43	1

이와 같이 계속 박스 안의 코드 셋을 복사해서 코랩으로 가져가서 실행한다.

(2) 데이터 전처리 단계

다음은 데이터 전처리 과정이다. 실습용 데이터에서 분석에 사용되지 않는 변수를 제거하는 단계이다. 본 실습에서는 '기업명' 변수를 사용하지 않을 것이므로 삭제한다. 다음 코드를 코랩으로 복사 후 왼쪽 실행 버튼을 누른다.

```
del train_data['기업명']    # 데이터 전처리 과정으로 '기업명' 변수는 삭제함
del test_data['기업명']     # 평가용 데이터에서도 동일하게 '기업명' 변수를 삭제함
```

또한 신경망 모형 구현 전 학습용 데이터의 독립변수와 종속변수, 평가용 데이터의 독립변수와 종속변수를 따로 분류하는 과정이 필요하다. 다음 4줄의 코드를 입력하고 실행한다.

```
train_X = train_data.iloc[:,:-1]   # iloc[데이터 전체, 마지막 행 빼고]
train_Y = train_data.iloc[:,-1:]
test_X = test_data.iloc[:,:-1]
test_Y = test_data.iloc[:,-1:]
```

데이터 전처리 마지막 과정으로 데이터프레임(dataframe)을 행렬(array)로 옮기는 과정이 필요하다. 다음 4줄의 코드를 입력하고 실행한다.

```
train_X = np.array(train_X)      # dataframe을 행렬로 옮김
train_Y = np.array(train_Y)
test_X = np.array(test_X)
test_Y = np.array(test_Y)
```

(3) 신경망 모형 구현을 위한 파라미터 설정

다음 단계는 신경망 모형 구현에 필요한 파라미터(parameter)를 설정하는 단계이다. 분류 ANN은 인공지능 기술에서 가장 기본이 되는 구조이다. 케라스는 인공지능 모델을 분산 방식, 연쇄 방식 또는 둘의 혼합 방식으로 구현할 수 있다. 분산 방

식은 구조가 복잡한 경우에 적합하며, 연쇄 방식은 하나의 순서로 구성된 간단한 신경망의 구현에 적합하다. 본 절에서는 연쇄 방식을 이용한 분류 ANN을 구현한다.

먼저, 신경망 모델을 생성하고 구조를 설정해야 한다. 케라스에서 모델 생성은 'Sequential()' 함수를 사용하여 Dense라는 레이어(layer, 층)를 추가하는 방식이다. 본 실습에서는 입력층, 은닉층, 출력층의 3계층 신경망(은닉층은 1개)을 구현하고자 한다. 은닉층의 적절한 은닉노드 수는 신경망 초기에는 미리 알 수 없으므로 시행착오법을 통해 최적의 신경망 모형을 탐색해야 한다. 본 실습에서는 편의상 독립변수의 수와 같은 '15'로 설정한다. 이번 실습이 끝나면 은닉노드의 수를 3, 7, 15, 30, 45 등으로 변경하여 실습을 진행하기를 권장한다.

〈표 10-3〉 신경망 모형 구현에 필요한 파라미터 설정하기

파라미터	설정
입력계층의 노드 수	15
은닉계층의 노드 수	15
출력 값이 가질 클래스 수	2
출력 노드 수	2

다음 3줄의 코드를 입력하고 실행한다. 다음 코드는 신경망 모델을 생성하고 은닉 층의 수와 은닉노드의 수, 그리고 활성화 함수(activation function)를 설정하는 것이다. 활성화 함수는 '시그모이드(sigmoid)' 함수가 주로 사용된다. 최근 딥러닝 기법을 이용한 이미지 인식분야에서는 'ReLU' 함수를 주로 사용하기도 한다. 또한 출력노드의 활성화 함수는 클래스 분류를 목적으로 하는 '시그모이드(sigmoid)'와 '소프트맥스(softmax)' 함수를 주로 사용한다.

```
model = keras.models.Sequential()     # 모델을 생성하고 구조를 설정
model.add(keras.layers.Dense(15, input_shape=(15,), activation='sigmoid')) # Dense라
는 레이어를 추가하는 과정, Dense()에 '15'는 은닉노드의 수를 말함, "input_shape = 15"는
독립변수의 수를 의미함, 활성화 함수(activation)는 시그모이드 함수 사용
model.add(keras.layers.Dense(2, activation='sigmoid')) # 출력 값이 가질 클래스 수는 우
량기업과 불량기업을 분류하는 것으로 Dense(2)로 설정하며, 출력노드의 활성화 함수는 동일하
게 시그모이드 함수 사용
```

(4) 신경망 모형 학습 및 성능 평가

마지막 단계는 신경망 모형을 학습하고 그 성능을 평가하는 단계이다. 신경망 학습과정의 성능 평가를 위해 손실함수(loss)와 최적화함수(옵티마이저, optimizer)를 지정한다. 손실함수란 학습데이터로 평가한 성능 손실을 말한다. 즉, loss는 손실함수로 구한 오류율을 의미한다. 확률을 출력하는 모델에서는 크로스엔트로피(crossentropy)가 주로 사용된다. 크로스엔트로피는 정보이론(information theory) 분야의 개념으로 확률 분포 간의 차이를 측정한다. 본 문제는 이진 분류 문제로 'sparse_categorical_crossentropy'를 사용하며, 최적화함수는 'adam' 알고리즘을 사용한다. 또한 신경망 학습결과로 예측정확도를 살펴보기 위해 'accuracy'를 지정한다. 마지막으로 model.fit() 함수는 학습을 통해 최적화된 신경망 모형을 만드는 함수이다. 훈련횟수(epochs)는 '100회'로 지정하고, 이것을 'history' 변수에 저장한다. 아래의 2줄 코드를 입력하고, 실행한다.

```
model.compile(loss='sparse_categorical_crossentropy', optimizer='adam',
metrics=['accuracy'])      # 손실함수와 최적화 함수 지정, 그리고 예측정확도 측정을 위해
'accuracy'를 지정함
history = model.fit(train_X,train_Y,epochs=100)   # 훈련 횟수를 100회로 지정하고, 위 학
습결과를 'history'라는 변수에 저장함
```

```
34/34 [==============================] - 0s 605us/step - loss: 0.2129 - accuracy: 0.9154
Epoch 92/100
34/34 [==============================] - 0s 604us/step - loss: 0.2101 - accuracy: 0.9201
Epoch 93/100
34/34 [==============================] - 0s 544us/step - loss: 0.2108 - accuracy: 0.9182
Epoch 94/100
34/34 [==============================] - 0s 574us/step - loss: 0.2116 - accuracy: 0.9135
Epoch 95/100
34/34 [==============================] - 0s 635us/step - loss: 0.2086 - accuracy: 0.9173
Epoch 96/100
34/34 [==============================] - 0s 604us/step - loss: 0.2111 - accuracy: 0.9135
Epoch 97/100
34/34 [==============================] - 0s 604us/step - loss: 0.2092 - accuracy: 0.9173
Epoch 98/100
34/34 [==============================] - 0s 604us/step - loss: 0.2100 - accuracy: 0.9192
Epoch 99/100
34/34 [==============================] - 0s 635us/step - loss: 0.2084 - accuracy: 0.9173
Epoch 100/100
34/34 [==============================] - 0s 695us/step - loss: 0.2099 - accuracy: 0.9182
```

[그림 10-6] 신경망 모델 구현 후 손실함수와 정확도 결과 화면

마지막으로 구축된 인공신경망 모형의 예측정확도(accuracy)를 출력하는 코드이다. 예측정확도는 평가용 데이터의 정확도를 말한다. 평가용 데이터의 정확도는

0~1 사이로 출력된다. 정확히 예측했을 경우 최댓값 '1'을 가진다. 다음의 2줄 코드를 입력하고 실행한다.

```
accuracy = model.evaluate(test_X,test_Y)[1]
print('Test Accuracy ->',accuracy)
```

```
23/23 [==============================] - 0s 590us/step - loss: 0.3348 - accuracy: 0.8658
Test Accuracy -> 0.8658192157745361
```

(5) 학습과정의 시각화

다음의 코드는 학습용 데이터의 학습과정에서의 시각화 차트를 보여준다. 다음의 코드를 입력하고 실행한다. 그러면 훈련 횟수에 따른 학습용 데이터의 예측정확도가 차트로 시각화되어 나타난다.

```
%matplotlib inline
import matplotlib.pyplot as plt

fig, ep_ax = plt.subplots()
acc_ax = ep_ax.twinx()

acc_ax.plot(history.history['accuracy'], 'b', label='train acc')

ep_ax.set_xlabel('epoch')
acc_ax.set_ylabel('accuray')

ep_ax.legend(loc='upper left')
acc_ax.legend(loc='lower left')

plt.show()
```

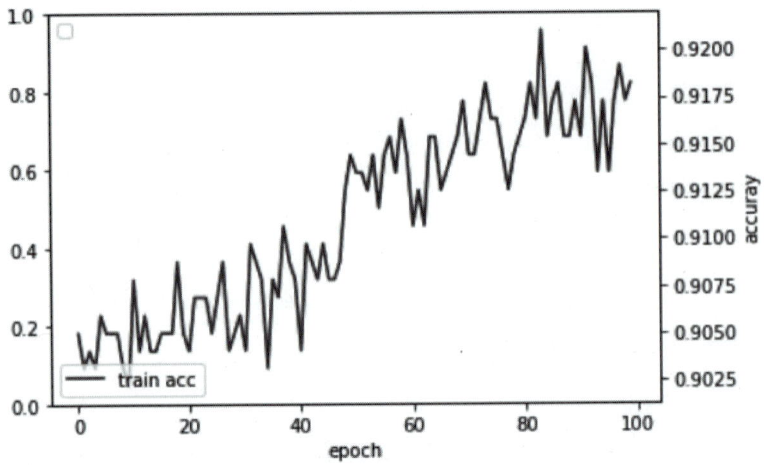

[그림 10-7] 학습용 데이터의 훈련 횟수에 따른 예측정확도 학습 곡선

3. 케라스

케라스(Keras)는 거의 모든 종류의 딥러닝 모델을 간편하게 만들고 훈련시킬 수 있는 파이썬을 위한 딥러닝 프레임워크이다. 처음에 케라스는 신속하게 실험해야 하는 연구자들을 위해 개발되었다. 케라스의 특징은 다음과 같다.

- 동일한 코드로 CPU와 GPU에서 실행할 수 있다.
- 사용하기 쉬운 API를 가지고 있어 딥러닝 모델의 프로토타입을 빠르게 만들 수 있다.
- (컴퓨터 비전을 위한) 합성곱 신경망, (시퀀스 처리를 위한) 순환 신경망을 지원하며, 이 둘을 자유롭게 조합하여 사용할 수 있다.
- 다중 입력이나 다중 출력 모델, 층의 공유, 모델 공유 등 어떤 네트워크 구조도 만들 수 있다. 이 말은 적대적 생성 신경망(Generative Adversarial Network, GAN)부터 뉴럴 튜링 머신(Neural Turing Machine)까지 케라스는 기본적으로 어떤 딥러닝 모델에도 적합하다는 뜻이다.
- 케라스는 MIT 라이선스를 따르므로 상업적인 프로젝트에도 자유롭게 사용할 수 있다.[4]

4) https://tensorflow.blog

3.1 케라스 설치

본 케라스 실습에서는 앞서 Colab 실습에서 사용했던 기업 신용등급 데이터를 활용하여 신경망 모형을 구축하고자 한다. 실습용 소프트웨어는 인공지능을 컴퓨터로 구현한 파이썬 패키지 케라스를 사용한다. 케라스는 2015년 3월에 공개된 텐서플로우용 라이브러리(library)로 간편하게 머신러닝 및 딥러닝을 실행할 수 있어 최근 이용자 수가 급증하고 있다. 케라스는 인공지능 엔진프로그램을 호출하여 인공지능 알고리즘을 수행한다.

(1) 윈도우 운영체제(OS)에서의 케라스 설치 방법

윈도우 운영체제에서 케라스 설치를 위해 공개 파이썬 배포판 아나콘다(anaconda)를 이용한다. 아나콘다는 파이썬 기반의 데이터 분석에 필요한 오픈소스를 모아놓은 개발 플랫폼이다. 아나콘다는 파이썬의 유용한 라이브러리들을 한 번에 설치할 수 있게 지원한다. 라이브러리란 잘 만들어 놓은 모듈들을 모아서 배포한 것을 말한다. 설치에 사용할 아나콘다 파이썬 배포판 버전은 5.0.1이다. 아나콘다 파이썬 배포판 설치 후 케라스를 설치하면 실습 환경이 구축된다.

1) 아나콘다 파이썬 배포판 설치 방법

아나콘다 파이썬의 홈페이지(www.anaconda.com)에서 다운로드한다. 윈도우 버전 다운로드 링크는 다음과 같다.

https://www.anaconda.com/products/individual#windows

아나콘다 홈페이지 화면에서 'Anaconda Individual Edition'을 클릭하면 이용자의 이메일 주소를 입력할 수 있는 화면이 나타난다. 이메일 주소 입력과 개인정보 입력(회원 가입)을 완료한다. 다음으로 입력한 이메일로 본인 확인 인증을 완료하면 아나콘다 설치 화면으로 이동할 수 있다.

아나콘다 설치 화면(Anaconda Installers)에서 파이썬 윈도우용 버전을 다운로드할 수 있다. 2021년 11월 기준으로 Python 3.8을 다운로드한다.

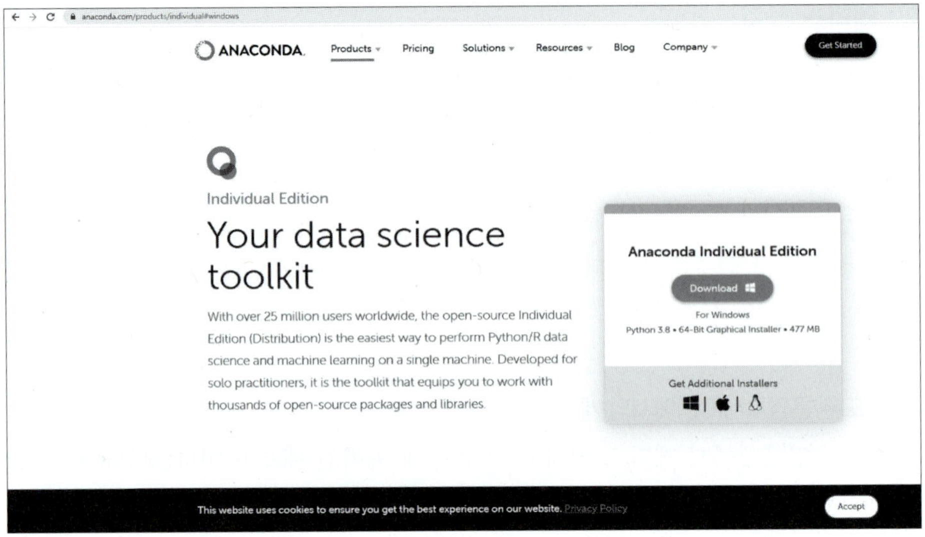

[그림 10-8] 아나콘다 홈페이지

아나콘다 설치 화면(Setup)에서 주의할 점은 'Advanced Options' 화면에서 'Add Anaconda to the system PATH environment variable'에도 체크박스에 체크해야 한다. 아나콘다는 가상 환경이 디폴트로 지정되므로 이것에 체크해야 기존 로컬 환경과 가상 환경 path를 같은 경로로 사용할 수 있다.

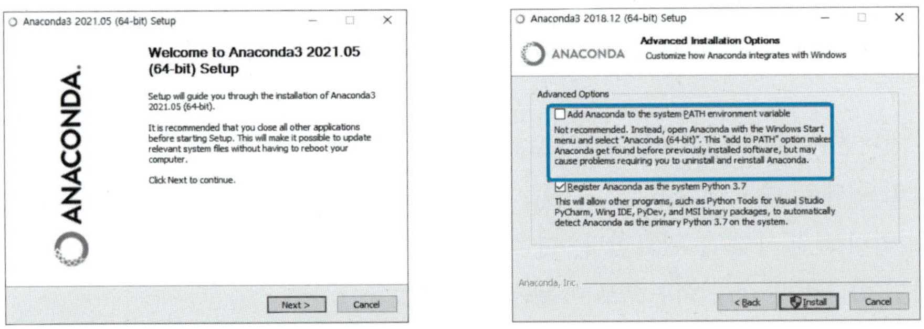

[그림 10-9] 아나콘다 설치 화면

다음으로 바탕화면에 'Keras' 폴더를 생성하고 본 실습에 사용할 데이터를 해당 폴더에 저장한다. 실습 데이터는 train_data(학습용 데이터), test_data(평가용 데이터) 2가지로 구성된다.

2) 주피터 노트북(Jupyter Notebook) 설치하기

주피터 노트북은 파이썬과 케라스 작업을 웹 브라우저에서 수행할 수 있도록 지원하는 프로그램이다. 주피터 노트북은 간단한 프로그램을 작성해 보면서 실시간으로 결과물을 확인할 수 있어 편리하다. 주피터 노트북은 웹을 이용해 파이썬 프로그램을 수행하는 환경을 제공하여 인공신경망 또는 기존 통계기법을 이용한 데이터 처리에 많이 사용된다.

윈도우(win) 키 + R 키를 입력하면 '실행' 창이 나오고 'cmd'를 입력하면 명령 프롬프트가 실행된다. 명령 프롬프트에서 'jupyter notebook'을 입력한다.

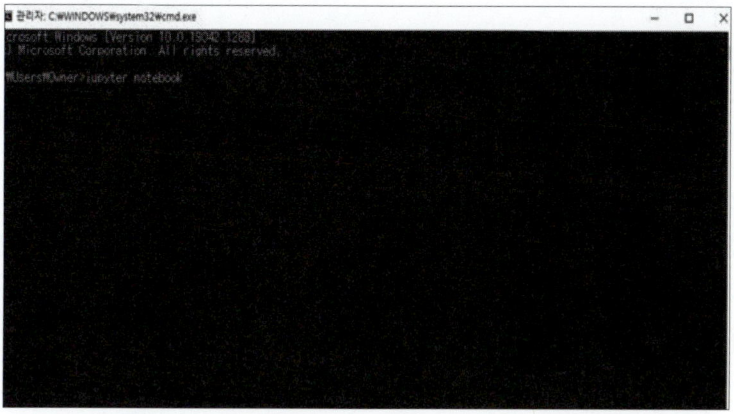

[그림 10-10] 명령 프롬프트 화면에서 주피터 노트북 입력

주피터 창이 실행되면 [그림 10-11]과 같이 'Files' 탭에 다양한 디렉토리가 표시된다. 앞서 바탕화면 'Keras' 폴더에 실습용 데이터를 저장했으므로 'Deskop'을 클릭하고 'Keras' 폴더를 지정한다. 'Keras' 폴더에서 train_data.xlsx, test_data.xlsx 파일을 확인할 수 있다.

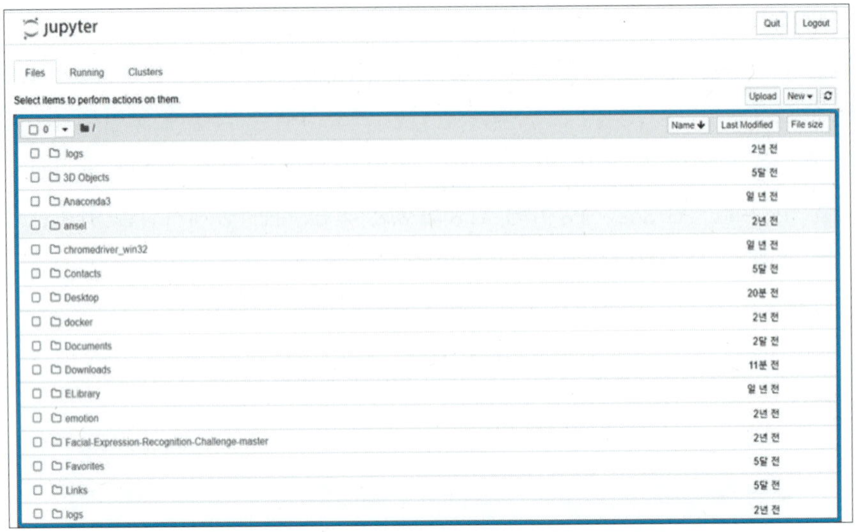

[그림 10-11] 주피터 실행화면에서 기본 폴더 지정하기

3) 케라스 설치하기

다음으로 케라스를 설치한다. 윈도우 키+R 키를 입력하면 '실행' 창이 나오고 'cmd'를 입력하면 명령 프롬프트가 실행된다. 명령 프롬프트에서 'pip install tensorflow'을 입력한다. 케라스는 텐서플로우 라이브러리(TensorFlow Library) 안에 있으므로 텐서플로우를 설치하면 본 실습에 사용할 프로그램 설치는 모두 완료된다.

[그림 10-12] 텐서플로우 설치 과정

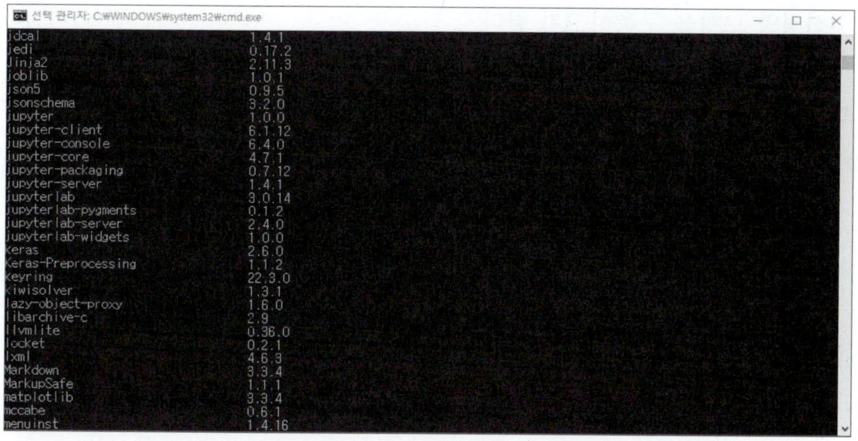

[그림 10-13] 텐서플로우 설치 완료

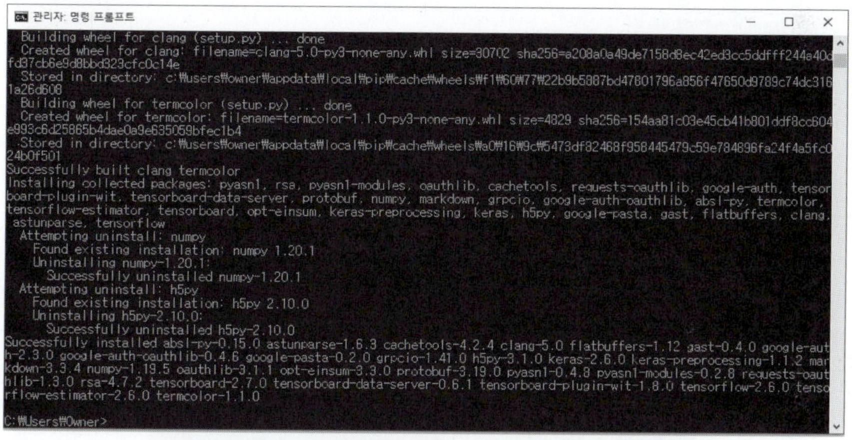

[그림 10-14] 명령 프롬프트에서 케라스 버전 확인

명령 프롬프트에서 'pip list'를 입력하면 케라스를 포함한 다양한 패키지가 설치된 것을 확인할 수 있다. 케라스의 경우 [그림 10-14]와 같이 Keras 2.6.0 버전이 설치된다.

3.2 케라스 실습

(1) 케라스로 구현하는 인공신경망

본 케라스 실습에서는 앞서 Colab 실습에서 사용했던 기업신용등급 데이터를 활용하여 신경망 모형을 구축하고자 한다.

(2) 주피터 환경에서 변수 선언 및 데이터 불러오기

주피터 환경에서 'New' 버튼을 누르고 'Python3'를 클릭하면 주피터 코드 편집창이 실행된다. 본 실습은 주피터 편집 창에서 케라스 코드를 입력할 것이다.

[그림 10-15] 주피터 환경에서 케라스 코드 구현하기

그리고 다음 화면에서 Jupyter Notebook (anaconda3)를 선택한다.

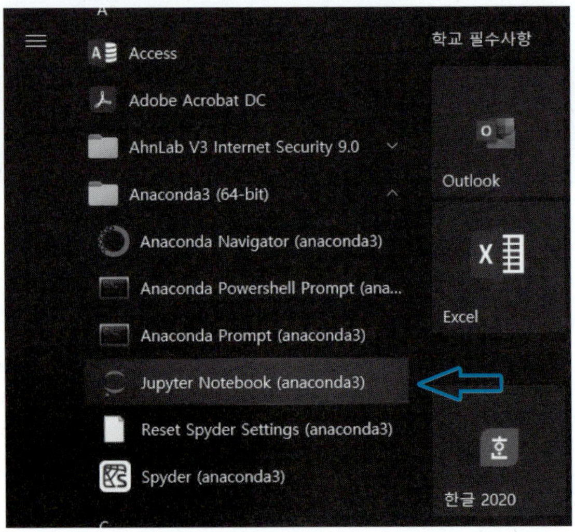

다음 화면에서 New를 선택한다.

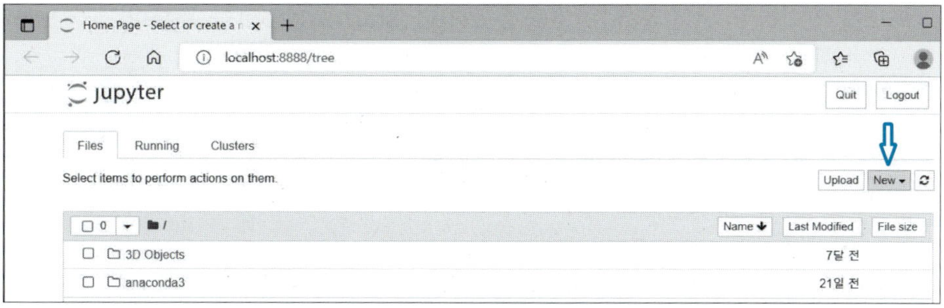

다음과 같이 Python 3를 선택한다.

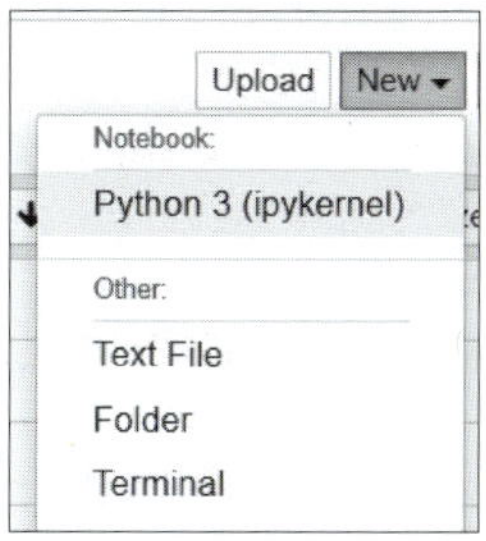

다음이 코드 입력/실행 화면이다.

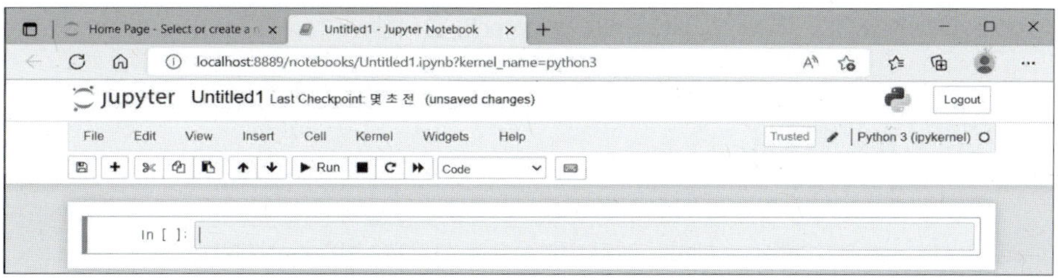

본 케라스 실습의 사용 코드는 Colab 실습 시 사용했던 코드를 그대로 사용한다. 박스 안의 코드를 복사/입력하고 실행한다. 실행버튼은 'shift + enter'이다.

```
import keras            # 케라스를 사용하겠다는 의미
import pandas as pd     # 'pandas'는 엑셀 파일 로드, 즉 엑셀 파일을 활용한다는 것으로
                          as 다음에 'pd'는 'pandas'를 약어로 줄여서 사용하겠다는 의미
import numpy as np      # 'numpy'는 행렬 표현 패키지이며, np라는 약어로 사용한다는 의미
```

코드를 입력하고 위의 Run 버튼을 누르거나 'shift + enter'를 누른다.

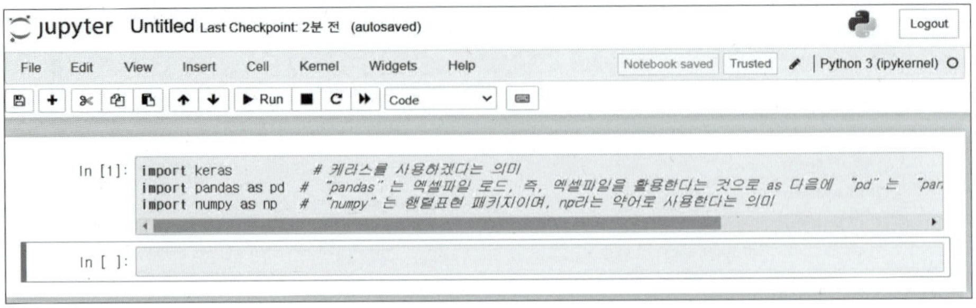

계속해서 다음에 따라 실습을 계속한다. 다음으로 학습용 데이터와 평가용 데이터를 불러온다.

```
train_data = pd.read_excel('train_data.xlsx')
test_data = pd.read_excel('test_data.xlsx')
```

실행 버튼은 'shift + enter'이다. 실습용 데이터를 제대로 불러왔는지 확인한다.

```
train_data.head()    # train_data의 5줄 행(record) 출력함
test_data.head()     # test_data의 5줄 행(record) 출력함
```

텍스트 부분을 삭제한다.

```
del train_data['기업명']  # 데이터 전처리 과정으로 '기업명' 변수는 삭제함
del test_data['기업명']   # 평가용 데이터에서도 동일하게 '기업명' 변수는 삭제함
```

학습용 데이터의 독립변수와 종속변수, 평가용 데이터의 독립변수와 종속변수를 따로 분류한다.

```
train_X = train_data.iloc[:,:-1]   # iloc[데이터 전체, 마지막 행 빼고]
train_Y = train_data.iloc[:,-1:]
test_X = test_data.iloc[:,:-1]
test_Y = test_data.iloc[:,-1:]
```

데이터 전처리 마지막 과정으로 데이터프레임(dataframe)을 행렬(array)로 옮기는 과정이다.

```
train_X = np.array(train_X)     # dataframe을 행렬로 옮김
train_Y = np.array(train_Y)
test_X = np.array(test_X)
test_Y = np.array(test_Y)
```

신경망 모델을 생성한다.

```
model = keras.models.Sequential()     # 모델을 생성하고, 구조를 설정
model.add(keras.layers.Dense(15,input_shape=(15,), activation='sigmoid'))   # Dense라
는 레이어를 추가하는 과정으로 Dense()에 '15'는 은닉노드의 수를 말한다. "input_shape =
15"는 독립변수의 수를 의미한다. 활성화 함수(activation)는 시그모이드 함수를 사용한다.
model.add(keras.layers.Dense(2,activation='sigmoid'))  # 출력 값이 가질 클래스 수는 우
량기업과 불량기업을 분류하는 것으로 Dense(2)로 설정하며, 출력노드의 활성화 함수는 동일하
게 시그모이드 함수를 사용한다.
```

신경망 모형 성능을 측정한다.

```
model.compile(loss='sparse_categorical_crossentropy', optimizer='adam',
metrics=['accuracy'])        # 손실함수와 최적화 함수 지정 그리고 예측정확도 측정을 위해
'accuracy'를 지정
history = model.fit(train_X, train_Y, epochs=100)   # 훈련 횟수를 100회로 지정하고 위
학습 결과를 'history'라는 변수에 저장함
```

다음은 구축된 인공신경망 모형의 예측정확도(accuracy)를 출력하는 코드이다.

```
accuracy = model.evaluate(test_X, test_Y)[1]
print('Test Accuracy ->', accuracy)
```

다음은 학습용 데이터의 학습 과정을 시각화한 코드이다.

```
%matplotlib inline
import matplotlib.pyplot as plt

fig, ep_ax = plt.subplots()
acc_ax = ep_ax.twinx()

acc_ax.plot(history.history['accuracy'], 'b', label='train acc')

ep_ax.set_xlabel('epoch')
```

```
acc_ax.set_ylabel('accuray')

ep_ax.legend(loc='upper left')
acc_ax.legend(loc='lower left')

plt.show()
```

4. 텐서플로우

텐서플로우(TensorFlow™)는 데이터 플로우 그래프(Data flow graph)를 사용하여 수치 연산을 하는 오픈소스 소프트웨어 라이브러리이다. 그래프의 노드(Node)는 수치 연산을 나타내고 엣지(edge)는 노드 사이를 이동하는 다차원 데이터 배열(텐서, tensor)을 나타낸다. 유연한 아키텍처로 구성되어 있어 코드 수정 없이 데스크탑, 서버 혹은 모바일 디바이스에서 CPU나 GPU를 사용하여 연산을 구동시킬 수 있다. 텐서플로우는 원래 머신러닝과 딥 뉴럴 네트워크 연구를 목적으로 구글의 인공지능 연구 조직인 구글 브레인 팀의 연구자와 엔지니어들에 의해 개발되었다.[5)]

텐서플로(TensorFlow) 또는 텐서플로우는 다양한 작업에 대해 데이터 흐름 프로그래밍을 위한 오픈소스 소프트웨어 라이브러리이다. 심볼릭 수학 라이브러리이

5) tensorflowkorea

자, 인공 신경망 같은 기계 학습 응용프로그램 및 딥러닝에도 사용된다. 이것은 구글 내 연구와 제품개발을 위한 목적으로 구글 브레인팀이 만들었고 2015년 11월 9일 아파치 2.0 오픈소스 라이선스로 공개되었다.[6]

텐서플로우는 여러 가지 방법으로 설치가 가능하다. 이 책에서는 2가지로 텐서플로우를 설치하는 방법을 소개한다. 첫 번째 방법은 텐서플로우를 설치하고 곧이어 RNN 실습을 하는 것이다. 두 번째는 좀 더 쉽게 텐서플로우를 설치하는 방법이다. 설치 후 CNN 실습이 곧바로 이어진다.

4.1 텐서플로우 설치 방법 1 + RNN 실습

(1) 텐서플로우 설치하기

1) 아나콘다 인스톨

https://www.anaconda.com/products/distribution에서 다운로드한다.

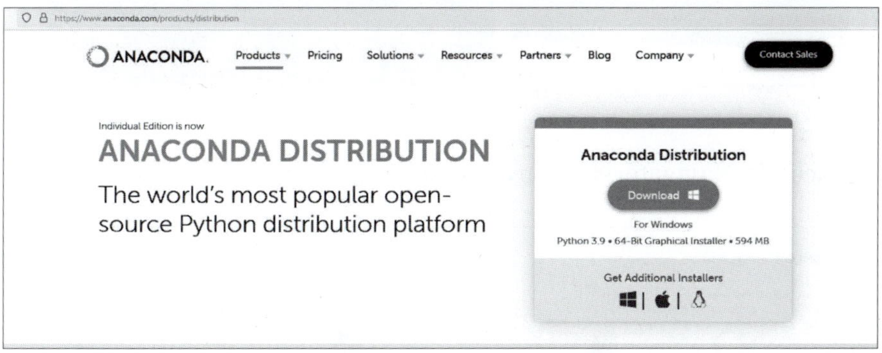

6) tensorflowkorea

2) Anaconda Navigator 열기

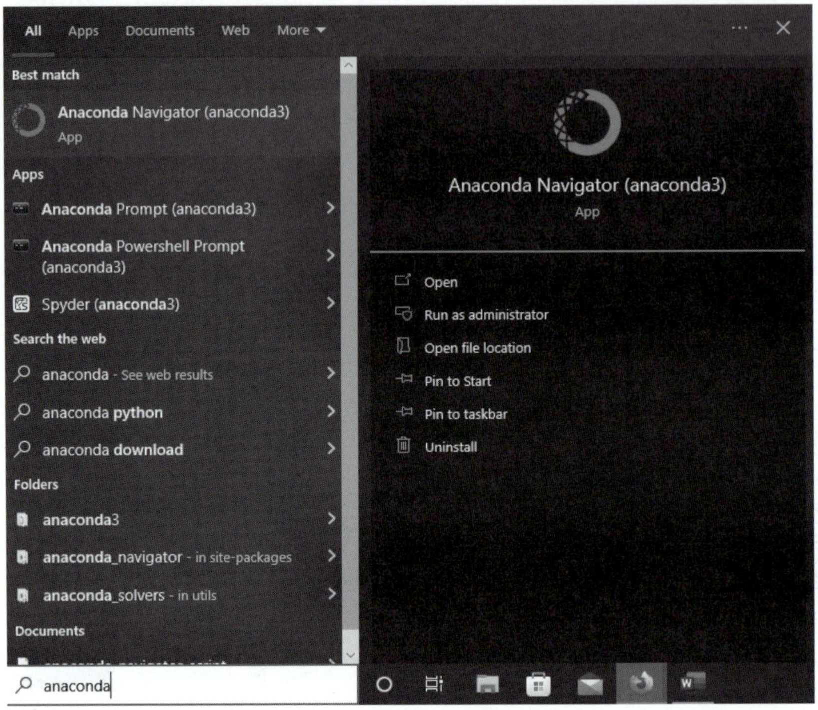

3) Anaconda Navigator에서 Environments 클릭

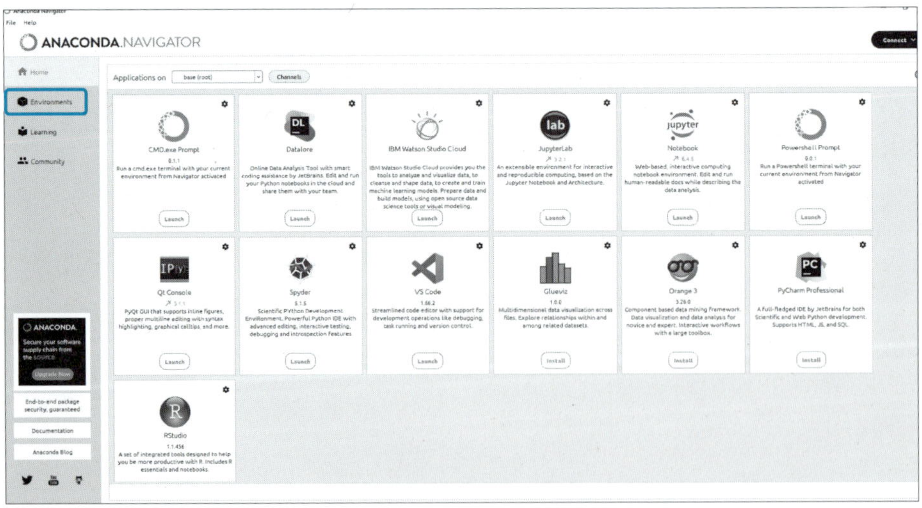

4) Create 버튼 클릭(새로운 환경/Environment 만들기)

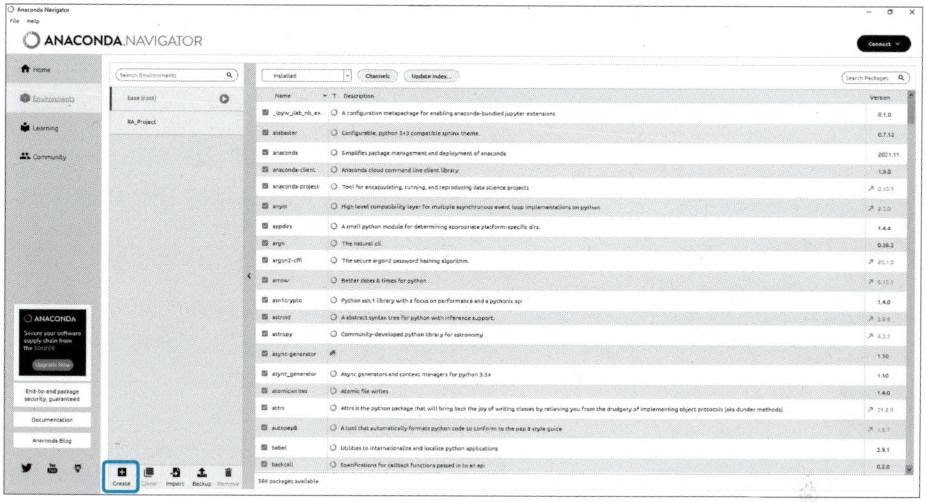

5) 환경 이름 정하고 Python 버전 선택

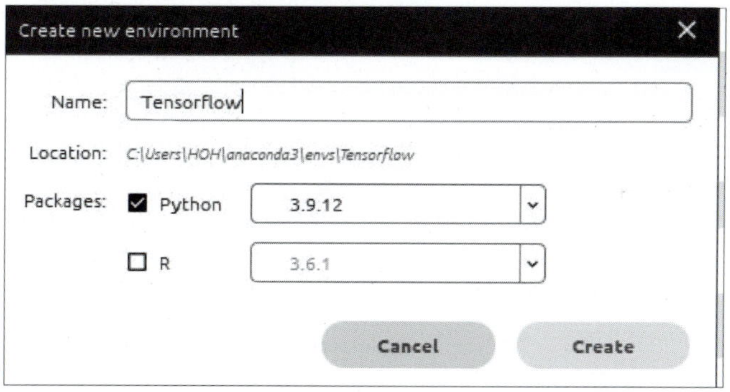

6) 텐서플로우 패키지 인스톨

① 텐서플로우 환경에서 not installed를 선택

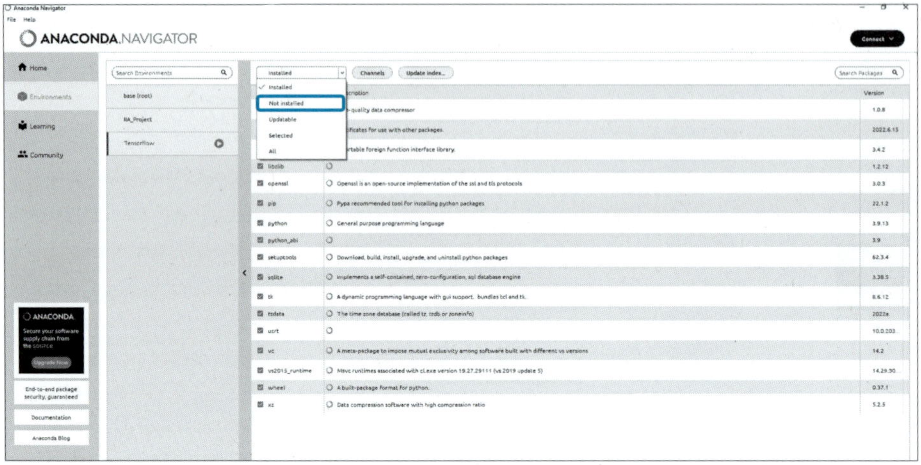

② 오른쪽 서치 바(search bar)에서 tensorflow 입력

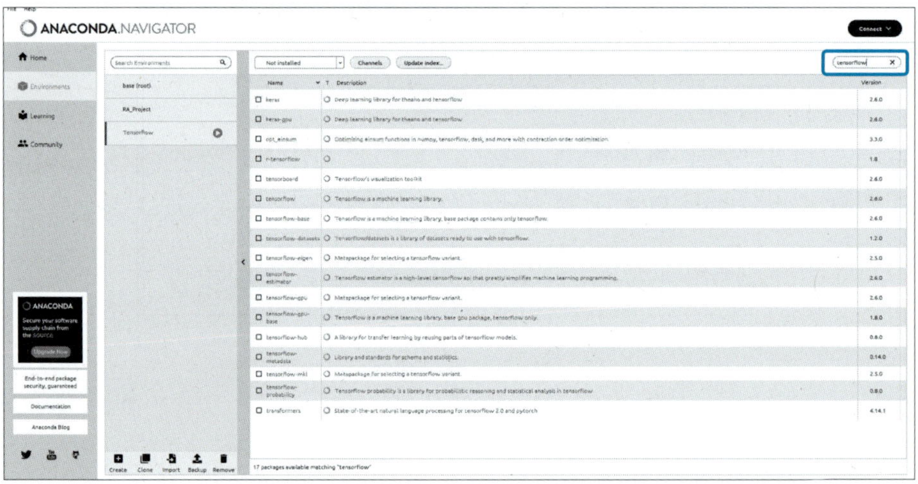

③ Tensorflow와 tensorflow-datasets를 선택한 다음 apply 클릭

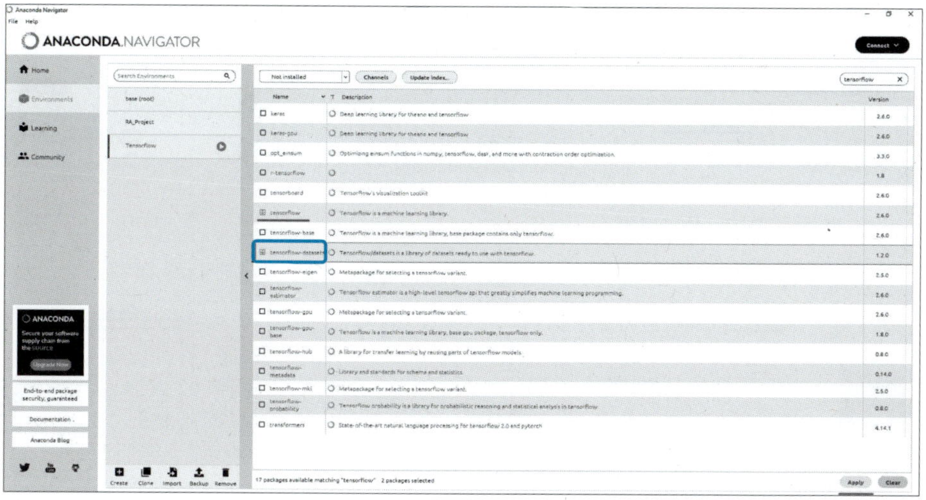

④ Tensorflow와 같이 다운로드해야 하는 package들이 뜨면 Apply 클릭

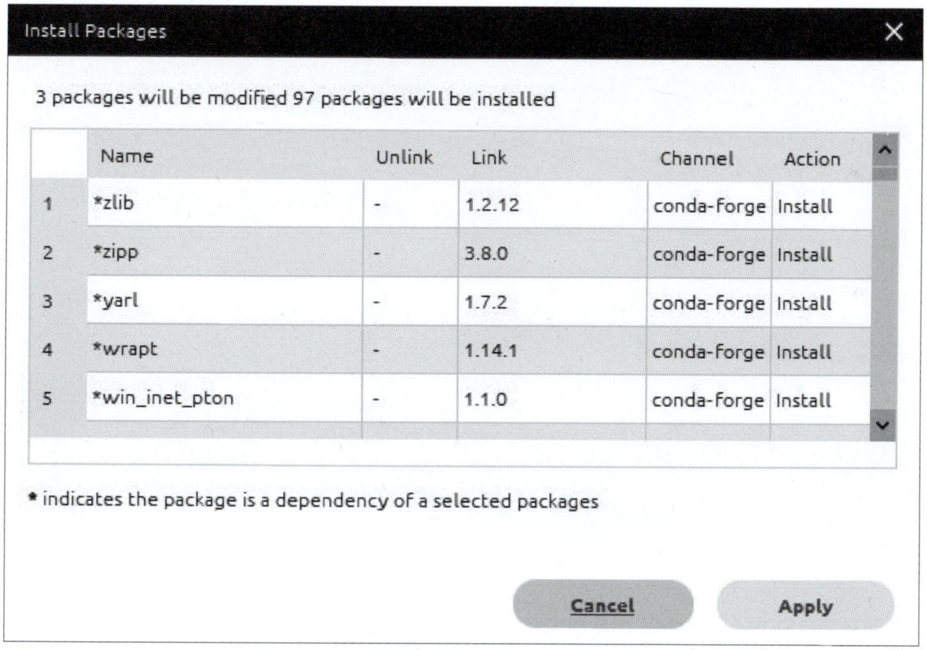

7) Home 메뉴에서 Tensorflow 환경을 선택한 다음 Spyder(Python IDE) 인스톨

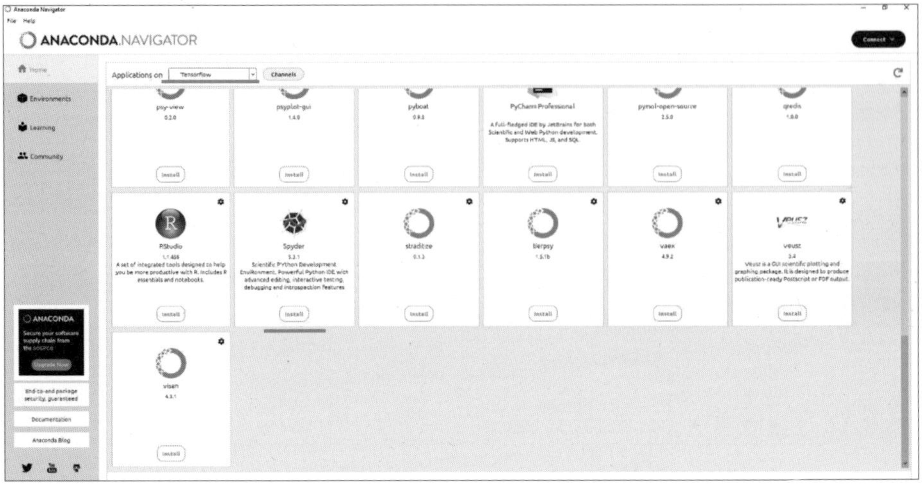

8) Spyder launch 클릭한 후 spyder에서 코드 입력 및 실행

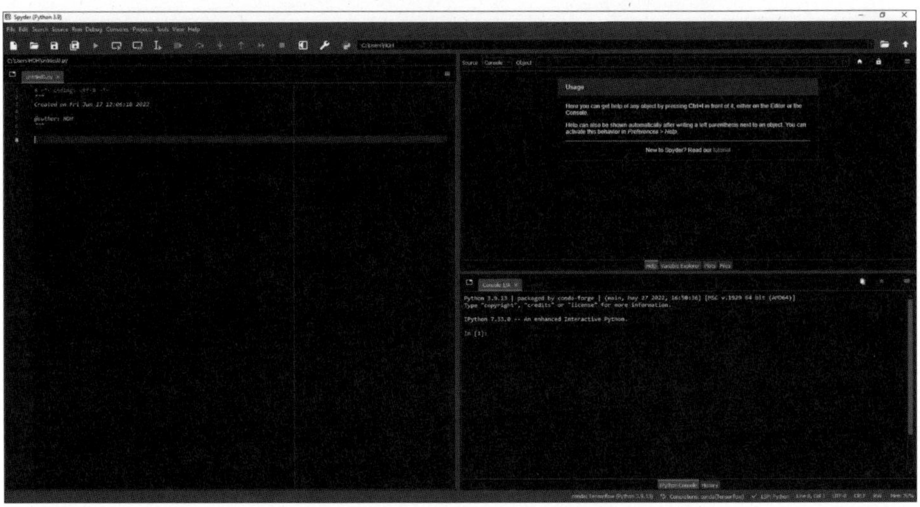

(2) 텐서플로우 실습: RNN을 이용한 Stock Price Prediction(RNN 주가 예측)

다음 코드를 텐서플로우에서 입력하고 실행한다.

```
# Google 주식 가격 예측; 2013~2017년 데이터를 사용해서 2018년 주식 예측
# import the libraries
import numpy as np
import matplotlib.pyplot as plt
import pandas as pd
from sklearn.prepocessing import MinMaxScaler
from keras.models import Sequential
from keras.layers import Dense
from keras.layers import LSTM
from keras.layers import Dropout

# import 트레이닝 데이터
dataset_train = pd.read_csv('train.csv')
training_set = dataset_train.iloc[:, 1:2].values

# feature scaling(feature 스케일링)
sc = MinMaxScaler(feature_range = (0, 1))
training_set_scaled = sc.fit_transform(training_set)

# 데이터 시트럭처 만들기 60-timesteps and 1 output
x_train = []
y_train = []
for i in range(60, 1259):
    x_train.append(training_set_scaled[i-60: i, 0])
    y_train.append(training_set_scaled[i, 0])
x_train, y_train = np.array(x_train), np.array(y_train)

# reshaping
x_train = np.rehape(x_train, (x_train.shape[0], x_train.shape[1], 1))

# RNN 초기화
regressor = Sequential()

# 첫 LSTM layer and dropout regularization
regressor.add(LSTM(unit = 50, return_sequences = True, input_shape = (x_train.shape[1], 1)))
regressor.add(Dropout(0.2))

# 두 번째 LSTM layer and some dropout regularization
```

```
regressor.add(LSTM(units = 50, return_sequences = True))
regressor.add(Dropout(0.2))

# 세 번째 LSTM layer and dropout regularization
regressor.add(LSTM(units = 50, return_sequences = True))
regressor.add(Dropout(0.2))

# 네 번째 LSTM layer and some dropout regularization
regressor.add(LSTM(units = 50))
regressor.add(Dropout(0.2))

# Output layer
regressor.add(Dense(units = 1))

# compile RNN
regressor.compile(optimizer = 'adam', loss = 'mean_square_error')

# 트레닝 데이터로 RNN 피팅
regressor.fit(x_train, y_train, epochs = 100, batch_size = 32)

# import 테스트 데이터
dataset_test = pd.read_csv('test.csv')
real_stock_price = dataset_test.iloc[:, 1:2].values

# 2017년 예측 가격
dataset_total = pd.concat((dataset_train['Open'], dataset_test['Open']), axis = 0 )
inputs = dataset_total[len(dataset_total) - len(dataset_test)- 60:].values
inputs = inputs.reshape(-1, 1)
inputs = sc.transform(inputs)
x_test = []
for i in range (60, 185):
    x_test.append(inputs[i-60:i, 0])
x_test = np.array(x_test)
x_test = np.reshape(x_test, (x_test.shape[0], x_test.shape[1], 1))
predicted_stock_price = regressor.predict(x_test)
predicted_stock_price = sc.inverse_transform(predicted_stock_price)

# 시각화
```

```
plt.plot(real_stock_price, color = 'red', label = 'Real Google Stock Price')
plt.plot(predicted_stock_price, color = 'blue', label = 'Predicted Google Stock
Price')
plt.title("Google Stock Price Prediction")
plt.xlabel('Time')
plt.ylabel("Google Stock Price")
plt.legend()
plt.show()
```

4.2 텐서플로우 설치 방법 2 + CNN 실습(이미지 인식)

앞서 '텐서플로우 설치 방법 1 + RNN 실습'을 이용해 이미 텐서플로우를 설치했고 RNN 실습을 했다면 텐서플로우 설치 방법 2를 이용한 설치를 건너뛰고 CNN 실습을 곧바로 시작하면 된다. 다음은 텐서플로우를 설치하는 다른 방법과 이후 RNN 실습 설명이다. 실습 파일 이름은 TENSOR_FLOW 폴더 안에 있는 CNN-image.py이다.

(1) 아나콘다 설치 방법

anaconda.com으로 이동하여 Download 버튼을 클릭한다.

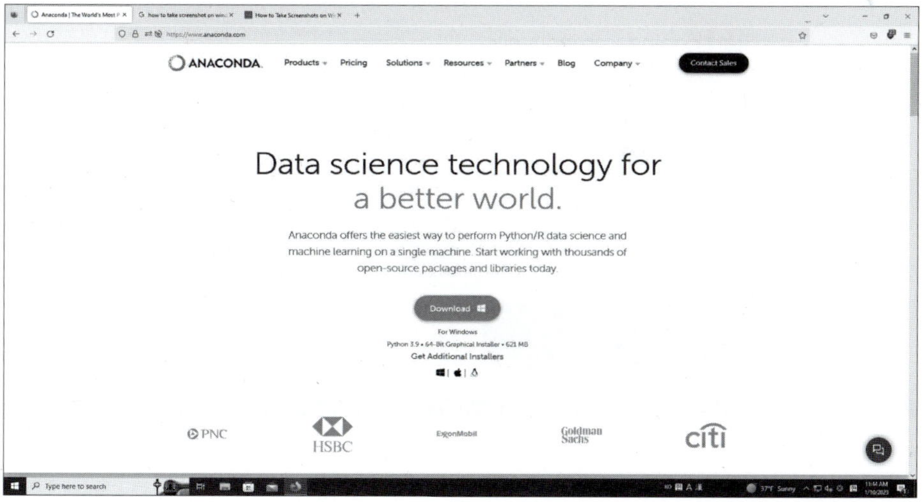

Anaconda 다운로드가 완료될 때까지 기다린다.

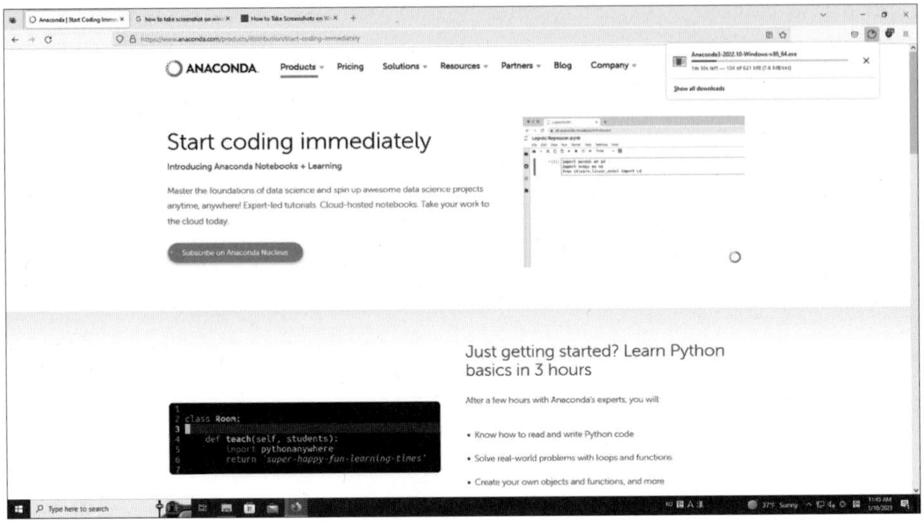

화면 위 오른쪽에 프로그램의 다운로드가 완료되면 프로그램을 클릭해 실행시킨다.

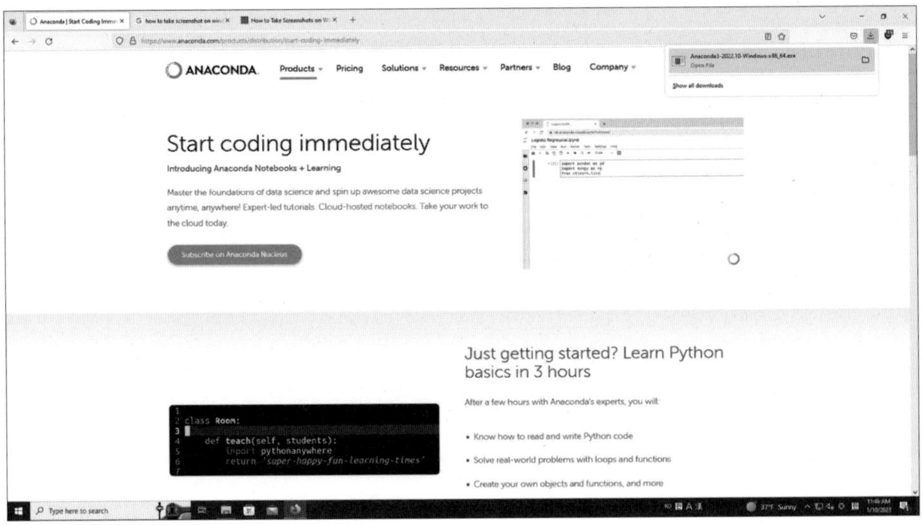

설정을 계속하려면 'Next'를 클릭한다.

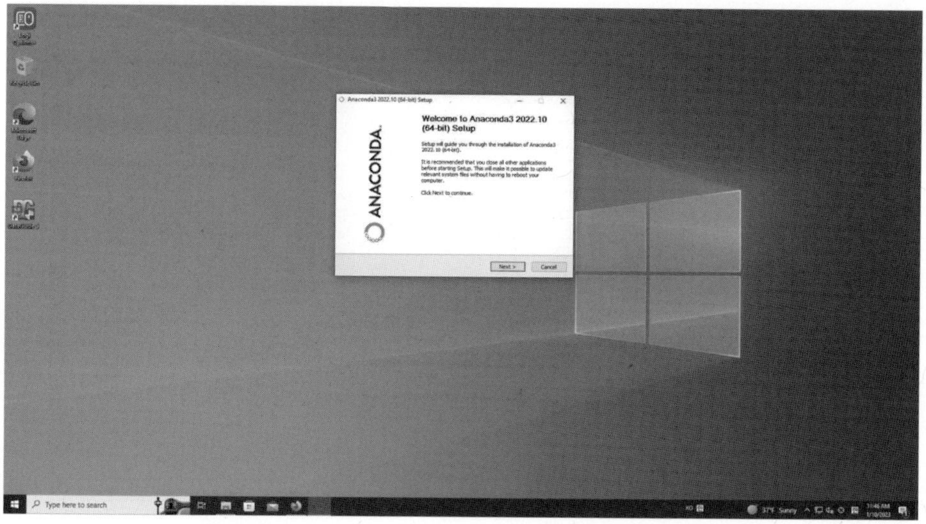

'I Agree'를 클릭한다.

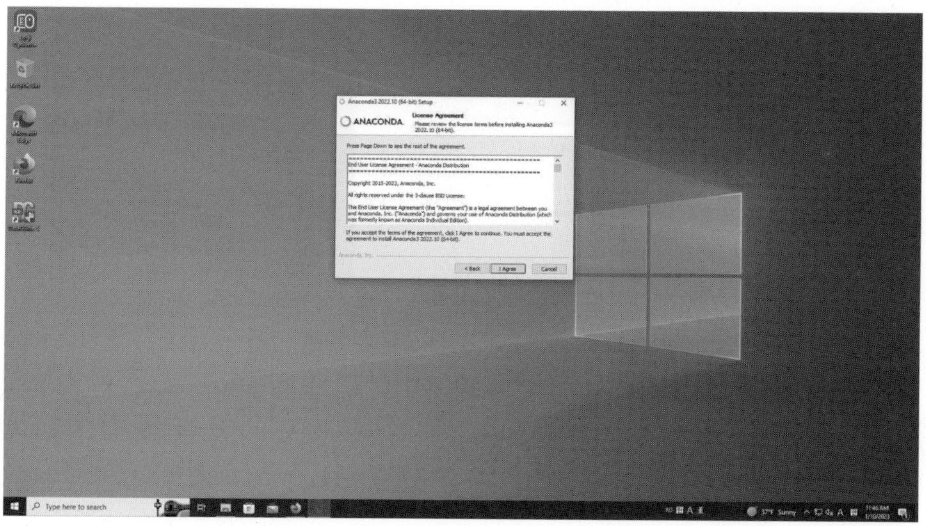

'Just Me'를 클릭한 후 'Next'를 클릭한다.

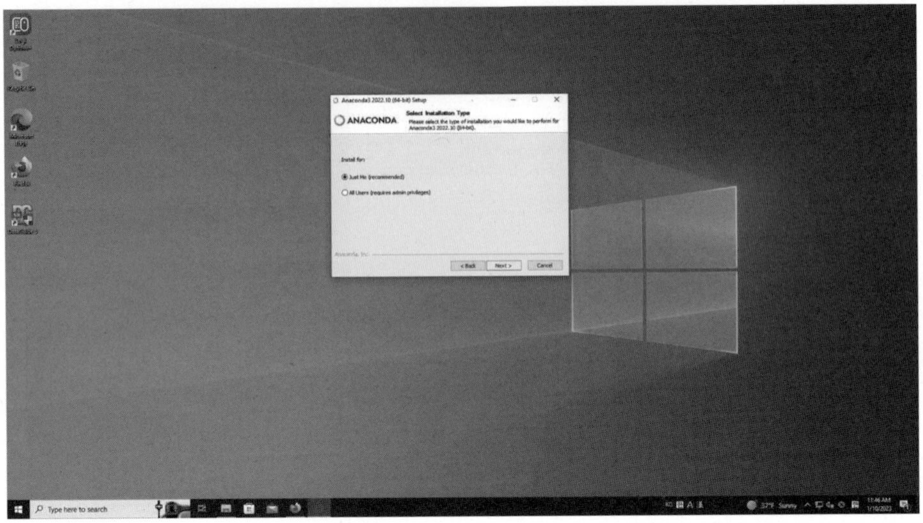

'Next'를 클릭한다.

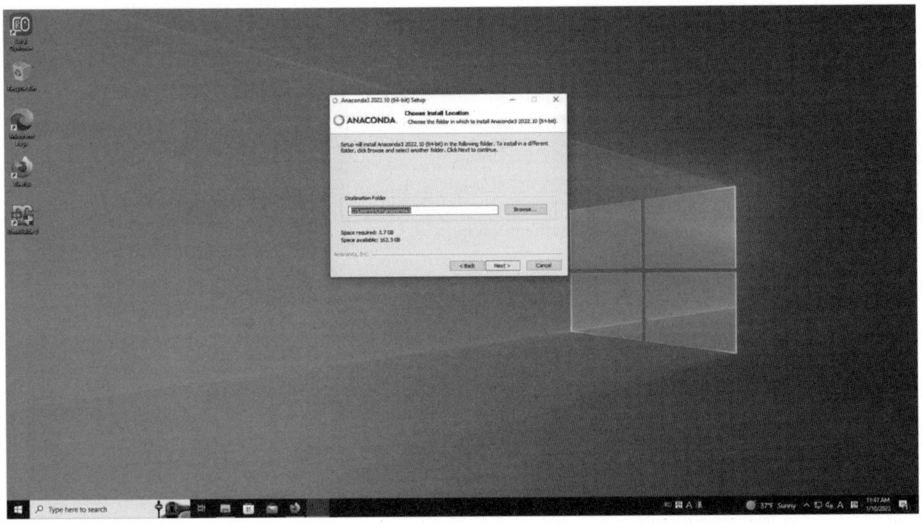

'Next'를 클릭한다.

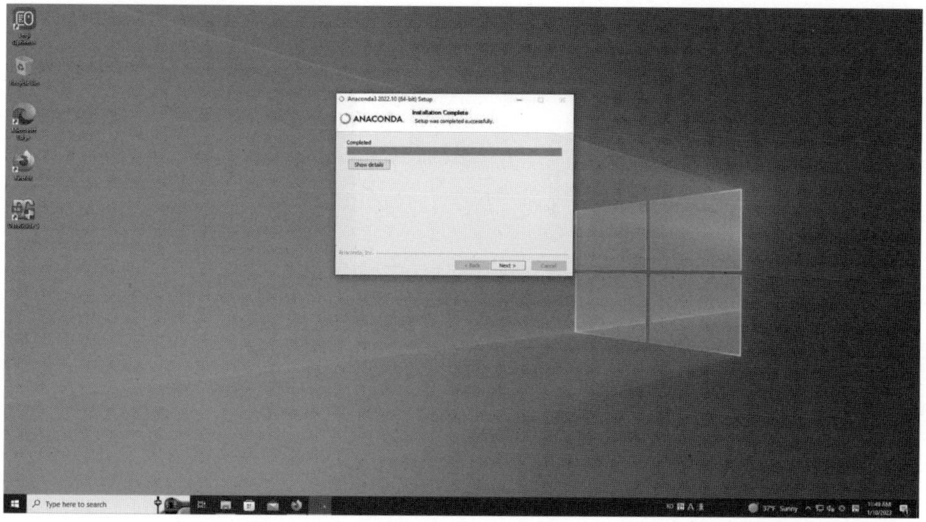

'Next'를 클릭한다.

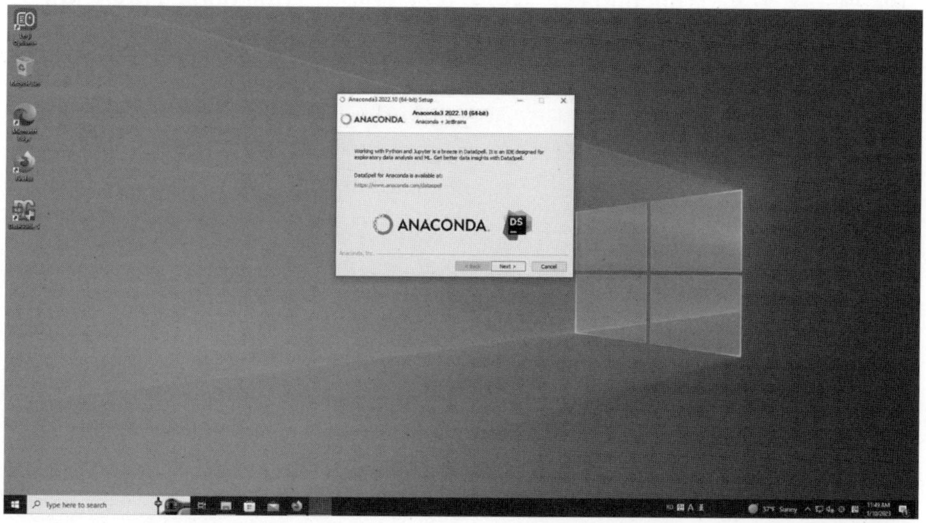

'Finish'를 클릭하면 아나콘다 설치가 완료된다.

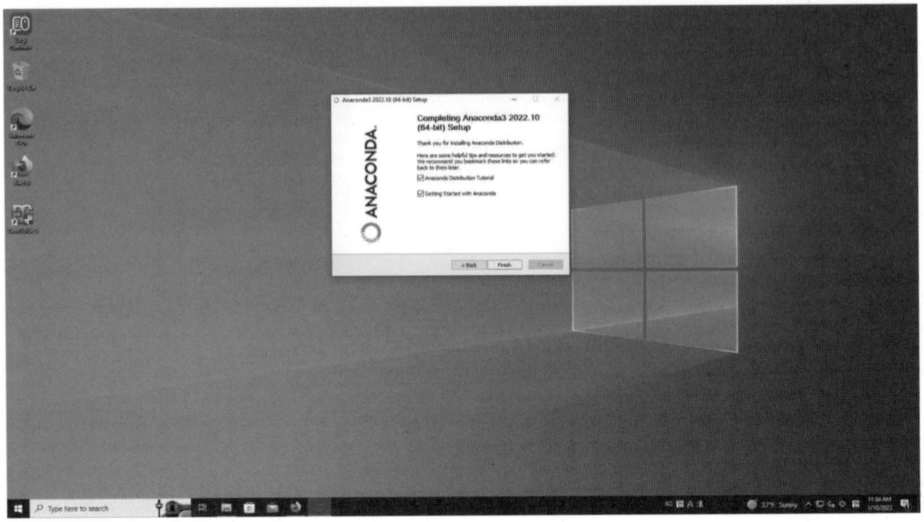

(2) 아나콘다 열기

시작 메뉴를 열고 'Anaconda'를 입력하고 클릭하여 'Anaconda Navigator'를 연다.

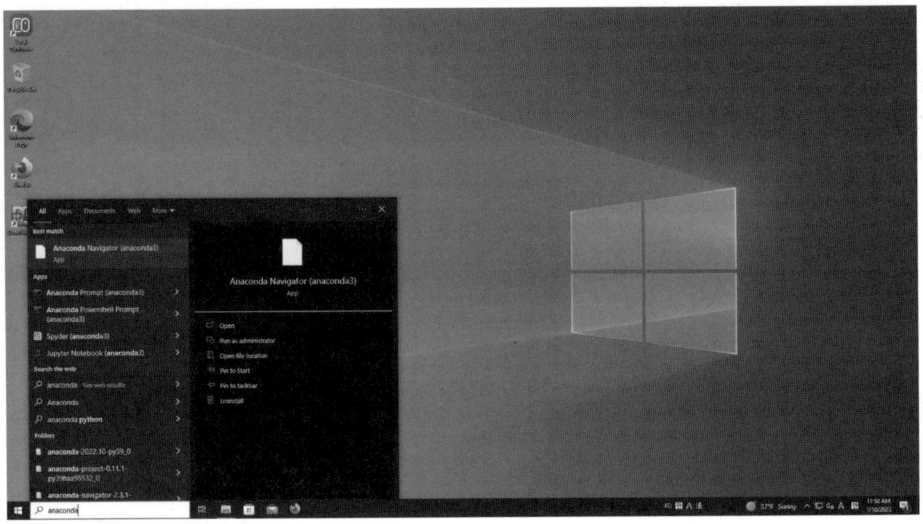

네비게이터가 홈 화면으로 열린다.

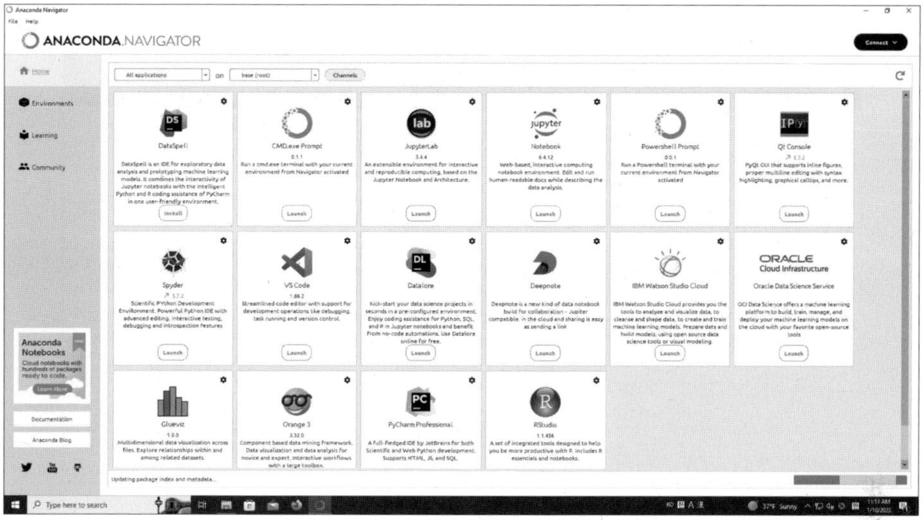

다음 창 왼쪽 탐색 모음에서 'Environment'를 클릭한 다음 'create'를 클릭한다.

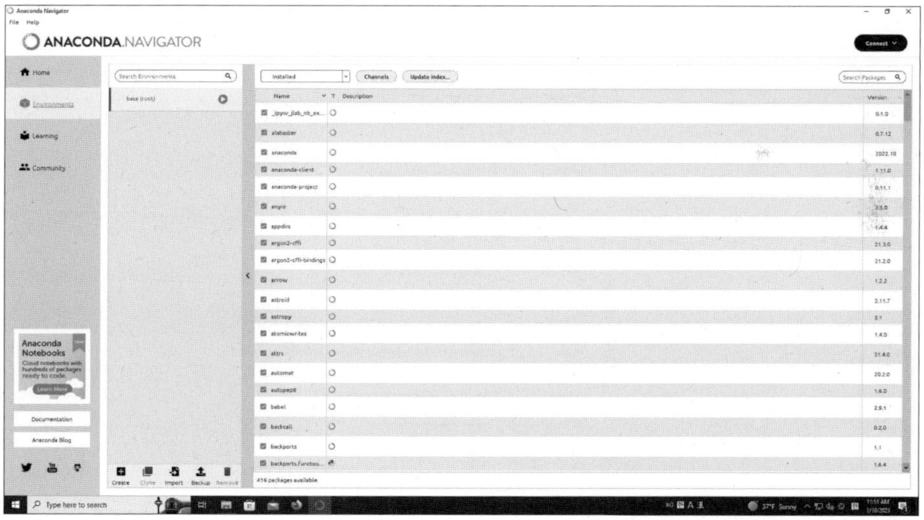

이름에 'tensorflow-exmaples'를 입력하고 Python 확인란이 선택되었는지 확인한 다음 'Create'를 클릭한다.

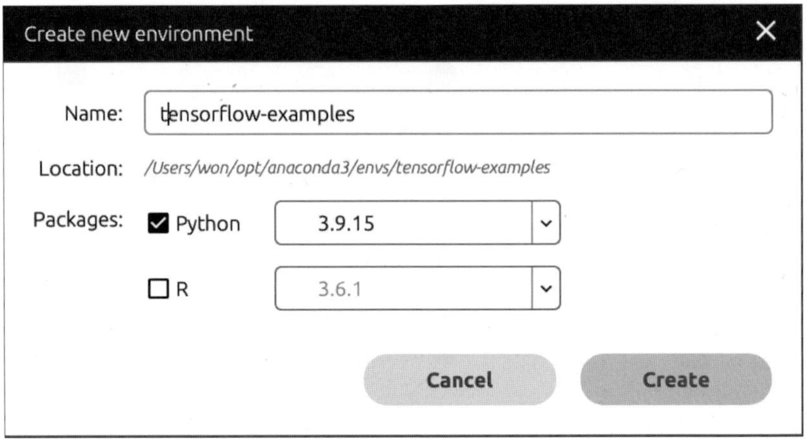

(3) 텐서플로우 환경 생성

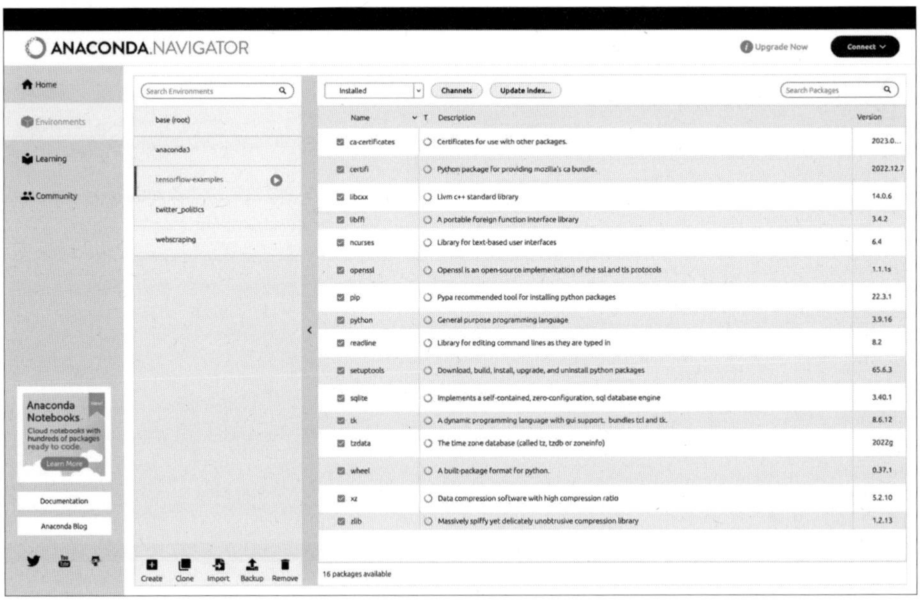

환경에 패키지를 설치하려면 드롭다운 메뉴에서 'Not Installed'를 선택한다.

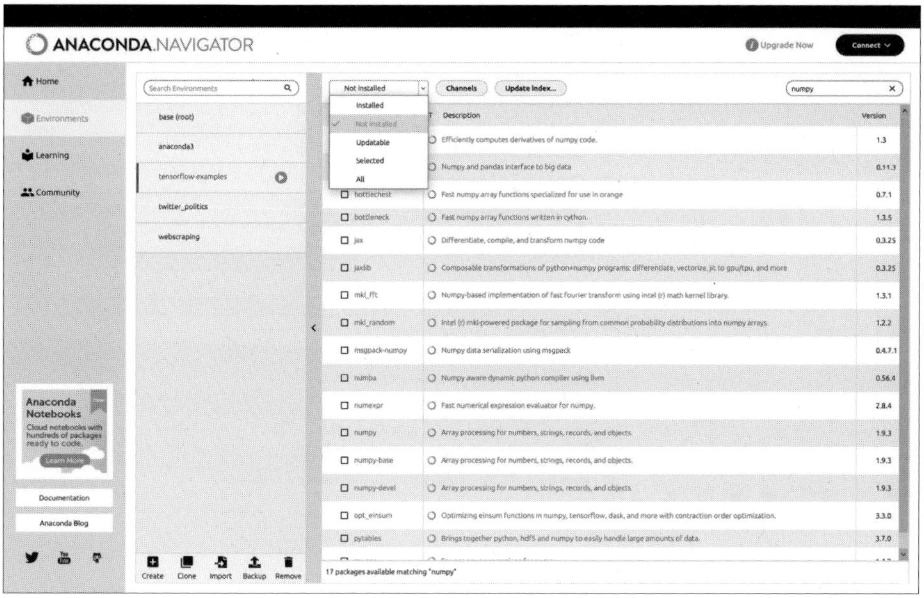

검색창에서 패키지 이름을 선택한다. 그런 다음 패키지 이름 옆의 상자를 클릭한다. 여기서는 tensorflow, seaborn, numpy, pandas 및 matplotlib이 필요하다.

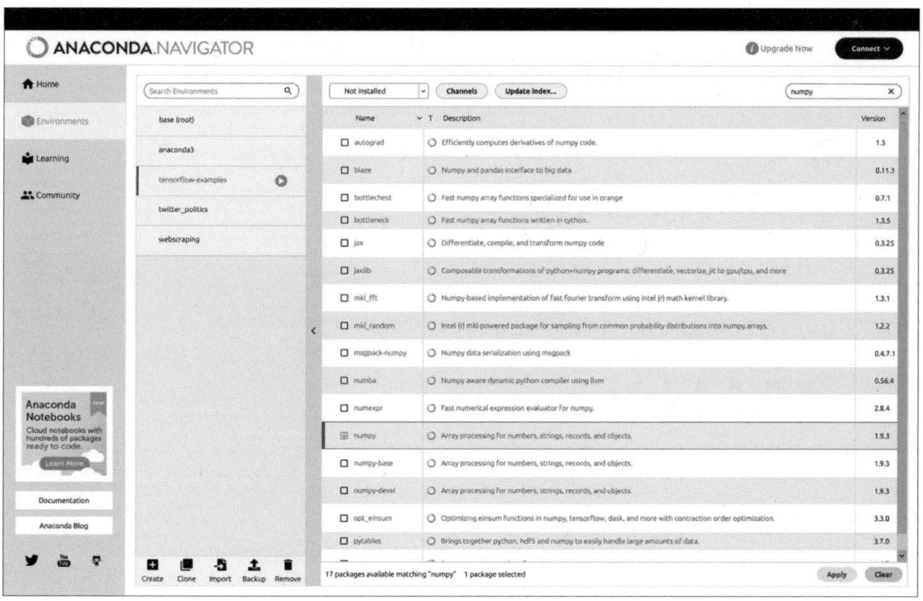

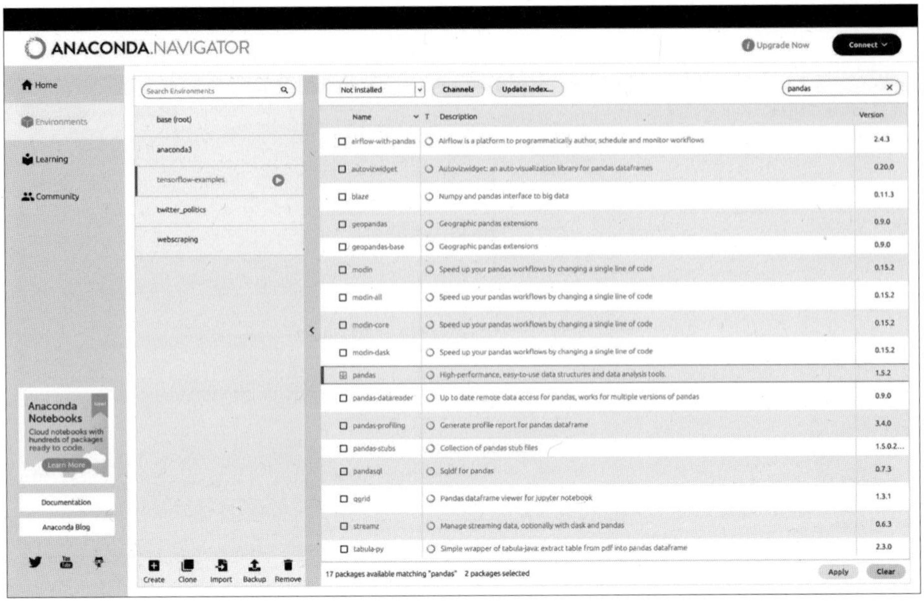
ANACONDA.NAVIGATOR
Upgrade Now
Connect
Home
Environments
Learning
Community
Search Environments
base (root)
anaconda3
tensorflow-examples
twitter_politics
webscraping
Not installed
Channels
Update index...
pandas
Name
Description
Version
airflow-with-pandas
autovizwidget
blaze
geopandas
geopandas-base
modin
modin-all
modin-core
modin-dask
pandas
pandas-datareader
pandas-profiling
pandas-stubs
pandasql
qgrid
streamz
tabula-py
Anaconda Notebooks
Documentation
Anaconda Blog
Create
Clone
Import
Backup
Remove
17 packages available matching "pandas" 2 packages selected
Apply
Clear

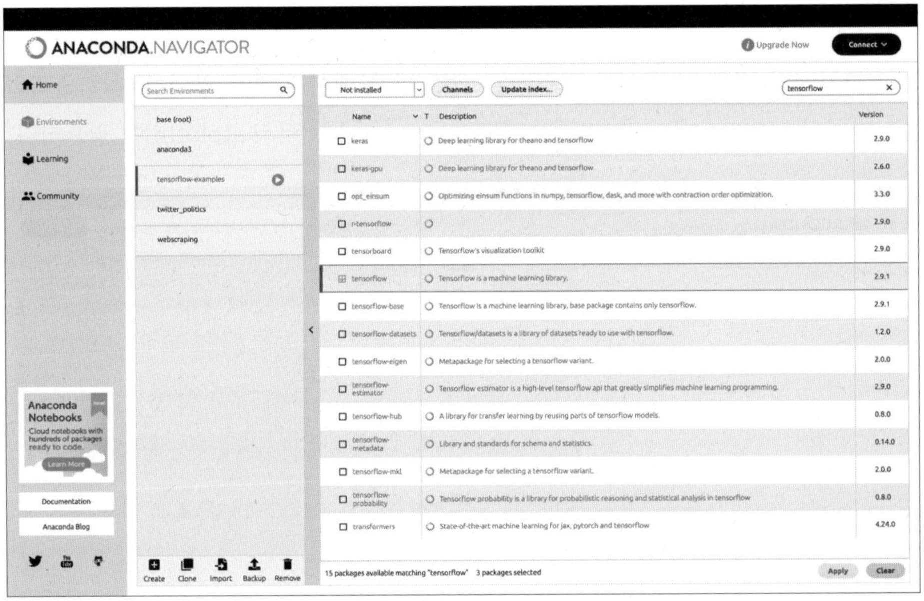
ANACONDA.NAVIGATOR
Upgrade Now
Connect
Home
Environments
Learning
Community
Search Environments
base (root)
anaconda3
tensorflow-examples
twitter_politics
webscraping
Not installed
Channels
Update index...
tensorflow
Name
Description
Version
keras
keras-gpu
opt_einsum
r-tensorflow
tensorboard
tensorflow
tensorflow-base
tensorflow-datasets
tensorflow-eigen
tensorflow-estimator
tensorflow-hub
tensorflow-metadata
tensorflow-mkl
tensorflow-probability
transformers
Anaconda Notebooks
Documentation
Anaconda Blog
Create
Clone
Import
Backup
Remove
15 packages available matching "tensorflow" 3 packages selected
Apply
Clear

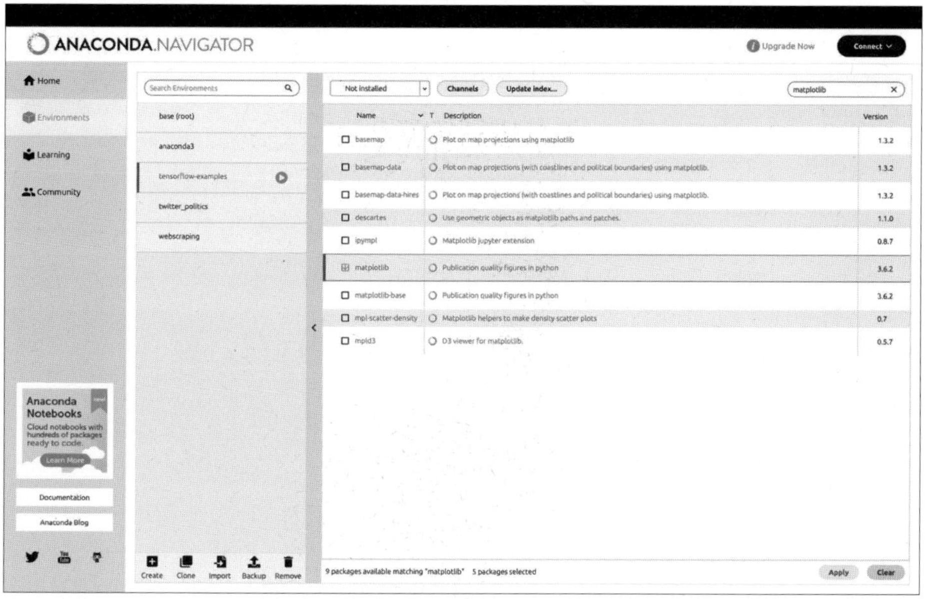
ANACONDA.NAVIGATOR
Upgrade Now
Connect
Home
Environments
Learning
Community
Search Environments
base (root)
anaconda3
tensorflow-examples
twitter_politics
webscraping
Not installed
Channels
Update index...
matplotlib
Name
T
Description
Version
basemap
Plot on map projections using matplotlib
1.3.2
basemap-data
Plot on map projections (with coastlines and political boundaries) using matplotlib.
1.3.2
basemap-data-hires
Plot on map projections (with coastlines and political boundaries) using matplotlib.
1.3.2
descartes
Use geometric objects as matplotlib paths and patches.
1.1.0
ipympl
Matplotlib Jupyter extension
0.8.7
matplotlib
Publication quality figures in python
3.6.2
matplotlib-base
Publication quality figures in python
3.6.2
mpl-scatter-density
Matplotlib helpers to make density scatter plots
0.7
mpld3
D3 viewer for matplotlib.
0.5.7
Anaconda Notebooks
Cloud notebooks with hundreds of packages ready to code.
Learn More
Documentation
Anaconda Blog
Create
Clone
Import
Backup
Remove
9 packages available matching "matplotlib"   5 packages selected
Apply
Clear

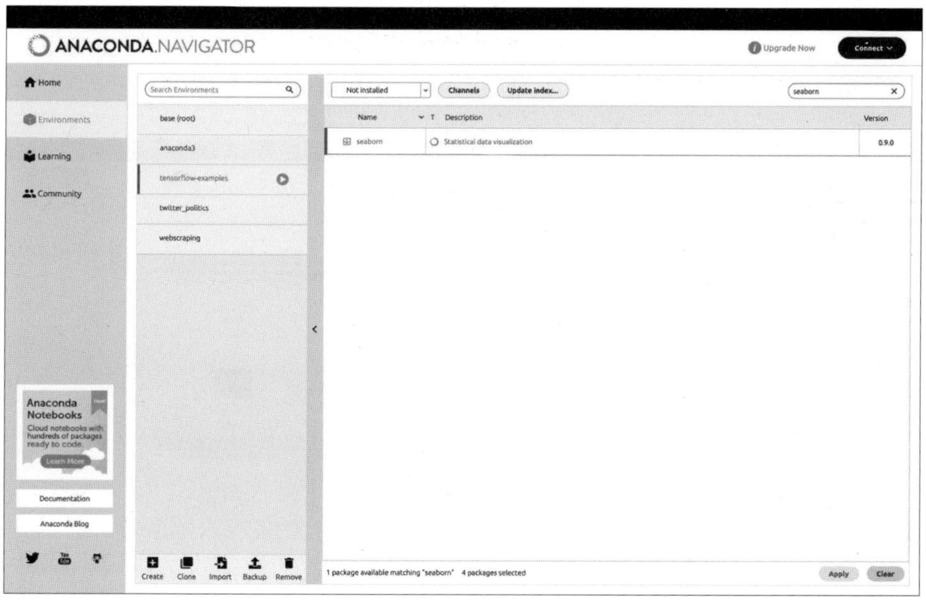
ANACONDA.NAVIGATOR
Upgrade Now
Connect
Home
Environments
Learning
Community
Search Environments
base (root)
anaconda3
tensorflow-examples
twitter_politics
webscraping
Not installed
Channels
Update index...
seaborn
Name
T
Description
Version
seaborn
Statistical data visualization
0.9.0
Anaconda Notebooks
Cloud notebooks with hundreds of packages ready to code.
Learn More
Documentation
Anaconda Blog
Create
Clone
Import
Backup
Remove
1 package available matching "seaborn"   4 packages selected
Apply
Clear

'Apply'를 클릭한다.

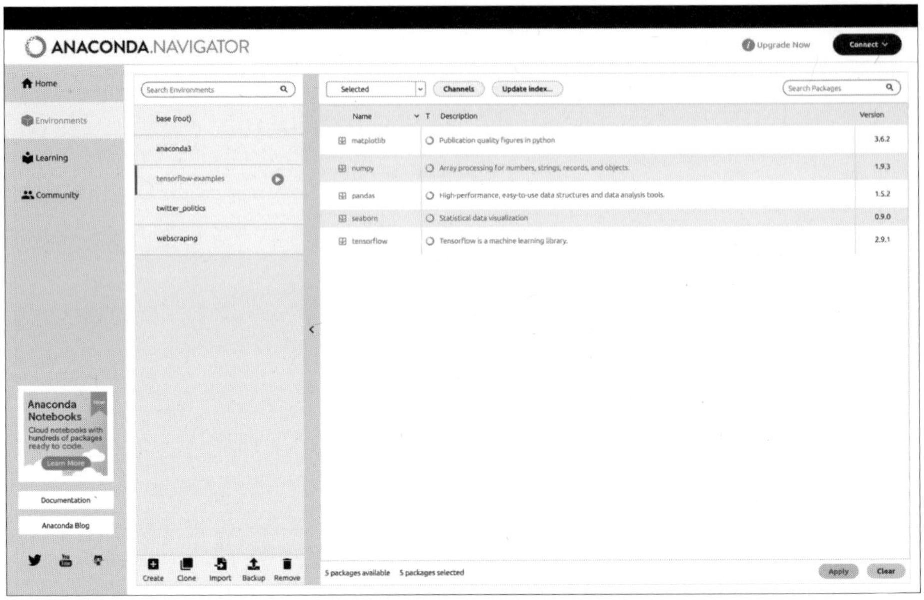

Home 화면으로 돌아간다. 이제 생성된 환경에 있음을 알 수 있다.

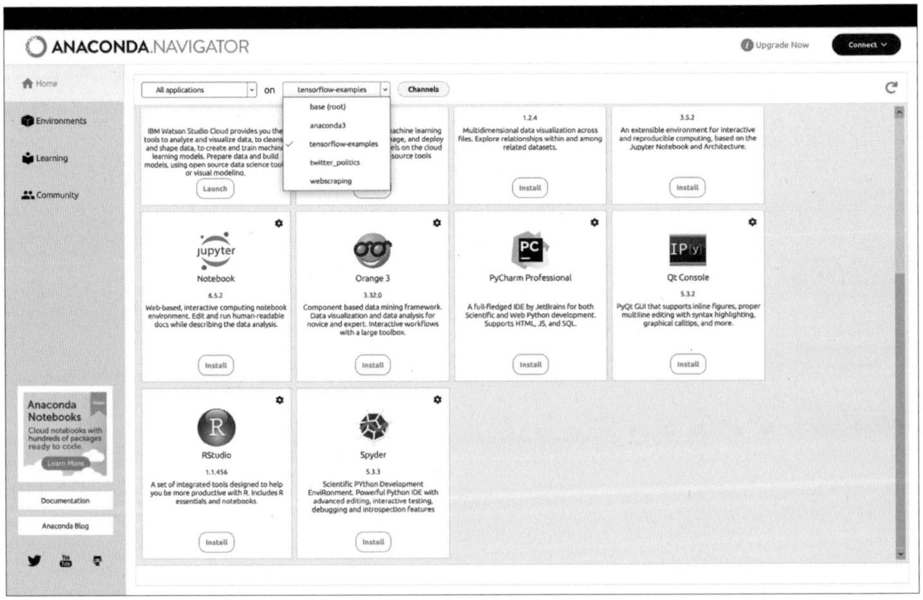

(4) 스파이더 설치

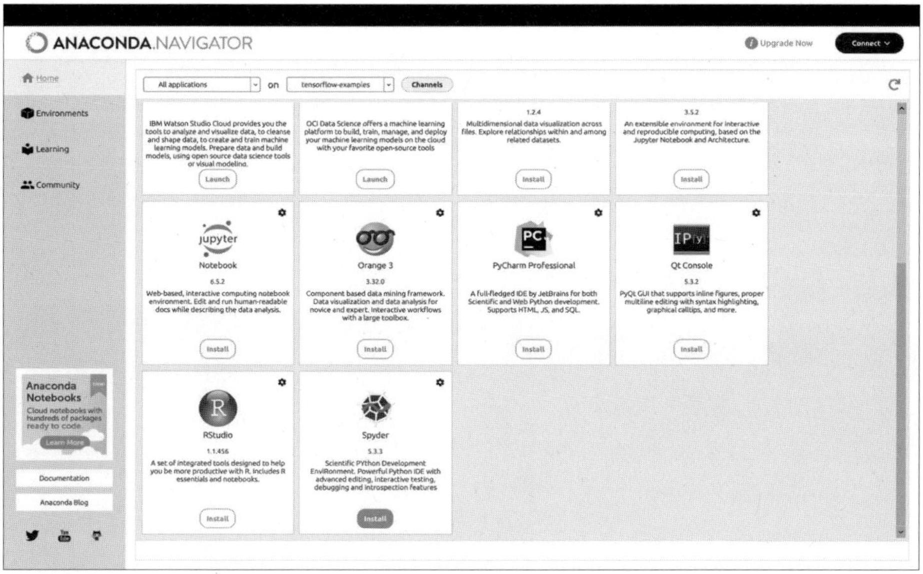

설치가 완료되면 '실행/Launch'를 클릭한다.

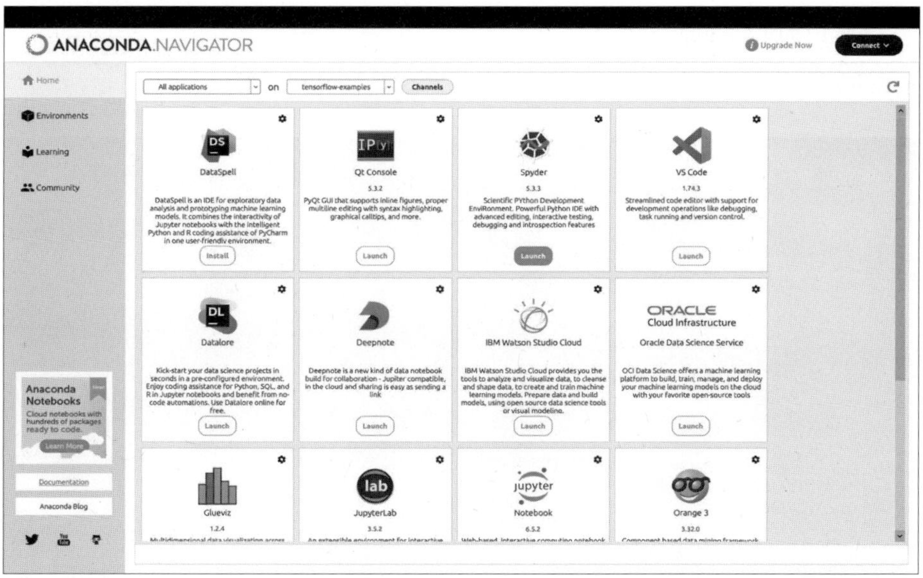

본 실습의 실습 프로그램은 TENSOR_FLOW 폴더 안에 있는 CNN-image.py이다.

다음은 스파이더 홈 화면으로 왼쪽은 코드를 입력하는 곳이며, 오른쪽 아래 모서리는 콘솔이다.

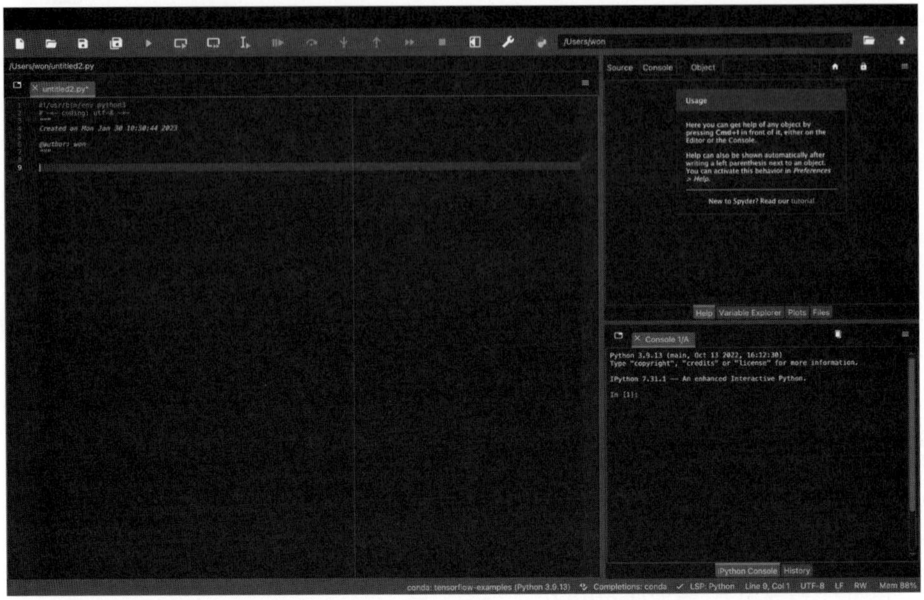

(5) MNIST CNN Tutorial

Spyder에서 필요한 모든 패키지를 가져오는 코드를 입력한다.

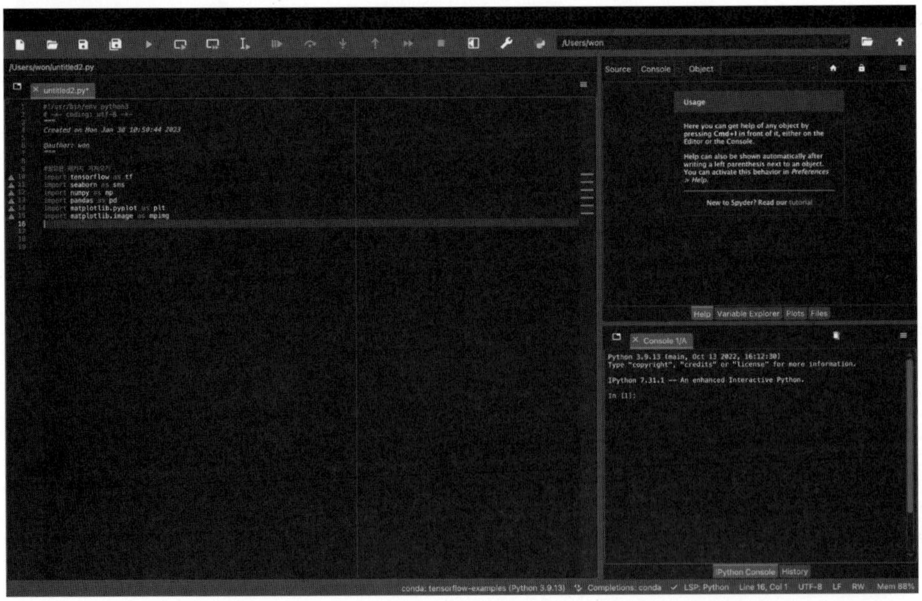

OUTPUT

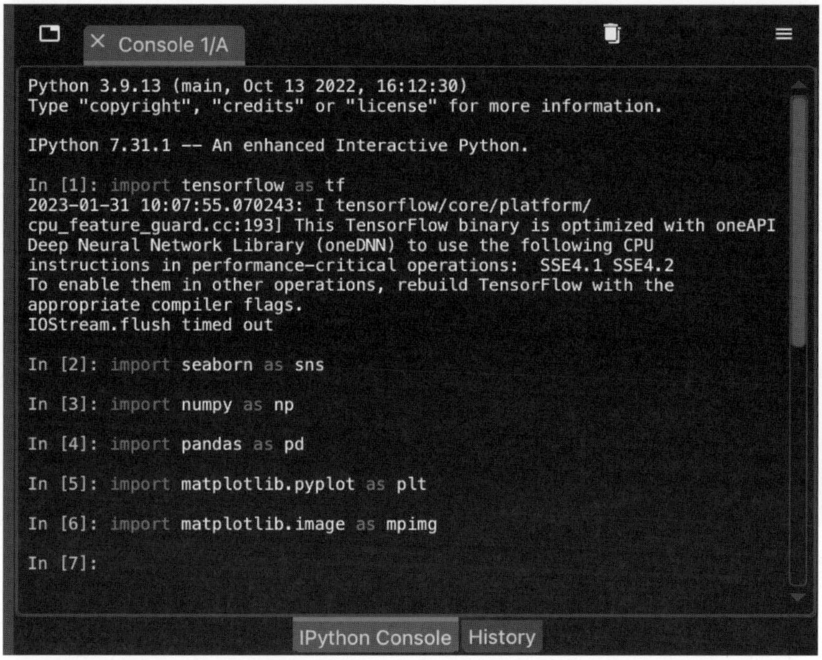

(6) 데이터 불러오기

첫 번째 단계는 데이터를 로드하고 훈련 및 테스트 데이터 세트로 나누는 것이다. MNIST 데이터 세트는 TensorFlow에서 직접 다운로드할 수 있으며, 이미 분할되어 있다. 그리고 다음 셀을 실행하여 데이터를 가져온다. x_train은 모델이 훈련될 손 글씨 숫자의 28×28 이미지 데이터 세트이다. y_train은 x_train에 해당하는 레이블의 데이터 세트이다. x_test는 모델이 테스트될 필기 숫자의 28×28 이미지 데이터 세트이다. y_test는 x_test에 해당하는 레이블의 데이터 세트이다.

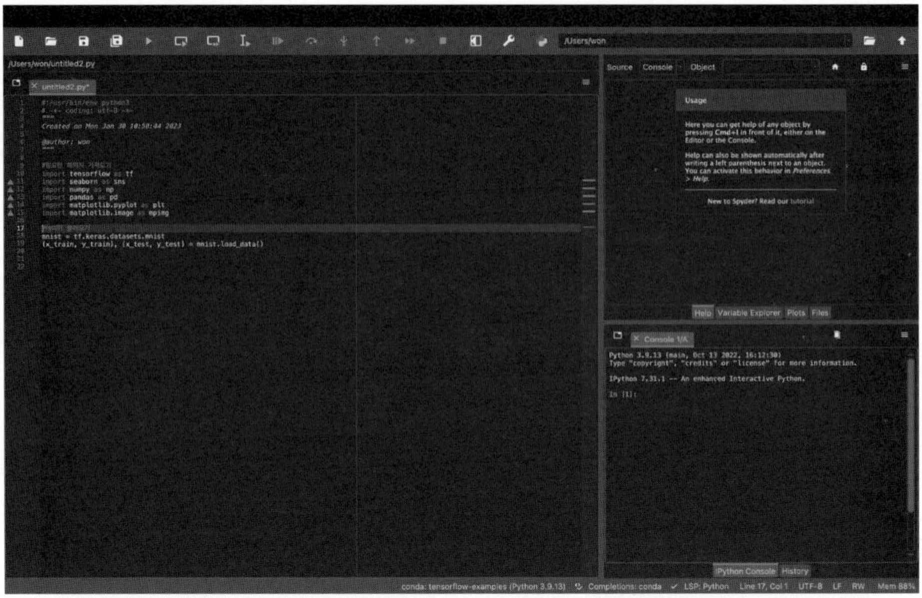

OUTPUT

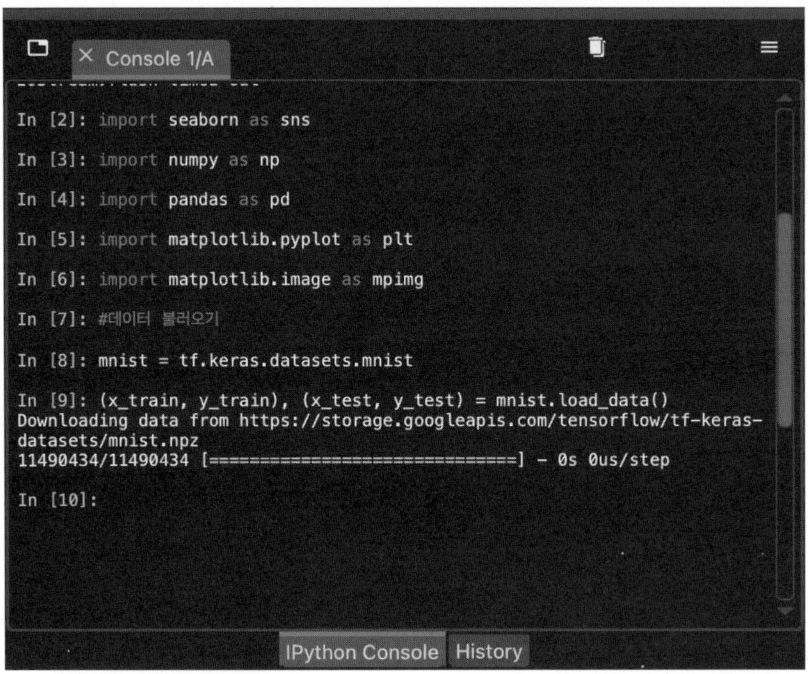
Console 1/A
In [2]: import seaborn as sns
In [3]: import numpy as np
In [4]: import pandas as pd
In [5]: import matplotlib.pyplot as plt
In [6]: import matplotlib.image as mpimg
In [7]: #데이터 불러오기
In [8]: mnist = tf.keras.datasets.mnist
In [9]: (x_train, y_train), (x_test, y_test) = mnist.load_data()
Downloading data from https://storage.googleapis.com/tensorflow/tf-keras-datasets/mnist.npz
11490434/11490434 [==============================] - 0s 0us/step
In [10]:
IPython Console
History

(7) 정규화 및 재구성

x_train 데이터 세트의 값은 28×28 이미지이므로 모델이 입력되는 내용을 알 수 있도록 입력 모양을 지정해야 한다. 첫 번째 컨볼루션 레이어는 60,000개의 28×28×1 텐서 대신 단일 60,000×28×28×1 텐서를 예상한다. 모델은 일반적으로 정규화된 값에서 더 잘 실행된다. 데이터를 정규화하는 가장 좋은 방법은 각 개별 데이터 세트에 따라 다르다. MNIST 데이터 세트의 경우 각 값이 0.0에서 1.0 사이가 되기를 원한다. 모든 값은 원래 0.0~255.0 범위에 속하므로 255.0으로 나눈다. 다음 셀을 실행하여 input_shape를 정의하고 데이터를 정규화하고 재구성한다.

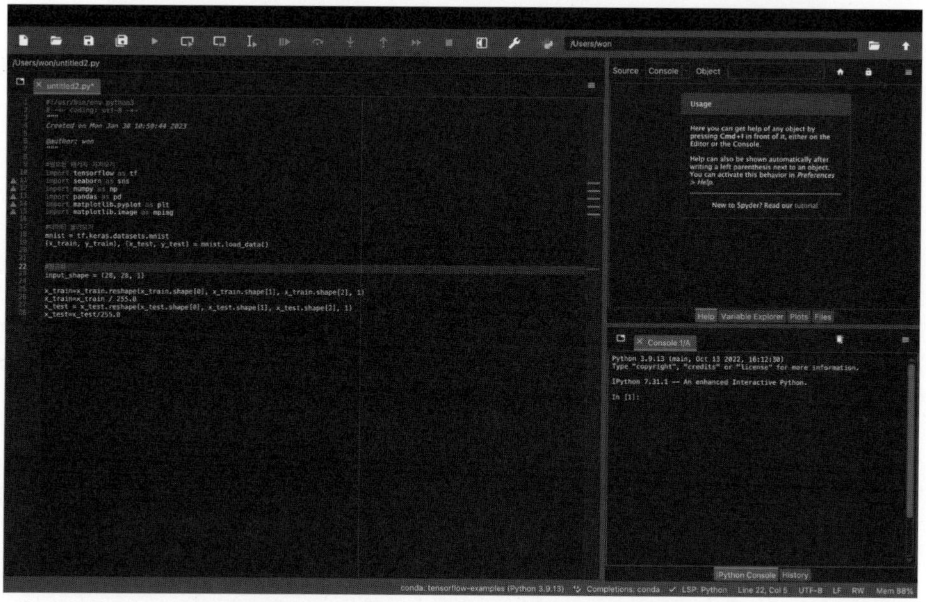

OUTPUT

```
Console 1/A

In [6]: import matplotlib.image as mpimg

In [7]: #데이터 불러오기

In [8]: mnist = tf.keras.datasets.mnist

In [9]: (x_train, y_train), (x_test, y_test) = mnist.load_data()
Downloading data from https://storage.googleapis.com/tensorflow/tf-keras-
datasets/mnist.npz
11490434/11490434 [==============================] - 0s 0us/step

In [10]: #정규화

In [11]: input_shape = (28, 28, 1)

In [12]: x_train=x_train.reshape(x_train.shape[0], x_train.shape[1],
x_train.shape[2], 1)

In [13]: x_train=x_train / 255.0

In [14]: x_test = x_test.reshape(x_test.shape[0], x_test.shape[1],
x_test.shape[2], 1)

In [15]: x_test=x_test/255.0

In [16]:

IPython Console  History
```

(8) 라벨 인코딩

교육 및 테스트 데이터 세트의 레이블은 현재 범주형이며 연속적이지 않다. 모델에 범주형 데이터 세트를 포함하려면 레이블을 원-핫(one-hot) 인코딩으로 변환해야 한다. 예를 들어, 2는 [0,0,1,0,0,0,0,0,0,0]이 되고 7은 [0,0,0,0,0,0,0,1,0,0]이 된다. 다음 셀을 실행하여 레이블을 원-핫 인코딩으로 변환한다.

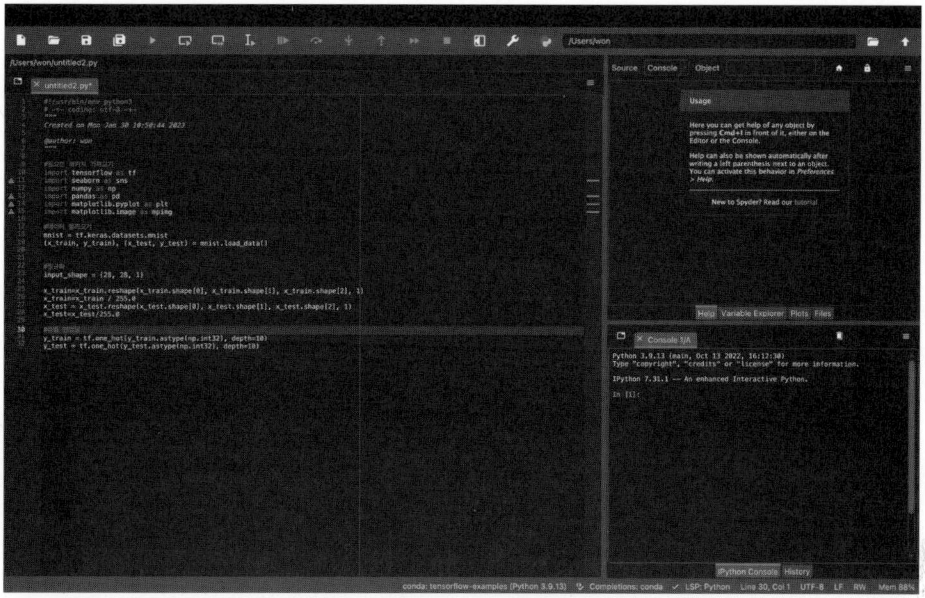

OUTPUT

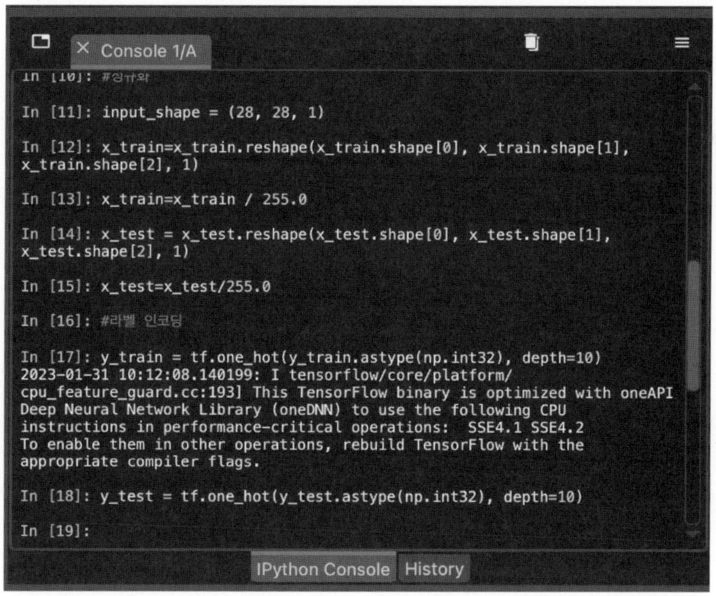

Console 1/A
In [10]: #정규화
In [11]: input_shape = (28, 28, 1)
In [12]: x_train=x_train.reshape(x_train.shape[0], x_train.shape[1], x_train.shape[2], 1)
In [13]: x_train=x_train / 255.0
In [14]: x_test = x_test.reshape(x_test.shape[0], x_test.shape[1], x_test.shape[2], 1)
In [15]: x_test=x_test/255.0
In [16]: #라벨 인코딩
In [17]: y_train = tf.one_hot(y_train.astype(np.int32), depth=10)
2023-01-31 10:12:08.140199: I tensorflow/core/platform/cpu_feature_guard.cc:193] This TensorFlow binary is optimized with oneAPI Deep Neural Network Library (oneDNN) to use the following CPU instructions in performance-critical operations: SSE4.1 SSE4.2
To enable them in other operations, rebuild TensorFlow with the appropriate compiler flags.
In [18]: y_test = tf.one_hot(y_test.astype(np.int32), depth=10)
In [19]:
IPython Console
History

(9) 데이터 시각화

다음 셀을 실행하여 데이터 세트의 이미지를 시각화한다.

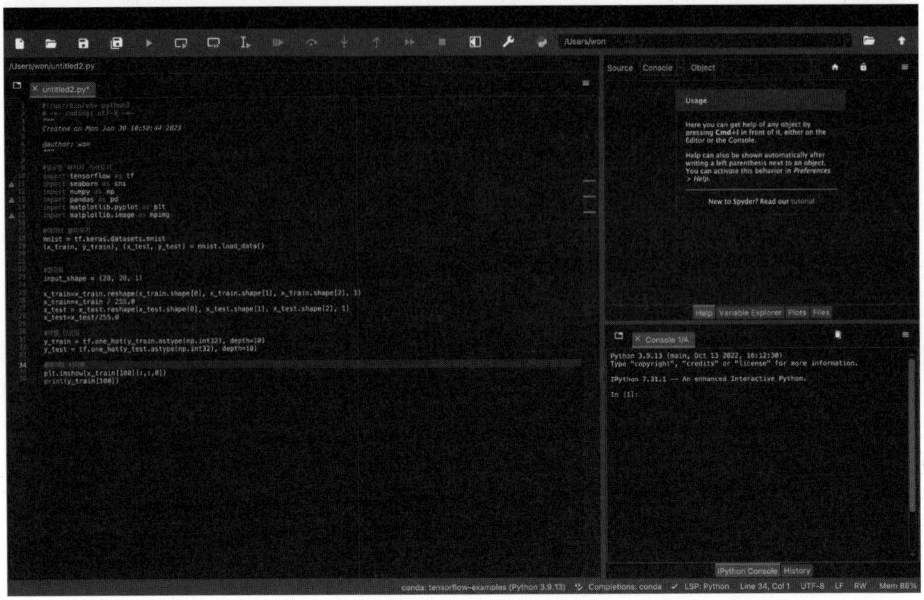

다음 이미지는 손으로 쓴 5의 이미지이다. 원-핫 인코딩은 5의 값을 보유한다.

OUTPUT

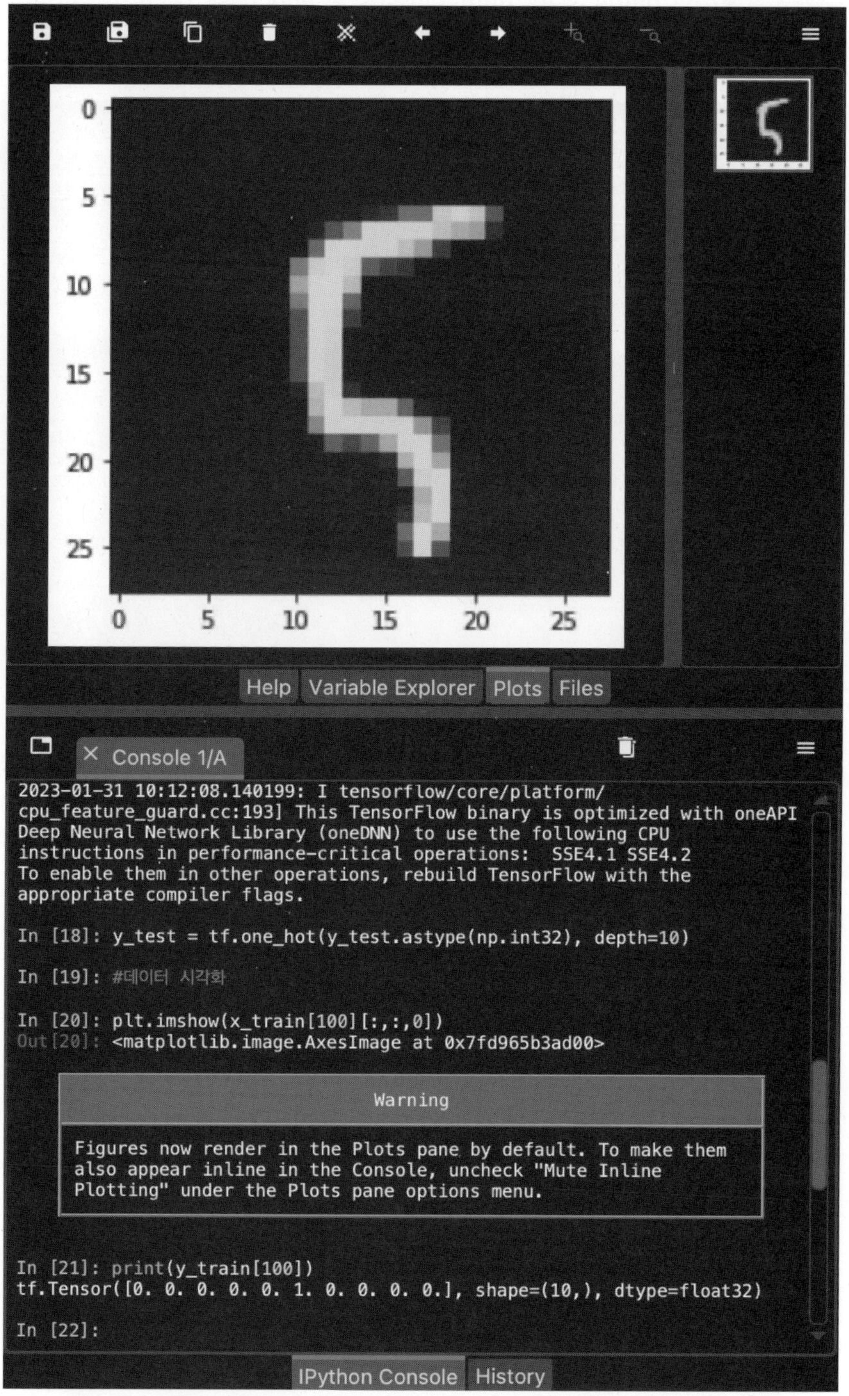

0
5
10
15
20
25
0
5
10
15
20
25
Help
Variable Explorer
Plots
Files
Console 1/A
2023-01-31 10:12:08.140199: I tensorflow/core/platform/cpu_feature_guard.cc:193] This TensorFlow binary is optimized with oneAPI Deep Neural Network Library (oneDNN) to use the following CPU instructions in performance-critical operations: SSE4.1 SSE4.2
To enable them in other operations, rebuild TensorFlow with the appropriate compiler flags.
In [18]: y_test = tf.one_hot(y_test.astype(np.int32), depth=10)
In [19]: #데이터 시각화
In [20]: plt.imshow(x_train[100][:,:,0])
Out[20]: <matplotlib.image.AxesImage at 0x7fd965b3ad00>
Warning
Figures now render in the Plots pane by default. To make them also appear inline in the Console, uncheck "Mute Inline Plotting" under the Plots pane options menu.
In [21]: print(y_train[100])
tf.Tensor([0. 0. 0. 0. 0. 1. 0. 0. 0. 0.], shape=(10,), dtype=float32)
In [22]:
IPython Console
History

(10) 모델 정의

다음 셀을 실행하여 batch_size, num_classes 및 epochs를 정의한다. 값을 변경하고 다른 값이 CNN 모델의 정확도에 어떤 영향을 미치는지 테스트해 보자.

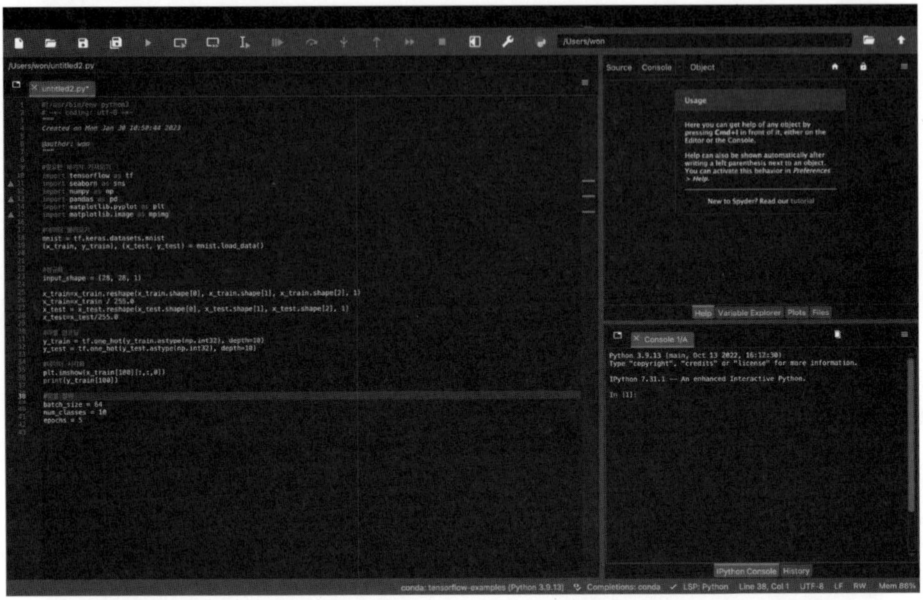

OUTPUT

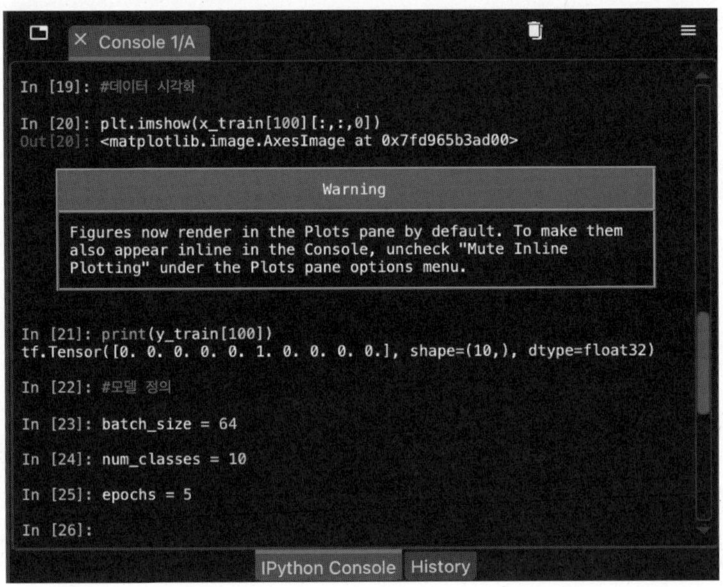

(11) 모델 만들기

다음 셀을 실행하여 모델을 생성한다. 모델에는 서로 위에 쌓인 다양한 레이어가 포함되어 있다. 한 레이어의 출력은 다음 레이어의 입력으로 공급된다. Conv2D 레이어는 컨볼루션이다. 각 필터(처음 두 컨볼루션 레이어에 32개, 다음 두 컨볼루션 레이어에 64개)는 이미지의 일부를 변환한다(처음 두 Conv2D 레이어의 경우 5×5, 다음 두 Conv2D 레이어의 경우 3×3). 변환이 전체 이미지에 적용된다. MaxPool2D는 다운샘플링 필터이다. 이미지의 2×2 행렬을 2×2 행렬의 최대값을 갖는 단일 픽셀로 줄인다. 필터는 크기를 줄이면서 이미지의 주요 특징을 보존하는 것을 목표로 한다.

드랍아웃은 정규화 계층이며, 우리 모델에서 레이어의 노드 중 25%는 무작위로 무시되어 네트워크가 다른 기능을 학습할 수 있다. 이는 과적합을 방지한다. relu는 정류기이며, 데이터에서 비선형성을 찾는 데 사용된다. 입력 값 >= 0이면 입력 값을 반환하여 작동한다. 입력이 음수이면 0을 반환한다.

Flatten은 텐서를 1D 벡터로 변환한다. Dense 레이어는 인공 신경망(ANN)이다. 마지막 레이어는 이미지가 각 클래스(각 숫자에 대해 하나씩)에 있을 확률을 반환한다. 이 모델은 이미지를 분류하는 것을 목표로 하므로 categorical_crossentropy 손실 함수를 사용한다.

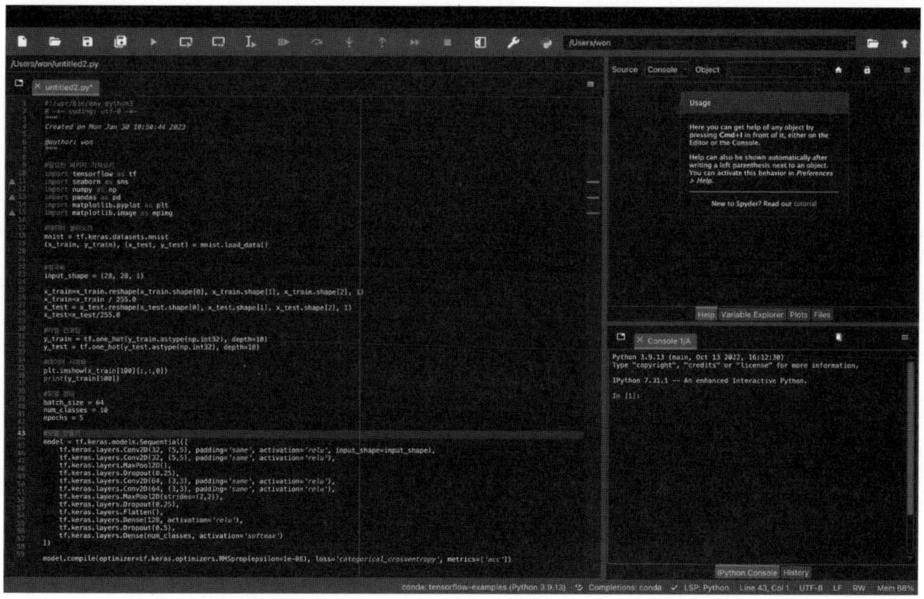

```
In [28]: #모델 만들기

In [29]: model = tf.keras.models.Sequential([
    ...:     tf.keras.layers.Conv2D(32, (5,5), padding='same',
activation='relu', input_shape=input_shape),
    ...:     tf.keras.layers.Conv2D(32, (5,5), padding='same',
activation='relu'),
    ...:     tf.keras.layers.MaxPool2D(),
    ...:     tf.keras.layers.Dropout(0.25),
    ...:     tf.keras.layers.Conv2D(64, (3,3), padding='same',
activation='relu'),
    ...:     tf.keras.layers.Conv2D(64, (3,3), padding='same',
activation='relu'),
    ...:     tf.keras.layers.MaxPool2D(strides=(2,2)),
    ...:     tf.keras.layers.Dropout(0.25),
    ...:     tf.keras.layers.Flatten(),
    ...:     tf.keras.layers.Dense(128, activation='relu'),
    ...:     tf.keras.layers.Dropout(0.5),
    ...:     tf.keras.layers.Dense(num_classes, activation='softmax')
    ...: ])

In [30]:
model.compile(optimizer=tf.keras.optimizers.RMSprop(epsilon=1e-08),
loss='categorical_crossentropy', metrics=['acc'])

In [31]:
```

훈련 데이터 맞추기 다음 단계는 학습 데이터를 맞추는 것이다. 특정 수준의 정확도를 달성하면 특히 시간과 리소스가 제한된 경우 모델 교육을 계속할 필요가 없을 수 있다.

다음 셀은 99.5%의 정확도가 달성되면 모델이 학습을 중지하도록 콜백을 정의한다. 5개의 epoch만 지정된 경우 모델이 조기에 중지될 가능성은 없다. 더 많은 epoch로 사용해 보도록 한다.

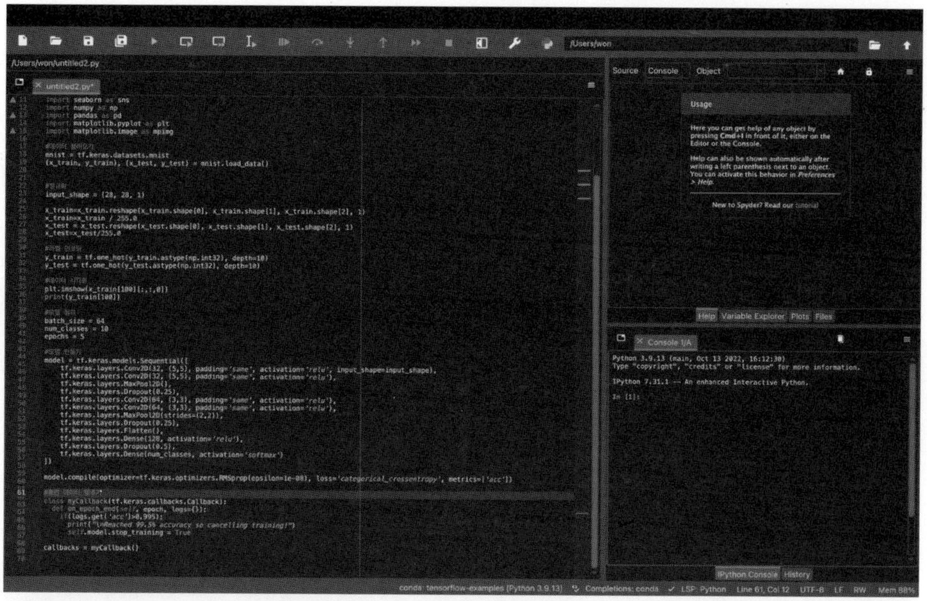

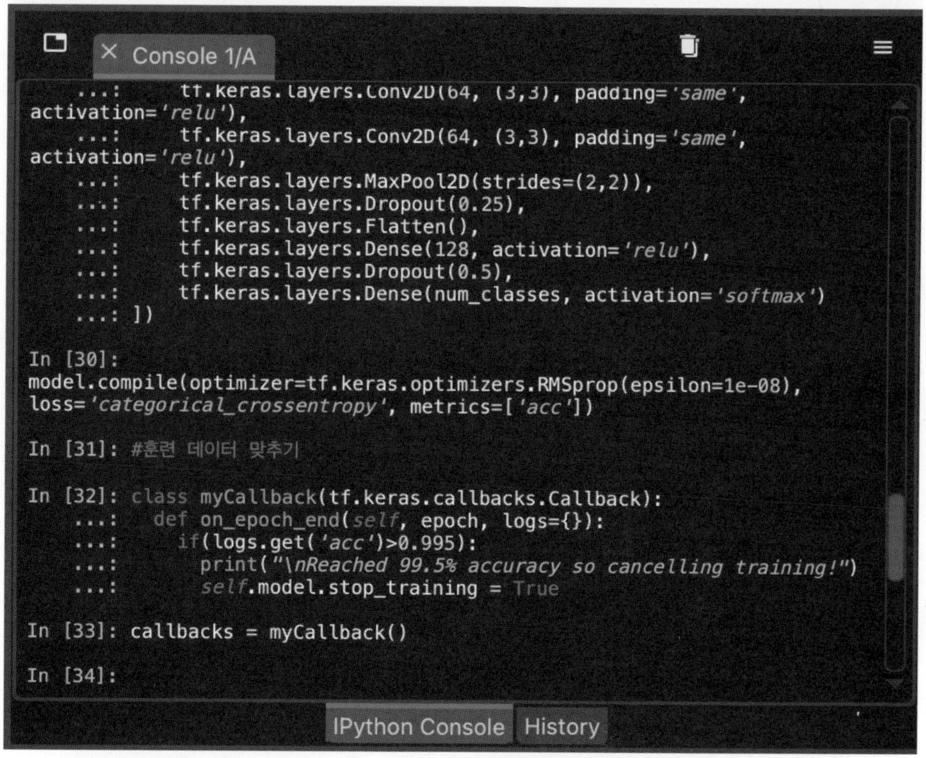
Console 1/A
...:   tf.keras.layers.Conv2D(64, (3,3), padding='same',
activation='relu'),
...:   tf.keras.layers.Conv2D(64, (3,3), padding='same',
activation='relu'),
...:   tf.keras.layers.MaxPool2D(strides=(2,2)),
...:   tf.keras.layers.Dropout(0.25),
...:   tf.keras.layers.Flatten(),
...:   tf.keras.layers.Dense(128, activation='relu'),
...:   tf.keras.layers.Dropout(0.5),
...:   tf.keras.layers.Dense(num_classes, activation='softmax')
...:])
In [30]:
model.compile(optimizer=tf.keras.optimizers.RMSprop(epsilon=1e-08),
loss='categorical_crossentropy', metrics=['acc'])
In [31]: #훈련 데이터 맞추기
In [32]: class myCallback(tf.keras.callbacks.Callback):
...:   def on_epoch_end(self, epoch, logs={}):
...:   if(logs.get('acc')>0.995):
...:   print("\nReached 99.5% accuracy so cancelling training!")
...:   self.model.stop_training = True
In [33]: callbacks = myCallback()
In [34]:
IPython Console
History

유효성 검사 데이터 세트에서 모델을 테스트하면 데이터의 과적합을 방지할 수 있다. 10% 검증과 90% 훈련 분할을 지정했다.

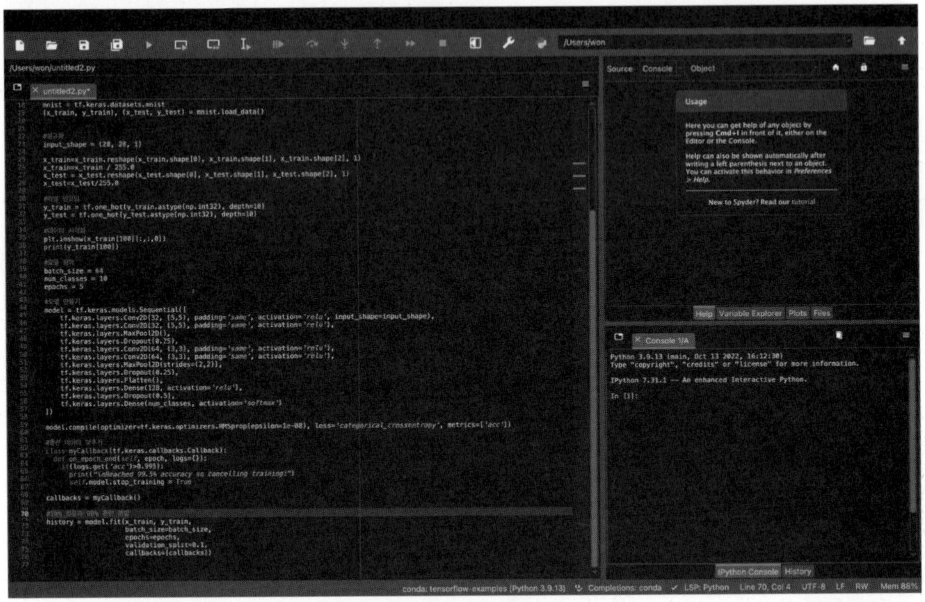

OUTPUT

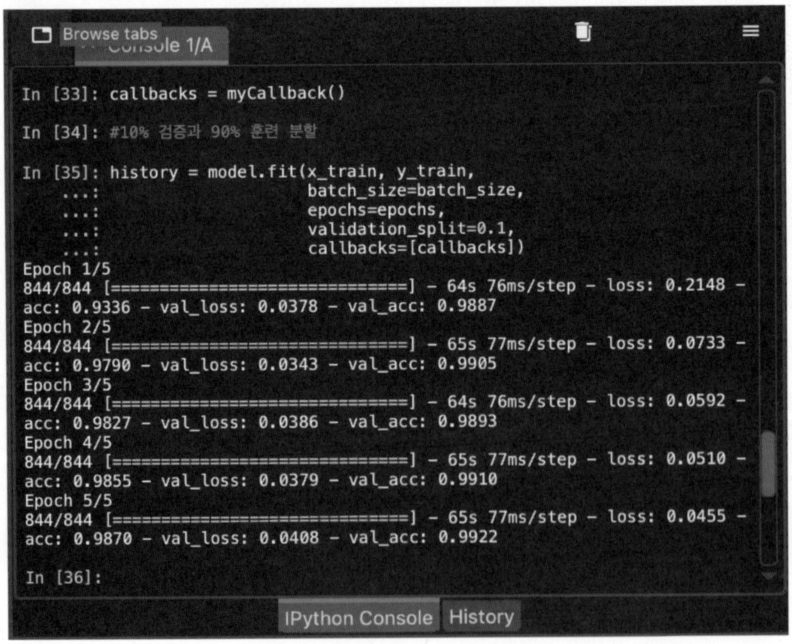

(12) 손실 및 정확도 곡선

다음 셀을 실행하여 모델의 손실과 정확도를 평가한다.

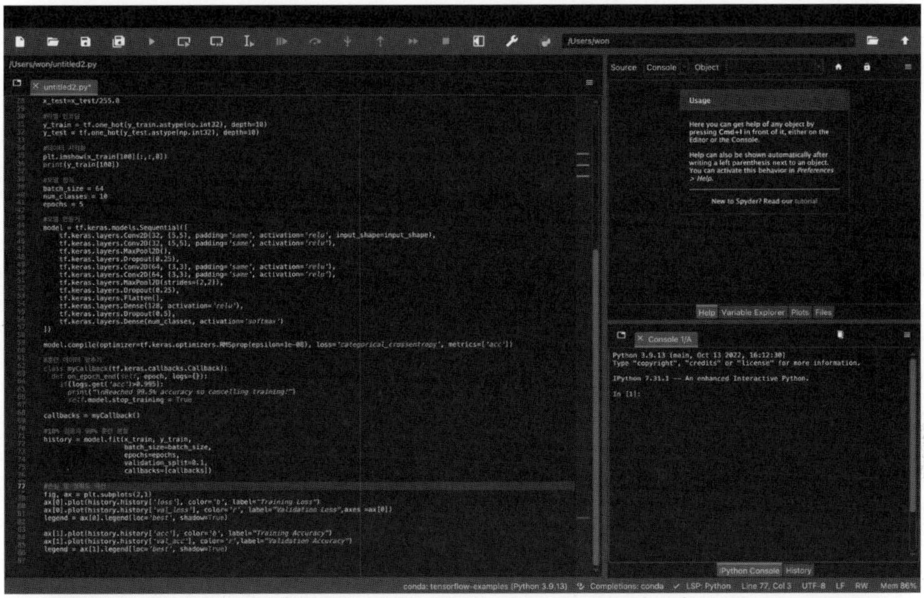

OUTPUT

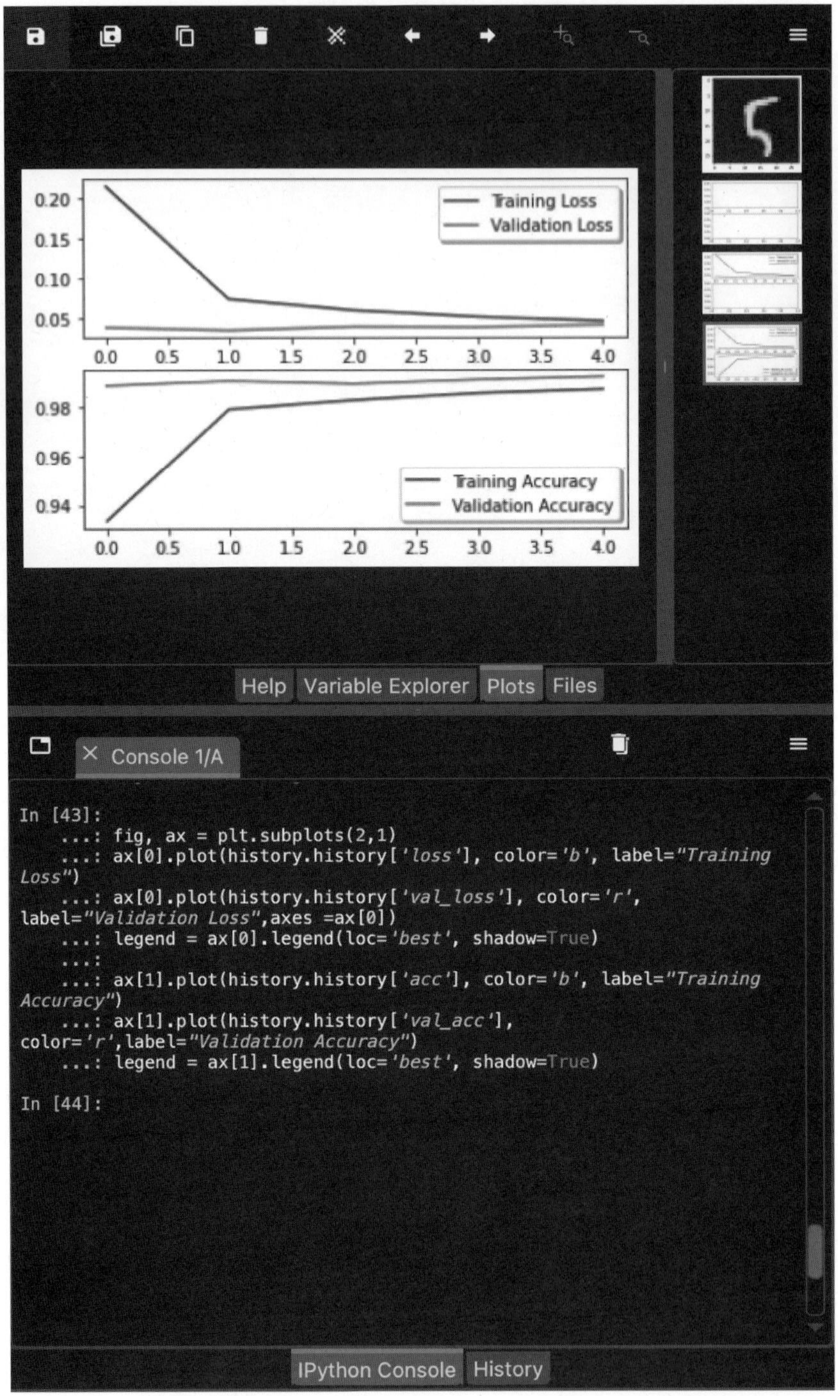
Training Loss
Validation Loss
0.20
0.15
0.10
0.05
0.0 0.5 1.0 1.5 2.0 2.5 3.0 3.5 4.0
0.98
0.96
0.94
Training Accuracy
Validation Accuracy
0.0 0.5 1.0 1.5 2.0 2.5 3.0 3.5 4.0
Help
Variable Explorer
Plots
Files
Console 1/A
In [43]:
...: fig, ax = plt.subplots(2,1)
...: ax[0].plot(history.history['loss'], color='b', label="Training Loss")
...: ax[0].plot(history.history['val_loss'], color='r', label="Validation Loss",axes =ax[0])
...: legend = ax[0].legend(loc='best', shadow=True)
...:
...: ax[1].plot(history.history['acc'], color='b', label="Training Accuracy")
...: ax[1].plot(history.history['val_acc'], color='r',label="Validation Accuracy")
...: legend = ax[1].legend(loc='best', shadow=True)
In [44]:
IPython Console
History

정확도는 시간이 지남에 따라 증가하고 손실은 시간이 지남에 따라 감소한다. 그러나 검증 세트의 정확도는 훈련 정확도가 증가했음에도 끝까지 약간 감소하는 것으로 보인다. 더 많은 시대에 대해 모델을 실행하면 모델이 과적합에 취약해질 수 있다.

(13) 결과 예측

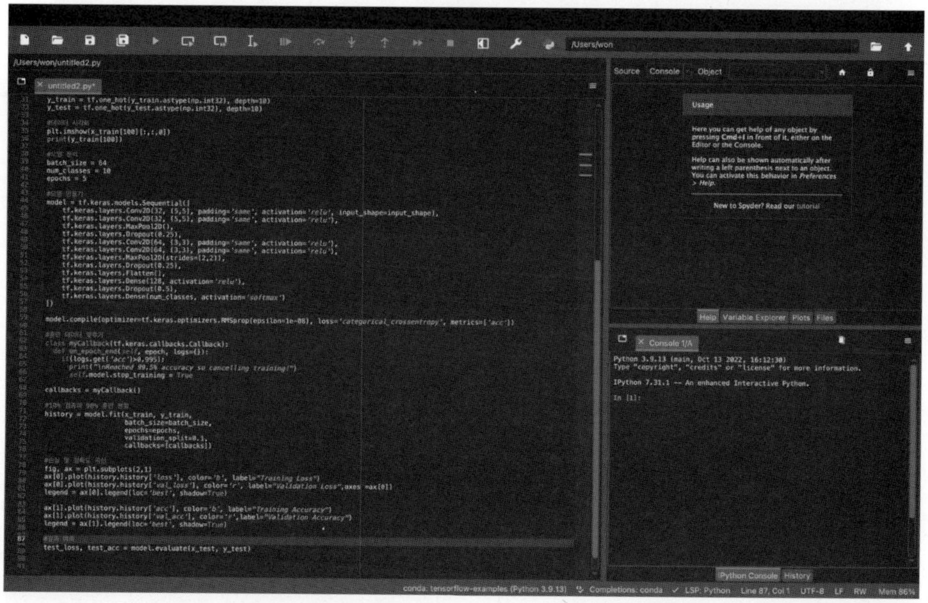

OUTPUT

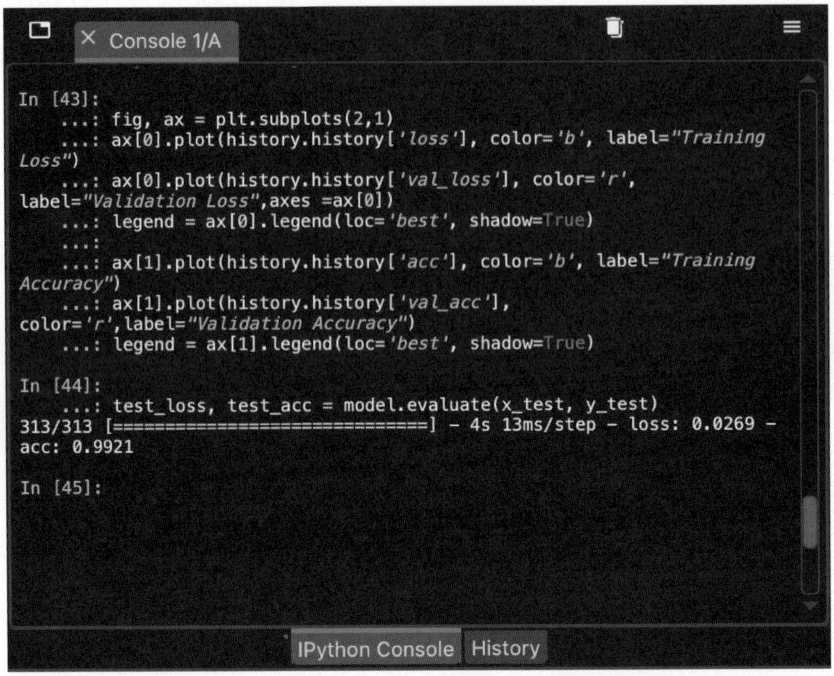

(14) Confusion Matrix 계산

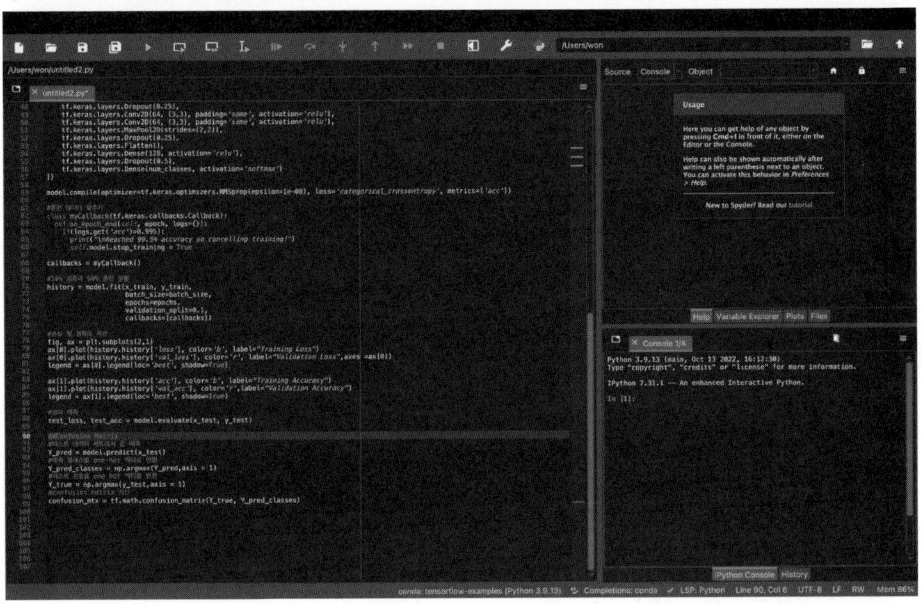

OUPUT

```
    ...: ax[0].plot(history.history['val_loss'], color='r',
label="Validation Loss",axes =ax[0])
    ...: legend = ax[0].legend(loc='best', shadow=True)
    ...:
    ...: ax[1].plot(history.history['acc'], color='b', label="Training
Accuracy")
    ...: ax[1].plot(history.history['val_acc'],
color='r',label="Validation Accuracy")
    ...: legend = ax[1].legend(loc='best', shadow=True)

In [44]:
    ...: test_loss, test_acc = model.evaluate(x_test, y_test)
313/313 [==============================] - 4s 13ms/step - loss: 0.0269 -
acc: 0.9921

In [45]:
    ...:
    ...: Y_pred = model.predict(x_test)
    ...: #예측 클래스를 one-hot 벡터로 변환
    ...: Y_pred_classes = np.argmax(Y_pred,axis = 1)
    ...: #테스트 관찰을 one hot 벡터로 변환
    ...: Y_true = np.argmax(y_test,axis = 1)
    ...: #confusion matrix 계산
    ...: confusion_mtx = tf.math.confusion_matrix(Y_true, Y_pred_classes)
313/313 [==============================] - 4s 13ms/step

In [46]:
```

(15) Confusion Matrix 그리기

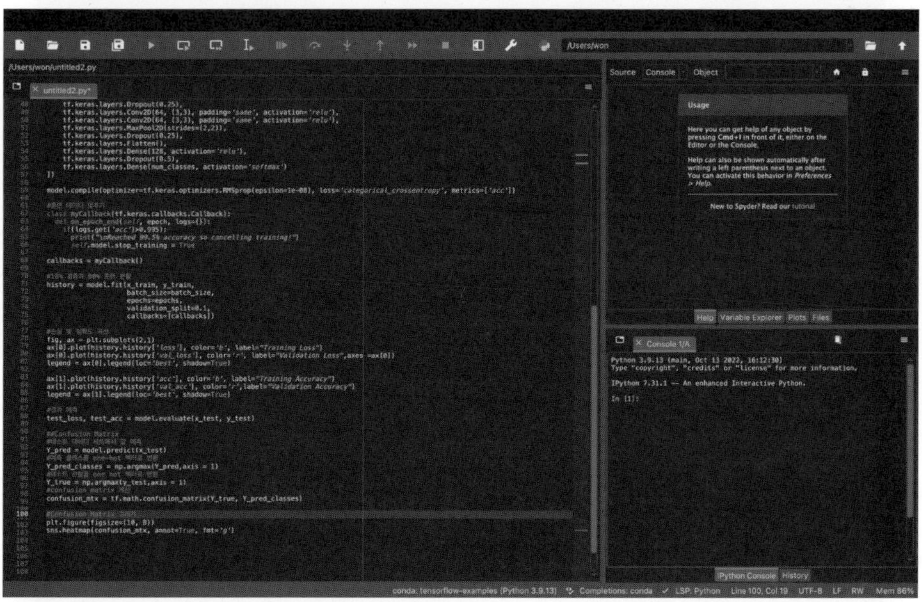

OUTPUT

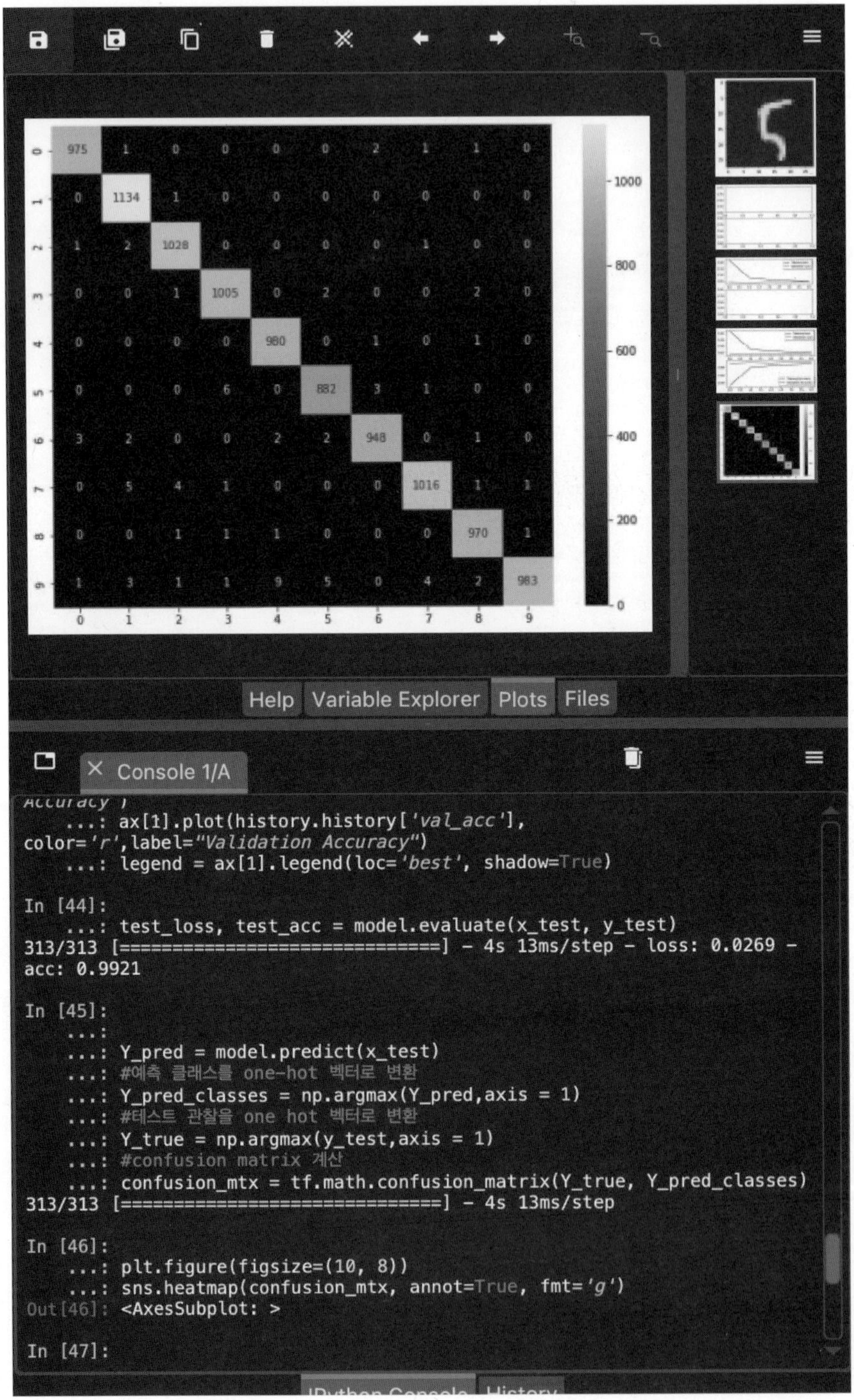
Help
Variable Explorer
Plots
Files
Console 1/A
...: ax[1].plot(history.history['val_acc'],
color='r',label="Validation Accuracy")
...: legend = ax[1].legend(loc='best', shadow=True)
In [44]:
...: test_loss, test_acc = model.evaluate(x_test, y_test)
313/313 [==============================] - 4s 13ms/step - loss: 0.0269 -
acc: 0.9921
In [45]:
...:
...: Y_pred = model.predict(x_test)
...: #예측 클래스를 one-hot 벡터로 변환
...: Y_pred_classes = np.argmax(Y_pred,axis = 1)
...: #테스트 관찰을 one hot 벡터로 변환
...: Y_true = np.argmax(y_test,axis = 1)
...: #confusion matrix 계산
...: confusion_mtx = tf.math.confusion_matrix(Y_true, Y_pred_classes)
313/313 [==============================] - 4s 13ms/step
In [46]:
...: plt.figure(figsize=(10, 8))
...: sns.heatmap(confusion_mtx, annot=True, fmt='g')
Out[46]: <AxesSubplot: >
In [47]:

5. ChatGPT 활용 실습

ChatGPT 실습을 위해서는 https://chat.openai.com/chat에 접속한 후 계정을 만들어야 한다. 계정을 만든 후 로그인하여 실습을 시작한다.

최근 한글에 대한 chatGPT의 이해가 많이 향상되었다. 하지만 결과 혹은 답의 효율성을 높이기 위해 영어로 질문하고 다시 주어진 답을 한글로 번역하기로 한다.

1) 먼저 간단히 '인공지능'에 대해 질문

JI what is ai

AI stands for Artificial Intelligence. It is a branch of computer science that deals with the development of intelligent machines that can perform tasks that typically require human intelligence, such as visual perception, speech recognition, decision-making, and natural language understanding.

AI involves designing algorithms and computer programs that can learn from data and improve their performance over time without being explicitly programmed for each task. This is achieved through techniques such as machine learning, deep learning, neural networks, and natural language processing.

AI has a wide range of applications in fields such as healthcare, finance, transportation, education, and entertainment. Some examples of AI applications include autonomous vehicles, personal assistants like Siri and Alexa, image and speech recognition, fraud detection, and predictive analytics.

2) 보다 쉽게 6살 어린아이에게 인공지능에 대해 설명해 달라고 요청

JI explain ai to 6 years old

Hi there! AI, which stands for "Artificial Intelligence," is like a very smart computer or robot that can learn and do things by itself. It's kind of like having a really clever friend who can help you with your homework, play games with you, and even help you make decisions. Just like how you learn new things every day, AI can also learn new things and get better at them over time. So, it's a really cool technology that can do a lot of helpful things for us!

3) ChatGPT를 이용한 프로그래밍 코드 생성하기

1부터 2003까지의 모든 정수의 합을 구하는 프로그래밍 코드를 자바, R, 파이썬 버전으로 생성한다.

① Java 코드

JI write a java code adding all numbers between 1 to 2003

Sure! Here's a Java code that adds all numbers between 1 to 2003 using a for loop:

csharp Copy code

```
public class AddNumbers {
    public static void main(String[] args) {
        int sum = 0;

        for (int i = 1; i <= 2003; i++) {
            sum += i;
        }

        System.out.println("The sum of numbers between 1 to 2003 is: " + sum);
    }
}
```

In this code, we first initialize a variable

② R 코드

JI write a R code adding all numbers between 1 to 2003

Sure! Here's a R code that adds all numbers between 1 to 2003 using a for loop:

```bash
sum <- 0

for (i in 1:2003) {
  sum <- sum + i
}

print(paste("The sum of numbers between 1 to 2003 is:", sum))
```

In this code, we first initialize a variable called `sum` to 0 using the `<-` operator. Then, we use a for loop to iterate from 1 to 2003 and add each number to the `sum` variable using the `+` operator. Finally, we print out the value of `sum` using `print()` and `paste()` functions. This will give us the total sum of all numbers between 1 to 2003.

③ 파이썬 코드

JI write a Python code adding all numbers between 1 to 2003

Certainly! Here's a Python code that adds all numbers between 1 to 2003 using a for loop:

```python
sum = 0

for i in range(1, 2004):
    sum += i

print("The sum of numbers between 1 to 2003 is:", sum)
```

In this code, we first initialize a variable called `sum` to 0. Then, we use a for loop and the `range()` function to iterate from 1 to 2003 and add each number to the `sum` variable using the `+=` operator. Finally, we print out the value of `sum` using `print()`. This will give us the total sum of all numbers between 1 to 2003.

4) 언어 번역 및 교정

ChatGPT는 기존 번역기와 비교하여 뛰어난 성능을 보이며, 단순 번역을 넘어 교정 및 문법적인 오류까지 설명해주기 때문에 영어를 포함한 다양한 외국어 교육에 활용 가능하다.

JI could you translate below Korean text to English

나는 매일 학교에가서 공부를 한다.
수업에 참가하고 도서관에서 과제를 마친다.

Certainly! The Korean text translates to:

"I go to school every day and study. I attend classes and finish my assignments at the library."

5) 창의적 아이디어 구현

사랑에 대한 간단한 시를 써보라고 한다.

JI write a short poem on love

Love is a feeling so pure and bright,
It fills your heart with endless light.
It makes you smile and feel so warm,
And gives you strength to weather the storm.

Love is a bond that connects us all,
A force that makes us stand tall.
It knows no boundaries, no race, no creed,
And fulfills our every need.

Love is a song that we all sing,
A melody that makes our hearts ring.
It's a gift that we give and receive,
And it's what makes life truly worth to live.

6) ChatGPT for Google은 크롬 브라우저 확장 프로그램

별도로 ChatGPT에 접속하지 않고도 구글에서 쉽게 ChatGPT를 사용할 수 있다. 또한 구글시트에 해당 확장 프로그램을 설치하면 'GPT 함수'가 생겨 스프레드시트에서 바로 ChatGPT를 사용할 수 있다. 구글닥스에도 역시 확장 프로그램을 설치하면 구글닥스에서 바로 프롬프트를 작성해 새로운 글을 쓰거나 작성한 글을 수정, 번역, 요약 등을 할 수 있다.[7)]

7) codestates.com

연·습·문·제

1. 머신러닝의 최신 적용 사례를 찾아보고 정리해 보시오.

2. 딥러닝의 최신 적용 사례를 찾아보고 정리해 보시오.

3. 인공지능을 활용하는 실습 사례를 조사해 보시오.

부록

부록 1 구글 서치 엔진으로 로그인하기

google.co.kr에서 로그인한 후 구글 드라이브로 이동한다. 먼저 google.co.kr에 접속해서 gmail 아이디와 패스워드로 접속한다.

다음 화면 오른쪽 위 Google 앱을 클릭하면 다음과 같이 앱이 검색된다.

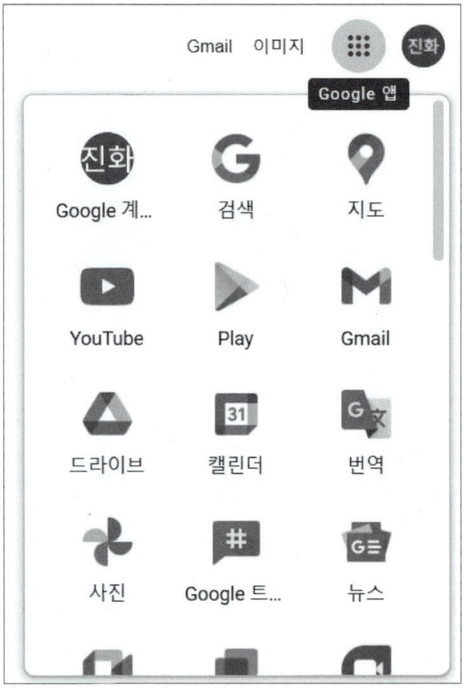

앱들 맨 아래의 Google Workspace Marketplace를 클릭한다.

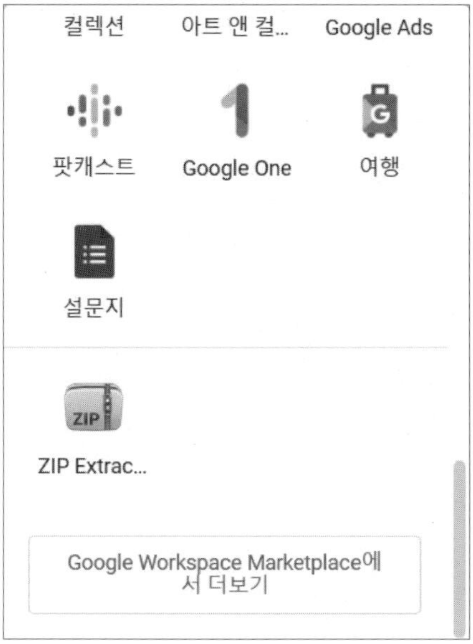

다음 화면에서 'Colab'을 입력하고 엔터를 누른다.

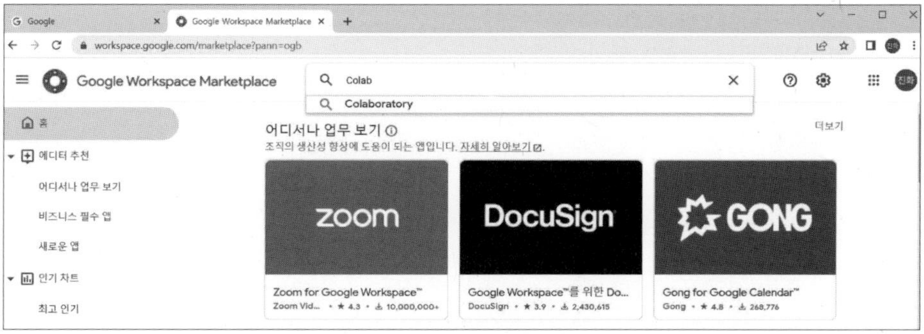

코랩(Colaboratory)를 클릭하여 설치한다.

구글 드라이브를 열고 실습을 시작한다.

부록 2 코랩에서 데이터 불러오기

구글 코랩에서 데이터 파일을 불러오는 방법은 다음 3가지가 있다. 본 실습에서는 간단하게 로컬 드라이브에서 데이터 파일을 업로드하는 방법을 사용하여 데이터를 불러오는 실습을 하도록 한다.

- 로컬에서 파일을 업로드하는 방법
- 코드를 실행해서 파일을 업로드하는 방법
- 구글 드라이브에서 파일을 가져오는 방법

(1) 로컬 드라이브에서 데이터 파일을 업로드하는 방법

로컬 드라이브에서 파일을 업로드하는 방법으로 왼쪽의 메뉴바를 활용하면 편리하다. 파일 업로드 버튼을 클릭하면 로컬 폴더에서 선택 가능한 팝업창이 뜬다.

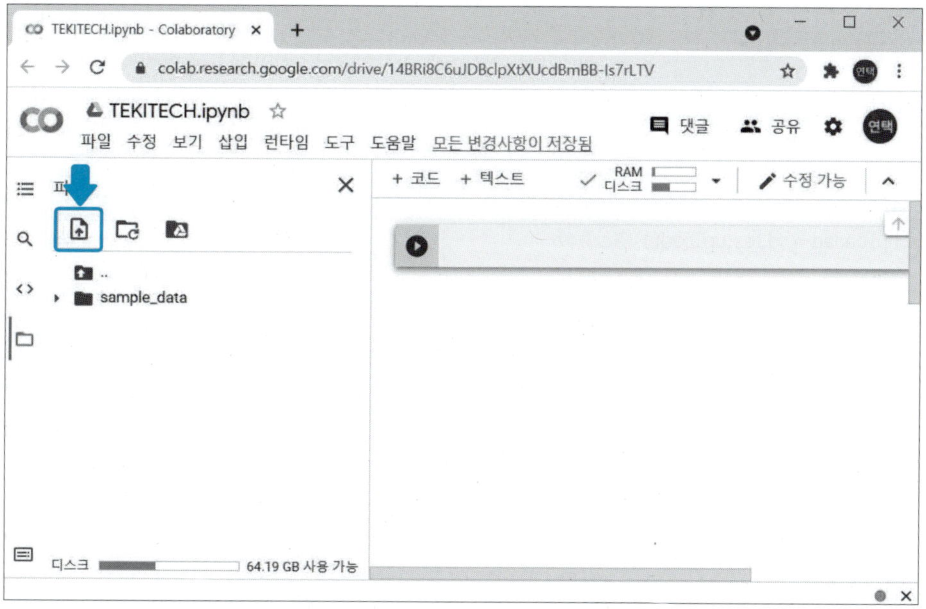

다음과 같이 드래그 앤 드롭도 가능하다.

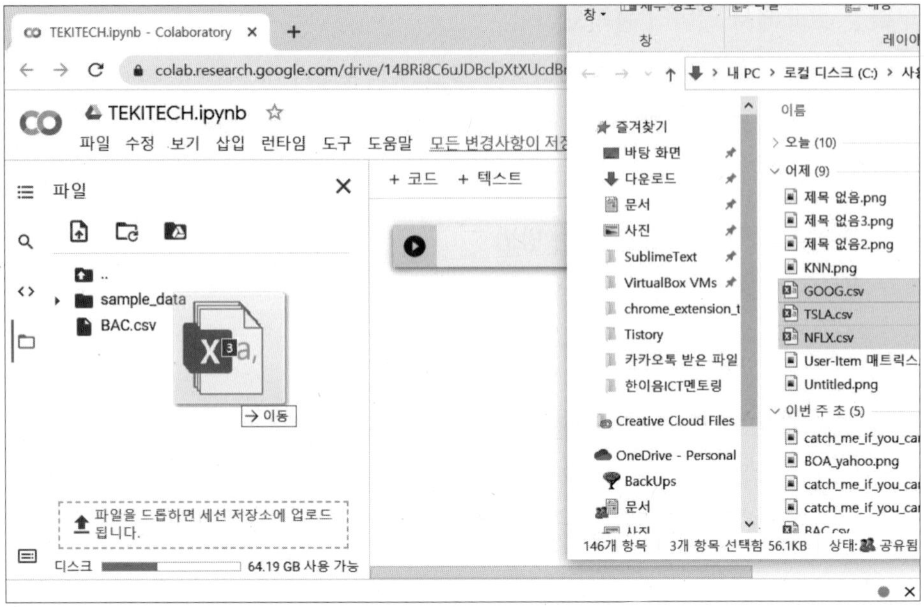

(2) 코드를 직접 입력하는 방법

```
from google.colab import files
uploaded = files.upload()
```

위 코드를 입력해서 실행하면 파일을 선택할 수 있는 버튼이 생긴다. 파일을 선택할 때까지 세션이 살아 있다.

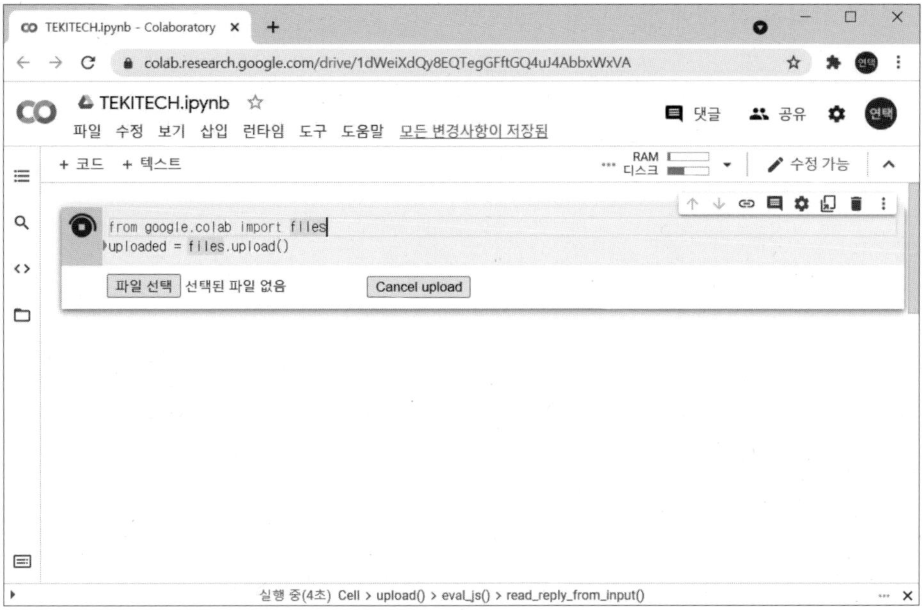

다음은 BAC.csv 파일을 업로드한 경우의 사례이다.

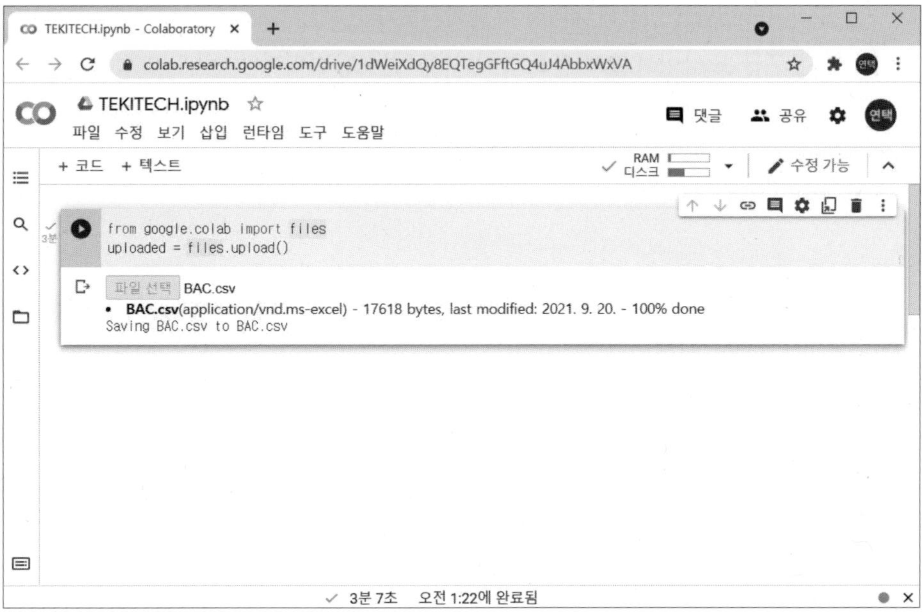

여러 파일을 한 번에 업로드할 수도 있다.

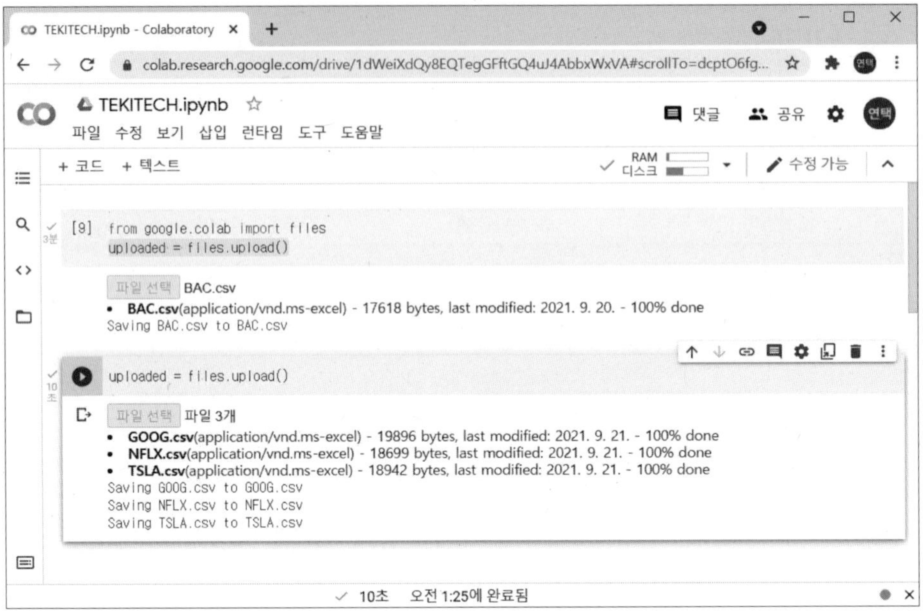

(3) 구글 드라이브 연동을 이용해 데이터 파일 가져오기

Colab에서 구글 드라이브를 마운트하여 사용하는 방법이다.

```
from google.colab import drive
drive.mount("마운트할 구글 드라이브 경로")
```

위 코드를 블럭에 추가하고 실행해보자. 왼쪽 파일 메뉴를 통해 구글 드라이브를 마운트해도 똑같이 실행된다.

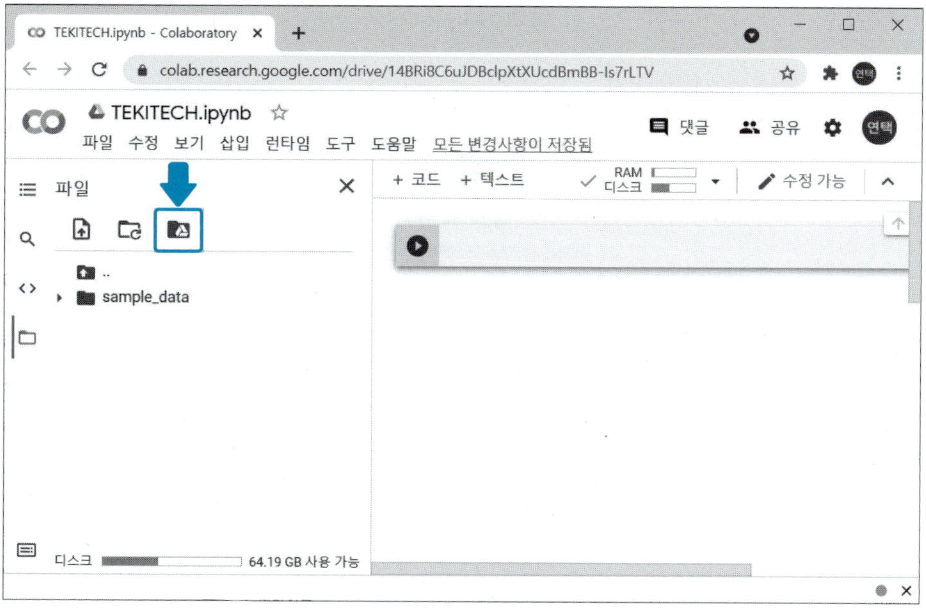

그럼 다음과 같이 URL과 코드를 입력하라는 메시지가 뜬다.

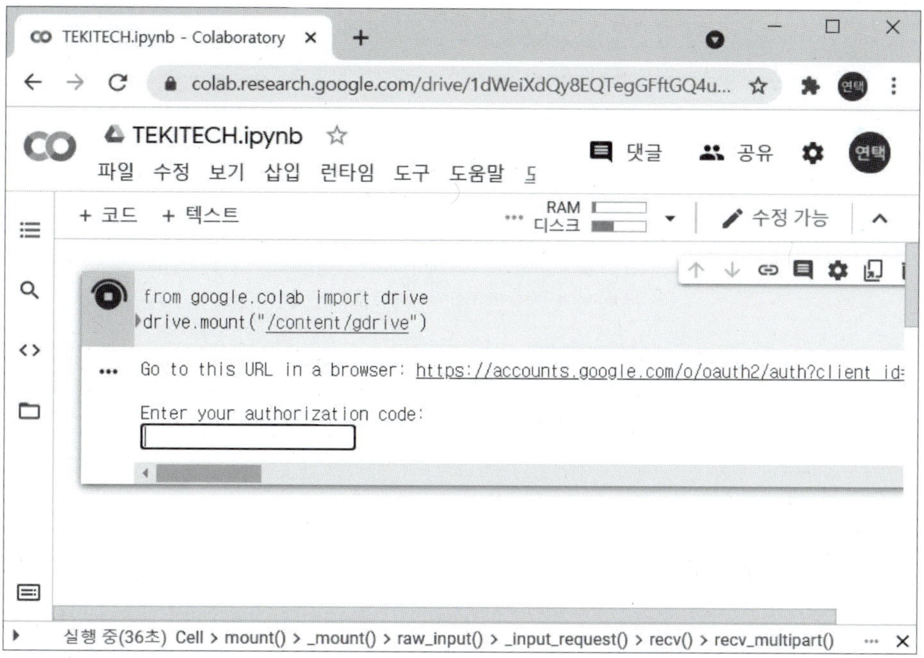

URL을 타고 들어가면 로그인 화면이 나온다.

사용할 구글 드라이브 계정으로 로그인하면 코드를 알려준다.

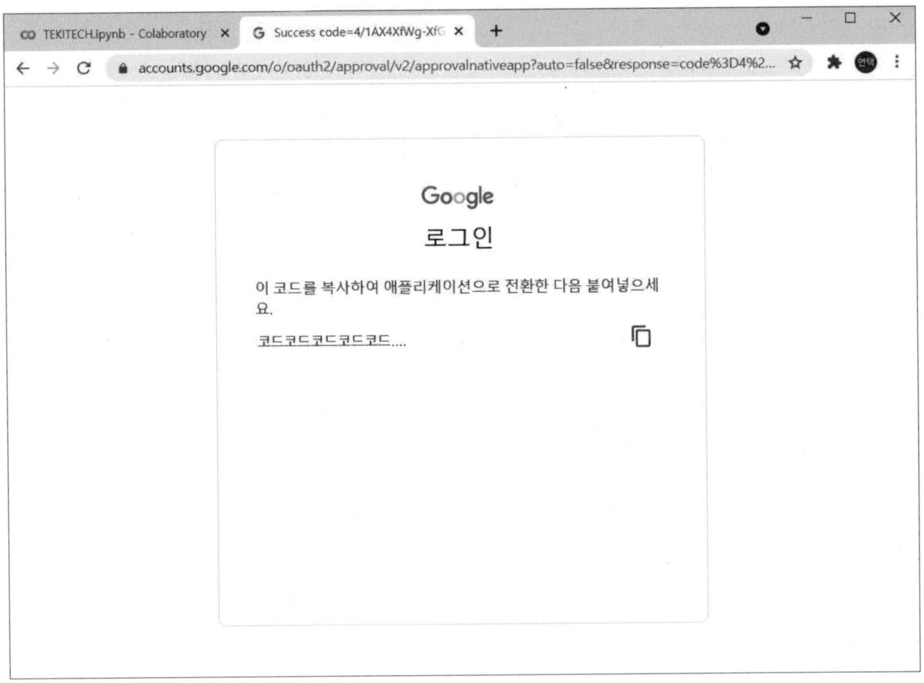

이걸 복사해서 Colab으로 돌아가 붙여넣기한다.

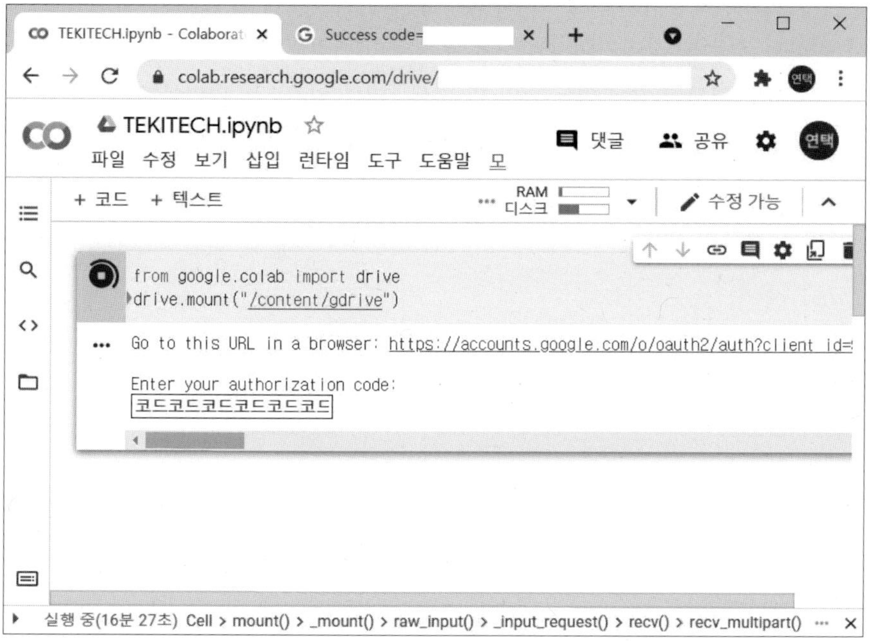

시간이 지체되어 캡처하는 동안 인증이 만료되면 다시 시도해야 한다.

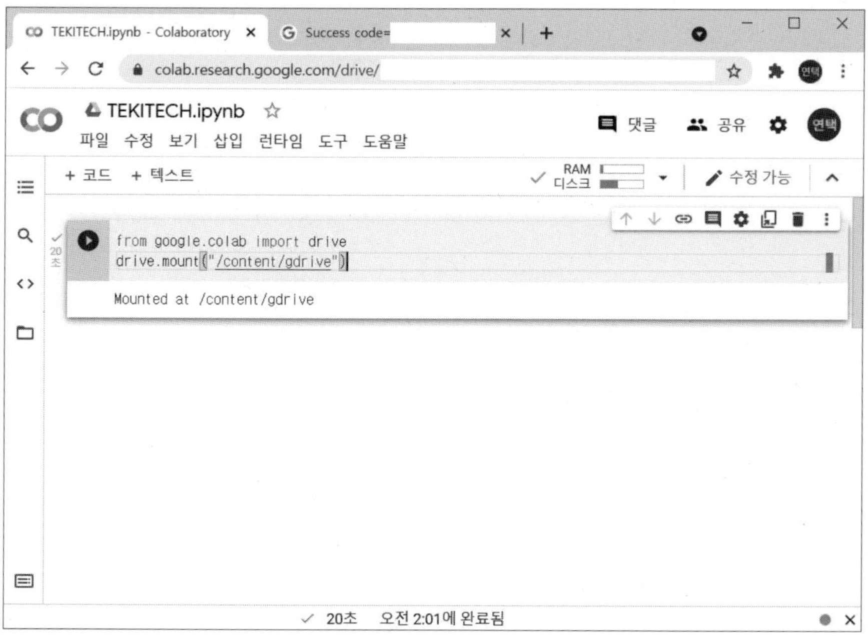

지금 마운트한 경로("/content/gdrive")는 로그인한 계정의 구글 드라이브 root 경로이다. 만약 파일의 위치를 찾아가고 싶다면 !를 앞에 붙이고 ls 명령어를 사용해서 원하는 경로를 찾아가야 한다(!를 앞에 붙이는 것은 쉘 명령어를 사용하기 위함이고 ls 명령어는 현재 위치에 있는 파일 및 디렉토리를 읽어오는 명령어이다). 내 드라이브는 gdrive/MyDrive이고 공유 드라이브는 gdrive/Shareddrives가 기본이다. 구글 드라이브에 마운트하여 사용하면서 디렉토리 이름이 한글로 된 경우 잘 인식이 안 되는 경우가 있다[1].

1) https://teki.tistory.com/29, 테키테크 TEKITECH: 티스토리]

참·고·문·헌

1장

노규성 외. (2019). 4차산업혁명시대의 경영정보시스템, 광문각

박성택. (2018). 신기술 · 신산업 혁신성장을 위한 규제혁신 및 시장지원 방안 연구, 4차산업혁명위원회

박철현. (2018). 2019년 디지털 마케팅 키워드 '5G · AI · 숏폼 동영상 · 음성 검색 · VRAR', http://it.chosun.com/site/data/html_dir/2018/12/28/2018122800737.html

박태형. (2019). 인공지능을 활용한 스마트 스피커 및 전자상거래 동향, 소프트웨어정책연구소, https://spri.kr/posts/view/22598?code=industry_trend

이경일. (2018). AI 플랫폼: 4차 산업혁명의 서막, 흥국증권(흥국 인터넷, 소프트웨어)

이상길. (2018). 국내외 AI활용 현황과 공공 적용, 정보통신기술진흥센터

이수상. (2017). 인공지능 양대 산맥인 IBM과 구글, KEIT

정준화. (2023). 챗GPT의 등장과 인공지능 분야의 과제, 이슈와논점 제 2067호, 국회입법조사처

4차산업혁명위원회 홈페이지

https://openai.com/blog/chatgpt

https://zdnet.co.kr/view/?no=20230206125750

2장

강영민, 박동규, 김성수. (2021). 으뜸머신러닝, 생능

박재현, 조성인. (2021). 딥러닝 기반 분류 모델의 준 지도 학습 기법 분석, 방송공학회논문지, 26(1), 79-87.

한국소프트기술인협회 빅데이터전략연구소. (2023). 빅데이터 개론, 광문각

Géron, A. (2022). Hands-on machine learning with Scikit-Learn, Keras, and TensorFlow. O'Reilly Media, Inc.

Mitchell. T.M.(1997). Machine Learning. McGraw-Hill.

Samuel, A. L. (1959). Machine learning. The Technology Review, 62(1), 42-45.

Tian, J., Morillo, C., Azarian, M. H., & Pecht, M. (2015). Motor bearing fault detection using spectral kurtosis-based feature extraction coupled with K-nearest neighbor distance analysis. IEEE Transactions on Industrial Electronics, 63(3), 1793-1803.

Zheng, S., Lu, J. J., Ghasemzadeh, N., Hayek, S. S., Quyyumi, A. A., & Wang, F. (2017). Effective information extraction framework for heterogeneous clinical reports using online machine learning and controlled vocabularies. JMIR medical informatics, 5(2), e12.

3장

문현준, 민경복. (2017). 4차 산업혁명과 딥러닝, 한국공간구조학회지, 17(4), 4-9.

송정헌, 정건희, 강문성. (2014). 최적화 기법을 이용한 수문모형의 매개변수 보정방법 소개 - MATLAB 프로그램을 중심으로 - , 전원과자원 56(2), 16-25.

최희열. (2018). 딥러닝이란 무엇인가? KOCW 강의교안

한동기, 김명섭, 김재윤, 김정수. (2019). 심층 큐 신경망을 이용한 게임 에이전트 구현, 로봇학회 논문지, 14(3), 157-162.

Baldi, P., & Sadowski, P. J. (2013). Understanding dropout. Advances in neural information processing systems, 26, 2814-2822.

Hinton, G. E., Osindero, S., & Teh, Y. W. (2006). A fast learning algorithm for deep belief nets. Neural computation, 18(7), 1527-1554.

4장

김길수. (2019). 공공부문에서 인공지능 활용에 관한 연구. 한국자치행정학보, 33(1), 27-48.

딥러닝 객체 검출 용어 정리. (2018.09.21.). 빛나는 나무.

딥러닝을 이용한 자연어 처리 입문. (2022). WikiDocs.

문용식. (2018). 인공지능 기반 챗봇 서비스의 국내외 동향분석 및 발전 전망.

박종진. (2018). 자연어 처리를 이용한 감정 스트레스 인지 및 관리 챗봇 개발. 전기학

회논문지, 67(7), 954-961.
법이 어려울 땐, '버비'에게 물어봐~. (2018.03.12.). 정책브리핑.
사회적 약자 보듬는 '음성 AI 서비스'. (2020.10.20.). VENTURESQUARE.
송재민, 이새봄, 박아름. (2020). 이미지 인식 기술의 산업 적용 동향 연구. 한국콘텐츠학회논문지, 20(7), 86-96.
슈퍼컴으로 해결 못한 완벽한 기상예측… "AI가 해결사". (2020.02.04.). ITChosun.
신정원. (2019). 시각예술에서 인공지능과 빅데이터의 역할. 한국예술연구, (25), 65-89.
용아롱, 윤재영. (2018). 고령자를 위한 음성인식 가상비서 서비스의 개선방향 연구. 한국 HCI 학회 학술대회, 726-729.
유보라. (2019). 운전자 상황을 기반으로 한 자동차 인공지능 (AI) 서비스 감성 콘텐츠 방향 연구. 기초조형학연구, 20(3), 199-209.
이경님. (2017). 음성 언어 처리 기술, 어디까지 왔나. 새국어생활, 27(4).
이성경. (2018). 빅데이터 시대의 예측 도구, Machine Learning의 올바른 활용법. POSRI 이슈리포트, 2018(12), 1-11.
이승훈. (2017). 최근 인공지능 개발 트렌드와 미래의 진화 방향. LG 경제연구원, 12, 30-31.
이윤정, 김승인. (2014). 스마트 폰 음성 인식 서비스의 상황별 만족도 조사. Journal of Digital Convergence, 11(7).
이주열. (2020). 인공지능 이미지 인식 기술 동향. TTA저널 187호.
이진명, 정민지, 이주래, 김예은, & 안치연. (2019). 인공지능 스피커에 대한 소비자 인식과 수용의도: 비수용자를 중심으로. 소비자학연구, 30(2), 193-213.
인공지능의 예측 기술은 범죄 발생을 막아줄 수 있을까. (2020.11.30.). 한겨레.
임백준. (2017). 음성 인식 기술로 AI와 대화를… 그녀의 말을 듣다: 인공지능 '딥러닝'을 탑재한 그녀들. 지역정보화, 103, 94-95.
자연어 처리(NLP). SAS.
자연어 처리. (2021.07.15.). 해시넷
자연재해, 인공지능(AI)으로 알아낸다. (2017.06.01.). 전자신문.
전창의, 이효정, 김기범. (2020). 음성 AI 시장의 동향과 비즈니스 기회. 삼성KPMG 경제연구원

정혜윤. (2020). 인공지능 원격영상진단, 한국IR협의회.
조규은, 김승인. (2018). 인공지능 스피커(AI speaker) 사례 분석을 통한 고찰. 한국융합학회논문지, 9(8), 127−133.
최미란. (2017). 자연어처리 기반의 인공지능 기술 현황. TTA저널 169호.
최석원. (2019). 시각지능의 이해와 활용, AI융합산업본부.
최승주, 김종배. (2017). 음성 인식 오픈 API의 음성 인식 정확도 비교 분석. Asia−pacific Journal of Multimedia Services Convergent with Art, Humanities, and Sociology, 7(8), 411−418.
한국전자통신연구원. (2019). 딥러닝 기반의 서버형 음성인식 기술,
현대자동차, 인간행동 예측 인공지능 기술 확보. (2018.10.10.). 현대자동차그룹 뉴스룸.
현영근, 한정현, 채우리, 이기현, 이주연. (2020). 국내외 특허데이터 분석을 통한 자연어처리의 의미분석 관련 기술동향 분석에 대한 연구. 디지털융복합연구, 18(1), 137−146.
홍일선, 성낙환. (2013). 예측기술, 활용 범위 넓어지고 중요성 커지고 있다. LG Business Insight.
AI잡으려면 데이터부터 잡아야. (2019.07.24.). BUSINESSWATCH.
Natural Language API(구글 자연어 처리 API). (2019.10.12.). Naver Blog.

5장

김길수. (2019). 공공부문에서 인공지능 활용에 관한 연구. 한국자치행정학보, 33(1), 27−48.
딥러닝 객체 검출 용어 정리. (2018.09.21.). 빛나는 나무.
딥러닝을 이용한 자연어 처리 입문. (2022). WikiDocs.
문용식. (2018). 인공지능 기반 챗봇 서비스의 국내외 동향분석 및 발전 전망.
박종진. (2018). 자연어 처리를 이용한 감정 스트레스 인지 및 관리 챗봇 개발. 전기학회논문지, 67(7), 954−961.
법이 어려울 땐, '버비'에게 물어봐~. (2018.03.12.). 정책브리핑.
사회적 약자 보듬는 '음성 AI 서비스'. (2020.10.20.). VENTURESQUARE.
송재민, 이새봄, 박아름. (2020). 이미지 인식 기술의 산업 적용 동향 연구. 한국콘텐

츠학회논문지, 20(7), 86-96.

슈퍼컴으로 해결 못한 완벽한 기상예측… "AI가 해결사". (2020.02.04.). ITChosun.

신정원. (2019). 시각예술에서 인공지능과 빅데이터의 역할. 한국예술연구, (25), 65-89.

용아롱, 윤재영. (2018). 고령자를 위한 음성 인식 가상비서 서비스의 개선방향 연구. 한국 HCI 학회 학술대회, 726-729.

유보라. (2019). 운전자 상황을 기반으로 한 자동차 인공지능 (AI) 서비스 감성 콘텐츠 방향 연구. 기초조형학연구, 20(3), 199-209.

이경님. (2017). 음성 언어 처리 기술, 어디까지 왔나. 새국어생활, 27(4).

이성경. (2018). 빅데이터 시대의 예측 도구, Machine Learning의 올바른 활용법. POSRI 이슈리포트, 2018(12), 1-11.

이승훈. (2017). 최근 인공지능 개발 트렌드와 미래의 진화 방향. LG 경제연구원, 12, 30-31.

이윤정, 김승인. (2014). 스마트 폰 음성 인식 서비스의 상황별 만족도 조사. Journal of Digital Convergence, 11(7).

이주열. (2020). 인공지능 이미지 인식 기술 동향. TTA저널 187호.

이진명, 정민지, 이주래, 김예은, 안치연. (2019). 인공지능 스피커에 대한 소비자 인식과 수용의도: 비수용자를 중심으로. 소비자학연구, 30(2), 193-213.

인공지능의 예측 기술은 범죄 발생을 막아줄 수 있을까. (2020.11.30.). 한겨레.

임백준. (2017). 음성 인식 기술로 AI와 대화를… 그녀의 말을 듣다: 인공지능 '딥러닝'을 탑재한 그녀들. 지역정보화, 103, 94-95.

자연어 처리(NLP). SAS.

자연어 처리. (2021.07.15.). 해시넷

자연재해, 인공지능(AI)으로 알아낸다. (2017.06.01.). 전자신문.

전창의, 이효정, 김기범. (2020). 음성 AI 시장의 동향과 비즈니스 기회. 삼성KPMG 경제연구원

정혜윤. (2020). 인공지능 원격영상진단, 한국IR협의회.

조규은, 김승인. (2018). 인공지능 스피커(AI speaker) 사례 분석을 통한 고찰. 한국융합학회논문지, 9(8), 127-133.

최미란. (2017). 자연어처리 기반의 인공지능 기술 현황. TTA저널 169호.

최석원. (2019). 시각지능의 이해와 활용, AI융합산업본부.

최승주, 김종배. (2017). 음성 인식 오픈 API의 음성 인식 정확도 비교 분석. Asia-pacific Journal of Multimedia Services Convergent with Art, Humanities, and Sociology, 7(8), 411-418.

한국전자통신연구원. (2019). 딥러닝 기반의 서버형 음성 인식 기술.

현대자동차, 인간행동 예측 인공지능 기술 확보. (2018.10.10.). 현대자동차그룹 뉴스룸.

현영근, 한정현, 채우리, 이기현, & 이주연. (2020). 국내외 특허데이터 분석을 통한 자연어처리의 의미분석 관련 기술동향 분석에 대한 연구. 디지털융복합연구, 18(1), 137-146.

홍일선, 성낙환. (2013). 예측기술, 활용 범위 넓어지고 중요성 커지고 있다. LG Business Insight.

AI 잡으려면 데이터부터 잡아야. (2019.07.24.). BUSINESSWATCH.

Natural Language API(구글 자연어 처리 API). (2019.10.12.). Naver Blog.

6장

강원법학. (2022).

국민건강보험공단의 국민건강 알람서비스. (2022). 지능정보기술동향.

금융 트렌드-금융권은 빅데이터를 어떻게 활용할까? (2019). 효성FMS 뉴스룸.

금융사기 예방을 위한 Fraud Detection System. (2015). NAVER 개인정보보호 블로그.

기업에서의 인공지능의 마케팅에의 활용 분야. (2021). HBR Korea.

김민수, 구평회. (2013). 인터넷 검색추세를 활용한 빅데이터 기반의 주식투자전략에 관한 연구, 한국경영과학회지, 38(4).

동아비지니스 리뷰. (2019).

머신러닝과 인공지능 회계산업 판도 바꾼다. (2019). Ai타임스.

박진한 HS애드 데이터마케팅연구소 국장. (2017). The PR.

보험금 청구 즉시 빅데이터로 '사기' 적발. (2013). 머니투데이.

빅데이터와 블록체인 시대의 회계교육,회계저널. (2018). 27(4호).

사이언스타임즈. (2017).

생활 속의 인공지능 활용 분야. (2019). critter.

생활 속의 인공지능. (2017). BLOTER.

소비자평가. (2019).

시사위크. (2021)

신용평가 중심으로 핀테크 손 닿는 '기업금융'. (2019). 대한금융신문, 2019년 8월 27일.

오늘 저녁…인공지능이 만든 요리 어때요?. (2015).techholic.

이득환, 강형구, 이창민. (2013). 빅데이터에 나타난 감성 분석, 한국금융공학회, 12(2), 79-96.

인공지능 기술을 적용한 채용 프로세스와 지원자의 특성이 기업 지원의도에 미치는 영향. (2019).

인공지능 사례. (2018). 한국일보.

인공지능 사례. (2020). 한경닷컴.

인공지능 헬스케어. (2016). KISTI 마켓리포트 2016-10.

인공지능(AI) 헬스케어산업 현황 및 동향. (2019). 융합연구정책센터.

인공지능과 가상인간. (2021). 단비뉴스.

인공지능과 가상인간. (2022). 신한 라이프.

인공지능과 마케팅. (2021). 김미영, 코센 리포트.

인공지능과 창의성. (2021). 구본권, 사람과 디지털연구소장.

인공지능의 예술 분야의 활용. (2018). 스토리오브서.

인사(HR) 분야의 인공지능 활용. (2021). KISDI.

일본의 4차 산업혁명 대응 동향과 인적자원관리의 인공지능 활용사례. (2017). 한국경영자 총협회, 96-112.

중소기업 투데이. (2021).

차세대금융! 금융분야 빅데이터 분석 활용사례 18. (2017). 삼성SDS.

최근 해외 핀테크 기업들의 새로운 신용평가 방식 개발. (2019). ISSUE ANALYSIS, 국제금융센터.

ACCA and IMA 보고서. (2013b).

ACK 2021 학술발표대회 논문집. (2021). 한국정보통신학회 2021년 춘계 종합학술대회 논문집.

Frey and Osborne. (2013).

Frost & Sullivan, KISTI: 인공지능의 헬스케어. (2015).

IAB. (2020).

Industrial Communication Network. (2020).

Journal of Korean Orthop Assoc. (2022)

LG business insight. (2013)

Malaria must die. (2018). The next web.

My SHOP Partner. (2022). 신한카드.

Sales force. (2022).

tech42. (2021).

zdnet Korea. (2021).

4차 산업혁명에 따른 인공지능(AI)과 빅데이터가 세무서비스 시장에 미치는 영향과 세무전문가의 대응방안. (2019), 세무사신문.

7장

국경완. (2019). 인공지능 기술 및 분야별 적용사례, 정보통신기획평가원 주간기술동향, 15-27.

김형철. (2018). ICT표준화 전략맵, 한국정보통신기술협회(TTA),10. 19-21.

남충현. (2016). 오픈소스 AI: 인공지능 생태계와 오픈이노베이션, 정보통신정책연구원(KISDI), KISDI Premium Report, 16(10), 1-20.

딜로이트 안진회계법인. (2019). 금융산업의 AI리더들: 인공지능 경주 선두주자들의 공통된 특질, 딜로이트 인사이트, 3-20.

민병원, 오용선. (2010). U-health 개인 맞춤형 질병예측 기법의 개선, 한국콘텐츠학회논문지, 10(10) 54-67.

박유미. (2018). 인공지능의 현재와 미래: AI Summit 2017의 내용을 중심으로, 산업경제분석, 64-72.

심혜정. (2018). 우리기업의 인공지능(AI)을 활용한 비즈니스 모델, 국제무역연구원.

이승훈. (2017). 최근 인공지능 개발 트렌드와 미래의 진화방향, LG경제연구원, 30-31.

이장균. (2018). 선진 기업의 디지털 트랜스포메이션 추진 동향과 시사점 - 4차산업혁명 시대의 비즈니스 모델을 구축해야 한다 한국경제주평 810, 1-20.
이주환.(2017). 인공지능 기반 금융서비스 Digital Transformation 동향, TTA 저널, 172권, 39-45.
조영복, 우성희, 이상호, 김민경. (2017). 스마트 헬스케어 서비스를 위한 홍채인식기반의 원격의료시스템, 한국정보통신학회논문지 21(1), 205-214.
최재덕. (2017). 인공지능(AI) 시대 정신전력 발전 방안 연구 정신전력연구 50, 1-42
황윤민, 홍성원. (2019). 디지털 트랜스포메이션을 위한 인공지능 비즈니스 생태계 연구 : 다행위자 네트워크 관점에서, Information Systems Review, 21(4), 125-141
황인정, 강문식. (2017). 스마트 헬스케어를 위한 심전도 의료기기 기술 동향과 분석, 전자공학지, 44(2), 29-35.
Adner, R. (2017). Ecosystem as structure: an actionable construct for strategy, Journal of Management, 43(1), 39-58.
Alberti, F. G. and E. Pizzurno. (2015). Knowledge exchanges in innovation networks: Evidences from an Italian aerospace cluster, Competitiveness Review, 25(3), 258-287.
Bern Elliot. (2018). A Framework for Applying AI in the Enterprise, Gartner Symposium.
Bostrom, N. (2017). Strategic implications of openness in AI development, Global Policy, 8(2), 135-148.
Brynjolfsson, E. and A. Mcafee. (2017). The business of artificial intelligence, Harvard Business Review.
Helbing, D. (2019). Societal, economic, ethical and legal challenges of the digital revolution: From big data to deep learning, artificial intelligence, and manipulative technologies", Towards Digital Enlightenment, Springer, Cham, 47-72.
Lindgren, P., P. Valter, and R. Prasad. (2019). Advanced business model innovation supported by artificial intelligence, deep learning, multi business model patterns and a multi business model library, Wireless Personal Communications, 1-15.

Makridakis, S. (2017). The forthcoming artificial intelligence(AI) revolution: Its impact on society and firms, Futures, 90, 46-60.

Nambisan, S., M. Wright, and M. Feldman. (2019). The digital transformation of innovation and entrepreneurship: Progress, challenges and key themes, Research Policy, 48(8),

Quan, X. I. and J. Sanderson. (2018). Understanding the artificial intelligence business ecosystem, IEEE Engineering Management Review, 46(4), 22-25.

Ransbotham, S., D. Kiron, P. Gerbert, and M. Reeves. (2017). Reshaping business with artificial intelligence: Closing the gap between ambition and action", MIT Sloan Management Review, 59(1),

8장

김형철. (2018). ICT표준화 전략맵, 한국정보통신기술협회(TTA), 10. 19-21.

남충현. (2016). 오픈소스 AI: 인공지능 생태계와 오픈이노베이션, 정보통신정책연구원(KISDI), KISDI Premium Report, 16(10), 1-20.

딜로이트 안진회계법인. (2019). 금융산업의 AI리더들: 인공지능 경주 선두주자들의 공통된 특질, 딜로이트 인사이트, 3-20.

민병원, 오용선. (2010). U-health 개인 맞춤형 질병예측 기법의 개선, 한국콘텐츠학회논문지, 10(10), 54-67.

박유미. (2018), 인공지능의 현재와 미래: AI Summit 2017의 내용을 중심으로, 산업경제분석, 64-72.

심혜정. (2018). 우리기업의 인공지능(AI)을 활용한 비즈니스 모델, 국제무역연구원, 3.

이승훈. (2017). 최근 인공지능 개발 트렌드와 미래의 진화방향, LG경제연구원, 30-31.

이장균. (2018). 선진 기업의 디지털 트랜스포메이션 추진 동향과 시사점 - 4차산업혁명 시대의 비즈니스 모델을 구축해야 한다, 한국경제주평 810, 1-20.

주영대. (2016). "미국의 인공지능(AI) 개발전략과 시사점", 한국산업기술평가관리원(KIET), p.32.

Helbing, D.(2019). Societal, economic, ethical and legal challenges of the digital revolution: From big data to deep learning, artificial intelligence, and manipulative technologies, Towards Digital Enlightenment, Springer, Cham, 47-72.

Lindgren, P., P. Valter, and R. Prasad. (2019). Advanced business model innovation supported by artificial intelligence, deep learning, multi business model patterns and a multi business model library, Wireless Personal Communications, 1-15.

Makridakis, S. (2017). The forthcoming artificial intelligence(AI) revolution: Its impact on society and firms, Futures, 90, 46-60.

Rong, K., Y. Lin, B. Li, T. Burstr⊠m, L. Butel, and J. Yu. (2018). Business ecosystem research agenda: more dynamic, more embedded, and more inter-nationalized, Asian Business & Management, 17(3), 167-182.

Russell, M. G. and N. V. Smorodinskaya. (2018). Leveraging complexity for ecosystemic innovation, Technological Forecasting and Social Change, 136, 114-131.

9장

국경완. (2019). 인공지능 기술 및 분야별 적용사례, 정보통신기획평가원 주간기술동향, 15-27.

김정민. (2019). 인공지능 윤리이슈와 교육 과정 동향, 월간SW중심사회, 소프트웨어정책연구소.

딜로이트 안진회계법인. (2019). 금융산업의 AI리더들: 인공지능 경주 선두주자들의 공통된 특질, 딜로이트 인사이트, 3-20.

박유미. (2018). 인공지능의 현재와 미래: AI Summit 2017의 내용을 중심으로, 산업경제분석, 64-72.

윤장우. (2015). 인공지능 관련 기술과 정책동향 및 시사점, 한국전자통신연구원(ETRI). 13-14.

이주환. (2017). 인공지능 기반 금융서비스 Digital Transformation 동향, TTA 저

널, 172권, 39-45.

전종홍, 이승윤. (2017). 개방적/인간친화적 인공지능 체계 기술 표준화 동향, TTA 저널, 169, 46-54.

전종홍, 이승윤. (2017). 개방적/인간친화적 인공지능 체계 기술 표준화 동향, TTA 저널, 169, 46-54.

주영대.(2016). 미국의 인공지능(AI) 개발전략과 시사점, 한국산업기술평가관리원 (KIET), p.32.

Lindgren, P., P. Valter, and R. Prasad. (2019). Advanced business model innovation supported by artificial intelligence, deep learning, multi business model patterns and a multi business model library, Wireless Personal Communications, 1-15.

Makridakis, S. (2017). The forthcoming artificial intelligence(AI) revolution: Its impact on society and firms, Futures, Vol.90, 46-60.

Nambisan, S., M. Wright, and M. Feldman. (2019). The digital transformation of innovation and entrepreneurship: Progress, challenges and key themes, Research Policy, Vol.48, No.8.

Rong, K., Y. Lin, B. Li, T. Burstr⊠m, L. Butel, and J. Yu. (2018). Business ecosystem research agenda: more dynamic, more embedded, and more inter-nationalized, Asian Business & Management, Vol.17, No.3, 167-182.

Russell, M. G. and N. V. Smorodinskaya. (2018). Leveraging complexity for ecosystemic innovation, Technological Forecasting and Social Change, Vol.136, 114-131.

10장

박해선, Do it! 딥러닝 입문, 이지스퍼블리싱

위키피디아

https://chat.openai.com/chat

https://codestates.com

https://colab.research.google.com

https://github.com/fastai/fastai/blob/master/nbs/23
https://github.com/yellowjs0304/3-min-ytorch_study/tree/master/09-경쟁하며_학습하는_GAN
http://cafe.naver.com/financialbigdata
https://teachablemachine.withgoogle.com
https://tensorflow.blog
https://www.tensorflow.org
https://tutorial.vision.ipynb
https://wikidocs.net/94600

찾·아·보·기

ㅊ

ㅋ

ㅌ

ㅍ